ミリタリー用語辞典

Military Terms Dictionary

野神明人

新紀元社

本書の趣旨

　世界情勢を伝えるニュースからフィクション作品に至るまで、軍事に関する情報に接することは多くあります。そこには少なからずミリタリー用語が使われることがあります。しかし日頃から軍事に詳しい方はともかく、そうでない方にとっては時には正確な意味がわからない用語もあることでしょう。

　また、ミリタリー用語の中には、同じ事象や装備をさす同意語が複数存在する一方で、似たような意味ではあるものの正確にはニュアンスが異なる用語も多々あり、それらが混同して使われることも少なくありません。例えば、軍艦をまとめて「戦艦」と呼んだり、軍用車両をまとめて「戦車」と呼んだりすることは、残念ながら一部の報道でも見られます。

　本書は、ニュースやフィクション作品で使われるミリタリー用語を収集し、その基本的な意味を簡単明瞭に解説した辞典です。同意語や対義語もわかりやすいように掲載してあります。さらに多く使われるアルファベット表記の頭文字をとった略語も、頻繁に使われるものを中心にカバーしました。

　軍事に興味のある方はもちろん、軍事情報を伝える立場の方や、フィクション作品で軍事ネタを扱う方にも、本書をご活用いただければ幸いです。

本書の見方

❶ 項目語
❷ 項目語の読み
❸ アルファベット表記
❹ 解説
❺ 同 » 同義語を表す。
　　対 » 対義語を表す。
　　略 » 略語を表す。
　➡ 同義・別称の項目語にて解説。

❶→ **海上自衛隊**
❷→【かいじょうじえいたい】
❸→ Japan Maritime Self-Defense Force

❹ 1954年、日本に防衛庁（現・防衛省）が発足したときに、海上警備隊を移管して誕生した組織。海に囲まれた島国・日本の海上防衛にあたっている。配下には、護衛艦隊（2019年現在、4個護衛隊群＋5個護衛隊、護衛艦計48隻）、潜水艦隊、掃海隊群、航空集団、練習艦隊の各部隊と管轄エリアで分かれた5つの地方隊（大湊地方隊、横須賀地方隊、舞鶴地方隊、呉地方隊、佐世保地方隊）で構成される。

❺→ 同 » 海自　略 » JMSDF

海上通商路
【かいじょうつうしょうろ】
Seaborne commerce route

❺→ ➡ シーレーン

目次

【あ】	5
【か】	23
【さ】	95
【た】	177
【な】	226
【は】	232
【ま】	276
【や】	287
【ら/わ】	298
【数字/アルファベット】	318
アルファベット略語辞典	329
アルファベット索引	333

あ

アイアンサイト
【あいあんさいと】
Iron sight

　拳銃や小銃に備えられる、もっとも基本的な照準器。銃の前方部上面にある凸部のフロントサイト（照星）と、フレーム後部にある凹型のリアサイト（照門）の2つを重ね合わせることで、銃の照準をつける。銃の地金に一体化した照準器という意味で「アイアン」とよばれるようになった。

同 » オープンサイト

アイランド
【あいらんど】
Island

　全通の飛行甲板を持つ空母の艦橋のこと。飛行甲板を広く使うために艦の右舷ギリギリに邪魔にならないように設置される。右舷側にあるのは、航行時や接舷時の視界確保に都合がいいため。広い甲板のなかにポツンとあることから「アイランド（島）」とよばれるようになった。アイランドには空母の航行を指揮する航海艦橋の他に、飛行甲板を管理するフライトデッキ・コントロールなどが設けられている。

同 » 島型艦橋

アウター・ディフェンス
【あうたーでぃふぇんす】
Outer defense

　現代のアメリカ海軍が艦隊防御をする場合、空母艦載機を使って離れたレンジで防空戦闘を行うこと。周辺警戒任務を行う艦載の早期警戒機で、遠距離から接近する敵機や対艦ミサイルをキャッチし、艦載戦闘機で迎撃する。

アウトレンジ戦法
【あうとれんじせんぽう】
Out range tactics

　敵の砲の射程外や、敵航空機の行動半径外の遠距離から攻撃を仕掛ける戦法。こちらは攻撃できるのに、相手からは攻撃を受けない利点がある。そのためには、射程の長い砲や航続距離の長い艦載攻撃機を装備する必要がある。

亜音速
【あおんそく】
Subsonic speed

　音速（時速1225km/h）より、少し遅い速度帯を指す。ジェット戦闘機やミサイルなどで使われる用語。正確な定義はないが、時速1000km/h前後の速度帯を指すことが多い。

アクティブ・ソナー
【あくてぃぶそなー】
Active sonar

　水上艦や潜水艦に備えられるソナー（水中音響探知器）の1種。こちらから目標に向けて探針音波を発信して、その反射波を捉えて目標の位置や距離を測定する仕組みのソナー。アクティブ・ソナーは精度の高い測定が可能だが、一方で相手

もソナーを使っている場合、こちらの探針音波を捉えられて、自分の存在や位置を暴露することになる。そのため、現代の潜水艦では、敵への威嚇や、戦闘局面の最後に使われることが多い。

対 » パッシブ・ソナー

アクティブ防御システム
【あくてぃぶぼうぎょしすてむ】
Active Protection System

軍用車両に装備される先進的な防御装備で、向かってくる砲弾やミサイルをレーダーや光学センサーで感知し、命中する前に弾体などを発射して迎撃・無力化するハードキルシステム。広義的にはジャミングで狙いを反らすソフトキルシステムを含むこともある。また航空機搭載や艦艇搭載ではレーザーを使ったアクティブ防御システムが実現しつつある。

略 » APS

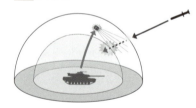

アクティブ・ホーミング
【あくてぃぶほーみんぐ】
Active homing

誘導魚雷やミサイルの誘導方法。自ら音波やレーダー電波を発信し、その反射波を補足して目標を捉え、自動追尾する仕組み。

対 » セミアクティブ・ホーミング、パッシブ・ホーミング

アグレッサー部隊
【あぐれっさーぶたい】
Aggressor unit

アグレッサーは「侵略者」の意味で、敵部隊を想定して演習やシミュレーションなどで相手をする部隊のこと。装備や塗装などを敵軍に似せたり、敵と同等の装備を備えて仮装敵役を務める。空軍の飛行隊に多いが、陸軍や海軍、海兵隊でも同様の部隊を設置して演習を行うことがある。航空自衛隊にもアグレッサー部隊の役割を担う飛行教導群が編制されている。

同 » 飛行教導団

アサルトライフル
【あさるとらいふる】
Assault rifle

現代の歩兵の主兵器として使われる自動小銃。連射するフルオート射撃や、単射するセミオート射撃、数発ずつ撃つバースト射撃を、状況に応じて切り替えて使える。ドイツが第二次世界大戦期に装備した突撃銃が元祖。歩兵の扱いやすさを重視し、弾をバラ撒くことによる制圧射撃を主目的にしており、そのため反動が少なく携行弾数を増やせる5.56㎜弾を使うものが主流だ。アメリカ軍の「M16」や「M4」、旧ソ連の「カラシニコフAK-74」などが有名で、自衛隊では国産の「89式小銃」を装備している。

同 » 突撃銃

アスロック
【あすろっく】
ASROC

→ 対潜ミサイル

アタッカー
【あたっかー】
Attacker

→ 攻撃機　**略**》A

圧壊
【あっかい】
Crushing

　潜水艦が水圧により押しつぶされ破壊されること。最大潜航深度といわれる限界より深く潜ってしまうと起こる。深海域で浮力を失った潜水艦は、限界を超えて沈降し、圧壊により破壊される。また攻撃を受け船体が破損し強度低下が起こった場合は、最大潜航深度より浅くても起こりえる。

アフターバーナー
【あふたーばーなー】
After burner

　高速飛行が要求される戦闘機の、ジェットエンジンに備えられた特殊な推力増強装置。ジェットエンジンの燃焼室から出る噴気ガスの中にさらに燃料を噴射して再燃焼させ、エンジン推力を一時的に増大させる。離陸後の急上昇時や、超音速領域への加速時には、アフターバーナーを炊いて推力を増す。ただしアフターバーナーは燃料を大量に消費するので、長時間使い続けることはできない。昨今は、強力な推力を持つジェットエンジンの登場で、アフターバーナーを用いずに超音速領域まで加速できる「スーパークルーズ」能力を備えた戦闘機も登場した。

アプローチ
【あぷろーち】
Approach

　目標に接近すること。また施設などへの導入路の意味もある。

アーマー
【あーまー】
Armor

→ 装甲

アーミー
【あーみー】
Army

→ 陸軍

アラート
【あらーと】
Alert

　防空識別圏や領空への国籍不明機の接近・侵入に素早く対処するために、迎撃機が常に緊急発進（スクランブル）できる態勢を整えて警戒待機すること。国境に近い空軍基地で行われ、アラート任務に就いているパイロットは、指示が入り次第すばやく搭乗できる態勢で待機。また使用する迎撃機も、すぐに稼働できる状態で待機する。

同 » 警戒待機

アレイ・ソナー
【あれいそなー】
Array sonar

　潜水艦や水上艦の船腹に装備される、受信専用のパッシブ・ソナー。艦表面の複数の位置に装備され、どのアレイ・ソナーで強く受信したかを比較することで、音源の方向特定などに利用される。

アレスティング・ギア
【あれすてぃんぐぎあ】
Arresting gear

　空母の飛行甲板に装備され、着艦する艦載機の速度を減速して止める装置。飛行甲板の後部に何本かのアレスティング・ワイヤーを張り、着艦時のタッチダウンの瞬間に、艦載機の尾部下方にあるアレスティング・フックで引っ掛ける。アレスティング・ワイヤーの両端はリール状の巻き取り装置に接続され、繰り出されながら勢いを減じて短距離で制止させる。アレスティング・ギアの有無は、空母に搭載できる艦載機の性能を大きく左右し、通常のシートール機を運用する空母には、アレスティング・ギアを装備することが必須となっている。

同 » 着艦制動装置

アレスティング・フック
【あれすてぃんぐふっく】
Arresting hook

　艦載機の尾部下方に備えられたフック。着艦時に下方へ突き出しアレスティング・ワイヤーをキャッチする。近年は陸上機にも簡易的なアレスティング・フックが装備されることが多く、緊急時における滑走路での短距離着陸に使われる。

同 » 着艦フック

アレスティング・ワイヤー
[あれすてぃんぐわいやー]
Arresting wire

　空母の飛行甲板に横方向に張るワイヤー。艦載機がこれを捉えて短距離で急制動し着艦する。通常は3〜4本が張られる。

同 » 着艦制動索

暗号
【あんごう】
Cipher, Code

　敵に通信を傍受されたり通信文を見ら

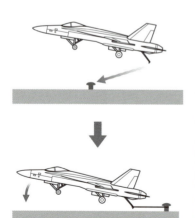

れても、内容が簡単にわからないように一定の法則で変換したもの。第二次世界大戦期には重要な言葉を隠語で置き換えたり、乱数表を用いて変換すれば意味を持つような方式が用いられたが、容易に解読されるようになった。現在では非常に複雑な暗号を用いると同時に、電子的にセキュリティをかけた高度な秘匿通信が用いられる。

暗号装置
【あんごうそうち】

Cryptographic device

　第二次世界大戦当時、暗号作成を容易にするために造られた機械式暗号装置が使われた。代表的なものが、ドイツ軍が採用した「エニグマ」。日ごとに変わるコードに従って設定を変えた機械に文章を打ち込むと自動で暗号化され、受信側もコードに従って自動解読していた。当時は傍受してもコードがわからなければ解読不能とされていたが、対する連合軍側は解読に成功。戦争の勝利に大きく貢献した。

アングルド・デッキ
【あんぐるどでっき】

Angled deck

　現代の大型空母に採用されている、着艦動線軸を艦首方向から斜めにずらして設置した飛行甲板。着艦動線軸と発艦動線軸が重ならず、駐機スペースも確保しやすいため、効率的な運用を可能にした。また着艦の延長線上が海に抜けるため、制動に失敗しオーバーランした場合でも被害が最小限になる。アングルド・デッキのアイデアは1950年代初頭にイギリス海軍によって考案されたが、初めて採用されたのは1952年に米海軍が「エセックス」級空母を改装して装備したもの。

同 ≫ 斜め飛行甲板

暗視装置
【あんしそうち】

Night vision device

　暗い場所でも周囲の様子がわかるようにする装置。主に肉眼では感知できない赤外線を照射して赤外光を見る「赤外線照射方式」と、わずかな光を増幅して映し出す「微光増幅方式」に分かれる。微光増幅方式には、可視光を増幅するスターライトスコープや、赤外光を増幅するサーマルビジョンなどがある。特殊部隊の兵士などが使う小型の個人装備から、車載されるものまで、幅広く使われている。

同 ≫ ナイトスコープ

安全潜航深度
【あんぜんせんこうしんど】

Safe dive depth

　潜水艦が潜る深度で、水圧に対するマージンが十分あり、長期間潜り続けた状態でも、圧壊などの破損の心配がない深度を意味する。

安全装置
【あんぜんそうち】
Safety system

　拳銃や小銃などの銃火器には、簡単に暴発したりうっかり発射したりすることがないように、安全機構が組み込まれている。安全装置を手動で解除しないと、発射できない仕組みだ。

同 » セフティ、マニュアルセフティ

安全保障
【あんぜんほしょう】
Security

　国家など人間の集団が、自己の生命や財産を守る安全を確保すること。国家間の関係や国際政治においては非常に重要性の高い概念で、他国から攻撃を受けたり侵攻されないようにさまざまな手段を用いる。時には国家間の紛争や戦争という手段に発展することもあり、そのため軍事力と安全保障は緊密な関係にある。

安全保障条約
【あんぜんほしょうじょうやく】
Security treaty

　安全保障を確保するために国家間で結ばれる相互条約。複数の国家や機関で結ばれるものは、集団安全保障条約とよばれる。

安全保障理事会
【あんぜんほしょうりじかい】
Security Council

➡ 国連安全保障理事会

アンチマテリアルライフル
【あんちまてりあるらいふる】
Anti material rifle

➡ 対物狙撃銃

アンテナ
【あんてな】
Antenna, Aerial

　電波をキャッチするための装置。シンプルな棒状のものや分岐した八木アンテナ、パラボラ状のものまで形状はさまざまである。

アンノウン
【あんのうん】
Unknown

➡ 識別不明機

アンブッシュ
【あんぶっしゅ】
Ambush

➡ 伏撃

尉官
【いかん】
Company officer

　軍組織内の階級の区分で、佐官の下に連なる士官や将校にあたる段階。上から大尉、中尉、少尉で、准士官（見習い将校）としての准尉の4段階ある。自衛隊では、旧軍時代と区別するために、上から1尉、2尉、3尉と呼称する。

医官
【いかん】
Medical officer

　自衛隊における医師の資格を有する幹部自衛官のこと。軍医に相当。

同 》 軍医

伊号潜水艦
【いごうせんすいかん】
I-Go submarine

　第二次世界大戦までの日本海軍では、排水量が1000 tを超える大型の一等潜水艦の分類に「伊（イ）」の字を振り分けた。航続距離が長く外洋での哨戒任務等で活躍する「巡潜型」と、攻撃力や速力に優れ敵艦攻撃や艦隊の随伴に向いた「海大型」に分れて発達した。

イージス・アショア
【いーじすあしょあ】
Aegis ashore

　本来は、艦艇用に開発されたイージス・ウェポン・システムを地上に設置した防空施設である。フェイズド・アレイ・レーダーと、対空ミサイル発射機を組み合せて配備する。

イージス・ウェポン・システム
【いーじすうぇぽんしすてむ】
Aegis weapon system

　アメリカが開発した強力なフェイズド・アレイ・レーダーと、中～長射程の艦対空ミサイルを組み合わせた防空システム。対空防御を重視した艦艇や地上設備に装備され、敵航空機やミサイル、さらには弾道ミサイルの感知と対空ミサイルを使った迎撃が可能だ。

イージス艦
【いーじすかん】
Aegis warship

　駆逐艦や巡洋艦をベースにイージス・ウェポン・システムを搭載した、防空艦。艦隊全体をカバーする艦隊防空能力を備えるほか、近年は弾道ミサイル迎撃（BMD）能力も備える。1983年から就役したアメリカの「タイコンデロガ」級ミサイル巡洋艦に搭載された。その後「アーレイ・バーク」級ミサイル駆逐艦に装備され、現在はアメリカ海軍の駆逐艦以上の防空艦はすべてイージス艦となっている。また日本の海上自衛隊をはじめ、多くの国でイージス艦が採用されている。欧州各国や中国、ロシアなどもイージス艦に準じた能力の防空艦を就役させている。

移動式レーダー
【いどうしきれーだー】
Mobile radar

　車両に積まれたり、牽引するなどして移動可能な大型レーダー。レーダーサイトのないエリアに配備され、監視やミサイル発射管制などに使われる。

一撃離脱戦法
【いちげきりだつせんぽう】
Hit-and-run tactics

　元祖は騎馬戦においてスピードを生かし急接近し一撃を与えそのまま駆け抜ける戦法で、ヒットエンドランともいわれる。現代では戦闘機による空戦の戦法。目標となる敵機を上空から降下しながら速度に乗って襲い、すれ違いざまに銃撃を加え、そのまま離脱する。第二次世界大戦時には、速度と馬力に勝る米軍機が小回りの利くゼロ戦などの日本軍機に対して多用し戦果を上げた。欧州でも「メッサーシュミットBf109」などのドイツ機が得意とした。

対 》 格闘戦

異物混入損傷
【いぶつこんにゅうそんしょう】
Foreign Object Damage

　航空機のエンジンにエアインテイクから小石やゴミ、飛んできた鳥などを吸い込むなどして、エンジンが損傷する事故。そのため空港の滑走路では、ゴミを取り除く清掃作業が欠かせない。

略 》 FOD

威力偵察
【いりょくていさつ】
Reconnaissance in force

　敵がいることを前提に小規模な攻撃を加え、その反応や反撃から敵の配備の様子や規模を推し図る、強引な偵察方法。そのため、威力偵察にはそれなりの火力と装甲を備えた軍用車両が使われることが多い。

同 》 強硬偵察　対 》 隠密偵察

イジェクション・シート
【いじぇくしょんしーと】
Ejection seat

➡ 射出座席

インターセプター
【いんたーせぷたー】
Interceptor

➡ 迎撃機　同 》 要撃機、局地戦闘機

ヴァルター機関
【ゔぁるたーきかん】
Walter engine

　ドイツのヘルムート・ヴァルター博士が発明した非大気依存機関の一種。過酸化水素から触媒反応で酸素と水蒸気を発生し、軽油と混ぜて燃焼させ、タービンを回す仕組み。第二次世界大戦時にドイツの高速実験潜水艦「U-ⅩⅦB」に搭載され、水中速力25ktを実現。しかし過酸化水素水は取り扱いが難しく、普及はしなかった。また過酸化水素水から発生する酸素とメタノールやヒドラジンを燃焼させる高温式ヴァルター・ロケットモーターは、「Me163」や「秋水」などのロケット戦闘機に使われた。

初陣
【ういじん】
First battle

　古来は、初めて戦闘に参加する日本の武士階級の子弟に用いられ、転じて初めて戦いに参加することをいう。

ウイングマーク
【ういんぐまーく】
Wing mark

　航空機の操縦士に与えられる徽章。翼のマークを模することが多いことからこの名前でよばれる。

同 » 航空徽章

ウイングマン
【ういんぐまん】
Wingman

➡ 僚機

ウィンドシールド
【うぃんどしーるど】
Windowshield

➡ 風防

ウェーキ
【うぇーき】
Wake

　艦船が航行するさいに、後方の水面に生じる引き波のこと。

同 » 航跡波

ウェポン
【うぇぽん】
Weapon

➡ 兵器

ウェポンベイ
【うぇぽんべい】
Weapon bay

　軍用機の機体内部に儲けられる、爆弾やミサイルの収納スペース。通常の飛行時には扉を閉めて空気抵抗を減らし、戦闘時に扉を開き搭載兵器を発射や投下する。ミサイルが登場する以前は主に爆弾を収めたので爆弾倉（ボムベイ）といわれたが、現在は爆弾以外にも搭載兵器の幅が広がったので、ウェポンベイとよばれるようになった。

同 » 爆弾倉、兵器倉

ウォータージェット
【うぉーたーじぇっと】
Water jet

　艦船や水陸両用車で使われる推進装置。ポンプで水を吸い込んで、後方に噴射して推進する。スクリュー式よりも高速を出しやすいため、小型の高速艦艇などでよく使われる。

同 » ポンプジェット

ウォーキー・トーキー
【うぉーきーとーきー】
Walkie-Talkie

　アメリカ軍が使っていた、歩兵携帯用の小型無線機の総称。

浮きドック
【うきどっく】
Floating dog

　タグボートなどで曳航し移動可能な、艦船を修理するためのドック。浴槽状の本体を半分沈めて中に水を引き入れ、修理する艦船を収容。その後、再び浮上させて水を追い出すと、洋上に浮かぶ乾ドックとなる。

撃ちっ放し能力
【うちっぱなしのうりょく】
Fire and forget ability

　ミサイルの誘導方式の1種で、大まかに目標を定めて発射したあとは、ミサイル自体が目標を自動追尾し命中する能力を持つもの。攻撃者は発射したら一切誘導に関わる必要がなくすぐに回避行動に移れるため、反撃を受けるリスクが少ない。

[同] » ファイア・アンド・フォーゲット

宇宙軍
【うちゅうぐん】
Space Command

　宇宙空間での軍事行動を担当する軍隊組織の総称。現在、アメリカ、ロシア、中国の3カ国を中心に宇宙空間を舞台にした軍事行動が現実のものとなりつつある。そのほとんどは各国とも極秘プロジェクトとされており、その全貌は明らかにされていないが、軍事衛星の展開や、他国の軍事衛星を攻撃する衛星破壊ミサイルやキラー衛星の開発が進められている。アメリカでは1985年に独立した組織としてアメリカ宇宙軍が創設されたが、2002年に廃止され空軍配下に統合された、しかしトランプ政権下で新たな宇宙軍の創設が予定されている。一方、ロシアでは2001年にロシア宇宙軍が創設されたが、2015年に空軍と統合され、ロシア航空宇宙軍となっている。中国では、中国人民解放軍戦略支援部隊が宇宙での軍事行動を担当しているといわれている。

ウルフパック
【うるふぱっく】
Wolf-pack

➡ 群狼戦術

運動エネルギー弾
【うんどうえねるぎーだん】
Kinetic Energy Penetrator

　戦車砲などに使われる対装甲目標用の徹甲弾の総称。比重の高い金属の弾芯を高速で飛翔させ、その衝突エネルギーで装甲を貫通・破壊する。現在主流となっている装弾筒付翼安定徹甲弾は、タングステンや劣化ウランなどの金属でできた矢のような細長い弾芯形状で、目標の装甲を貫く。

[対] » 化学エネルギー弾

運動能力向上機
【うんどうのうりょくこうじょうき】
Control Configured Vehicle

　戦闘機などで高い機動性や運動性を実現するために、あえて不安定な形状の機体を、コンピュータによる自動制御技術

で人工的に安定性をもたらした航空機。

略 » CCV

エアインテイク
【えあいんていく】
Air intake

ジェット機に備わる、エンジンへの空気取り入れ口。

エアクッション艇
【えあくっしょんてい】
Landing Craft Air Cushion

ファンで取り込んだ大量の空気を下部のスカートとよばれる構造に送り込み、さらに下に吹き出す力で水面に浮揚する仕組みの艦艇。推進力は別途に儲けられた推進用プロペラで得る。平らなスロープや浜辺なら、陸上に上がることもできるため、主に揚陸艇として使われ、揚陸作戦に使用される。海上自衛隊でも「LCAC-1」が活躍中だ。

同 » ホバークラフト

エアフォース
【えあふぉーす】
Air Force

➡ 空軍

エアブレーキ
【えあぶれーき】
Air brake

航空機が着陸時の減速で使用する空力ブレーキ。板状のエアブレーキを開いて、空気抵抗で速度を落とす。空戦時などに急激に速度を落とすようなときに使われることもある。

エアブレーキ
【えあぶれーき】
Air brake

トラックなどの大型車両や列車で使われる、圧縮空気で作動させるブレーキ。通常のブレーキより制動力が高い。

エアボス
【えあぼす】
Airboss

アメリカ海軍の空母に搭乗する空母航空団の司令官。空母艦載機の運用や、飛行甲板での作業などに対しての責任者。空母艦長と同じ大佐もしくは中佐が就任し、艦長と同等の権限を有する。

エアボーン
【えあぼーん】
Airborne

➡ 空挺

エアランドバトル
【えあらんどばとる】
Air-Land battle

陸上兵力が航空兵力と密接に連携して進める戦闘行動。攻撃機や爆撃機による爆撃や砲兵隊による事前攻撃の直後に、陸上兵力が侵攻して攻撃を行う。投入される部隊は戦車や機械化歩兵を中核とし

た機動戦力で、その侵攻を対地攻撃機や攻撃ヘリで直接支援することもある。

曳航アレイ・ソナー
【えいこうあれいそなー】
Towed array sonar

　対潜能力に重きを置いた水上艦や潜水艦が装備する、受信専門のアレイ・ソナー。艦尾から伸ばした長いケーブルの先にアレイ・ソナーが接続され、曳航しながら使用する。自艦から離れた位置にセンサーがあるため、エンジン音などの自艦の騒音や航跡の影響を受けず、高精度の探知が可能になる。

曳光弾
【えいこうだん】
Tracer ammunition

　光を発しながら飛ぶように曳光剤を含んだ銃弾や機関砲弾。連射する機関銃や機関砲の射撃時に、弾道や弾着地点を確認するために、通常の弾丸に一定の割合で混ぜて使用する。機関銃で使われる曳光弾は、発射してから100mほどで光りだすように調整されている（最初から光らないのは敵に発射位置を特定されにくくするため）。

営舎
【えいしゃ】
Barracks

　軍事基地や駐屯地などにある兵営に建てられる、兵士が生活する宿舎。

　同 » 兵舎

衛生部隊
【えいせいぶたい】
Medical corps

　負傷や病気にかかった兵士を手当てし、復帰させるための医療看護任務を行う戦闘支援兵科。大隊規模の部隊には、衛生部隊が付属することが多い。

衛生兵
【えいせいへい】
Military medic

　衛生部隊に所属する、医療行為を担当する兵士。戦闘時には中隊や小隊といった戦闘部隊に派遣され、戦場で負傷を追った兵士に応急措置を施し、可能なら後方へ移送する。敵味方から識別されやすいように赤十字の腕章や赤十字マークを施したヘルメットを身につける。人道上の見地から、戦時国際法では非戦闘員として保護されている。

　同 » メディック

営倉
【えいそう】
Guardhouse, Detention barracks

　日本陸軍で設置されていた犯則行為を起こし懲罰を加えられる兵士を拘置する施設のこと。犯則の程度によって、重い場合は重営倉とよばれ、重い懲罰となった。

栄誉礼
【えいよれい】
Honors

　国家元首や高官などを軍隊が迎えるさ

いに敬意を表して行われる儀礼。正装した儀仗隊が、受礼者に対して堵列し捧げ銃で敬礼して迎える。また軍楽隊が受礼者の国家などを演奏する。受礼者は、栄誉礼に続いて儀仗隊を巡閲して応える。

液冷
【えきれい】
Liquid cooling

➡ 水冷

エージェント
【えーじぇんと】
Agent

一般には代理人を意味するが、軍事においては諜報活動の訓練を施された特殊任務を司る人員。敵地に潜入して諜報活動を行う場合もある。

| 同 》 スパイ、諜報員

エース
【えーす】
Ace

元々は第一次世界大戦時の戦闘機パイロットで撃墜数が多い優秀者を称えた称号。当初は10機撃墜でエースとよばれ、後に5機撃墜でもそうよばれようになった。第一次世界大戦でのトップスコアラーは、ドイツ空軍のリヒトホーフェンで80機撃墜。第二次世界大戦でもドイツ空軍が抜きんでていて、エーリヒ・ハルトマンが352機撃墜を記録。100機撃墜以上のエースが103人もいた。また、戦車乗りや潜水艦艦長などでも、多大な戦果を上げた場合にエースとよび称える場合がある。

| 同 》 撃墜王

エスコートファイター
【えすこーとふぁいたー】
Escort fighter

➡ 護衛戦闘機

エストーバー方式
【えすとーばーほうしき】
STOBAR

空母の発艦と着艦の方式による分類の1つ。発艦の設備としてはカタパルトを持たず、そのかわりにスキージャンプ台を備えて短距離離陸するが、着艦にはアレスティング・ワイヤーを備える空母のこと。Short Take Off But Arrested Recoveryの頭文字をとったSTOBARとよばれている。カタパルトを備えたCATOBAR空母と同様のCTOL機を使えるが、発艦では機体重量に制限が生じるため、艦載機の能力をフルに発揮できない欠点がある。ロシアの「アドミラル・クズネツォフ」、中国の「遼寧」、インドの「ヴィクラマーディティヤ」などが、現在運用されているエストーバー方式の空母だ。

エストーブル機
【えすとーぶるき】
STOVL aircraft

➡ 短距離離陸垂直着陸機

エストーブル方式
【えすとーぶるほうしき】
STOVL method

空母の発艦と着艦の方式による分類の1つ。Short take-off and Vertical Landing aircraft の頭文字をとってSTOVLとよばれる。発艦はスキージャンプ台などを備えた飛行甲板からの短距離類陸、着艦は垂直着陸を行う空母のこと。現在運用されている軽空母の多くが、この方式を採用している。イタリアの「カブール」と「ジュゼッペガリバルディ」、タイの「チャクリ・ナルエベト」などだが、イギリスの新空母、「クイーン・エリザベス」も6万tを超える大型空母ではあるが、カタパルトやアレスティング・ワイヤーを装備しないSTOVL方式の空母だ。またアメリカやスペインの強襲揚陸艦も、この方式で艦載機を運用している。

エストール機
【えすとーるき】
STOL aircraft

➡ 短距離離着陸機

エプロン
【えぷろん】
Apron

飛行場で滑走路に隣接して儲けられる駐機場。乗員の乗降や燃料弾薬の補給などを行う。

エリア・ディフェンス
【えりあ・でぃふぇんす】
Area Defense

アメリカ海軍における艦隊防空の概念で、艦隊全体をカバーする防空体制のこと。主にイージス艦などが搭載する中〜長射程の対艦ミサイルを使い、防空圏内に侵入した敵機や対艦ミサイルを迎撃する。エリア・ディフェンスが担当するゾーンは以前は半径50km前後だったが、近年の対空ミサイルの長射程化により、半径100kmオーバーまで拡大しつつある。

同 》艦隊防空
対 》ポイントディフェンス

エルロン
【えるろん】
Aileron

固定翼航空機の主翼後端に備えられた、上下に稼働する部分で、機体のローリング運動に関与する。例えば右翼エルロンを上げ左翼エルロンを下げると、機体は右ロールする。逆に左翼エルロンを上げ右翼エルロンを下げると、機体は左ロールする。

同 》補助翼

エレベーター（航空機）
【えれべーたー】
Elevator

固定翼航空機の水平尾翼後端に備えられた、上下に稼働する部分。機体のピッチング運動に関与する。エレベーターを

上げると機首が上がり、機体は上昇する。逆にエレベーターを下げると機首も下がり、機体は下降する。

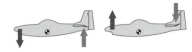

エレベーター（空母）
【えれべーたー】
Elevator

　空母の飛行甲板には、艦載機を格納庫から飛行甲板に昇降するためにエレベーターが儲けられている。第二次世界大戦以前は、飛行甲板の中央に儲ける内舷エレベーターを前後に2基設置するのが主流だった。大戦後期に登場した米空母エセックス級には、2基の内舷エレベーターに加え左舷側にサイド（艦舷）エレベーターを1基備えた。サイドエレベーターは、大型の機体も載せやすいという利点があり、現在の米原子力空母では、サイドエレベーターのみを装備している。海上自衛隊の全通式飛行甲板を持つ「いずも」型ヘリ搭載護衛艦では、前部に内舷式エレベーター、後部左舷にサイドエレベーターを装備している。

エレメント
【えれめんと】
Element

➡ 編隊

エレメントリーダー
【えれめんとりーだー】

Element leader

➡ 編隊長

遠隔操作型無人潜水艇
【えんかくそうさがたむじんせんすいてい】
Remotely Operated Vehicle

　母船からの遠隔操作で操縦する、小型の無人潜水艇。水中では電波が届かないので、母船とケーブルでつながれて操縦される。水中の調査や搜索活動などで使われる。

略 » ROV

沿岸海軍
【えんがんかいぐん】
Brown water navy

➡ ブラウンウォーター・ネイビー
対 » 外洋海軍

沿岸型潜水艦
【えんがんがたせんすいかん】
Coastal submarine

　自国沿岸や内海での哨戒任務や防衛任務にあたる、比較的小型の潜水艦。航続距離はさほど長くない。

同 » 哨戒潜水艦

沿岸警備隊
【えんがんけいびたい】
Coast Guard

　領海や排他的経済水域、それに河川や湖沼など主権が及ぶ水域で、警備救難活動や哨戒任務を担当する組織。警察権を持ち、警備活動に必要な程度の武装を装

備することも認められている。海軍が兼務する国もある。日本においては海上保安庁が相当する。

同 » コーストガード

援護射撃
【えんごしゃげき】
Covering fire

➡ 制圧射撃

演習
【えんしゅう】
Military exercise

➡ 軍事演習

演習場
【えんしゅうじょう】
Maneuvering ground

陸軍が軍事演習を行うために設置された敷地。それなりの広さが必要で、特に実弾射撃演習を行う場合は、銃砲の射程距離以上の広さが必要だ。空軍の場合は演習空域、海軍の場合は演習海域とよぶ。

演習弾
【えんしゅうだん】
Training projectile

訓練で使われる砲弾やミサイル。発射すれば実弾同様に飛翔するが、炸薬は入っておらず爆発しない。ただし当たれば物理的なダメージを受けてしまうので、注意が必要だ。

同 » 模擬弾

掩体壕
【えんたいごう】
Bunker

敵の砲撃や爆撃などの攻撃から、味方の装備を守るための堅牢な構造の施設。最もポピュラーなものは、厚いコンクリートで覆われたかまぼこ状の施設で、爆弾の直撃に耐える構造が要求される。また、地形によってはトンネルを掘って掩体壕とする場合もある。空軍基地で航空機を収納したり、弾薬庫などに使われたりする。野戦陣地では、爆風や砲弾の破片から燃料弾薬などの物資を守るために、土堤や土嚢で周囲を覆っただけの簡易的な掩体壕を作ることもある。第二次世界大戦時のドイツでは、Uボートを空爆から守るために、港にUボート・ブンカーとよばれる巨大な掩体壕施設を建設した。

同 » シェルター、バンカー

煙突
【えんとつ】
Chimney

蒸気タービン機関やディーゼルなどの内燃機関を持つ艦船の排煙口。排煙が航行の邪魔にならないように高く突き出た構造にすることが多い。

煙幕
【えんまく】
Smoke screen

味方の姿や活動を敵の視界から隠すために、煙を発生したり、なびかせること。陸戦では、発煙弾を発射し煙を発生させ

る。発煙する成分は、白リンや赤リンなどの煙を激しく発生させる発火物質を使ったものや発火物質に染料を混ぜたものなど様々。色も白、赤、黒、黄色など多種にわたる。また車両や艦艇のエンジン熱を利用して廃油を燃やす発煙装置もある。

同 » スモーク

応戦
【おうせん】
Counterattack

敵の攻撃に呼応して戦い、反撃すること。

横舵
【おうだ】
Horizontal rudder

潜水艦の艦尾に装備される、左右水平方向の舵。潜航浮上や艦の姿勢制御に使われる。横舵を下げると艦首は上向き、横舵を上げると艦首は下に向く。また多くの潜水艦には、艦の前方やセイルに潜舵とよばれる同様の舵を備え、潜航浮上時には連動して使用する。

同 » 水平舵

オートマチックピストル
【おーとまちっくぴすとる】
Automatic pistol

➡ 自動拳銃　　対 » リボルバー

オートマチックライフル
【おーとまちっくらいふる】
Automatic rifle

➡ 自動小銃
対 » ボルトアクションライフル

囮魚雷
【おとりぎょらい】
Decoy torpedo

敵の魚雷を逸らせるために使われる小型の魚雷状の装備。敵魚雷の接近を感知するとその進路上に向け発射され、自艦の航走音に似せた音などを発信して、敵魚雷のセンサーを欺いて囮魚雷の方に引き付ける。

同 » デコイ

囮船
【おとりせん】
Decoy vessel

➡ Qシップ

オートローテーション
【おーとろーてーしょん】
Autorotation

ヘリコプターなどの回転翼機で、空中でエンジンが停止してしまったときやテイルローターが破損したときに、緊急的にローターブレードをフリーにして降下速度を抑える方法。フリーになったローターブレードは降下による風圧で自動回転し、結果として揚力が生まれて降下速度を抑えながら軟着陸することが可能だ。

オーバーキル
【おーばーきる】

Overkill

　直訳すれば過剰殺戮となるが、敵を攻撃するさいに、必要以上に過剰な威力の兵器や火力を用いること。

オーバーホール
【おーばーほーる】
Overhaul

　長期間使用した機械や兵器を分解して検査し、不具合があれば修理やパーツ交換を行う、念入りな整備。日常の整備ではここまでは行わない。

オーバーライド
【おーばーらいど】
Override

　もともとはIT用語で、データを外部から上書きすること。現代の第3世代以降の戦車では、砲手が1つの目標を攻撃している間に、車長が別の目標を探し、その照準データを砲手に受け渡す機能がある。これをオーバーライド機能とよぶ。

オープンサイト
【おーぷんさいと】
Open sight

➡ アイアンサイト

親子爆弾
【おやこばくだん】
Cluster bomb

➡ クラスター爆弾　　　同 » 集束爆弾

音響監視システム
【おんきょうかんししすてむ】
Sound Surveillance System

　潜水艦の行動を、海底に設置したパッシブ・ソナーなどの音響を捉えるセンサーで監視するシステムのことでソーサス（SOUSE）とよばれる。冷戦時代に米軍が旧ソ連の潜水艦の行動を監視するために、世界16カ所の海底に設置した。その詳しい場所は最高機密扱いとして秘匿されている。日本近海にも何か所かあるとされ、海上自衛隊が独自に設置したソーサスもある。
略 » SOSUS

音響測定艦
【おんきょうそくていかん】
Surveillance towed array sensor system

　潜水艦の個体識別を可能にする音紋など、音響データを収集するための専用艦。高性能のソナーをはじめとするセンサーを備え、自艦の騒音を減らす工夫が施されている。アメリカ海軍が冷戦期に19隻就役させた。現在はアメリカ海軍のほか、対潜水艦作戦に重きをおく海上自衛隊も運用中で、近年は中国海軍も導入を図っている。

音響誘導魚雷
【おんきょうゆうどうぎょらい】
Acoustic homing torpedo

　艦船が発するキャビテーションノイズやエンジン音などをキャッチし、それを頼りに自動追尾する誘導魚雷。パッシブタイ

プの他に、目標に近づいたら自ら音波を放ち測定するアクティブタイプのものもある。

音速
【おんそく】
Sonic speed

大気中を音が伝わる速さ。航空機では速度を表す単位として音速の倍数となる「マッハ」を使用する。厳密には高度や空気の組成の違いによって音速は変わるが便宜的に国際標準大気における音速を用い、マッハ1 = 1,224km/hが使われている。

同 » マッハ　略 » M

温度境界層
【おんどきょうかいそう】
Thermal boundary layer

水中にできる、温度の異なる海水同士の境界。温度境界層ができると音波が反射したり、屈折したりする現象が起こるため、潜水艦は温度境界層の下に潜り込むなどして、追手の探知を交わすことに利用する。

同 » 水温躍層

隠密偵察
【おんみつていさつ】
Covert reconnaissance

敵に悟られないように存在を隠しながら、密かに敵の様子を偵察すること。

対 » 威力偵察、強行偵察

音紋
【おんもん】
Acoustic signature

水上艦や潜水艦は、航行時にスクリューが発するキャビテーションノイズやエンジン音に特徴があり、波形を見ると個々に異なる。これを音紋といい、人間の指紋のように個々の艦を見分ける手がかりとなる。艦ごとの音紋はライブラリーデータとして記録され、個艦識別を行う決め手となる。

階級
【かいきゅう】
Rank

軍隊の組織の中で上下関係を明確にするために設定されたもの。大きく将官、佐官、尉官、下士官、一般兵に区分され、それぞれの中でさらに細かく等級付けがされている。

階級章
【かいきゅうしょう】
Rank insignia

軍服などに付ける階級を識別するための徽章。軍服の襟につける襟章、肩に付ける肩章、袖につける袖章などがあり、またかつてのアメリカ軍ではヘルメットにも付けていた。

海軍
【かいぐん】

Navy

海や内水面を担当する軍組織。主要装備は艦艇だが、航空機も用いられる。周辺を海に囲まれ海軍に力を入れている国を、海軍国とよぶこともある。

同 » ネイビー

海軍基地
【かいぐんきち】
Navy base

海軍の拠点となる軍事基地。多くは軍港に隣接して造られ、艦艇の修理や整備を行う乾ドックなどの大掛かりな施設を持つ。また新たな軍艦を建造する造船所や兵士の居住区、軍病院などが併設されることも多い。現在の日本では、正確には海軍ではなく海上自衛隊だが、呉、佐世保、横須賀、舞鶴、大湊などが海軍基地にあたる。

海軍歩兵
【かいぐんほへい】
Navy infantry

➡ 海兵隊

海軍陸戦隊
【かいぐんりくせんたい】
Navy land forces

旧日本海軍では、艦艇に乗務する水兵に陸戦兵器を持たせて上陸戦闘させる臨時編成の部隊を、海軍陸戦隊とよんでいた。現代では、海兵隊と同様の意味で使われることも多い。

同 » 陸戦隊

戒厳令
【かいげんれい】
Martial law

戦時や事変時に緊急処置として、立法、行政、司法の権限や事務行為の一部を、軍の機関に委譲することを戒厳という。戒厳を実行するために発布される宣告を戒厳令とよぶ。戒厳令がしかれると、国家の中枢機能を軍が掌握するだけでなく、一般市民の生活や行動、権利にも制限がかけられることが多い。

海自
【かいじ】
JMSDF

➡ 海上自衛隊

海上警備隊
【かいじょうけいびたい】
Maritime security force

第二次世界大戦終戦後の1952年に海上保安庁の中に発足した、日本の海上警備を担った組織。旧日本海軍の施設や要員の一部を引き継いだ。その後1954年に誕生した海上自衛隊の前身となった。

海上自衛隊
【かいじょうじえいたい】
Japan Maritime Self-Defense Force

1954年、日本に防衛庁(現・防衛省)が発足したときに、海上警備隊を移管して誕生した組織。海に囲まれた島国・日本の海上防衛にあたっている。配下には、護衛艦隊(2019年現在、4個護衛隊群+

5個護衛隊、護衛艦計48隻)、潜水艦隊、掃海隊群、航空集団、練習艦隊の各部隊と、管轄エリアで分かれた5つの地方隊(大湊地方隊、横須賀地方隊、舞鶴地方隊、呉地方隊、佐世保地方隊)で構成される。公式には軍ではなく、さまざまな呼称を旧軍時代とは区別しているが、国際基準では海軍に相当する。2017年3月現在、海上自衛隊に所属する自衛官の定数は45364人。

同 » 海自　略 » JMSDF

海上通商路
【かいじょうつうしょうろ】
Seaborne commerce route

➡ シーレーン

海上保安庁
【かいじょうほあんちょう】
Japan Coast Guard

日本の国土交通省の下部組織で、海上の安全と治安の維持確保を主任務とした警察機関。警察権を執行するために必要な軽微な武力は有するが、軍隊ではない。海外基準では沿岸警備隊やコーストガードに相当する。配下の艦艇は巡視船や巡視艇と呼称する。

同 » 海保　略 » JCG

外人部隊
【がいじんぶたい】
Foreign legion

自国籍以外の志願兵を採用して編制した正規軍部隊。フランス外人部隊が知られており、1813年に陸軍の中に創立されて以来、今でも継続している。またスペインも1987年ごろまでは外人部隊を持っていたが、現在は部隊単位での編制は行っておらず、自国籍以外の志願兵を受け入れ、既存の部隊に編入する形をとっている。傭兵部隊と混同されるが、厳密には異なる。

改造空母
【かいぞうくうぼ】
Modified aircraft carrier

巡洋艦や水上機母艦などの軍艦として一度就役したのち、改装して作りかえられた空母のこと。日本海軍では水上機母艦から改造された「千歳型」、潜水母艦から改造された「瑞鳳型」、「龍鳳」の計5隻。また軽巡洋艦から改造されたイギリス海軍の「フューリアス」や「グローリアス級」、アメリカ海軍の「インディペンデンス級」などがある。

対 » 正規空母、制式空母

海戦
【かいせん】
Naval battle

海上や内水面の水上で行われる戦いのこと。基本的に艦艇対艦艇の戦闘行為をさすが、艦艇対航空機の戦いや、艦艇対要塞の戦いも海戦とよばれることが多い。

開戦
【かいせん】
Outbreak

戦争や戦いを始めること。

会戦
【かいせん】
Battle

ある程度の大兵力の部隊同士で行われる大規模な戦闘行為。

会敵
【かいてき】
Intercept

敵と遭遇することを前提に行われる作戦行動の結果、遭遇し戦闘状態に移行する状況。意図せずに出会ってしまった結果として行われる遭遇戦の場合には用いない。

　同　》接敵

回転式拳銃
【かいてんしきけんじゅう】
Revolver

➡ リボルバー

回転翼機
【かいてんよくき】
Rotorcraft, Rotary-wing aircraft

➡ ヘリコプター　　対　》固定翼機

外燃機関
【がいねんきかん】
External combustion engine

ボイラーなど機関の外にある装置で燃料を燃やし、その熱エネルギーで水などを加熱し蒸気を発生させ、その力でタービンやピストンなどを駆動して運動エネルギーに変える仕組みの機関。燃焼ガスを直接作動流体に用いない。蒸気エンジンや蒸気タービン、原子力機関などが代表的な外燃機関だ。

　対　》内燃機関

海兵
【かいへい】
Marine

広義的には海軍に属する下士官・兵の総称だが、実際は艦船に乗船している戦闘員のことを指すことが多い。古くは艦艇を接舷して行われる兵士同士の白兵戦に投入された。また海兵隊などの水陸両用部隊に所属して陸上で戦闘する兵士も海兵とよぶ。艦艇の操船などに携わる乗組員は、水兵とよんで区別している。

海兵遠征部隊
【かいへいえんせいぶたい】
Marine Expeditionary Unit

アメリカにおける、海外に展開する海兵隊の部隊のこと。

　略　》MEU

海兵隊
【かいへいたい】
Marine Corps

上陸作戦などの水陸両用作戦に従事することを念頭にした、陸戦兵器を装備し訓練された戦闘部隊。現代の各国海兵隊の中でもっとも代表的な存在のアメリカ海兵隊は、陸軍、海軍、空軍に次ぐ第

4の軍組織として独立編制されている。しかし国によっては、海軍や陸軍所属の部隊として存在することも多く、海軍歩兵や海軍陸戦隊など、呼称もさまざま。自衛隊でも2018年に、陸上自衛隊の配下部隊として海兵隊に相当する水陸機動団が創設された。海兵隊に課せられる任務や運用は各国でまちまちで、海外派遣の先鋒として投入されることや、陸上での特殊作戦に投入されることも。島嶼防衛を担う場合や、さらには極地での戦いなどに投入される場合もある。共通するのは、戦闘技能に優れた精鋭部隊として認識されていることだ。

| 同 》 海軍歩兵、海軍陸戦隊、水陸両用部隊、マリーン、マリンコ

外洋海軍
【がいようかいぐん】

Blue water navy

➡ ブルーウォーター・ネイビー

| 対 》 沿岸海軍

海里、カイリ
【かいり】

nautical mile

海上や空中の距離を表す単位。地球の経度1分に相当する長さで、国際海里では1海里が1852mと定められている。陸上のヤードポンド法で使われているマイル（陸マイル）とは、長さが異なる。

| 同 》 シーマイル、ノーティカルマイル
| 略 》 nm

火炎瓶
【かえんびん】

Petrol bomb, Gasoline bomb, Bottle bomb

ガラス瓶の中にガソリンや灯油などの可燃性の高い液体に粘度の高い重油などを混合して詰めた、簡易的な投擲兵器。熱いエンジン部などに投擲すると、着弾で割れた瓶から飛び散る可燃性液体が燃え上がる。また瓶のフタ代わりに布を詰め、着火してから投げることもあった。第二次世界大戦の前後に歩兵が戦車などの敵車両を攻撃するために使用された。1939年のノモンハン事件では、日本軍がソ連軍戦車を攻撃するのに使用。また同年のソ連とフィンランドの間で戦われた冬戦争でも、フィンランド軍が対戦車兵器として使用し成果を上げた。この時のソ連外相の名前を揶揄し、モロトフ・カクテルと名付けられ代名詞となった。

| 同 》 モロトフ・カクテル

火炎放射器
【かえんほうしゃき】

Flamethrower

火炎を吹きつけ焼き払う兵器。ガソリンや重油などの可燃性液体を詰めたタン

クと圧搾ガスを充填したタンクで構成される。圧搾ガスでノズルから可燃性液体を吹き出し、それに着火する。個人で携帯するタイプの火炎放射器は、背中に2〜3本のタンク（1本は圧搾ガス）を背負い、ガン状のノズルから火炎を吹き出す仕組み。ただし、個人携帯タイプは射程が約18mと短く、反撃されタンクが爆発する危険性もあった。

火炎放射戦車
【かえんほうしゃせんしゃ】
Flamethrower tank

主砲の代わりに大型の火炎放射器を装備した戦車。吹き出す火炎の射程は30〜50m程度で、陣地への肉薄攻撃などに投入された。第二次世界大戦期にドイツ、ソ連、アメリカ、イギリスなどで装備された。

化学エネルギー弾
【かがくえねるぎーだん】
Chemical Energy Penetrator

戦車砲弾や対戦車兵器の弾頭に使われる対装甲弾のうち、弾頭内部の炸薬の爆発によって装甲の貫通破壊を行うタイプのもの。榴弾（HE）や粘着榴弾（HESH）、成形炸薬弾（HEAT）などが代表的。

対 » 運動エネルギー弾

化学兵器
【かがくへいき】
Chemical weapon

毒ガスに代表される、致死性が高い有毒な化学物質を用い、人間や生物の殺傷に主眼を置いた兵器。Chemicalの頭文字をとって「C兵器」ともよばれる。第一次世界大戦で使われ威力を知らしめた。その後の1925年のジュネーブ議定書で、戦争における化学兵器の使用が禁止された。第二次世界大戦ではあまり使われなかったが、現在も各地の紛争や戦争で隠れて使用されたことがたびたびある。核兵器や生物兵器と並び、非人道的な大量破壊兵器（NBC兵器）の1つに数えられている。代表的な化学兵器に、マスタードガス、サリン、VXガスなどがある。

同 » 毒ガス、C兵器

化学兵器禁止条約
【かがくへいききんしじょうやく】
Chemical weapons convention

化学兵器の開発・製造・貯蔵・使用を全面的に禁止するとともに、存在する化学兵器を廃棄することを定めた多国間条約。1993年に署名され1997年に発行した。1925年のジュネーブ議定書では、化学兵器の使用禁止のみうたわれたが、開発・生産・貯蔵に関しては禁止項目には入っていなかった。第二次世界大戦後も長らく放置されたままだったが、湾岸戦争での使用疑惑を背景に、ようやく国際条約として締結された。過去に遡り他国に廃棄した化学兵器についても、遺棄国による処分や費用負担の義務を定めている。

化学防護服
【かがくぼうごふく】
Biochem suits

毒ガスや火山ガスなどの有害な化学物質や、病原菌やウィルスなどから、人体を守るための装備。酸素供給式の呼吸装置を備えたフルフェイスマスクや全身を覆い密閉するスーツを備えたもの（レベルA）から、濾過式の簡易ガスマスクと体表面を遮断する程度の服装の組み合わせ（レベルC）まで、対応する状況や物質によって、幅がある。

火器
【かき】
Firearms

火薬の燃焼を使って弾を発射する兵器。銃砲の総称。

火器管制装置
【かきかんせいそうち】
Fire Control System

➡ 射撃統制装置　略 » FCS

火器管制レーダー
【かきかんせいれーだー】
Fire control radar

艦艇や軍用機に搭載される、砲やミサイルの狙いをつけるために使用する専用のレーダー。目標に向けて指向性の高いレーダー波を連続照射し、位置や距離を正確に割り出す。火器管制レーダーの照射は、攻撃の準備行動とされ、攻撃の意思ありとみなされるのが通例。

過給機
【かきゅうき】
Supercharger

エンジンに燃焼に必要な空気を人為的に送り込む装置。過給機を使うことでエンジンの出力パワーを増大することができる。エンジンの回転軸に直結し機械的に過給タービンを回すスーパーチャージャーと、排気ガスを使って過給タービンを回すターボチャージャーがある。

架橋戦車
【かきょうせんしゃ】
Armoured vehicle launched bridge

戦車の車台に、砲塔の代わりに分割式や折り曲げ式の戦車橋を積んだ装軌車両。戦場で戦車の進行を阻む、塹壕や戦車壕に渡して、突破口にするための装備。工兵が運用する。交戦中に敵前で使われるため、非整地での機動力と装甲の厚さに優れた戦車の車台がベースに使われている。

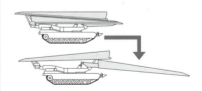

擱座
【かくざ】
Stranding, Grounding

艦艇が浅瀬や暗礁に乗り上げて（座礁）動けなくなる状態。また戦車などの車両が戦場で破壊されて身動きが取れなく

なることもいう。

核拡散防止条約
【かくかくさんぼうしじょうやく】
Treaty on the Non-Proliferation of Nuclear Weapons

　核兵器の不拡散に関する国際条約。1963年に国際連合で採択され、1968年に最初の62カ国により調印。1970年3月に発行。日本は1970年に署名し、1976年に批准した。また当初の条約期限が切れる1995年には、条約の無期限延長が決定された。当時の核保有国であったアメリカ、ソ連（現ロシア）、イギリス、フランス、中国の5カ国を「核兵器国」と定め、それ以外の「非核兵器国」への核兵器の拡散防止を定めた「核不拡散」が大きな柱。また「核兵器国」への核軍縮交渉を行う義務を規定。さらに原子力平和利用の軍事転用を防止するために、非核兵器国が国際原子力機関（IAEA）の保障措置の受諾が義務とされている。2015年の段階で条約締結国は191カ国だが、イスラエルと核兵器保有国のインド、パキスタンは未加盟だ。

　略 » NPT

核魚雷
【かくぎょらい】
Nuclear torpedo

　核弾頭を装備した大型魚雷。

核シェルター
【かくしぇるたー】
Nuclear bomb shelter

　核兵器による攻撃から避難するために設置する設備。爆発時の熱や爆風（衝撃波）、初期放射線などの一次被害に耐えるため、一定の堅牢制と機密性が必要。また残留放射線による被ばくを避けるために、放射線量が一定レベルまで減少する期間、長期滞在する機能や能力も要求される。多くは、地下空間に造られる。核シェルターは、国家の中枢部や重要軍事施設などに併設されることが多いが、スイス、イスラエル、スウェーデン、フィンランド、ノルウェーなどの国々では、公共施設として市民シェルターが整備されている。また個人レベルで自宅地下に設置する比較的小型の施設もある。

核弾頭
【かくだんとう】
Nuclear warhead

　核ミサイルや核魚雷に搭載される核兵器本体。核ミサイルの中には、1発の弾頭を積む単弾頭のものもあるが、複数の弾頭を搭載する多弾頭式のものもある。

格闘戦
【かくとうせん】
Dog fight

　語源は人間同士が組打ちして戦う接近戦だが、現在は戦闘機が繰り広げる空中戦の戦い方として用いられる。戦闘機同士が機銃や短距離ミサイルで攻撃するために、相手の後方位置を取ろうと回り込む機動を行いながら戦う近接空中戦のこと。

| 同 » ドッグファイト、巴戦
| 対 » 一撃離脱戦法

学徒出陣
【がくとしゅつじん】
Departure of students for the front

　戦争が長期化し兵士が不足する状況で、本来は徴兵対象から外されている学生を臨時に徴兵し戦場に送ること。

学徒勤労動員
【がくときんろうどういん】
Student labor mobilization

　戦時に成人の多くが戦場に出たため不足した軍需工場や食糧生産などの労働力として、学生を動員すること。

学徒兵
【がくとへい】
Student troop

　学徒出陣した、学校に籍を置いたままの若年兵士。逼迫した状況で投入されるため、速成教育で戦場に送り出されることが多かった。

格納庫
【かくのうこ】
Hanger

　主に航空機などの兵器を収容する倉庫や施設。航空基地などに滑走路に隣接して設置されるが、艦載機を搭載する空母やヘリコプター搭載艦にも格納庫がある。米海軍では空母の飛行甲板の下層に設置した格納庫をハンガーデッキとよぶ。

| 同 » ハンガー

核爆弾
【かくばくだん】
Nuclear bomb

➡ 核兵器

核爆雷
【かくばくらい】
Nuclear depth charge

　潜水艦を攻撃するための爆雷で、炸薬に核弾頭を搭載したもの。威力が大きいため広範囲で潜水艦にダメージを与えることが可能。1950年代に開発されたが、現在は退役し使われていない。

核パトロール
【かくぱとろーる】
Nuclear patrol

　核弾頭装備の潜水艦発射弾道ミサイルを搭載した弾道ミサイル原潜が担う任務。自分の位置を秘匿し、長期間海中を遊弋し、核戦争で自国が攻撃されたさいの報復戦力として待機する。アメリカ、ロシア、イギリス、フランス、中国の「核保有国」は、常に弾道ミサイル潜水艦を展開し、有事に備えるとともに、核抑止力の重要な手段としている。

核兵器
【かくへいき】
Nuclear weapon

　核分裂反応や核融合反応によって生じる膨大なエネルギーで破壊を行う兵器。

方式によって、原子爆弾、水素爆弾、中性子爆弾に区分される。その威力は、爆発時に発する爆風や衝撃波、熱線、放射線、電磁パルスなどによるもの。破滅的な多大な被害をもたらすため、大量破壊兵器（NBC兵器）の筆頭に位置づけられている。第二次世界大戦終盤にアメリカによって実用化され、広島と長崎に落とされた2発の原子爆弾が、これまで実戦使用されたすべて。航空機から爆弾として投下するほか、ミサイルや魚雷の弾頭として使用する。また砲弾に仕込んだ小型の核砲弾も存在する。弾道ミサイルなどに搭載され、国家間での広範囲な破壊攻撃を目的とした威力の大きいものは、戦略核兵器とよばれる。一方、射程が500km以下の兵器に搭載し、威力を抑え通常の戦場での使用を目的としたものを、戦術核兵器とよび、区別している。

同 » 核爆弾、N兵器

核ミサイル
【かくみさいる】
Nuclear missile

　核兵器を弾頭に装備したミサイル。弾道軌道で飛ぶ弾道ミサイルのほか、巡航ミサイルにも核弾頭装備のものがある。

核抑止力
【かくよくしりょく】
Nuclear deterrent

　膨大な破壊力を持つ核兵器は、使い合うと双方ともに壊滅的な被害を受ける可能性が高い。そこで核兵器を保有し、弾道ミサイルや戦略爆撃機、弾道ミサイル原潜などの報復攻撃手段を持つことが、他国からの攻撃を受けない抑止力になるという考え方。20世紀の冷戦時代に生まれ、それに従ってアメリカとソ連（当時）の間で、核軍拡競争が起こった。交渉により戦略核兵器が大幅削減した現在でも、核保有国の基本戦略となっている。

舵
【かじ】
Rudder

　船の船尾につけられる、水の抵抗を利用して方向を変えるための板状の装備。左右に方向を変える縦舵の他に、潜水艦の上下姿勢制御や潜航浮上に使う横舵や潜舵、航空機に備えられ空気抵抗で機首の向きを左右に変える方向舵（ラダー）や、上下に変える昇降舵（エレベーター）などもある。

同 » ラダー

下士官
【かしかん】
Non-commissioned officer, Petty officer

　軍隊における階級において、一般兵士と士官（将校）の間に位置する、曹長、軍曹、伍長、兵曹など。多くは一般兵士が経験を積み昇進する。下士官は兵役の期限が切れても軍に留まる職業軍人で、陸軍なら分隊長として一般兵を統率したり小隊長の補佐役を務めたりする。現場では頼りとされるまとめ役だ。また特殊技能

を身につけたプロフェッショナルも多い。最初に士官学校などの高等教育を経ない下士官は、そのままではほとんど士官に昇進することはない。しかし推薦を受け士官学校に入学し士官を目指すケースや、まれに武勲を評価され戦時昇進するケースもある。下士官から昇進した士官は、まさに現場たたき上げの一目置かれる存在だ。

ガス・エレクトリック
【がすえれくとりっく】
Petrol-electric, Gasoline-electric

　車両などに使われる動力方式で、ガソリンエンジンで発電機を回し、その電力でモーターを駆動して走行する。車速はモーターの回転数で制御するため、トランスミッションが不要。歴史は意外に古く、第二次世界大戦時のドイツの駆逐戦車「エレファント」に採用された。現在の民生用乗用車ではレンジエクステンダー方式とよばれている。またシリーズハイブリッドとよばれる方式も似ているが、こちらはエンジンで発電した電力を一度バッテリーに貯め、そこからモーターに供給するため、厳密には区別されている。

ガスタービンエンジン
【がすたーびんえんじん】
Gas turbine

　原理は航空機で使われるジェットエンジンと同じで、大量の空気を取り入れ燃料と混合して燃焼させ高速の排気ガスを出し、そのガスでタービンを回して回転力に変える。比較的コンパクトながら高出力が得られるため、小型のものはヘリコプターなどのエンジンに使われ、大型のものは艦艇の主機関や発電機などに使われる。この他、アメリカの主力戦車「M1」や、旧ソ連の主力戦車「T-80」などにも採用された。出力が高く加速性能も抜群だが、一方で低速回転域での燃費がかなり劣悪なのが欠点とされる。

　同 » ターボシャフトエンジン

ガスマスク
【がすますく】
Gas mask

　有毒なガスから防護するためのマスク。顔面を覆うフェイスピースに、呼吸する外気を濾過するフィルターや弁が付いたキャニスターが取り付けられ、顔面にピッタリ密着して装着する。簡易的なものは防げるガスが限定されているが、高度なものだとガス以外に細菌などの生物兵器や放射能もある程度遮断できるものもあり、体全体を覆う化学防護服とセットで使われる。

　同 » 防毒面

可潜艦
【かせんかん】
Submarine

　第二次世界大戦までの潜水艦。当時は通常は水面を航行し、必要な時だけ潜水するような運用をされており、水上航行に重きを置いた船型をしていた。一方、戦後から現在は、水中航行性能を重視した

設計になっており、運用方法も大きく変わった。そこで第二次世界大戦期までの潜水艦の大半を可潜艦と呼称して、現在の潜水艦と区別することがある。

河川砲艦
【かせんほうかん】
River gunboat

　数100ｔと比較的小型の艦艇にやや強力な砲を積んだ水上戦闘艦艇で、河川や内水面での運用を前提にしたもの。浅瀬も航行しやすいように喫水が浅い代わりに、波浪対策は考慮していない設計のため、外洋での航行には向かない。単に砲艦とよばれることもある。

同 » ガンシップ、砲艦

仮装巡洋艦
【かそうじゅんようかん】
Auxiliary cruiser

　巡洋艦クラスの排水量の商船を武装して砲や魚雷を装備した艦艇。搭載された砲の威力など攻撃力は巡洋艦並みだが、元が商船構造のため、防御力は低い。

画像誘導
【がぞうゆうどう】
Electro-optical homing guidance

　ミサイルの誘導方式の1つ。シーカー部にTVカメラを搭載し、そこで捉えた目標の画像データを使ってミサイルを誘導する。

同 » TV誘導

ガソリンエンジン
【がそりんえんじん】
Gasoline engine

　ガソリンを燃料とする内燃機関。比較的小型なものが多い一方で、高出力が見込まれるため、車両や航空機、小型ボート用船外機などのレシプロエンジンに使われる。ただし、ガソリンは引火点が低く常温で引火するため、攻撃を受け破損した時に爆発炎上する恐れがある。そのため、近年の軍用車両では軽油を使うディーゼルエンジンが主流となっている。

肩乗せ式地対空ミサイル
【かたのせしきちたいくうみさいる】
Man-portable Surface-to-Air Missile

➡ 携帯式防空ミサイルシステム

カタパルト
【かたぱると】
Aircraft catapult

　語源は石を飛ばす武器である"石弓"からきており、射出装置とも訳される。現在は、艦船などから航空機を射出する装置のことを指す。蒸気式、油圧式、火薬式、空気式などがあり、近年はリニアモーターの原理で射出する電磁カタパルトも開発されている。

滑腔砲
【かっこうほう】
Smoothbore

現代の戦車の主砲などに使われる直射砲。現在の各国の一線級主力戦車が装備する120〜125㎜戦車砲は、ほとんどが滑腔砲だ。砲身の内側が滑らかにできていて、ライフリングが刻まれていない。砲弾は早い初速で回転することなく打ち出される。そこで弾道を安定するために、安定翼の付いた砲弾が使われ、高い命中精度を実現している。

|同| » スムーズボア
|対| » ライフル砲

滑走路
【かっそうろ】
Runway

飛行場に設置される、航空機が離発着するための帯状の通路。レシプロ機の時代は1500〜2000ｍが主流だったが、ジェット機が運用され速度が上がり機体も大型化された現在では、3000〜4000ｍ級の滑走路が必要とされている。

|同| » ランウェイ

カッターボート
【かったーぽーと】
Cutter boat

艦艇に搭載される大きめの手漕ぎボート。8〜12本程度のオールを備える。現在は救命ボートとして使われるが、昔は上陸設備のない浜などへの上陸艇として使われていた。

|同| » 短艇、端艇

カートリッジ
【かーとりっじ】
Cartridge

➡ 弾薬

ガトリングガン
【がとりんぐがん】
Gatling gun

19世紀後半にアメリカでガトリングにより発明された、6〜10本の銃身を束ねて回転させながら連射する機関銃。銃身束の回転は手回しハンドルで行い、弾薬装填と発射が連続して行われ、1分間に200発の発射が可能だった。日本にも輸入され、幕末の戊辰戦争に使用されたことで知られている。このような回転式多銃身機関砲を総称して、ガトリングガンとよぶようになった。現代では、アメリカが開発した戦闘機の搭載機関砲や対空砲として使われる6銃身のバルカン砲が代表的だ。

|同| » バルカン砲

カナード翼
【かなーどよく】
Canard

一部の戦闘機の機体前部に装着されている小型の前翼。機動性の向上につながり、空中戦能力を高める役割があるとされている。欧州やロシアの4.5世

代ジェット戦闘機である、「ユーロファイター・タイフーン」や「ラファール」、「グリペン」、「Su-30」、中国の最新鋭ステルス戦闘機「J-20」などに装備されている。

加濃砲
【かのうほう】
Cannon

➡ カノン砲　同 》キャノン

カノン砲
【かのんほう】
Cannon

　元々は比較的口径長の長い砲身で、弾道が比較的真っすぐな直射砲を、フランス語でカノンとよんでいた。英語ではキャノン。（加濃砲は、日本で名付けた当て字）。第二次世界大戦後あたりまでは、曲射する榴弾砲と区別して使われていたが、現在は長砲身化した榴弾砲に統合され、あまり使われなくなった。

同 》加濃砲、キャノン

カービン
【かーびん】
Carbine

　元は馬上でも扱いやすいように、長銃の銃身を切り詰めて短くした騎兵銃のこと。その後、第一次世界大戦期のころから、一般歩兵用のライフル銃の銃身を短くしコンパクトにしたものをカービンと呼称するようになった。また第二次世界大戦で使われたアメリカの「M1カービン」のように、全長が短いだけでなく一般のライフル弾より小型の専用弾薬を用いるものもあった。現在のアメリカでは、民間人に市販が禁止されているアサルトライフルから、連射機能を外し銃身を短くして市販可能にしたものなどもカービンモデルと呼称している。

同 》騎兵銃

火砲
【かほう】
Artillery

➡ 大砲

可変翼
【かへんよく】
Swing-wing, Variable Geometry wing

　ジェット機の主翼で、速度域によって最適の効率を得られるように、翼の後退角度を変えることができる仕組みのもの。アメリカの「F-14トムキャット」や「F-111」、「B-1」、欧州共同開発の「トーネード」、ソ連の「MiG-23」、「MiG-27」、「Su-24」、「Tu-160」などが可変翼を採用した。

同 》VG翼

缶
【かま】
Boiler

➡ ボイラー

神風攻撃
【かみかぜこうげき】
Kamikaze attack

→ 特攻

カモフラージュ
【かもふらーじゅ】
Camouflage

　周囲の物や風景に紛れ溶け込ませるように偽装すること。使用する現場によって、森林地帯であれば樹木の色や模様、砂漠であればサンドカラーなど使い分ける。代表的なものは迷彩とよばれる柄で、これを最近では「カモ柄」などと短縮してよぶこともある。また青空や海の色に近い灰色や青味がかった色を、航空機や艦船の塗装色にすることも、カモフラージュの1種だ。

同 » 迷彩

カモフラージュ・ネット
【かもふらーじゅねっと】
Camouflage net

　装備や陣地を、航空機などの敵から発見しにくくするために被せる網。網には森林に見えるような彩色や人工の葉を飾り付けて偽装が施されてあり、周囲の風景に溶け込む一方で、下にある味方を覆い隠す。

同 » 偽装網

火薬
【かやく】
Gunpowder

　中国で唐の時代に発明され、世界三大発明に数えられる化合物。衝撃や熱を加えることで急激な化学変化で燃焼し、大量の熱やガスを発生する。ただし通常の燃焼と違い、酸素を必要としない。その結果、爆発による破壊をもたらしたり、銃砲の発射薬として使用されたりする。単に火薬というと、狭義にはもっとも基本的な粉状の黒色火薬（木炭と硫黄、硝石の混合物）のことを指すが、ほかにもさまざまな火薬が存在する。

同 » パウダー

火薬式カタパルト
【かやくしきかたぱると】
Explosive type catapult

　火薬が破裂する力で航空機を射出し発艦させるカタパルト。第一次世界大戦後に、水上機を艦載して偵察任務等で運用するようになると、巡洋艦以上の大型戦闘艦に火薬式カタパルトを装備し、狭いスペースから発艦させることを可能にした。

ガン
【がん】
Gun

　銃や砲の総称。また銃のような形状の器具をガンになぞらえてよぶこともある。

ガンカメラ
【がんかめら】
Gun camera

　戦闘機などの軍用機に搭載される機銃

などに連動した戦果記録用ムービーカメラ。戦闘後に解析し、命中判定や戦果の確認などに使われる。また、演習時には機銃本体は作動させず、ガンカメラのみで模擬空中戦を行うこともある。

艦橋
【かんきょう】
Bridge

　艦船の甲板から上に高く突き出すように設けられた、望楼状の構造物。航海の指揮や操船などが行われる、艦の中枢部。

 同 » 司令塔、ブリッジ

艦舷エレベーター
【かんげんえれべーたー】
Side elevator

➡ サイドエレベーター

艦攻
【かんこう】
Carrier-based attacker

➡ 艦上攻撃機

緩降下
【かんこうか】
Slow descent

　航空機が徐々に高度を下げる、ゆったりとした降下の状態。この状態で行う爆撃を緩降下爆撃とよぶ。

 対 » 急降下

艦載機
【かんさいき】
Carrier-based aircraft

　艦艇に搭載され発艦する航空機を、艦載機とよぶ。艦載機には、空母に積まれる固定翼機（艦上機）に加え、第二次世界大戦ごろまで使われた水上機や、戦後から現在まで多用されるようになったヘリコプター（回転翼機）も含まれる。

 同 » 搭載機

艦載砲
【かんさいほう】
Naval gun

　艦艇に搭載される砲の総称。

ガンシップ（艦艇）
【がんしっぷ】
Gun ship

➡ 河川砲艦

ガンシップ（航空機）
【がんしっぷ】
Gun ship

　輸送機や輸送ヘリコプターなど比較的大型の軍用機を改造して、機関銃や機関砲、大口径直射砲、対地ミサイルなどを積んだ、局地制圧用の対地攻撃機。ベトナム戦争時に地上目標制圧任務のために、アメリカ軍が考案した。空飛ぶ砲艦という意味でこうよばれる。現在でも輸送機をベースにした「AC-130」などが装備される。最初から対地攻撃任務に特化して開発された攻撃ヘリコプターを、ガンシップとよぶこともある。

艦種記号
【かんしゅきごう】
Hull code

軍艦の種類分けのために振り当てられるアルファベットの記号。各国で異なるが、一般にはアメリカ海軍のものを標準的な艦種記号とすることが多い。戦艦がBB、重巡洋艦がCA、駆逐艦がDD、空母がCVなど。

艦上機
【かんじょうき】
Carrier-based aircraft

空母に搭載され、飛行甲板から発艦・着艦などを行う固定翼の艦載機を、特に艦上機とよび、陸上機やフロートを装備した水上機と区別している。艦上で運用するために、各所の強度を高め、着艦のためのアレスティング・フックを装備したり海水による塩害対策など　専用の装備が施されている。

対 » 陸上機、水上機

艦上攻撃機
【かんじょうこうげきき】
Carrier-based attacker

空母に搭載される攻撃機。航空魚雷を使った雷撃や、爆弾を使った対地・対艦攻撃などを任務とする。第二次世界大戦初期の日本海軍では、800kgクラスの航空魚雷や500kgの重量級爆弾を搭載する一方で、機体強度の問題から急降下爆撃は行えず、爆撃時には水平爆撃を行った。第二次世界大戦後期には急降下爆撃にも対応する機体が登場し、艦上爆撃機の任務も兼ねるようになった。多くの任務をこなすために、複座以上の機体が多い。ジェット機の時代になると、対艦攻撃の主兵器が航空魚雷から対艦ミサイルに代わった。現代では、さまざま任務を兼務するマルチロール機が登場し、純然たる艦上攻撃機は姿を消しつつある。現在のアメリカ海軍では「F/A-18スーパーホーネット」が主力で、対空戦闘、対艦/対地攻撃などさまざまな任務に対応している。

同 » 艦攻

艦上戦闘機
【かんじょうせんとうき】
Carrier-based fighter

空母に搭載される戦闘機。空母や味方艦隊の周辺空域で、敵機や敵ミサイルの侵入に備え撃退する戦闘哨戒任務を担当する。また、攻撃に向かう味方の艦上攻撃機に同行する護衛(直援)任務や、敵艦隊や敵拠点上空で待ち構える敵機を先立って掃討し、攻撃機の任務をサポートする制空任務なども行う。そのため、良好な戦闘能力と長大な航続距離が要求される。第二次世界大戦時の日本を代表する戦闘機である「ゼロ戦」は、艦上戦闘機として誕生した。またアメリカの「F14トムキ

ャット」など、ジェット機時代に入っても艦上戦闘機は存在したが、現在は戦闘機と攻撃機の双方を兼ね備えるマルチロール機に任務は引き継がれている。

同 » 艦戦

艦上偵察機
【かんじょうていさつき】
Carrier- based reconnaissance aircraft

空母に搭載される偵察機。周辺エリアの偵察任務や、敵を探す索敵任務に従事する。第二次世界大戦時には、操縦士の他に観測士が搭乗する複座機や、さらに通信士が搭乗する三座機が使われた。長い航続距離に加え、敵の追撃から逃れるための高速も必須の性能とされる。

現在では専門の艦上偵察機は姿を消し、早期警戒機や偵察ポッドを搭載したマルチロール機が役割を担う。偵察を任務とする艦載の無人機も登場している。

同 » 艦偵

艦上爆撃機
【かんじょうばくげきき】
Carrier- based bomber

第二次世界大戦時に活躍した、空母に搭載される急降下爆撃機。急降下爆撃に対応するために機体の強度が高められていた反面、搭載できる爆弾は少なく、250kg〜500kg程度までだった。第二次世界大戦後期には、艦上攻撃機でも急降下爆撃に対応できるようになり、こちらに統合された。

同 » 艦爆

艦上雷撃機
【かんじょうらいげきき】
Carrier- based torpedo bomber

第二次世界大戦時にアメリカとイギリスの空母で運用された、雷撃を専門とする艦上機。現代では対艦攻撃兵器がミサイルに代わったため、姿を消した。

慣性航法装置
【かんせいこうほうそうち】
Inertial Navigation System

潜水艦や航空機、ミサイルなどに搭載される外部電波などに依存せずに自分の現在位置や速度を推定する航法装置。高精度のジャイロコンパスと加速度センサーなどを組み合わせ、計算で現在位置を割り出す。潜水すれば周囲が見えず電波もキャッチできない潜水艦では、航行に必須の装置だ。ただし海流などの影響で誤差が生じるため、時々浮上してGPSなどで位置座標の修正をする必要がある。

略 » INS

管制塔
【かんせいとう】
Control tower

空港に設置されるタワー状の施設。航空機の離陸着陸や、周辺空域での飛行状況を把握し指示を出すなど、航空管制業務を司る。飛行場の端まで見通すために、タワーの上に造られることが多い。

同 » コントロールタワー

艦戦
【かんせん】
Carrier based fighter

➡ 艦上戦闘機

乾燥重量
【かんそうじゅうりょう】
Dry weight

　車両や航空機で、燃料やオイル、冷却水などを含まない自重のこと。

観測機
【かんそくき】
Observation aircraft

　砲兵隊や艦艇からの砲撃時に、目標の偵察、弾着位置の確認や修正を行うために使われる軍用機。第一次世界大戦時には、自陣の上空に気球を上げ、相手陣地への弾着状況などを観測していたが、敵から狙われ被害も多かった。そこで航空機に観測兵を搭乗させ、運用するようになった。現在では、観測ヘリコプターや無人偵察機などが、偵察や弾着観測任務を引き継いでいる。

観測兵
【かんそくへい】
Spotter

　観測手ともいうが、砲撃において目標を観測し指示を送り、砲撃中は弾着位置の確認や修正を行う専門の兵士。敵陣を見通せる場所に潜むか観測機に搭乗して観測任務を行う。そのために敵に真っ先に捜索され狙われる危険な任務だ。また、狙撃兵とペアを組み、狙撃目標の指示や確認、狙撃兵の援護を担う兵も観測兵とよぶ。

　同 » スポッター

艦隊
【かんたい】
Fleet

　2隻以上の複数の軍艦で編制された、艦艇部隊。大規模な艦隊の場合は、その中でさらに数隻ずつの小編成で戦隊を組む場合もある。

　同 » フリート

艦隊型潜水艦
【かんたいがたせんすいかん】
Fleet type submarine

　第二次世界大戦期までの外洋航行能力を備えた大型潜水艦の中で、艦隊に随伴しての護衛任務や攻撃に先立つ偵察などを任務とする潜水艦。移動時は艦隊についていくために、水上航行での速度が要求された。

艦対艦ミサイル
【かんたいかんみさいる】
Ship-to-Ship Missile

　軍艦に搭載され、敵の軍艦や商船などの艦船を狙う中射程の対艦ミサイル。現代の軍艦に搭載される主要対艦兵器で、大型艦はもちろんのこと、100t前後と小型のミサイル艇や潜水艦でも運用できる。

　略 » SSM

艦対空ミサイル
【かんたいくうみさいる】
Ship-to-Air Missile

軍艦に搭載され、敵の航空機や対艦ミサイルを迎撃する対空ミサイル。数10km〜100km超と射程が長く艦隊全体をカバーする艦隊防空ミサイル、射程数10kmで自艦の防衛に使う個艦防空ミサイル、射程10km程度で最終防衛にあたる近接防空ミサイルと、射程によって3種類に分類される。

略 » SAM

艦隊戦
【かんたいせん】
Fleet war

複数の軍艦を擁する艦隊同士で戦われる水上戦闘。第二次世界大戦初期までは艦載砲の撃ち合いによる戦いが主で、大口径の艦載砲を持ち高い防御力を誇る戦艦が艦隊戦の主役だった。しかし攻撃レンジの長い空母艦載機に主役の座を奪われた。現在は対艦ミサイルも攻撃兵器として使われ、艦載砲同士で直接撃ち合うことは、ほとんど想定されていない。

艦対地ミサイル
【かんたいちみさいる】
Ship-to-Surface Missile, Ship-to-Ground Missile

軍艦に搭載され、海上から地上目標を狙う長射程ミサイル。巡航ミサイルとよばれる、航空機のように翼を持ち水平飛行で長距離を飛ぶミサイルが用いられる。

略 » SSM、SGM

環太平洋合同演習
【かんたいへいようごうどうえんしゅう】
Rim of the pacific exercise

➡ リムパック

艦隊防空
【かんたいぼうくう】
Fleet area defense

➡ エリアディフェンス

艦艇
【かんてい】
Warship

軍艦の総称で、艦（1000ｔ以上）と艇（1000ｔ以下）を合わせた呼称。

艦偵
【かんてい】
Carrier-based reconnaissance aircraft

➡ 艦上偵察機

乾ドック
【かんどっく】
Dry dock

艦艇の建造や修理・整備のために使う掘り込み式の施設。船体を入れたまま注排水ができ、建造や修理時には内部から水を排除。完成したら注水して船体を浮かべる。

同 » ドライドック

ガントラクター
【がんとらくたー】
Gun tractor

➡ 砲牽引車

艦長
【かんちょう】
Captain

　軍艦における最高責任者。たとえ階級が上位の将官が同乗していても、艦内での最高責任者としての権限と責任を負う。

ガンナー
【がんなー】
Gunner

➡ 砲手、射撃手

ガンパウダー
【がんぱうだー】
Gunpowder

➡ 装薬

艦爆
【かんばく】
Carrier-based bomber

➡ 艦上爆撃機

甲板
【かんぱん／こうはん】
Deck

　船の階層に水平方向に張られる床となる構造物。木板や鉄板を使う。最上層にある船首から船尾まで続く甲板を特に上甲板という。

| 同 | ≫ デッキ

甲板防御
【かんぱんぼうぎょ】
Protective deck

➡ 水平防御

艦砲射撃
【かんぽうしゃげき】
Naval bombardment

　軍艦に搭載した大口径砲で、地上目標を砲撃すること。特に戦艦や巡洋艦に積まれる主砲は威力が大きく、地上兵力にとっては大きな脅威となる。ただし軍艦からの攻撃のため、艦載砲の射程となる海岸線から数10kmまでの地点にしか届かない。

ガンポッド
【がんぽっど】
Gun pod

　戦闘機や攻撃機、攻撃ヘリなどに外装でとりつける、機銃や機関砲を内蔵したポッド。固定武装として内装の機関砲を備えていない機体に、必要に応じて取り付ける。

ガンボート
【がんぼーと】
Gunboat

　主に大河や湖水などの内水面や沿岸で使われる100 t 未満の小型艇に、強力な砲や機関銃を備え付けたもの。河川を往来しながら両岸の敵を攻撃する。

[同] » 河川砲艇

ガンポート
【がんぽーと】
Gun port

➡ 銃眼

ガンランチャー
【がんらんちゃー】
Gun launcher

　戦車などに搭載される戦車砲の1種で、榴弾や成形炸薬弾といった化学エネルギー砲弾と、対戦車ミサイルの双方を発射できるように設計されたもの。ガンランチャーは普通の戦車砲に比べ短砲身で軽量、発射時の反動も少ないため、軽戦車や歩兵戦闘車といった軽量級の戦闘車両への搭載に向いている。アメリカ軍では、「M551シェリダン」という空挺戦車に152㎜ガンランチャーを装備したが、今はすべて退役。一方ロシア軍では、歩兵戦闘車の「BMP-3」に100㎜ガンランチャーを備え、強力な対戦車戦闘能力を持たせている。

き

機械化部隊
【きかいかぶたい】
Mechanized unit

　戦車や装甲車、自走砲、トラックなどの軍用車両が多く配備された陸上部隊。戦闘車両だけでなく歩兵も兵員輸送車に搭乗し、随伴して移動する。そのため機動力が高く、侵攻戦闘に強みを発揮する。一方で防衛線には不向きの編成だ。機械化部隊に所属する歩兵部隊は、兵員装甲車などの装甲車両に搭乗する機械化歩兵と、トラックなどの非装甲車両を使う自動車化歩兵に区別される。

機械化歩兵
【きかいかほへい】
Mechanized infantry

　兵員装甲車や歩兵戦闘車に搭乗し、機動力と防御力を付与された歩兵のこと。戦車部隊に随伴する随伴歩兵や、戦闘力と移動力に優れる機動歩兵を指し、戦場までは装甲に守られ乗車移動、戦闘時には下車展開して戦う。非装甲のトラックで移動する歩兵は、軽歩兵や自動車化歩兵として機械化歩兵と区別している。第二次世界大戦時のドイツ軍では、機械化歩兵のことを装甲擲弾兵とよび、また旧ソ連軍やロシア軍では自動車化狙撃兵と呼称している。その他の国々でも機械化歩兵の存在は、現在の陸上戦力の主力となっている。

[同] » 装甲擲弾兵、自動車化狙撃兵
[対] » 軽歩兵

機械式過給機
【きかいしきかきゅうき】
Mechanical supercharger

➡ スーパーチャージャー

気化爆弾
【きかばくだん】

Air Explosive

➡ 燃料気化爆弾

旗艦
【きかん】
Flagship

　艦隊の指揮を執る軍艦。司令官や司令長官が座乗し、マストには司令官旗が掲げられることからこの名がついた。通常は艦隊で最大の艦が旗艦になることが多いが、例外もある。現在、横須賀を母港とするアメリカ第7艦隊は、巨大な原子力空母や強襲揚陸艦が所属するが、旗艦は排水量約19000tの揚陸指揮艦「ブルーリッジ」が長らく務めている。また、旗艦が指揮不能なほど損傷したり沈没したりした場合、司令官が他の艦に移乗して司令官旗を新たに掲げることを、旗艦を移すという。

機関拳銃
【きかんけんじゅう】
Machine pistol

　拳銃弾を連射できる短機関銃の一種だが、より小型で拳銃サイズのものを、機関拳銃と区別してよぶことがある。

機関室
【きかんしつ】
Engine room

　艦艇の中でエンジンを設置した部屋。ディーゼルエンジンなどの内燃機関を積んでいる場合は、機関室に主エンジンがある。また蒸気機関などの外燃機関では、ボイラーが設置される缶室と、タービンなどの機器が設置される主機室に分けられる。

機関銃
【きかんじゅう】
Machine Gun

　弾丸を連続して発射できる銃のことで、その中でも小銃弾や重機関銃弾といった5.56㎜から14.5㎜口径の弾を使用するものを機関銃とよんでいる。拳銃弾を使用する小型のものは短機関銃、20㎜より大口径の弾丸を使用するものは機関砲とよび分ける。また歩兵用自動小銃を連射できるようにしたアサルトライフルとも区別されている。機関銃は1〜2人で操作運搬可能な軽機関銃と、人力での運搬が難しく車載や航空機などへの搭載や陣地に据え付けて使用する重機関銃に大別される。大量の弾丸を連射するために、多量の弾をいれるマガジンや弾薬ベルトによる給弾機能、連射で熱せられた銃身を容易に交換できる機能などが備えられる。ただし軽機関銃であっても、兵士が手持ちの立射で使うことはほとんどない（フィクションではたまにあるが）。

　同 » マシンガン　　略 » MG

機関長
【きかんちょう】
Chief engineer

　艦艇でエンジンや動力伝達系統の運用や保守を担当する、機関員の中の責任者。機関長は機関室に詰める場合が多いが、艦橋や戦闘指揮所に居て機関室に指示を出す役割を担うこともある。

機関砲
【きかんほう】
Machine cannon

　口径20㎜以上の連射用の自動火器(単射が可能なものもある)。弾丸は貫通力に優れた徹甲弾が主流だが、口径が大きいため炸裂弾など、さまざまな弾種を使うことも可能。重量があるため、車両や航空機、艦艇に搭載して使用する。

気球
【ききゅう】
Balloon

　水素やヘリウムなどの軽いガスや、熱した空気で満たした気嚢で、浮力を得て浮遊する。動力を持たず風により移動するため、飛行船のように自力での自由な飛行は難しい。現在はレジャーやスポーツ、気象観測などに用いられるが、第一次世界大戦時には、偵察や砲撃の弾着観測用に、敵陣を上空から俯瞰するために用いられた。

気球爆弾
【ききゅうばくだん】
Balloon bomb

➡ 風船爆弾

起工
【きこう】
Begin construction

　艦艇の造船が始まり、着工されることを、起工とよぶ。起工から進水までは建造ドックの中で船台の上で造船が行われる。

機甲師団
【きこうしだん】
Armored division

　陸軍の戦略単位である師団の中で、戦車を中核とした装甲戦闘車両を主力に編制された部隊。打撃力と侵攻速度を両立し、戦車部隊と随伴する装甲兵員輸送車や歩兵戦闘車に搭乗した機械化歩兵が主力。また支援する砲兵、工兵、偵察などの各部隊も自動車化や装甲化がなされ、戦車の進撃速度に追随して展開する能力が必須だ。また、師団より規模の小さい同様の部隊は、機甲旅団や重旅団戦闘団などと呼称される。

奇襲
【きしゅう】
Surprise attack

　敵が襲撃や戦闘を予期していない場面で、隙を狙っての不意打ちや、意外な奇手で攻撃すること。敵より少ない戦力で、先んじて攻撃を仕掛けるときなどに使われ、成功すれば大きな戦果が期待できる。ただし、こちらの動向を知られた段階で奇襲は失敗に終わるため、事前行動の秘匿が必須となる。

基準排水量
【きじゅんはいすいりょう】
Standard displacement

　艦船の大きさを表す単位が排水量だが、艦の重さ(体積)に乗員と弾薬、消耗品を合わせた状態のものを、基準排水量という。第一次世界大戦後の1922年に

締結されたワシントン軍縮条約で、公式値として採用された。そのため、第二次世界大戦当時の軍艦は、基準排水量で表記されることが多い。現在でも海上自衛隊などの艦艇表記で使われているが、世界的には満載排水量を使うのが主流。基準排水量は満載排水量に比べ、2〜4割程度小さい値になる。

徽章
【きしょう】
Insignia

身分や所属を示すマークで、軍服の肩や袖、胸、防止やヘルメットなどに付ける印の総称。階級章も徽章の1つ。

儀仗兵
【ぎじょうへい】
Guard of honor

軍隊において、儀礼のために使用される武器を儀仗とよぶ。国家元首や高官を迎えるさいに行われる栄誉礼に伴い、儀仗と正装で身を固め、受礼資格者を警護すると同時に敬意を表する兵員。また儀仗兵の部隊を儀仗隊という。

艤装
【ぎそう】
Rigging

艦艇の船体自体が出来上がると進水を行うが、その後に行われる航行に必要な装備や搭載兵器を組み込む工事のこと。進水後、艤装工事が終わって初めて造船は完了する。その後、公試を経て異常がなければ、軍に引き渡され竣工となる。

偽装網
【ぎそうもう】
Camouflage net

➡ カモフラージュ・ネット

北大西洋条約機構
【きたたいせいようじょうやくきこう】
North Atlantic Treaty Organization

第二次世界大戦後の1949年に、アメリカ、西ヨーロッパ諸国、カナダにより調印された北大西洋条約に基づいて発足した多国間軍事同盟。頭文字からNATO(ナトー)と呼称され、ベルギーのブリュッセルに本部を置く。旧ソ連を中心とした共産主義勢力に対抗するために誕生し、発足当初は12カ国が加盟。その後1982年までにギリシャ、トルコ、西ドイツ、スペインが加入し、冷戦終結後は旧東欧諸国なども参加。2017年には29カ国が加盟している。配下の統一軍はNATO軍とよばれている。

| 同 | » ナトー | 略 | » NATO |

基地
【きち】
Base

軍隊が行動の拠点とする根拠地。各種装備の整備施設や、兵士が暮らす兵営などの諸施設が整っている。

| 同 | » ベース |

喫水
【きっすい】
Draft

艦艇において船体の水中に沈んでいる部分の深さ。また、ちょうど水面がくるラインを喫水線とよぶ。

機動戦闘車
【きどうせんとうしゃ】
Maneuver Combat Vehicle

陸上自衛隊装が装備する、装輪戦車。2017年に8輪で105㎜砲を備えた「16式機動戦闘車が配備された。

 同 》装輪戦車

機動部隊
【きどうぶたい】
Task force

一般的には、機動性に富んだ部隊という意味だが、日本の海軍では特に、複数の空母を集中運用した攻撃部隊を、機動部隊もしくは機動艦隊とよんだ。現在、世界で突出した空母保有国であるアメリカは、基本は空母1隻ごとを中核にして艦隊を組むため、機動部隊とはよばず空母打撃群と称している。

起倒式煙突
【きとうしきえんとつ】
Retractable chimney

黎明期の日本の空母「鳳翔」と、1934年に就役した米空母「レンジャー」で採用した、立てたり倒したり可動する煙突。航行時には煙突を立てて使用し、搭載機の発艦・着艦時には、邪魔にならないように横に倒して使用した。

記念艦
【きねんかん】
Memorial ship

現役時に武勲を上げるなどで名声を得た軍艦や、市民に愛された民間船で、退役後に陸揚げ状態や係留状態で保存され、一般公開されている艦。

騎兵
【きへい】
Cavalry

騎馬にまたがって戦う兵種。古代メソポタミアやギリシャの時代から存在し、19世紀末に自動車が登場する前までは、陸軍随一の機動力を発揮する花形であった。兵と騎馬に重装甲を施した重騎兵と、軽装ながら機動力に富み偵察などに使われた軽騎兵があった。現在では、儀仗隊としての騎馬兵や警察組織での騎馬を使った騎馬警官は存在するものの、実戦部隊の兵種としては姿を消した。ただし、ヘリコプターや装甲車を用いて偵察任務などに着く部隊では、伝統の騎兵連隊を名乗ることもある。

騎兵銃
【きへいじゅう】
Carbine

→ カービン

キャタピラ
【きゃたぴら】
Track

→ 無限軌道　[同] »クローラー、履帯

キャトーバー方式
【きゃとーばーほうしき】
CATOBAR

　空母の発艦と着艦の方式による分類の1つ。カタパルトを使って発進しアレスティング・ワイヤーを使って着艦を行うことができる空母のこと。Catapult Assisted Take Off But Arrested Recoveryの頭文字をとったCATOBARをそのまま発音している。着艦にアレスティング・ワイヤーを使用することで、CTOL艦載機（固定翼の通常離着陸艦載機）を運用できる。さらに発艦時にカタパルトを使用することで、搭載燃料や搭載兵器を含めたペイロードを、機体性能の上限まで増やすことができる。その結果、艦載機でも陸上機と遜色ない性能を発揮することが可能になる。現代では、このキャトーバー方式の空母が、海上戦力で最も強力なスーパーパワーだ。2019年現在で就役しているのは、アメリカが誇る11隻のスーパーキャリアと、フランスの「シャルル・ド・ゴール」、ブラジルの「サンパウロ」の、計13隻のみ（サンパウロは通常動力の老朽艦で2020年に退役予定）。加えて中国が現在建造中と伝えられている。

キャノピー
【きゃのぴー】
Canopy

→ 風防

キャノン
【きゃのん】
Cannon

→ カノン砲

キャビテーションノイズ
【きゃびてーじょんのいず】
Cavitation noise

　艦のスクリューが回転することで気泡が生じ、そのときに発生する騒音のこと。キャビテーションノイズは、波長で見ると艦ごとに異なるため、個艦識別に使う音紋の重要な決め手となる。潜水艦や対潜能力の高い水上艦など高性能ソナーを備える軍艦は、キャビテーションノイズによる音紋データと照合して識別を行う。

急降下
【きゅうこうか】
Dive

　航空機が45度以上の急角度で、急激に降下すること。降下時の速度は、通常の水平飛行時より速くなり、限度を超えると、機体のコントロールが効かなくなることや、主翼の破損などを引き起こすこともあるので、機種ごとに降下制限速度が設

定されている。

対 » 曖降下

急降下爆撃
【きゅうこうかばくげき】
Dive bombing

　目標にむけて45〜70度程度の角度で急降下し、精密な爆撃を行う戦法で、第二次世界大戦時に多用された。目標への爆弾命中率が高く、対空砲からも狙われにくい上に、落下する爆弾には機体の降下速度が加味され威力も高くなるという利点がある。ただし、急降下爆撃は機体に大きな負荷をかけるため、急降下に耐える機体強度や、降下速度をコントロールするダイブブレーキなどを備えた専用の急降下爆撃機が用いられた。それでも引き起こしが間に合わずに地上や海上に激突するリスクがあった。現在は、精密誘導爆弾の登場で、リスクの大きい急降下爆撃は、ほとんど行われなくなった。

急降下爆撃機
【きゅうこうかばくげきき】
Dive bomber

　第二次世界大戦時に活躍した、急降下爆撃が可能な小〜中型の爆撃機や攻撃機。60kg〜500kg程度の爆弾を運用し、敵の艦艇や戦車などを、急降下で狙い撃った。ダイブブレーキなどの急降下爆撃専用の構造を備えたものもあった。第二次世界大戦では、日本海軍の「99式艦上爆撃機」や「彗星」、日本陸軍の「99式双発軽爆撃機」、「99式襲撃機」、アメリカ海軍の「ダグラスSBDドーントレス」や「カーチスSB2Cヘルダイバー」、ドイツの「ユンカースJu87スツーカ」、旧ソ連の「ツポレフTu-2」などが活躍した。

急上昇
【きゅうじょうしょう】
Steep climb

　航空機などが、急角度で一気に上昇していくこと。急上昇を可能にするには、余剰のあるエンジン出力が必要となる。

休戦
【きゅうせん】
Ceasefire

　対峙する敵味方が申し合わせて、戦闘を一時的に休止すること。

同 » 停戦

休戦協定
【きゅうせんきょうてい】
Ceasefire agreement

　戦争や紛争で、当事国や勢力同士の間で結ばれる、戦闘を休止するための協定。休戦協定は、局地戦におけるクリスマス休戦のような期限付きの暫定処置で、あくまでも一時的なものとされ、戦争の終結となる講和条約とは異なる。しかし、大きな戦争が休戦協定により実質の終戦を迎えることもある。例えば1918年の第一次世界大戦の終結は、連合国とドイツの休戦協定によるものだ。また1953年に結ばれた朝鮮戦争休戦協定は、正式には「朝鮮における軍事休戦に関する一方国

際連合軍司令部総司令官と他方朝鮮人民軍最高司令官および中国人民志願軍司令員との間の協定」とされ、あくまでも終戦ではない。この休戦協定により実質的に朝鮮戦争は終結したが、現在に至るまで終戦には至っておらず休戦のままだ。

給弾ベルト
【きゅうだんべると】
Feeding belt

➡ 弾帯

救難飛行艇
【きゅうなんひこうてい】
Rescue flying boat

　海上や湖上で使われる救難機として、着水ができる飛行艇が利用されている。飛行艇は直接水上に降りられるうえに、航続距離が長く救難機にはうってつけだが、荒れた海では離着水ができないという欠点もある。現在、救難飛行艇を運用しているのは、日本の海上自衛隊とロシア、ウクライナのみだ。海上自衛隊では戦後に開発された対潜哨戒飛行艇の「PS-1」を改造し、1976年から救難飛行艇「US-1」を運用。そのエンジン強化型の「US-1A」を経て、現在は後継機である「US-2」を運用している。

救難ヘリ
【きゅうなんへり】
Rescue helicopter

　ヘリコプターの持つ、垂直離着陸能力やホバリング能力を生かして、救難行動用に改造した機体。レスキュー隊員をワイヤーで吊り下げるホイスト装置や、航法気象レーダー、赤外線暗視装置などの救難活動用の装備を備える。自衛隊では、陸上自衛隊、海上自衛隊、航空自衛隊がそれぞれのフィールドにあった救難仕様を施した「UH-60J/JA」を運用している。

義勇兵
【ぎゆうへい】
Military volunteer

　戦争や紛争で、正規兵とは別に自由意志で戦闘に参加した戦闘員のこと。同じ自発的でも、正規軍に正式に参加した場合は志願兵といわれる。また金銭的見返りにより雇われる傭兵とは区別される。しかしこのあたりの区別は、状況に応じて混同して扱われることも多い。義勇兵によって編制された部隊を義勇軍とよぶこともある。

臼砲
【きゅうほう】
Mortar

　16世紀ごろに開発された、短砲身の大砲の1種。大型の砲弾を45度前後の高い角度で打ち上げ、放物線を描く弾道で落下させる。城塞の攻撃などに使う攻城砲として使用され、20世紀初頭まで活躍した。

キューポラ
【きゅーぽら】
Cupola

　戦車の砲塔上に設けられる、車長が周囲を観察するための円筒状の構造物。のぞき窓や潜望鏡が備えられていたが、防御上の弱点になるため、現在の戦車では廃止され、替わりにセンサー類が備えられている。本来は建造物の屋根についた半球型の構造物のことを指す。

給油艦
【きゅうゆかん】
Refueling ship

　燃料を運ぶ軍用の油槽艦。タンカーともよばれるが、石油を産油地から運ぶ民間の大型タンカーとは異なり、味方の軍艦に洋上給油を行う機能や施設を持つ大型艦船。

　同 » タンカー、AO

教育隊
【きょういくたい】
Education unit

　軍隊において、新兵や下士官候補生、士官候補生を教育する役目を担う部隊の総称。名称は国や時代によってことなるが、各国で整備されている。自衛隊においても自衛官候補生養成のための教育隊のほか、各種の教育や養成に携わる部隊が編制されている。

仰角
【ぎょうかく】
Angle of elevation

　砲撃の際に、砲身につける水平面に対する角度のこと。高角砲などは、仰角45度以上の角度で対空目標を狙うことが可能である。

挟撃
【きょうげき】
Pincer attack

　味方の複数の部隊で、敵を挟み撃ちにすること。戦術的には有利に攻撃することができる。

挟叉
【きょうさ】
Bracket

　複数の砲を持つ軍艦が一つの目標に一斉に砲撃（斉射）したときに、目標の手前（近弾）と向こう側（遠弾）とに挟み込んで弾着することを、挟叉とよぶ。挟叉が起こるのは、狙いの距離感はほぼ正確だが、砲ごとの微妙なバラつきで外れた場合なので、そのままの照準で撃ち続ければ、目標が回避行動を行わない限り、いずれ命中する可能性が高い。

強襲揚陸艦
【きょうしゅうようりくかん】
Amphibious assault ship

　陸上兵力を運び、ビーチなど港以外の場所に上陸させることを任務とする輸送艦艇を揚陸艦とよぶ。強襲揚陸艦は、巨大な艦内に揚陸艇を収めたドックや輸送ヘリを発着艦できる飛行甲板を備え、揚

陸艇やヘリを使って、運んできた兵力を揚陸させる。さらにV/STOL攻撃機や戦闘ヘリも搭載し、揚陸作戦の直接支援も行う。艦種記号はLHAとLHDが使われるが、LHDはアメリカの「タラワ」級LHAのドックを拡大した「ワスプ」級で使われている。現在の代表的な強襲揚陸艦であるアメリカの「ワスプ」級は、満載排水量40000tの大型艦だ。輸送ヘリ20機以上とエアクッション型の揚陸艇3隻を搭載。約1900名の海兵隊員と、4両の戦車を含む100両以上の軍用車両を揚陸する能力を持つ。アメリカの他には、規模はやや小さく能力も異なるが、イギリス、フランス、イタリア、スペイン、オーストラリア、韓国などが、強襲揚陸艦を保有している。

同 » LHA/LHD

教範
【きょうはん】
Manual

　軍隊での訓練や演習などに使われる教科書の総称。

教導隊
【きょうどうたい】
School unit

　陸上自衛隊と航空自衛隊に設置されている、戦術等の研究や新装備の運用研究などに携わる部隊。その成果を他の部隊に教育する役目も担う。そのため、所属する隊員は各分野のエキスパート揃いで、一目置かれる存在だ。

陸上自衛隊には、富士教導団の配下に普通科教導連隊、特科教導隊、戦車教導隊、偵察教導隊、教育支援施設隊、対舟艇対戦車隊が所属。その他に衛生教導隊、化学教導隊、教育支援飛行隊、高射教導隊、施設教導隊、需品教導隊、通信教導隊、武器教導隊などが設置されている。航空自衛隊では、小松基地に本拠を置く飛行教導群、浜松基地に本拠をおく高射教導群、百里基地に本拠を置く基地警備教導群がある。

橋頭堡
【きょうとうほ】
Bridgehead

　上陸作戦や渡河作戦において、敵地の中に真っ先に確保し構築する拠点となる陣地。橋頭堡を築くことで、後続部隊の渡河や上陸を援護することが可能になる。元々は、橋梁を敵の攻撃から守るために、その前方に築く陣地のことを橋頭堡といい、語源となった。

曲射
【きょくしゃ】
High-angle-fire

　砲撃のさいに弾に角度をつけて撃ち、大きく湾曲した弾道で射撃すること。目標が山影にいる場合や、手前に障害物あって目標が直接見通せない場合でも、攻撃することが可能だ。

対 » 直射、平射

曲射砲
【きょくしゃほう】
Howitzer

曲射を行う、榴弾砲や臼砲、迫撃砲などの砲の総称。

対 » 直射砲、平射砲

局地戦闘機
【きょくちせんとうき】
Interceptor

➡ 迎撃機

魚雷
【ぎょらい】
Torpedo

自走式の対艦船攻撃兵器で、「魚型水雷」の略。攻撃型潜水艦の主力兵器であり、第二次世界大戦時までは駆逐艦や魚雷艇なども魚雷を主兵器としていた。形状は長細い円筒形で、頭部には威力の大きい爆薬が詰められ、後部には動力機関、尾部にはスクリューやポンプジェット、ロケットといった推進器が備えられている。最初は無誘導だったが、第二次大戦後期に音響によるホーミング魚雷がドイツで開発され、その後はホーミング魚雷や有線誘導魚雷が主流となった。黎明期はさまざまなサイズがあったが、現在潜水艦に搭載される長魚雷は直径533㎜のものが主流。また艦艇やヘリコプターからの対潜攻撃に使われる小型のものは短魚雷とよばれ区別される。

魚雷発射管
【ぎょらいはっしゃかん】
Torpedo launcher

魚雷を発射するためのランチャー。潜水艦搭載のものは、魚雷を装填したあとに内部に注水し外部と水圧を平衡にしたうえで、圧縮空気や水圧で押し出すように発射する。また魚雷が自走で出ていくスイムアウト式もある。水上艦艇に搭載されるものは、圧縮空気で発射する。

魚雷艇
【ぎょらいてい】
Torpedo boat

魚雷を主兵装として搭載した、100t前後の小型で高速の戦闘艇。19世紀に搭乗した水雷を主兵装とする水雷艇が発展する形で登場した。30ktから50ktもの高速で敵艦に肉薄し、魚雷攻撃を行って素早く離脱する一撃離脱戦法を得意とした。魚雷は、うまく当たれば大型艦に重大な損害を与えることができるため、コストパフォーマンスの高い兵器として、世界各国の沿岸海軍で多く装備された。しかし、20世紀終盤に対艦ミサイルが登場すると、水上艦への魚雷搭載は廃れ、魚雷艇の大半はミサイル艇にとって代わられた。現在では旧式のものがわずかに現存するのみである。

同 » PT

機雷
【きらい】
Mine

「機械水雷」の略で、爆薬を詰めた水雷を艦艇の接触や接近を感知して自動的に爆発させる、待ち伏せ兵器。浮力があり海に浮かぶタイプのものや、一定の深度に漂うもの、浅い海底に沈降させるものなど多種ある。起爆方式は、表面のアンテナに触れることで爆発する「触発式」と、音響や磁気などを感知して爆発する「感応式」がある。基本的に機雷には推進装置はついていないが、敵艦を感知するとホーミング魚雷を発射するキャプター機雷もある。

機雷原
【きらいげん】
Minefield

　機雷を多数仕掛けることで通行を封鎖された海域。敵方の港湾出入り口や航路を封鎖するために機雷原を構築するが、逆に重要施設への敵の侵入を阻むために、自ら機雷原を設ける場合もある。

キラー衛星
【きらーえいせい】
Killer satellite

　敵方の人工衛星と同じ軌道に遷移し、近づいて自爆することで破壊する人工衛星。対衛星攻撃兵器の1種。ロシアで開発されているといわれている。

ギリースーツ
【ぎりーすーつ】
Ghillie suit

　狙撃兵が身を隠すために使用する偽装服。全身を草や小枝などに模したもので覆っており、まるで植物の着ぐるみのよう。ギリースーツを身にまとうことで周辺の環境に紛れ、相手から発見されずに待ち伏せを行う。

錐揉み
【きりもみ】
Spiral spin

　航空機が失速して螺旋状に激しく回転しながら、ほぼ垂直に降下する状態。意図的に行うことも可能だが、制御不能な状態で錐揉みに陥ると、結果墜落につながることが多い。

同 》 スパイラルスピン

キール
【きーる】
Keel

　洋式の艦船に見られる、艦首から艦尾までつながった縦方向の構造材。造船のさいには、キールを最初に建造し、そこに横方向のフレームを加えることで船体を形作る。今でもヨットなどの小型船はこ

の方法が用いられるが、大型船はブロック建造方式に代わり、キールを持たない船も多い。また和船はキールを用いない。

|同| » 竜骨

キルゾーン
【きるぞーん】
Kill zone

　待ち伏せ戦闘などの場合における殺傷想定区域のこと。敵を撃滅することを想定したエリアで、そこに敵をおびき寄せ、逃げ場のない状態で待ち伏せした味方が攻撃する。

キルレシオ
【きるれしお】
Kill ratio

　自軍と敵軍の兵器が戦ったときの、彼我の撃墜率。例えば味方機が1機撃墜される間に敵機を10機撃墜できたとしたら、キルレシオは1：10となる。

緊急再離陸
【きんきゅうさいりりく】
Touch and go

➡ タッチアンドゴー

緊急展開部隊
【きんきゅうてんかいぶたい】
Response force

　突発的な有事に対応する、展開力に優れた装備や編制の部隊。戦術レベルでは空挺降下や戦術輸送機、ヘリボーンなどで空路から現場に投入される場合や、あるいは移動力に優れた装輪装甲車両で駆けつける。また戦略レベルでは、巨大な戦略輸送機や、高速輸送艦を用いて、いち早く海外派遣が可能な部隊のこと。

|同| » 即応部隊

緊急発進
【きんきゅうはっしん】
Scramble

➡ スクランブル

近接航空支援
【きんせつこうくうしえん】
Close air support

　前線で活動する陸上部隊を支援するために、攻撃機や攻撃ヘリを使って直接行う対地攻撃作戦。陸上部隊との密接な連携が不可欠で、連携が悪いと味方を誤爆してしまう危険性もはらむ。アメリカの強襲揚陸艦には、上陸する海兵隊を近接航空支援するために、V/STOL攻撃機や攻撃ヘリが搭載されている。

近接信管
【きんせつしんかん】
Proximity fuse

　砲弾を起爆する信管の一種で目標に直撃しなくとも近づいただけで起爆させる方式。信管が発する電波の跳ね返りを検知して起爆し、飛び散る砲弾の破片で目標を損傷する。第二次世界大戦後期に、アメリカ海軍が対空砲の砲弾に「VT信管」の名称で採用し、襲来する日本機への対空防御で大きな戦果を上げた。

同 » VT信管

近接防御火器システム
【きんせつぼうぎょかきしすてむ】
Close In Weapon System

アメリカ海軍が開発し、多くの国の軍艦に採用されている近距離レンジの個艦防空システム。CIWSと称される。独立した対空レーダーと対空兵器をセットにし、10km未満のレンジで艦の最終防空を担う。アメリカのCIWSに組み合わされる火器は、ファランクスとよばれる20mmガトリング砲と、RAMとよばれる小型対空ミサイルのいずれかだ。海上自衛隊では、ファランクスタイプを導入しており、近年はRAMも導入されている。また欧州やロシア、中国など各国でも同様のCIWSを開発運用している。

同 » シウス 略 » CIWS

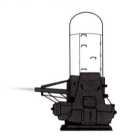

近代化改修
【きんだいかかいしゅう】
Modernization improvement

古くなった兵器を改修して能力を向上させ、現代戦に適合した性能を持たせること。例えば、日本の航空自衛隊では、長らく使っている主力戦闘機の「F-15J」に近代化改修を施した。搭載エンジンやコンピュータを交換し、撃ちっぱなしが可能な国産対空ミサイル「AAM-4」の運用を可能にするなどの改修を行った。この近代改修型を「F-15 J-MSIP機（Multi-Stage Improvement Program）」とよんでいる。

空間識失調
【くうかんしきしっちょう】
Spatial disorientation

航空機のパイロットなどが、平衡感覚を失ってしまう症状。その結果、上下の方向感覚や機体の傾きなどの姿勢を感覚的に判断できなくなる状態に陥ってしまう。特に激しい機動を行う戦闘機パイロットに多く、これが原因で墜落に至ることもある。

同 » バーティゴ

空間装甲
【くうかんそうこう】
Spaced Armor

➡ スペースド・アーマー

空気式カタパルト
【くうきしきかたぱると】
Air catapult

圧縮空気で航空機を射出するカタパルト。第二次世界大戦時の日本の航空機搭載潜水艦で使われた。

空虚重量
【くうきょじゅうりょう】
Empty weight

航空機の機体やエンジンと固定装備に、潤滑油や冷却水などを含めた重量のこと。乗員や燃料、搭載する貨物や兵器などのペイロードは含まれない。

空軍
【くうぐん】
Air Force

航空機を主要兵器とし、空からの攻撃に特化した軍隊組織。ライト兄弟により航空機が発明されて以降、航空機は急速に発達し重要な兵器となった。第一次世界大戦では、各国で陸軍航空隊や海軍航空隊が編制され、末期の1918年4月にイギリスで、王立空軍として独立した組織に編制したのが空軍のはじまりだ。日本では、第二次世界大戦時にも独立した空軍はなかったが、戦後に編制された航空自衛隊が空軍に相当する組織として運用されている。

同 » エアフォース

空軍基地
【くうぐんきち】
Air Force base

空軍の本拠地となる基地。航空機発着のための滑走路や格納庫、整備や補給に必要な設備が整えられる。

空自
【くうじ】

JASDF
➡ 航空自衛隊

空襲
【くうしゅう】
Air raid

航空機による地上や海上目標への攻撃。爆弾投下やミサイル、ロケット弾、機銃掃射などの手段で行われる。

同 » 空爆

空襲警報
【くうしゅうけいほう】
Air raid warning

敵の空襲部隊が近づいて来たことを事前に察知した場合に、軍や市民に向けて発せられる警戒警報。

空戦
【くうせん】
Air battle

➡ 空中戦

空対艦ミサイル
【くうたいかんみさいる】
Air-to-Ship Missile

航空機に搭載する、艦艇を攻撃する対艦ミサイル。

略 » ASM

空対空ミサイル
【くうたいくうみさいる】
Air-to-Air Missile

航空機に搭載する、航空機を攻撃する

対空ミサイル。

略 » AAM

空対地ミサイル
【くうたいちみさいる】
Air-to-Ground Missile, Air-to-Surface Missile

　航空機に搭載する、地上目標を攻撃する対地ミサイル。

略 » AGM/ASM

空中給油
【くうちゅうきゅうゆ】
In-flight refueling

　空中で飛行状態のまま、航空機から別の航空機に対して直接給油を行うこと。これにより、無着陸での長距離・長時間飛行が可能になる。現在の空中給油方式は大きく2つに分かれる。1つは給油機の尾部に備えられたフライング・ブームとよばれる長い給油パイプを伸ばし、被給油機の上部にある給油口に接続して給油を行う、フライング・ブーム方式。短時間に大量の給油を行うことが可能で、大型機への空中給油にも向いている。もう1つのプローブ・アンド・ドローグ方式は、給油機から先端に漏斗状の給油口がついたドローグとよばれる給油ホースを伸ばし、被給油機に取り付けたプローブという給油パイプに接続して給油を行う。この方式は前者に比べ給油速度が劣るが、給油機側の装備は簡易的な空中給油ポッドを備えれば可能。小型機だけでなく、ヘリコプターへの空中給油もできる。前者はアメリカ空軍や航空自衛隊が採用し、後者はアメリカ海軍や欧州各国、ロシアなどが採用している。

空中給油機
【くうちゅうきゅうゆき】
In-flight refueling aircraft

　空中給油を行う航空機。フライング・ブーム方式では、尾部にフライング・ブームを備えた専用機が必要だ。一方プローブ・アンド・ドローグ方式では、翼下や胴体下に空中給油ポッドを備えれば、専用機以外の機体でも給油機に仕立てることが可能になる。輸送機をベースに空中給油機に改造する場合や、戦闘機に空中給油ポッドを備え簡易的な給油機に仕立て、僚機に空中給油を行うことも可能だ。

空中戦
【くうちゅうせん】
Air battle

　航空機と航空機で戦われる空中での戦い。航空機の黎明期には、搭乗員同士が拳銃や小銃で撃ち合った。その後、航空機に機銃や機関砲が装備され、戦闘機同士の格闘戦や、爆撃機を攻撃する戦闘機の戦いなどが頻繁に行われるようになった。戦後には空対空ミサイルが登場し、現代の空中戦はミサイルでの攻撃が主となった。

同 » 空戦

空挺
【くうてい】

Airborne

　敵の勢力範囲内や後方に、航空機を使って陸上兵力を送り込む作戦。空中挺進を略したのが語源。輸送機からのパラシュート降下や輸送グライダーによる強行着陸で陸上兵力を送り込み、奇襲や後方攪乱を行う。ただしヘリコプターによる作戦はヘリボーンとよばれ、空挺/エアボーンとは区別される。史上初の空挺作戦は、第二次世界大戦初期の1940年4月にドイツ軍によるデンマーク侵攻作戦で行われたもの。その後はドイツ軍のクレタ島への降下、日本海軍によるセレベス島メナド、日本陸軍によるパレンバン降下作戦、アメリカ軍のシチリア島上陸、米英軍によるノルマンディ上陸作戦、マーケットガーデン作戦などが知られている。

　同 » エアボーン

空挺戦車
【くうていせんしゃ】
Airborne armored vehicle

　空挺部隊を支援する機甲打撃戦力として、空中投下を意識して開発された小型軽量の戦車。始まりはノルマンディ上陸作戦の際にイギリス軍が、7.6ｔのマークⅦ軽戦車を輸送グライダーに載せ、空挺部隊とともに降下させたことだ。冷戦期には、米露で空挺戦車が開発運用され、輸送機の後部からのパラシュート降下を可能にした。空挺戦車は、主砲こそ対戦車戦闘も可能なものを積むが、軽量のため防御力はミニマム。あくまでも空挺部隊の支援役としての存在だ。現在は、空挺を前提とした歩兵戦闘車は、ロシアや中国、ドイツ、イギリスが装備しているが、純然たる空挺戦車は姿を消している。

空挺部隊
【くうていぶたい】
Airborne unit

　空挺作戦を念頭に編制された歩兵を中心とした部隊。世界最初の空挺部隊は、ソ連陸軍で1931年に誕生した。その後、当時の列強各国が空挺部隊を編制。日本軍も、日本海軍落下傘部隊や日本陸軍挺進部隊を誕生させた。空挺部隊は、空挺作戦のみならず、困難な特殊作戦に充てられることが多く、どの国でも精鋭部隊として存在している。これは現在でも変わらず、日本の陸上自衛隊では第1空挺団が編制されており、現在は陸上総隊配下の即応部隊となっている。

　同 » 挺進部隊

空挺兵
【くうていへい】
Paratrooper

　空挺部隊に所属する軽歩兵。空挺降下の技量などを身につけた精鋭兵とされる。

　同 » 降下猟兵、挺進兵、パラトルーパー、落下傘兵

空爆
【くうばく】
Air raid

➡ 空襲

空母
【くうぼ】
Aircraft carrier

　全通型の飛行甲板と格納庫を備え、固定翼の航空機を搭載し発着艦させることができる大型の軍艦。航空母艦の略称である。第一次世界大戦後の1920年代に誕生し、第二次世界大戦時には日米英仏が装備した。特に日米が戦った太平洋での活躍は顕著で、戦艦から海戦の主役の座を奪った。空母の打撃戦力は、搭載する艦載機に依存する。そのため艦は大型となり、建造や運用には国力や技術力が必要だ。現在でも限られた国しか保有していない。特に現在アメリカが保有する10万トンを超える大型原子力空母は、スーパーキャリアともよばれ、群を抜いた戦闘力を有する。空母を保有することは、それだけで他国への大きなプレゼンスとなる。一方、ヘリコプターのみしか搭載して運用できない艦は厳密には空母に含まれない。ヘリ空母もしくはヘリ搭載艦として区別されている。

　同 » 航空母艦、CV

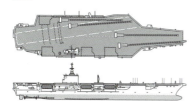

空包
【くうほう】
Blank cartridge

　弾丸や弾頭を詰めずに代わりに紙製や木製の仕掛けを詰め、発射しても実弾が飛び出さず音や閃光だけが出る弾薬。演習や儀仗で使われる。

空砲
【くうほう】
Blank charge

　実弾を込めていない砲のこと。また空包を詰めて実弾を発射せず音だけを発する状況のこともいう。

空母航空団
【くうぼこうくうだん】
Carrier Air Wing

　空母に搭載する艦載機が所属する飛行隊。アメリカの場合、空母そのものの直接的な支配下にはならず、空母航空団の司令（エアボス）と空母艦長は対等の立場となる。

　同 » CVW

空母打撃群
【くうぼだげきぐん】
Carrier Strike Group

　現代のアメリカ海軍における、空母を中核とした戦闘部隊。1隻の空母と、それに搭載する空母航空団、護衛役の数隻の巡洋艦や駆逐艦、潜水艦、補給艦などの艦艇から構成される。空母打撃群全体では、約7000名が所属する。第二次世界大戦時は任務部隊と呼称され、戦後は長らく空母戦闘群とよばれていたが、2006年からこの名称に変えられた。

[同] 任務部隊

空冷
【くうれい】
Air cooling

空気中への放熱で機械などを冷却する方式。よく使われるのは、エンジンの冷却だが、他に銃身の冷却方式やコンピュータなど電子機器の冷却でも使われる。

対 » 液冷、水冷

楔型陣形
【くさびがたじんけい】
Wedge-shaped formation

➡ パンツァーカイル

駆逐艦
【くちくかん】
Destroyer

艦隊行動ができる主力戦闘艦の中では比較的小型で高速の艦。最初は味方艦隊を襲撃する魚雷艇を小口径砲で駆逐する艦として登場し、自らも魚雷を積んで敵の主力艦に肉薄して攻撃する任務も担った。第二次世界大戦時の日本海軍では駆逐艦を主力する高速艦隊で水雷戦隊を構成し、夜襲などで敵主力艦に戦いを挑んだ。一方で、敵潜水艦を攻撃する爆雷を搭載し、潜水艦を駆逐する役目も担う。また航空機の台頭にともない、敵航空戦力の襲撃から味方艦を守るために、高角砲や対空機銃などを搭載。主力艦の護衛など、さまざまな任務を担うワークホースとして活躍した。砲や魚雷に代わりミサイルが主兵器に変わった冷戦期以降も、海軍の主力として数多く運用され、現代の主力艦として君臨している。海上自衛隊では駆逐艦の呼称は使っていないが、護衛艦と総称される艦の大半は、駆逐艦に相当する艦だ。

同 » デストロイヤー、DD

駆逐戦車
【くちくせんしゃ】
Tank destroyer

第二次世界大戦時に登場した、対戦車戦闘を主目的に強力な対戦車砲を搭載した戦闘車両。ドイツやソ連では、既存の主力戦車の車台をベースに固定式の砲塔に、より強力な対戦車砲と強固な前面装甲を備えた駆逐戦車（ソ連では対戦車自走砲と呼称）を開発した。また、アメリカ軍では回転砲塔ながら強力な砲を積んだ戦車駆逐車を投入し対戦車戦闘を行った。いずれも対戦車戦闘に威力を発揮した。しかし冷戦期に入り対戦車ミサイルが登場すると駆逐戦車の存在意義は薄れ、現在は姿を消している。

同 » タンクデストロイヤー

駆動輪
【くどうりん】
Drive wheel

車両で、エンジンからの動力を伝えられ、駆動力を発揮する車輪のこと。

グライドスロープ
【ぐらいどすろーぷ】
Glide slope

飛行場の滑走路や空母の飛行甲板に着陸する航空機に、適切な降下侵入角度を知らせる指向性電波を発信する装置。このグライドスロープの信号を捉えたまま降下すれば、適切な降下角度を保っていることになる。

グラスコックピット
【ぐらすこっくぴっと】
Glass cockpit

航空機や車両の操縦席で、アナログの計器を極力廃止し、ブラウン管ディスプレイや液晶ディスプレイを使ったモニターに集中表示を行うもの。デジタル化が進んだ現代の兵器の特徴だ。

クラスター爆弾
【くらすたーばくだん】
Cluster bomb

大型の爆弾の中に複数の子爆弾が詰められ、空中で子爆弾をばら撒くもの。子爆弾1発ごとの威力は少ないが、広範囲をカバーすることが可能な面制圧兵器。子爆弾には、歩兵や軽車両を対象とする榴弾や、戦車などの重装甲車両を装甲の薄い上部から狙う成形炸薬弾が使われる。また子爆弾が対人地雷になっているものもある。クラスター爆弾は子爆弾が不発弾として残る可能性が高く、戦闘後に民間人に対する被害が多く出たことから非人道兵器とされた。2008年の「クラスター弾に関する条約」で一部を除いて禁止され、日本も批准したが、多くの軍事国家が批准していないのが現状だ。

同 » 親子爆弾、集束爆弾

クラッシュバリアー
【くらっしゅばりあー】
Crash barrier

飛行場の滑走路の端や空母の飛行甲板に設置される、トラブルによるオーバーラン防止の緊急装置。伸縮するナイロン素材のネットで、着陸時に滑走路や飛行甲板の範囲で停まれない航空機の前に急遽立ち上げて、航空機を受け止める。

グリップ
【ぐりっぷ】
Grip

➡ 銃把

グリーンベレー
【ぐりーんべれー】
Green beret

アメリカ陸軍特殊部隊群の愛称。隊員が緑色のベレー帽を被ることから、この名前でよばれる。元祖は第二次大戦時のイギリス軍特殊部隊ブリティッシュ・コマンドスが、緑のベレー帽を制帽としたことに

遡るが、こちらはすでに解隊されている。

グレネード
【ぐれねーど】
Grenade

　低圧低反動で発射できる小型の砲弾。射程距離は短いが、歩兵が手持ちのグレネードランチャーで発射することも可能だ。通常グレネードといえば、軍用の炸裂する榴弾の類をいうが、照明弾や発煙弾、警察などで使われる催涙弾・ゴム弾といった非殺傷兵器も、グレネード弾の1種だ。また広義的には手で投げる手榴弾を含むこともあるが、ハンドグレネードとして区別されている。

同 » 擲弾

グレネードランチャー
【ぐれねーどらんちゃー】
Grenade launcher

　グレネードを射出する発射機。手榴弾より遠くに飛ばすことができ、手軽に扱える歩兵の火力支援火器として使われる。歩兵が持ち運ぶ銃タイプのものや、アサルトライフルに取り付けられる簡易的なものから、車載用で連射が可能なものまでさまざま。元祖は、小銃の空包を利用して小型榴弾を飛ばすライフルグレネードや、日本陸軍が装備した小型迫撃砲ともいうべき「八九式擲弾筒」。これにヒントを得て、アメリカ陸軍が中折れ単発式の「M79グレネードランチャー」を1961年に配備したのがはじまり。

クロスボウ
【くろすぼう】
Crossbow

　紀元前から使われてきた武器で、矢を板バネが反発する力で飛ばすもの。形状が十字に見えるのでこの名前がついた。銃の登場以後、戦闘で使われることは少ないが、発射音がしないことから特殊部隊で使われることがある。

同 » ボウガン、洋弓銃

グローバル・ポジショニング・システム
【ぐろーばるぽじしょにんぐしすてむ】
Global Positioning System

　アメリカが運用する衛星測位システム。略称のGPSで知られ、カーナビゲーションなどに利用されているが、本来は軍事目的で整備されたもの。地球上空約2万kmの軌道上に約30機のGPS衛星が、アメリカ空軍第50宇宙航空団により打ち上げられて管理されている。地球上のどの地点にいても6機以上の衛星からの電波信号を受信機でキャッチ可能で、現在位置を測位する。本来はアメリカ軍用のシステムで、兵器や兵士向けに測位情報を提供し、ミサイルなどの誘導装置にも利用されている。そのため1990年から2000年までは、民間に開放されたコードでは軍用に比べ精度が低かった。しかし2000年2月に制限が解除され、重要な社会インフラとして広く利用されている。また近年は、ロシアの「グロナス」、中国の「北斗」、欧州の「ガリレオ」、インドの「IRNSS」、日本の「みちびき」など、各国ごとの衛星測位シ

ステムも整備が進められている。

同 » 全地球方位システム　略 » GPS

クローラー
【くろーらー】

Crawler

➡ 無限軌道　同 » キャタピラ、履帯

軍靴
【ぐんか】

Military shoes

軍用の靴の総称。

同 » コンバットブーツ

軍拡
【ぐんかく】

Expansion of armaments

軍備拡張の省略語。有事に備えて軍備を増強すること。

対 » 軍縮

軍楽隊
【ぐんがくたい】

Military band

軍隊に所属して、演奏を行う音楽隊。本来は、兵を音楽で鼓舞するために存在したが、現在では栄誉礼などの式典や観兵式などの軍事パレードで演奏する。また民間への広報活動で演奏することも任務の1つ。野外での演奏に向き、管楽器や打楽器を中心に編成されることが多い。

軍艦
【ぐんかん】

Warship

一般には、軍隊に所属する軍用の艦船のことを指すが、1994年の「海洋法に関する国際連合条約」で軍艦の定義が正式に定められた。条件は4つで「ある国の軍隊に所属する船舶」、「所属国を示す軍艦旗や国旗などの掲揚」、「所属国政府の正式な将校が指揮」、「所属国軍隊の命令に従う」だ。そのため、非武装船であっても上記の条件に合えば軍艦扱いとなり、武装船でも条件に合わなければ軍艦ではなく、私掠船や海賊船とみなされる。第二次世界大戦までの旧日本海軍では、戦艦、巡洋艦、航空母艦、水上機母艦、潜水母艦、敷設艦などの大型艦のみを軍艦としていた。また現在の海上自衛隊では、軍艦ではなく自衛艦と呼称している。

軍艦旗
【ぐんかんき】

Naval ensign

軍隊に正式に所属する軍艦であることを表示する旗。国旗とは別の意匠の旗を用いることが国際海洋法条約で定められている。軍艦旗は主に艦尾とマストの斜桁（旗を掲げる棒）に掲揚するのが通例で、平時には朝8時から日没まで掲げられる。また戦時には戦闘旗となる。軍艦旗のほか、艦首に飾られる国籍旗と国旗があり、その厳密な運用規則は国によってまちまちだ。旧日本海軍では朝日を図案化した16条の旭日旗が軍艦旗とされ使われてきた。終戦にともない廃止されたが、現在の海上自衛隊も旭日旗を自衛艦旗（軍

艦旗に相当）と定めて、運用規則に従い使用している。

軍旗
【ぐんき】
Military flag

軍隊において、それぞれの軍や部隊を表す徽章が記された旗。軍全体の旗や部隊ごとの旗が用いられる。特に陸軍では、かつての戦場では指揮官の居る場所には軍旗が掲げられていた。軍旗を敵に奪われることは、部隊にとってもっとも不名誉なこととされていた。現在は、観兵式や栄誉礼のときなどに、儀礼的に掲げられる。陸上自衛隊においては8条の旭日旗を、自衛隊旗と定めて使用している。

軍紀・軍規
【ぐんき】
Military discipline

軍隊において重視される規律や風紀のこと。これを乱すと軍規違反とされ、厳しく罰せられる。

軍記
【ぐんき】
Military tale

軍隊や軍事、戦争などについて書かれた書物のジャンル。

軍警察
【ぐんけいさつ】
Military police

➡ 憲兵

軍港
【ぐんこう】
Naval port

軍艦や艦隊が根拠地とする、軍事目的で利用される港湾。軍艦の整備や補給などのために必要な設備を備えている。軍港には隣接して海軍基地が設けられることが多い。明治期に日本においては、横須賀、呉、佐世保、舞鶴を軍港と定め、現在も海上自衛隊の根拠地として利用されている。

軍事
【ぐんじ】
Military

軍隊や軍人、戦争になど、軍務に関する事柄の総称。民事と対をなす概念。

同 » ミリタリー

軍事衛星
【ぐんじえいせい】
Military satellite

軍事目的で打ち上げられた人工衛星。主に、情報収集と軍事支援の2種類に大別される。地上や海上を画像撮影する「偵察衛星」や、艦船の航行を監視する「海洋監視衛星」、レーダーで弾道弾などを見張る「早期警戒衛星」などが情報収集衛星だ。衛星通信を行う「通信衛星」や衛星からの信号で測位する「GPS衛星」、そのほか「気象衛星」なども、本来は軍事支援のために開発されたものだ。また詳細は非公開ながら、敵の衛星を攻撃する「キラー衛星」も存在しているという。

軍事演習
【ぐんじえんしゅう】
Military exercise

軍隊が実戦を想定して訓練や練習を行うこと。兵士の訓練や兵器・装備の使用テストなどが行われる。軍隊の練度を維持し、より高めるためには軍事演習が欠かせない。

同 » 演習

軍事境界線
【ぐんじきょうかいせん】
Military demilitarized zone

戦争や紛争で1つの国が分断された場合、双方の勢力を隔てるために便宜上に設定された境界。現在では韓国と北朝鮮を隔てる「38度線」がその代表。冷戦期には、ドイツのベルリン市に設けられた「ベルリンの壁」も存在していた。

軍事裁判所
【ぐんじさいばんしょ】
Military court

軍人や軍属を対象にした特別刑事裁判所。また、戦争犯罪人を裁くための法廷のこと。

同 » 軍法会議

軍事費
【ぐんじひ】
Military budget

軍隊を組織し維持運用するための費用。平時では、装備の導入費用や維持費用と、人件費に大別される。また戦時には、軍隊を運用する戦費として、さらに軍事費が必要となる。

軍縮
【ぐんしゅく】
Disarmament

軍備縮小の省略語。軍事的緊張を緩和するために、軍備を減らしていく。

対 » 軍拡

軍縮会議
【ぐんしゅくかいぎ】
Disarmament conference

対立国同士や対立陣営同士の間で開かれる、軍事的緊張を緩和すると同時に、軍事費増強による経済的負担を軽減するなどの目的で開催される、軍備を相互に縮小していくための国際会議。第一次世界大戦後には1922年のワシントン会議、1927年のジュネーブ海軍軍縮会議、1930年のロンドン海軍軍縮会議などが開かれ、1960年台以降の冷戦期には、ジュネーブ軍縮会議が度々開催されている。また冷戦後期からは核戦力の軍縮会議が開催され、米ソ2国間での核軍縮が促進された。

軍需産業
【ぐんじゅさんぎょう】
Munitions industry

狭義的には。兵器や軍用品の生産や調達に関わる産業の総称。直接戦闘行為に関わる兵器のイメージが強いが、広義的には消耗品や兵士の生活に関わる必需

品など、軍事上の需要物資すべてに関わる産業を含むこともある。

勲章
【くんしょう】
Medal, Order

国家や国家を代表する元首が、功績のあった者に授与する記章。勲章の対象は軍事に限らないが、軍隊組織の中でも重要かつ価値のある存在。武勲に対し授与されるものもあれば、戦傷者を労うために贈られるものもある。また、戦時には戦意高揚のプロパガンタの一環として勲章の授与がクローズアップされることが多い。

軍人
【ぐんじん】
Military personnel

正規軍に軍籍を置く、将校・下士官。兵士。戦闘員であっても、軍籍になければ軍人とはいえない。

同 » ミリタリー

軍曹
【ぐんそう】
Sergeant

陸軍における下士官の階級の一つ。伍長の上で曹長の下に位置する。中堅どころのベテラン下士官のイメージが強く厳しく部下を導く人材を「鬼軍曹」と喩えることもある。自衛隊では2曹が相当する。

軍属
【ぐんぞく】
Civilian worker for the military

軍籍を持たない非戦闘員だが、軍に所属して働く人材。基地の運営職員などは、多くが軍属待遇だ。

軍隊
【ぐんたい】
Army

戦闘力を備えた軍事組織で、国家の支配下にあり、国際法に準じて交戦権を持った集団。交戦権を持たない私兵やゲリラ組織は、正式には軍隊とみなされないことが多い。

同 » ミリタリー

軍刀
【ぐんとう】
War sword

軍用の刀。銃の登場以前は、主力兵器の1つであったが、現代戦では指揮官や将官、下士官が保持するシンボリックな存在。

同 » サーベル

軍団
【ぐんだん】
Corps

軍隊の編制単位で、師団や旅団などを2個以上配下に納める、大規模な集団。現代の軍では、1つの軍団の所属する兵力は数万人以上。

軍団長
【ぐんだんちょう】

Commander of army corps

複数の師団を配下に納める軍団の最高司令官。通常、中将以上の高位将官が務める。

軍服
【ぐんぷく】
Military uniform

軍に所属する軍人が着用するユニフォーム。国ごとにデザインが制定され、敵味方の識別が行える。また民間人との区別を明確にするためにも、軍服は重要なアイテムだ。軍服には、平時に身につける制服と、戦闘時に着用する戦闘服に分けられる。制服は、兵士・下士官と、士官、将官はそれぞれ意匠がことなる。また士官以上の軍人の場合は、式典時や赴任地への着任時に身につける「礼装」が用意されている。

軍票
【ぐんぴょう】
Military currency

軍が発行する、通貨を代用する軍用手形。軍用手票の略語。戦地や占領地で代用貨幣として使われ、軍組織の中や支配地域では、通貨同様に経済活動に使われるが、それ以外の地域では価値はない。建て前上は正式な通貨と互換されるが、敗戦などで支払い能力がなくなると反故にされることもある。

軍法
【ぐんぽう】
Military law

軍がそれぞれに定めた軍律や法律、軍隊の刑法など。軍法に違反すると、軍事裁判所や軍法会議にかけられる。

軍法会議
【ぐんぽうかいぎ】
Court martial

➡ 軍事裁判所

軍用機
【ぐんようき】
Military aircraft

軍で使用する航空機の総称。軍に正式に登録されたものであれば、民生品でも軍用機の扱いになる。ただし政府専用機のように、軍やそれに類する組織が管理運用するが、軍用機とはよばれない例外もある。

軍用犬
【ぐんようけん】
Army dog

軍事目的のために調練された犬。古くから軍用に犬を飼育し運用することは行われてきた。現代でも一部の軍隊では軍用犬が使われている。主に基地などの拠点や施設の警備や、負傷兵や爆発物の捜索などに活躍する。以前は相手の兵士への攻撃訓練を施して戦闘に使われたり、爆弾を抱いて戦車などを破壊することも試みられていたが、現代ではそういった直接の戦闘任務には用いられていない。

軍用車両
【ぐんようしゃりょう】
Military vehicle

　軍隊に登録され軍事目的で使用される、車輪や無限軌道を備え走行する車両の総称。戦車や装甲車のように、武装や装甲を備えた専用車両もあるが、トラックなどの輸送車両や高級士官が使用した軍用自動車、工兵が使用する建機のように、一見は民生品とあまり変わらないものもある。事実民生品をベースにしたものもあるが、多くは軍の要求に従い特別仕様が施されている。一方、軍での用途が終わった一部の車両は、軍籍を抜いた後に民間に払い下げられることもある。

　同　» ミリタリービークル

軍用品
【ぐんようひん】
Military supplies

　軍隊で使用されるさまざまな装備やアイテム類の総称。軍隊専用の仕様で造られるものが多いが、中には民生品を流用する場合もある。

訓練機
【くんれんき】
Trainer

➡ 練習機

訓練空母
【くんれんくうぼ】
Training aircraft carrier

➡ 練習空母

群狼戦術
【ぐんろうせんじゅつ】
Wolf-pack tactics

　第二次世界大戦時にドイツ海軍が遂行した、複数のUボート（潜水艦）が連携して行う通商破壊作戦。8隻以上のUボートでチームを組んで哨戒線を形成し、連合軍の輸送船団を見つけると、司令部を介した無線連絡で集合。一部のUボートが攻撃を仕掛け護衛艦を船団から引き離し、残りのUボートで輸送船団を包囲攻撃。大きな戦果を上げた。しかし連合軍による無線傍受や護衛空母の投入などの対抗策で、後期には効力を失った。

　同　» ウルフパック

け

警戒待機
【けいかいたいき】
Alert

➡ アラート

計器着陸装置
【けいきちゃくりくそうち】
Instrument Landing System

　航空機が着陸するさいに、飛行場や空母などから誘導電波を発信し、滑走路まで誘導するシステム。航空機側には侵入針路や侵入角度などが計器やディスプレイに表示され、それに従って着陸降下を行う。夜間や視界の無い悪天候時など有視界飛行が不能な状況で使われる。

　略　» ILS

軽空母

【けいくうぼ】

Light aircraft carrier

　第二次世界大戦中、アメリカ海軍は軽巡洋艦を改装した基準排水量11000 tの「インディペンデンス級」を、小型の空母という意味で軽空母(CVL)と呼称した。またイギリス海軍も20000 t以下を軽空母とよんだ。現在は、V/STOL機を搭載運用するカタパルトを持たないSTOVL空母を、軽空母と呼称することが多い。イギリスの「インヴィンシブル」級（すでに退役）や、イタリアの「カブール」、タイの「チャクリ・ナルエベト」などが、現代の軽空母の代表だ。

同 » CVL　　対 » 重空母

迎撃

【げいげき】

Interception

　攻めてきた敵を迎え撃つこと。邀撃（ようげき）や要撃ともいう。ただし要撃には攻めてきた敵を待ち伏せて攻撃するというニュアンスがあり、厳密には使い分けることもある。

同 » 要撃、邀撃

迎撃機

【げいげきき】

Interceptor

　侵攻してきた敵の爆撃機や攻撃機を迎え撃つことを目的とした戦闘機。敵機の接近を察知したら、迎撃機がスクランブル発進してできるだけ早く対峙する必要があるため、速度と上昇力が要求される。一方で迎え撃つために航続距離はあまり重視されなかった。第二次世界大戦時には、高馬力のエンジンを積んで爆撃機を撃墜できる重武装を積んだ重戦が使われ、日本では局地戦闘機ともよばれた。ジェット機が登場しミサイルが主兵器となった現代でも、迎撃機の役目は大きい。例えば日本の航空自衛隊では、主力戦闘機は迎撃機としての運用を第一義にしている。防空識別圏や領空に近づく国籍不明機をレーダーが探知すると、アラート待機していた迎撃機がスクランブル発進して、侵入を阻んでいる。

同 » インターセプター、局地戦闘機、防空戦闘機、要撃機

携行糧食

【けいこうりょうしょく】

Combat ration

➡ コンバットレーション

軽支援火器

【けいしえんかき】

Light Support Weapon

　アサルトライフルをベースに各部を強化して、軽機関銃のような長時間の連射に耐える仕様にしたもの。

略 » LSW

傾斜装甲
【けいしゃそうこう】
Sloped armor

戦車などの装甲車両に用いられる、斜めの角度に装甲板を設置する方式。例えば30度の角度に寝かした装甲板は、正対する砲弾に対し本来の倍近い装甲厚に匹敵する耐弾効果を生み出す。さらに砲弾を弾き飛ばす効果（避弾経始）も望める。第二次世界大戦中期に搭乗したソ連のT-34やドイツのパンターに採用され、大きな効果を上げた。その後も1980年代の戦後第2世代戦車までは、傾斜装甲が主流となっていた。

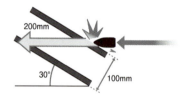

軽巡洋艦
【けいじゅんようかん】
Light cruiser

軍艦の種別の1つで、小型で軽装甲の巡洋艦。元々は軽装甲巡洋艦の略称。1930年のロンドン海軍条約で各艦種の規準が決められ、基準排水量1万t以下の艦艇で、主砲の砲口径が6.1インチ（155㎜）以下の艦を軽巡洋艦と定めた（155㎜超で203㎜以下は重巡洋艦）。日本海軍では二等巡洋艦と呼称した。軽巡洋艦は主砲こそ対艦戦闘には非力だが、速度に優れ魚雷などの装備が充実したものもあった。日本海軍では、機動艦隊の護衛役を担うほかに、駆逐艦を中核とした水雷戦隊の旗艦としても活躍した。戦後に主兵器が砲からミサイルに移行すると、艦種の区別は曖昧になった。現在では軽巡洋艦の名前は使われていない。

同 » CL

軽戦
【けいせん】
Light fighter

第二次世界大戦初期に日本陸軍で用いられた戦闘機の区分。「軽単座戦闘機」の略語。軽量で格闘戦性能を重視する一方で、武装は7.7㎜や12.7㎜の機銃を搭載した。代表的な軽戦に、「一式戦闘機（隼）」がある。しかし大戦後期になると、高い馬力による高速を誇るアメリカの戦闘機に歯が立たず、徐々に姿を消していった。

対 » 重戦

軽戦車
【けいせんしゃ】
Light tank

第一次世界大戦終盤から登場した小型で軽武装ながら機動性に富んだ戦車。中戦車や重戦車と区別してこうよばれた。目安としては重量が20t以下で、搭載した主砲は37㎜クラス。機動性の良さを生かして偵察任務や歩兵支援任務などに使われた。しかし重量の軽さと比例して装甲も薄く、第二次世界大戦後半には活躍の場を失いつつあった。しかしその後の軽戦

車の系譜は、輸送機からの降下投下が可能な空挺戦車や、快速の偵察戦車に引き継がれている。

|対| » 中戦車、重戦車

携帯式防空ミサイルシステム
【けいたいしきぼうくうみさいるしすてむ】
Man-Portable Air-Defense Systems

兵士が1人で肩に載せて発射できる、小型の地対空ミサイルシステム。アイデアは第二次世界大戦末期に、ドイツが兵士1人で扱える無誘導のロケット弾ランチャーを開発した。その後、1960年台に小型の赤外線誘導ミサイルが開発され、米中ソなど各国で実用化された。現在は赤外線画像誘導方式やレーザー誘導方式のものも登場している。1979年からのソ連軍によるアフガニスタン侵攻では、対抗勢力のムジャヒディーンにアメリカ製の「スティンガーミサイル」が供与された。ソ連のヘリコプターを多数撃墜するなどの戦果をあげその有用性を広く知らしめた。

|同| » 肩乗せ式地対空ミサイル
|略| » MPADS

軽爆撃機
【けいばくげきき】
Light bomber

プロペラ機の時代に活躍した、比較的小型の爆撃機。エンジンは単発もしくは双発で、乗員は2～3名。搭載できる爆弾はそれほど多くなかった。地上目標を個々に狙い撃つように爆撃を行った。

|対| » 重爆撃機

軽歩兵
【けいほへい】
Light infantry

比較的軽装備の歩兵。その概念や装備は、時代や国によって異なる。例えば古代ローマ時代には、分厚い盾などの防具を持ち集団戦闘を行う重装歩兵に対し、軽装備の歩兵を軽歩兵と区別した。現代においては、装甲車に乗車戦闘する機械化歩兵に対して、徒歩や無装甲の車両で移動する歩兵のことを、軽歩兵と称することがある。

|同| » 猟兵　|対| » 機械化歩兵

敬礼
【けいれい】
Salute

相手に対して敬意を表して行う礼。軍隊においては、上官など立場が上の者に対してや、同位者同士の場合でも敬礼を行う。一方、上位のものは敬礼を受けた場合に、答礼で返す。敬礼にはさまざまな様式があるが、一般的なものは右手の肘を曲げて指を伸ばし、こめかみ付近に添える形だ。また銃を用いる場合は、銃を体の正面で垂直上向きに掲げる「捧げ銃」などがある。

|対| » 答礼

撃針
【げきしん】
Firing pin

ライフルや機関銃、散弾銃などで、弾薬の雷管に衝撃を与え起爆する内臓式撃

鉄のこと。

撃破
【げきは】
Defeat

　敵及び敵の兵器に攻撃を加え大きな損害を与えた結果、戦闘力を喪失させ無力化すること。与えた損害の状態によって、小破、中破、大破と3段階あるが、「撃破した」といえるのは大破の時のみ相当する。また艦船対象においては、沈没させる「撃沈」と使い分ける。同様に航空機対象においては「撃墜」と使い分けることもある。

撃沈
【げきちん】
Sink

　艦船に攻撃を加え、損害を与えて沈没に至らせること。爆裂などで瞬時に沈没する轟沈と使い分けることもある。

撃墜
【げきつい】
Shoot down

　航空機に攻撃を加え、墜落に至らせること。

撃墜王
【げきついおう】
Ace

➡ エース

撃鉄
【げきてつ】
Hammer

　拳銃や旧式の小銃などの銃器で、弾薬の雷管に衝撃を与え起爆するための装置。引き金を引くとバネの力で外装式の撃鉄が作動し雷管を叩く。ライフルや機関銃、散弾銃などの内臓式のものは、撃針として区別している。

同 » ハンマー

撃滅
【げきめつ】
Destruction, Extermination

　敵の部隊を攻撃し、完膚なきまでに叩きのめして、全滅もしくはそれに近い状態まで撃ち滅ぼすこと。

同 » 殲滅

ゲージ
【げーじ】
Gage

　散弾銃の口径を表す単位表記。最も一般的な12番ゲージは、1/12ポンドの重量の鉛玉の直径を現し、ほぼ18mm径に相当する。

ケース
【けーす】
Case

➡ 薬莢

ゲタバキ機
【げたばきき】

Floatplane
➡ 水上機

ゲートル
【げーとる】
Gaiter

脛の部分をカバーし、保護と行動しやすさを両立する被服。布や革製のテープ状のものを脛に巻き付けて、ズボンのすその広がりを抑え、足首を保護する。

ケブラー繊維
【けぶらーせんい】
Kevlar fiber

1965年ごろにアメリカのデュポン社で開発された、結晶性ポリマーによる化学合成繊維。同重量の鋼鉄の5倍の強度と耐熱性を併せ持つ。防弾ベストや装甲車両の内張りなど、さまざまな兵器に使われている。

ゲリラ
【げりら】
Guerrilla

正規軍に属しない兵士や労働者や農民などによる民兵で、奇襲や後方撹乱などの手段で戦う小規模な戦闘組織のこと。語源はスペイン語のguerrillaで、小さな戦闘を意味する。ジャングルや山岳地、都市部など、地の利を利用して紛れ込みやすい状況で戦い。時に正規軍に大きなダメージを与えることも少なくない。ただし正規の軍隊ではないため、捕縛されるとテロリスト扱いされ厳しい処断をうけることが多い。

同 » パルチザン　対 » 正規軍

ゲリラ戦術
【げりらせんじゅつ】
Guerrilla tactics

少人数の部隊により、奇襲戦法や後方撹乱など、神出鬼没の遊撃戦を繰り広げること。ゲリラやパルチザンなどの民兵が得意にすることから、ゲリラ戦術とよばれるが、正規軍でも対する敵軍との戦力差が大きい場合には、ゲリラ戦術を行うことも少なくない。

同 » 遊撃戦

牽引砲
【けんいんほう】
Tow gun

台座の左右に車輪を備え、車両や馬などで牽引して移動するタイプの大砲。野砲や野戦砲ともよばれるが、種類としてはカノン砲、榴弾砲、山砲、重迫撃砲などが相当する。また、対空砲や対戦車砲のなかにも、牽引式のものがある。19世紀から20世紀初頭までは、牽引砲は馬などによって引かれていたが、その後、自動車の発展により、内燃機関付きの車両がとって変わった。専用の砲牽引車（ガント

ラクター）もあるが、トラックなどの汎用輸送車両を改造して、牽引車両に使うことも多い。

同 » 野戦砲　**対** » 自走砲

懸架装置
【けんかそうち】
Suspension

➡ サスペンション

拳銃
【けんじゅう】
Pistol

　片手で構えることが可能な小型の銃。グリップ部を握り、引き金を人差し指で引いて発射する構造が一般的。そのため、同様の構造を持つ兵器以外の機器でも「ピストルグリップ」と呼称することがある。黎明期の拳銃は単発式で、日本では短筒とよばれていた。その後、欧米で連発機構が発明され、回転式弾倉を備えるリボルバーや、発射ガスの反動を利用して次弾を装填する自動拳銃が登場した。拳銃は小型ゆえに銃身が短く、射程も短いうえに威力も小銃より劣る。警察機構などでは主要武器だが、軍用としてはサイドアームとして使われる。

同 » 短銃、短筒、ハンドガン、ピストル

拳銃弾
【けんじゅうだん】
Pistol bullet

　拳銃に用いられる小型の弾薬。拳銃弾にはいくつかの標準規格があり、アメリカではインチ表示、欧州ではミリ表示が使われている。例えばもっともポピュラーな「9mm口径」はインチ表示だと「357口径（0.357インチ）」となる（38口径弾も弾頭のサイズは9mm）。またアメリカの名軍用拳銃「コルトガバメント」は「45口径」だが、ミリ換算すると11.43mmになる。護身用やスポーツ射撃で使われる「22口径」は、5.59mmになる。拳銃弾は、口径だけで比べればライフル弾より太い（標準的なライフル弾は、口径5.56mmや7.62mm）。しかし弾頭の長さや薬莢の大きさは拳銃弾の方が圧倒的に小さく、威力も小さい。当然ながら同じ口径でも、拳銃弾と小銃弾には互換性はない。

〈 代表的な拳銃弾の口径一覧表 〉

インチ表記／ミリ表記
22口径（0.22インチ）／5.59mm
25口径（0.25インチ）／6.35mm
30口径（0.30インチ）／7.62mm
32口径（0.32インチ）／7.65mm
357口径（0.357インチ）／9mm
38口径（0.38インチ）／9mm
44口径（0.44インチ）／11.17mm
45口径（0.451インチ）／11.43mm
50口径（0.50インチ）／12.7mm

原子爆弾
【げんしばくだん】
Atomic bomb

　原子核の核分裂反応で発生する熱線や衝撃波、放射線を用いた核爆弾。使用する核物質にウラン235を使用するもの

とプルトニウム239を使用するものの2種類に分けられる。1945年8月6日に広島に投下された通称「リトルボーイ」は前者、同年8月9日に長崎に投下された通称「ファットマン」は後者だ。これまでに実戦使用された核爆弾は、この2発のみである。

原子力機関
【げんしりょくきかん】
Nuclear-powered engine

　核分裂の連鎖反応を制御してエネルギーを取り出す原子炉を用い、艦艇の推進機関としたもの。原子力機関は、原子炉で発生した熱を使い蒸気発生器で水を蒸気に変え、タービンを回して推進力に変える。また近年はタービンで発電機を稼働させモーター推進を行う、原子力ターボ・エレクトリック方式も登場している。原子力機関は取り扱いが難しい一方で規模の割に大出力を発揮でき、稼働には大気を必要としない。またウランやプルトニウム、トリウムなどを燃料として稼働させると、長期間稼働し続けるという利点がある。燃料棒の交換は大事業で、数年間のドック入りが必要である。ただし現在、アメリカ海軍が運用する最新原子力空母「ジェラルド・R・フォード」に搭載された原子炉では、燃料棒の交換サイクルは約50年となり、実質廃艦まで原子炉が稼働し続ける計算になる。

　同 » 原子力タービン

原子力空母
【げんしりょくくうぼ】
Nuclear-powered aircraft carrier

　原子力機関を推進力にした現代の大型空母。原子炉による長大な航続距離と搭載する強力な航空戦力により、現代の海洋戦力の中でも圧倒的な力を保持している。しかし建造にも運用維持するにも、高い技術力と費用が掛かるため、保持できる国は限られている。最初に誕生したのは、1960年に就役したアメリカの「エンタープライズ」（2012年に退役）で全長336m満載排水量93,284tの巨体で84機の搭載機を誇った。その後継艦として10tを超える巨体の「ニミッツ」級が1975年から10隻就役。さらに2017年には、新世代の原子力空母「ジェラルド・R・フォード」が新たに就役した。これらのアメリカの原子力空母は、戦力として飛び抜けていることから、スーパーキャリアとよばれている。この他には、2001年に就役したフランスの「シャルル・ド・ゴール」（40600t）が現存する。現在は中国、ロシア、インドといった国々で、原子力空母の建造計画がある。

　同 » CVN

原子力攻撃型潜水艦
【げんしりょくこうげきがたせんすいかん】
Nuclear-powered attack submarine

　原子力機関を搭載した、攻撃型潜水艦。ずっと潜り続けることが可能な能力と水中で30kt超える速度を誇る強力な戦闘艦として君臨する。弾道ミサイル潜水艦に対

抗できる数少ない存在であり、また高速力を生かして水上艦隊に随伴して、哨戒や護衛の任務にもつく。世界初の原子力攻撃潜水艦は、1954年に就役したアメリカの「ノーチラス」。現在ではアメリカ、ロシア、中国、イギリス、フランスの5カ国が建造運用し、そのほかにはインドがロシアからのリースで運用を行っている。

同 » SSN

原子力巡航ミサイル潜水艦
【げんしりょくじゅんこうみさいるせんすいかん】
Nuclear-powered cruise missile submarine

　対地攻撃を行う巡航ミサイルを搭載した原子力潜水艦。アメリカでは余剰となった弾道潜水艦の「オハイオ」級を改造し、154発もの巡航ミサイルを搭載するように改造した。またロシアも旧ソ連時代から巡航ミサイル潜水艦に力をいれ、「オスカーⅡ」型を配備。後継となる「ヤーセン」型も登場した。

同 » SSGN

原子力戦略ミサイル潜水艦
【げんしりょくせんりゃくみさいる潜水艦】
Nuclear-powered Strategic missile submarine

➡ 原子力弾道ミサイル潜水艦
同 » SSBN

原子力タービン
【げんしりょくたーびん】
Nuclear-powered turbine

➡ 原子力機関

原子力弾道ミサイル潜水艦
【げんしりょくだんどうみさいるせんすいかん】
Nuclear-powered Ballistic missile submarine

　核弾頭装備の水中発射弾道ミサイル（SLBM）を搭載する大型の原子力潜水艦。大陸間弾道ミサイルや戦略爆撃と並ぶ、核戦力3本の柱の1つ。主に自国が攻撃された際の報復核戦力として存在し、核抑止力の担い手としても重要な兵器だ。原子力機関を積んだことで、長時間の無浮上航行が可能で、敵に悟られないように海底に鎮座して潜む核パトロールとよばれる待機任務は、約3カ月にも及ぶ。現在、原子力弾道ミサイル潜水艦を運用するのは、アメリカ、ロシア、中国、イギリス、フランスの5カ国で、インドも就役間近とされる。

同 » 原子力戦略ミサイル潜水艦、SSBN

原子炉
【げんしろ】
Nuclear reactor

　原子核分裂の連鎖反応を制御し、持続して熱エネルギーを取り出す装置。大気に依存せず、長時間にわたり大出力を得ることが可能。燃料には、ウラン235やプルトニウム239を濃縮し棒状に固めた燃料棒を使う。原子炉にはいくつかのタイプがあるが、原子力艦に搭載されるものは、加圧水型軽水炉とよばれるタイプが主流だ。

元帥
【げんすい】
Marshal

　軍隊の階級のうち最高位となる称号。大将、もしくは上級大将の中から選出され、元帥府を組織して統率する。日本では1872年（明治5年）に西郷隆盛が陸軍元帥に任命されたのが最初だ。

懸垂下降
【けんすいかこう】
Rappelling

➡ ラペリング

牽制射撃
【けんせいしゃげき】
Containing fire

➡ 制圧射撃

原爆
【げんばく】
Atomic bomb

➡ 原子爆弾

憲兵
【けんぺい】
Military Police

　軍隊内部に設置される警察組織であり、そこに所属する兵士の総称。軍隊には機密が多く、兵士が関与する事件等についても、一般の警察の介入は難しい。そこで自前の警察組織を組織しており、憲兵には捜査権や逮捕権も付与される。軍規に違反した兵士等の取り締まりや軍内の規律維持が任務だが、敵国スパイの捜査摘発や治安維持活動などを行うことも多い。戦時には、民間人の取り締まりや思想統制などを担うこともある。

| 同 | » 軍警察、ミリタリーポリス |
| 略 | » MP |

こ

ゴーアラウンド
【ごーあらうんど】
Go around

➡ 着陸復行

壕
【ごう】
Trench

　敵の接近阻止や、防衛陣地として人為的に掘られた堀状の施設。

公海
【こうかい】
High sea

　海洋のうち、特定国家の主権が及ばない海域。領海、および経済的権益が認められている排他的経済水域を除く海域で、内水面も公海には含まれない。原則として自由な航行が認められている。

| 対 | » 領海 |

航海
【こうかい】
Navigation

　艦船で海洋を航行すること。

航海艦橋
【こうかいかんきょう】
Navigation bridge

艦艇の艦橋構造物の中にある、特に航海の指揮をとるためのスペース。航海時や接岸時などは、ここに船長もしくは代理となる責任者が詰めて航行や操船の指揮をとる。航海艦橋は周囲の海上を目視確認しやすいように、高い場所に設置される。ただし戦闘時には被害を受けやすいため、他に防御を固めた戦闘指揮所が設けられている軍艦もある。

航海長
【こうかいちょう】
Master

艦艇の航行に携わる航海士を束ねる長。軍艦のなかでも艦長に航行判断の助言を行う幹部であり、艦長と交代で航海の指揮を執ることもある。

高角砲
【こうかくほう】
Anti-aircraft cannon

➡ 高射砲

光学迷彩
【こうがくめいさい】
Optical camouflage

周囲の風景に溶け込むように自分の色彩を変化したり、透明に見せたりして欺瞞する技術。自然界ではイカやタコ、カメレオンなどがその性質を持つ。以前はフィクション的な技術だったが、近年はディスプレイ技術の進化により、実用化が試みられている。

降下猟兵
【こうかりょうへい】
Fallschirmjäger

第二次世界大戦時のドイツ軍での空挺兵の呼び名。

同 » 空挺兵

航空機
【こうくうき】
Aircraft

大気中を飛行する機械の総称。通常は翼で揚力を発生する飛行機やグライダー、回転翼を使うヘリコプターを含むが、広義的には飛行船や気球までも含むこともある。

航空徽章
【こうくうきしょう】
Air insignia

➡ ウイングマーク

航空魚雷
【こうくうぎょらい】
Aerial torpedo

攻撃機や爆撃機、ヘリコプターに搭載し、低空から水中に落下させて敵艦を狙う魚雷。艦艇から発射する通常の魚雷よりも小型で、その分だけ航続距離は短い。第一次世界大戦期に登場し、第二次世界大戦では航空機による艦艇攻撃の主力兵

器として活躍した。現在は対艦ミサイルにとって代わられたが、対潜哨戒機から潜水艦を攻撃するための主力兵器として使われている。

航空自衛隊
【こうくうじえいたい】
Japan Air Self-Defense Force

日本の自衛隊に所属する、航空機運用を主体にした日本の防空を担う組織。他国の空軍に相当する。旧軍時代は日本に空軍は存在せず、戦後の1954年に新たに発足した。現在は航空総隊の下にエリアに分けて4つの航空方面隊（北部航空方面隊、中部航空方面隊、西部航空方面隊、南西航空方面隊）が組織され、7個航空団と6個高射群、航空救難団、輸送飛行隊、航空戦術教導団、警戒航空隊、偵察航空隊、作戦情報隊、作戦システム運用退などを隷下に置く。2017年3月現在、航空自衛隊に所属する自衛官の定数は46940人。

▌同 » 空自　▌略 » JASDF

航空巡洋艦
【こうくうじゅんようかん】
Aircraft carrier cruiser

搭載する艦載機を増強し航空機運用能力を高めた巡洋艦。空母の元祖とされるイギリスの「フューリアス」は、未完成の巡洋艦の艦橋を挟んだ前後に、飛行甲板を設けて航空巡洋艦として誕生した（その後、艦橋を撤去して空母に改装された）。第二次世界大戦時の日本海軍では、索敵能力を向上するために巡洋艦の航空機運用能力を高めた。砲塔を前部に集め、後部に水上偵察機6機を積んだ「利根」型や、改装で後部砲塔を撤去し11機の水上偵察機を積んだ「最上」を誕生させた。この他には同時代に水上機6機を搭載したスウェーデンの「ゴトランド」が知られている。

▌同 » CF

航空戦艦
【こうくうせんかん】
Carrier battleship

戦艦を改造して、航空機搭載能力を高めた艦。第二次世界大戦期の日本の戦艦「伊勢」と「日向」は、戦況悪化で空母が不足する状況で、航空戦艦に改装された。後部の5・6番砲塔を撤去しかわりにカタパルト2基と格納庫を設置。当初は「彗星艦上爆撃機」22機を搭載し、発艦のみ行って（着艦は他の空母や陸上を予定）航空打撃戦を行うことを想定した。また水上機の搭載も可能だった。しかし更なる戦況の悪化により搭載機が間に合わず、航空戦艦として運用されることなく終戦を迎えた。航空戦艦の計画は他国でもあったが、実現したのは日本の2艦のみである。そのため、相当する艦種記号はない。

航空隊
【こうくうたい】
Aviation unit

航空機運用を行う部隊の総称。空軍以外にも、海軍航空隊、陸軍航空隊などが

存在する。

航空打撃戦
【こうくうだげきせん】
Air strike battle

爆撃や対地対艦攻撃など、航空機による攻撃を行う作戦のこと。現在圧倒的な力を持つ空母の戦力は、搭載機による航空打撃戦能力にある。

航空団
【こうくうだん】
Air wing

航空自衛隊における、戦闘部隊編制単位。全国に7個の航空団が置かれ、それぞれ1～2個飛行隊を隷下に収める。

航空母艦
【こうくうぼかん】
Aircraft carrier

➡ 空母　　同 » CV

航空優勢
【こうくうゆうせい】
Air superiority

一定の空域で、味方の戦闘機や爆撃機といった航空兵力が、敵の航空勢力による妨害を受けることなく作戦実施が可能な状況。制空権の確保よりは緩い表現で、一時的に支配権を得て有利な立場に立つ場合に航空優勢という。現代戦では航空優勢を確保しないと、大掛かりな作戦の成功は望めない。上陸作戦やヘリボーンなどでは、航空優勢の確保が必須となる。

同 » 制空権

口径
【こうけい】
Caliber

銃砲における、銃身や砲身の内径のさしわたし。例えば9mm口径といえば、銃身の内径が9mm。一方でインチ表記の場合もあり、50口径は正確には0.50インチ口径の略で、mm換算にすると12.7mmとなる。ただし弾頭の直径は、ライフル銃用では、ライフリングに食い込ませるためにやや大きくなることもある。

口径長
【こうけいちょう】
Caliber length

銃身や砲身の長さを表すよび方で、口径の何倍の長さかという意味。例えば現在の戦車砲で使われる表記で、44口径120mm砲といえば、口径（砲身の内径）120mmで砲身の長さが44倍の5280mmの砲となる。一般に口径長が長いほど、発射される砲弾の初速が早くなり、射程距離や威力も増すとされる。

攻撃機
【こうげきき】
Attacker

対地目標や対艦目標に直接攻撃を加えることを目的とした航空機。爆弾やミサイル、魚雷といった投擲兵器や機銃、機関砲などの銃砲を搭載する。爆弾を積む航空機でも絨毯爆撃を行うような大型の

機体は爆撃機とよび、攻撃機と区別することが多い。

<u>同</u> » アタッカー、A

攻撃型潜水艦
【こうげきがたせんすいかん】
Attack submarine

　水上艦艇や敵潜水艦と戦う、対艦攻撃力に優れた潜水艦。黎明期から潜水艦の主任務であり、当初は特に区別していなかったが、弾道ミサイル潜水艦が登場して以降、区別するために攻撃型潜水艦と呼称するようになった。主兵器は魚雷で、それは今も変わっていないが、近年は魚雷管発射の対艦ミサイルも搭載されるようになった。攻撃型潜水艦は水中に潜みステルス性が高く、水上艦にとっては最大の脅威の1つとなる。また、弾道ミサイル潜水艦を阻止する最大の手段でもある。現在は、ディーゼルエンジンなどの内燃機関で発電しモーター推進する通常動力型攻撃潜水艦と、原子炉を積む原子力攻撃型潜水艦がある。

<u>同</u> » SS

攻撃空母
【こうげきくうぼ】
Attack carrier

　対地・対艦攻撃を主任務とする艦載攻撃機を搭載し、艦隊の打撃戦力の中核となる能力を備えた空母を、第二次世界大戦後の一時期に護衛空母や対潜空母と区別するために、攻撃空母もしくは攻撃型空母とよんでいた。現在では、敵地攻撃能力を備えた艦隊打撃戦力の中核をなす空母という意味合いで、主力空母と同意義で使われることが多い。

<u>同</u> » 主力空母、CVA

攻撃ヘリコプター
【こうげきへりこぷたー】
Attack helicopter

　軍用ヘリコプターのうち、強力な対地兵器を搭載し、戦車などの装甲車両を始めとする陸上戦力を攻撃することを主任務として、設計開発されたもの。ベトナム戦争初期に、汎用ヘリコプターをベースに改造した武装ヘリコプターが登場し、やがて専用の設計で造られた攻撃ヘリコプターへと進化した。攻撃ヘリコプターの多くは、被弾面積の少ないスリムな専用設計の機体に、機銃や機関砲の他、ロケット弾や対戦車ミサイルを搭載。敵戦車を上空から攻撃する兵器として発展。戦車に対して圧倒的なキルレシオを誇り、対戦車ヘリコプターともよばれた。しかし近年は携帯式対空ミサイルの登場で、一時ほどの圧倒的な戦力としては見なされなくなった。陸上自衛隊でも、アメリカ製の「AH-1コブラ」や「AH-64アパッチ」を運用している。

<u>同</u> » 戦闘ヘリコプター　対戦車ヘリコプター

高高度降下高高度開傘
【こうこうどこうかこうこうどかいさん】
High-Altitude High-Open

　パラシュート降下を行う特殊な方法の

1つで、高い高度で航空機から飛び降り、すぐにパラシュートを開いて長い距離を滑空する。パラシュート降下の状態で密かに防衛線を突破して潜入するようなときに使われる方法。

略 » HAHO

高高度降下低高度開傘

【こうこうどらっかていこうどかいさん】

High-Altitude Law-Open

　パラシュート降下で潜入を行う場合の特殊な方法の1つ。探知されにくい10000m程度の高空で航空機から降下し、一気に低空まで自由落下、300m以下の低い高度でパラシュートを開いて着地する。高い降下技術が必要だが、パラシュートで滑空する時間が短いため、敵に降下を察知されにくい。

略 » HALO

後座

【こうざ】

Recoil

　銃や砲を発射するときに、反動で砲身が後方へと押しやられる現象。戦車砲や艦艇の砲、榴弾砲などは、発射時に砲身を意図的に後座させて、反動を吸収する構造となっている。

工作艦

【こうさくかん】

Repair ship

　破損や故障した艦艇を出先で修理するために、クレーンなどの機器や旋盤・溶接などの工作機械を搭載した大型の支援艦。移動する工廠ともいわれ、自国から遠く離れた海域でも、味方の艦艇を修理して戦線に復帰させるために投入される。

工作船

【こうさくせん】

Spy ship

　他国の沿岸に近づき、密かに諜報員を送り込んだり、情報収集などを行う艦艇。外観を漁船などの民間船に似せて偽装していることが多い。日本沿岸には北朝鮮の工作船が接近し、拉致などのさまざまな非合法活動を行っていたことが知られている。

公試

【こうし】

Sea trial

　新しく建造した艦が進水して艤装工事が完了したあとに、艦の航行性能や搭載兵器の性能チェックなどを行う試運転のこと。「海上公試運転」の略。公試を終えて性能等に問題がなければ竣工(完成)となり、ようやく軍に引き渡される。

公試排水量

【こうしはいすいりょう】

Sea trial displacement

　公試を行う状況で算出した排水量。積載品などの状況や基準は、各国によって異なる。

高射砲
【こうしゃほう】
Anti-aircraft cannon

飛来する敵航空機を撃ち落とすために造られた、中〜小口径の砲。上空に向けられるように高角度の仰角をとれる構造となっている。また砲の性能も発射速度が速くできるだけ高空まで届くものが使われている。艦艇に搭載された場合は、高角砲とよばれることが多い。

同 » 高角砲　対空砲

工廠
【こうしょう】
Arsenal

軍が直轄運営する、兵器や弾薬などを開発し、製造・生産するための施設。研究所と軍需工場を兼ねた存在。陸軍工廠や海軍工廠が存在した。

同 » 兵器廠

攻城戦
【こうじょうせん】
Siege battle

城や城塞都市、要塞など、防備を固めた敵の拠点を攻撃する戦闘のこと。中世の時代から、敵が籠城する城攻めは難しい作戦の1つとされていた。ただし現代では、城や要塞といった施設が重要な軍事拠点になることが少なく、従来型の攻城戦が発生する可能性は低い。あるとすれば地下深くに設置された軍事施設などへの攻撃だ。

攻城兵器
【こうじょうへいき】
Siege weapon

城や要塞の防御を破るために用いられた大掛かりな兵器。攻める城の前に設置されるもので、威力は大きいが機動力はない。第二次世界大戦時初期に開発されたドイツの巨大臼砲や列車砲は、究極の攻城兵器であったが、実際にはほとんど使われる機会がなかった。

コーストガード
【こーすとがーど】
Coast guard

➡ 沿岸警備隊

合成開口レーダー
【ごうせいかいこうれーだー】
Synthetic aperture radar

レーダーの分解能を向上するために、衛星や航空機に搭載したレーダーで移動しながら1点を観測し、その結果を重ね合わせて、詳しい情報を得る仕組みのもの。小さな開口面（レーダーアンテナ）を合成して大きな開口面を仮装する」という意味でこの名前がついた。偵察衛星や観測衛星などに使用されている。

航跡
【こうせき】
Wake

➡ ウェーキ

交戦
【こうせん】
Warfare

互いに戦闘状態に入ったこと。国家間で交戦状態に入ったとされる状況でも、必ずしも正式な戦争状態とは限らず、地域紛争などでも戦闘が行われれば交戦状態と称する。

交戦規定
【こうせんきてい】
Rules of engagement

敵と遭遇して戦闘を開始または再開するときの、状況や制限を定めた軍隊内のガイドライン。またどのような戦闘手段を用いることが許されるかなども、定められている。交戦規定は国際法規であると同時に、詳細は国ごとに異なる部分もある。交戦規定をクリアしない状態で戦闘に入ると、後々に法的な問題が生じることもある。

同 » 交戦法規

交戦権
【こうせんけん】
Belligerent rights

一般には、国際法で規定される、「国家が持つ戦争を行う権利」のこととされる。しかし交戦権の解釈については、さまざまな議論がある。

交戦法規
【こうせんほうき】
Laws of warfare

➡ 交戦規定

後送
【こうそう】
Backward sending

戦場などで、前線から後方へ送ること。負傷兵や退役兵などが後送対象となる。

航続距離
【こうぞくきょり】
Range

艦船や航空機が、燃料を最大積載量まで積んだ場合に、無給油で航行や飛行が可能な最大の距離のこと。車両の場合は厳密には走行可能距離だが、航続距離が使われることも多い。

高速戦闘車両
【こうそくせんとうしゃりょう】
Fast attack vehicle

➡ 戦闘バギー

後退翼
【こうたいよく】
Sweptback wing

航空機でジェット機に多く採用される、斜め後ろ方向に角度をつけた主翼の形状。高速を出すのに向いた形状で、後退翼を採用して初めて音速突破が可能になった。

轟沈
【ごうちん】
Sinking a ship instantly

砲撃、爆撃、雷撃などの攻撃を受けた艦艇が、瞬時に沈没すること。撃沈よりも

激しい状態を指す。

甲鉄艦
【こうてつかん】
Armored ship

➡ 装甲艦

工兵
【こうへい】
Combat engineer, Pioneer

　戦場における土木建築の技術を有し、築城や防衛陣地の構築、道路の建築や補修、渡河支援から、敵防衛陣地の破壊、地雷設置や地雷除去、橋梁や鉄道の敷設や爆破工作などの任務に就く専門兵。工兵の歴史は古く、古代ローマの軍団兵は重装歩兵と工兵を兼ねていた。近世以降では歩兵、砲兵、騎兵に並ぶ兵科として確立していた。また現在の工兵の中でも、戦場で戦闘部隊に随伴して活動する兵を、特に戦闘工兵とよんでいる。

工兵車両
【こうへいしゃりょう】
Engineering vehicle

　工兵が使用する車両には、道路建築や築城に使われるブルドーザーやパワーショベルなどの土木建設機械の他に、戦場で使われる特殊車両が多くある。例えば、弾が飛び交う中で使える装甲を施した装甲ドーザーや、クレーンを持つ戦闘工兵車。橋を架ける架橋戦車や浮橋車両。地雷を除去する地雷処理装置付き戦車や地雷原処理車などが、代表的な工兵車両だ。

工兵隊
【こうへいたい】
Engineer unit

　工兵によって編制される部隊。他の陸上兵科の支援に当たることが多いが、戦闘工兵として戦場で運用されることもある。また陸上自衛隊では、工兵部隊のことを施設科と呼称している。

後方撹乱
【こうほうかくらん】
Backward disturbance

　敵の後方エリアに潜入し、混乱を引きおこさせるために工作活動や破壊活動を行うこと。陽動作戦の一貫としても行われる。また空挺部隊を敵の後方に降下させ、補給路の遮断などを行うことも、後方撹乱作戦のひとつだ。

後方支援
【こうほうしえん】
Combat service support

　前線で戦う味方の戦闘部隊に対し、物資弾薬の補給や補充戦力の輸送を始めとする兵站業務を行うこと。また、施設や道路など交通網の整備といった多くの後方支援業務が存在する。

　広義的にいえば、戦闘行動やそれに直接関わる任務以外のすべての軍務が、後方支援業務となる。

抗命罪
【こうめいざい】
Crime of disobedience

軍人や軍属が、軍や上官から下された命令に従わないことによる罪。軍隊においては重大な違反とされる。

航洋型潜水艦
【こうようがたせんすいかん】
Ocean-going submarine

➡ 巡洋潜水艦

高翼機
【こうよくき】
High-wing airplane

航空機で、機体の上側に主翼が設置されたもの。セスナのような小型の軽飛行機や、大型の軍用輸送機などに採用される形状。また「F-15」や「MiG-31」などの現代の戦闘機でも、高翼機がある。

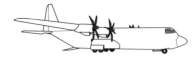

護衛艦
【ごえいかん】
Escort ship

一般には、艦隊や船団の護衛任務にあたる艦の総称を護衛艦とよぶ。一方、海上自衛隊では発足以来、駆逐艦や巡洋艦相当以上の戦闘艦を総称して、護衛艦と呼称している。護衛艦の艦種記号は本来駆逐艦を表す「D」が用いられている。汎用護衛艦（甲型）はDD、汎用小型護衛艦（乙型）はDE、ミサイル護衛艦はDDG、ヘリコプター搭載護衛艦はDDHと区分される。ただし2019年度から建造開始される次世代の多機能護衛艦には、国際的に多機能フリゲートに相当するFFMの艦種記号が振り当てられる予定だ。また、輸送艦や補給艦など海上自衛隊に所属する大型艦艇も含め護衛艦と記述されることがあるがこれは厳密には誤りで、自衛艦というのが正しい。

護衛艦隊
【ごえいかんたい】
Escort fleet

海上自衛隊の隷下にある、護衛艦を統括する組織。4個護衛隊群（各2個護衛隊、護衛艦計32隻）と、5個護衛隊（護衛艦計16隻）で、2019年現在、48隻の護衛艦を運用している。

護衛空母
【ごえいくうぼ】
Escort aircraft carrier

第二次世界大戦時にアメリカ海軍が貨物船や油槽船を改造して建造した小型空母。代表的な「ボーグ級」は「C3規格型貨物船」を改造したもので、基準排水量7,800ｔと小型で速力も16ノットと鈍足だった。しかし輸送船団護衛や対潜作戦などで威力を発揮した。その有用性が認められ、改造する貨物船が無くなった後も同じ設計の「カサブランカ級」を大量に新造した。大戦中にアメリカ軍が建造した

護衛空母は90隻以上にのぼる。朝鮮戦争の頃までは使われたが、現代では護衛空母は在籍していない。

同 » CVE

護衛駆逐艦
【ごえいくちくかん】
Escort destroyer

第二次世界大戦期にアメリカ海軍が、輸送船団の護衛のために投入した、小型の駆逐艦。輸送船団を狙って来襲する潜水艦や魚雷艇などの小型艦艇、爆撃機や雷撃機を撃退し、輸送船団を守ることを主任務とした。

同 » DE

護衛戦闘機
【ごえいせんとうき】
Escort fighter

味方を護衛する任務を帯びた戦闘機の総称。爆撃機や輸送機に随伴して護衛する場合や、味方艦隊の上空で敵機の来襲に備える場合もある。第二次世界大戦時に爆撃機を護衛する場合は、随伴できるだけの長い航続距離が必要だった。大戦後期に登場したアメリカ軍の「P-51マスタング」は、長い航続距離と高速性能に格闘戦能力も併せ持った傑作護衛戦闘機だった。また艦隊を護衛する場合は、空母に搭載された艦上戦闘機が使われた。日本の「零式艦上戦闘機」は、艦隊の直掩や艦上攻撃機の護衛などに活躍した。

同 » エスコートファイター、直援機

小型汎用車
【こがたはんようしゃ】
Light general purpose vehicle

軍用車両のなかで、連絡や偵察、輸送から戦闘まで、さまざまな用途に使われる、無装甲の小型車両。第二次世界大戦時には、アメリカ軍の「ジープ」や、ドイツ軍の「キューベルワーゲン」が登場し、兵士のワークホースとして活躍した。現代でもアメリカ軍の「ハンヴィー」や自衛隊の「高機動車」のような路外走行性能を高めた4輪駆動の車両が、世界中の軍隊で使われている。ただし近年は、路肩爆弾やゲリラの待ち伏せ攻撃などで受ける損害の大きさが問題視されるようになった。そこで小型汎用車は主に後方任務で使われ、戦闘エリアでは軽装甲車の配備に切り替えられつつあるのが、世界の趨勢だ。

個艦防空
【こかんぼうくう】
Point defense

➡ ポイントディフェンス

国際海峡
【こくさいかいきょう】
International straits

海峡の中でも特に国際航行に通常使用

される要所は、国連海洋法条約により国際海峡に定義されている。国際海峡では沿岸国の領海内であっても、すべての艦船と航空機が通過通行権を保障され、水路など通行ルールにのっとる限り自由に通過できる。日本のシーレーンに関わるマラッカ海峡やホルムズ海峡が国際海峡であり、日本国内では津軽海峡、宗谷海峡、大隅海峡、対馬海峡東水道、対馬海峡西水道が、国際海峡に定められている。

国際原子力機関
【こくさいげんしりょくきかん】
International Atomic Energy Agency

1957年に国際連合の傘下組織として設立された、国際的協力機構。原子力の平和的利用を促進し、軍事的利用を防止することを目的とする。本部はオーストリアのウィーンにある。特に核拡散防止に強い影響力を持ち、国連安全保障理事会と密接に関わりを持つ。

略 » IAEA

国際連合
【こくさいれんごう】
United Nations

第二次世界大戦後の1945年に成立した、国際協力を目的に諸国家で形成される国際機関。本部はアメリカのニューヨークに置かれ、設立当初は加盟51カ国、日本は1956年に加盟し、2018年現在で加盟国は193カ国。国連憲章1条に記された国連の主旨は以下のとおり。

・国際平和・安全の維持
・諸国間の友好関係の発展
・経済的・社会的・文化的・人道的な国際問題の解決のため、および人権・基本的自由の助長のための国際協力。

同 » 国連　**略** » UN

国際連盟
【こくさいれんめい】
League of nations

第一次世界大戦後の1920年に発足した国際機関。本部はスイスのジュネーブに設置された。満州国の承認を得られなかった日本は1930年に脱退。またドイツも1933年に脱退し、第二次世界大戦へとつながっていった。第二次世界大戦後の1946年4月に国際連盟は正式に解散し、前年の1945年に設立された国際連合に継承された。

黒色火薬
【こくしょくかやく】
Black powder

もっとも基本的な火薬。硝酸カリウムと硫黄、木炭を混合して製造される。衝撃や摩擦熱で簡単に発火するが、爆発の威力はさほど大きくない。かつては銃や大砲などの装薬として使われていたが、現在は花火などの限られた用途にのみ使われる。

極超長波通信
【ごくちょうちょうはつうしん】
Extremely Low Frequency

3〜300Hzという極超長波帯の周波

数を使う通信方法。水深100m以上まで届くため、潜航したままの潜水艦への通信手段として用いられる。ただし通信できる情報量は少なく、また大掛かりな送信施設が必要なため、弾道ミサイル原潜への連絡用にアメリカとロシアのみが実用化している。

同 » ELF通信

国防
【こくぼう】
National defense

国家が外部からの侵略に対して、防衛活動を行うこと。

国連
【こくれん】
UN

➡ 国際連合

国連安全保障理事会
【こくれんあんぜんほしょうりじかい】
United nations security council

世界の安全保障に関与する国連の主要機関の1つ。アメリカ、イギリス、フランス、ロシア、中華人民共和国の5カ国による常任理事国と、2年の任期を持つ10カ国の非常任理事国により構成される。非常任理事国は毎年の国連総会において、半数ずつが改選される。日本もこれまで、10期20年の非常任理事国を務めてきた。国連安全保障理事会の決定は、国連加盟国を拘束する権限があり、国連活動の中でも大きな力と重大な責任が託されている。国連平和維持活動（PKO）の派遣等も、ここで協議される。ただし、5カ国の常任理事国については拒否権を保有し、1カ国でも反対すると、決議は成立しない。

同 » 安全保障理事会

国連平和維持活動
【こくれんへいわいじかつどう】
United Nations Peacekeeping Operations

国連が主導して行う平和維持活動。PKOの略称で知られる。紛争の解決や防止、停戦監視、治安維持、選挙の監視などの活動を行う。国連安全保障理事会の決議のもとで、受入国の同意を得た上での監視団の派遣や、国連加盟国が提供する部隊により編制される国連平和維持軍の派遣を行い活動にあたる。日本では1992年の第2次アンゴラ監視団に、選挙監視団3名を派遣したのが始まりで、2017年5月に終了した南スーダン国際平和協力業務まで、13回のPKO活動を行っている。

同 » 平和維持活動　　**略** » PKO

国連平和維持軍
【こくれんへいわいじぐん】
United Nations Peacekeeping Forces

国連平和維持活動（PKO）に基づき軍事部門として従事する軍隊。PKFの略称でよばれる。国連加盟国が提供ずる複数の部隊で編制される。参加する兵士は自国の軍服に国連のワッペンを付け、国連

紋章のバッジ付きの水色のベレー帽やヘルメットを着用する。また同時に派遣される車両は、PKF参加車両を示す白色の塗装とUNのマークが施される。

　同　》平和維持軍　　略　》PKF

古参兵
【こさんへい】
Veteran soldier

　入隊して時間が経過し、十分に経験を積んだ兵士。

　同　》ベテラン　　対　》新兵

誤射
【ごしゃ】
Miss shot

　銃や砲を誤って射撃してしまうこと。ミスにより意図せず発射する事故もあるが、戦場で味方を敵と取り違えて攻撃してしまう場合も、誤射という。

跨乗歩兵
【こじょうほへい】
Tank riders infantry

　戦車の後部や上部などに相乗りして行動を共にする歩兵のこと。周囲に潜んで戦車を狙う敵兵の排除のためだが、真っ先に狙われることも多く、死傷率は高かった。そのため、戦車に随伴する歩兵を別に運ぶ装甲兵員輸送車が開発された。

個人防御火器
【こじんぼうぎょかき】
Personal Defense Weapon

　1990年代以降に、拳銃弾を使用する短機関銃をもとに開発された、より威力のある弾薬を使用した銃器。短機関銃のコンパクトなサイズと取り回しの良さを生かしながら、貫通力の高い専用弾丸を採用して戦闘力を高めている。各国の特殊部隊などで使用されている。「FN P90」（ベルギー）や「H&K MP7」（ドイツ）が代表的なモデル。

　略　》PDW

護送船団方式
【ごそうせんだんほうしき】
Convoy system

　戦時に味方の輸送船や商船が敵に襲われないように、航行時は多数の船をまとめて船団をつくり、その周囲に駆逐艦や護衛空母などを配置して、護衛を行う方式。

　同　》船団護衛方式

伍長
【ごちょう】
Corporal

　下士官の中で最下級の階級。各国で呼び方は変わる場合がある。自衛隊では3曹に相当する。

コッキング
【こっきんぐ】
Cocking

　銃の操作で、引き金を引くだけで発射可能な状態に準備すること。例えばオートピストルでは、スライドを引いて薬室に弾

薬を装填した状態にすることをいう。

コックピット
【こっくぴっと】
Cockpit

航空機の操縦席や操縦室、小型艦艇の操舵室のこと。

固定翼機
【こていよくき】
Fixed-wing aircraft

機体に主翼が固定されている、通常の飛行機のこと。回転翼で揚力を発生するヘリコプターに対応して使われる名称。また、艦上機のように便宜的に主翼が折り畳み可能な「折り畳み翼機」に対して、折り畳み不可能な翼を持つ機体を固定翼機と区別することもある。

対 » 回転翼機

近衛兵
【このえへい】
Royal guards

君主国家において、君主を警護する役割を持った直属の兵を近衛兵という。首都近郊に駐留する君主直属の部隊は、近衛師団などと呼称することが多い。親衛隊と近い意味を持つが、親衛隊は君主以外に国家元首なども対象になるため、厳密には異なる。

個別的自衛権
【こべつてきじえいけん】
Right of individual self-defense

➡ 自衛権

コピー兵器
【こぴーへいき】
Copy weapon

他国の優れた兵器を無断で模倣して作り上げた兵器のこと。外観はよく似ているが、細かい部分で自国に適合するような改造が施されることが多い。戦場での鹵獲品や、輸入した兵器を分解して構造を調べ、それを元に開発される。

コマンド
【こまんど】
Command

奇襲や特殊作戦、ゲリラ戦などに参加する特別な訓練を受けた兵士や、特殊部隊の隊員のこと。

コールサイン
【こーるさいん】
Call sign

無線通信などで用いられる呼び出しの符号。無線は傍受される危険性があり、正式な部隊名や機体番号を使うとこちらの作戦が相手に漏れる危険性がある。そのため、あらかじめ決めた仮のコールサインで呼び合う場合が多い。

コルベット
【こるべっと】
Corvette

比較的小型の戦闘艦を表す艦種。帆船時代は小型の3本マストの軍艦をコルベッ

トと呼称した。現代では主に沿岸海域での活動を目的とした排水量 1000 t 前後の小型艦艇を、コルベットと総称する。

同 » K

混成団
【こんせいだん】
Combined brigade

　陸上自衛隊の創始期に組織された部隊で、各種兵科部隊が混合して構成された集団。のちに師団や旅団に改編された。

コントロールタワー
【こんとろーるたわー】
Control tower

➡ 管制塔

コンバット
【こんばっと】
Combat

➡ 戦闘

コンバットタイヤ
【こんばっとたいや】
Combat tire

　戦闘車両用に開発された軍用タイヤ。不整地でも走行しやすいようにブロックパターンを備え、弾を受けたり釘が刺さってもパンクしにくいように、強化されている。内部構造も特殊で、パンクしてもしばらくは走り続けられるランフラット構造を採用したものが多い。また路面に応じて空気圧を調整できる機構を備えたものもある。

コンバットナイフ
【こんばっとないふ】
Combat knife

➡ 銃剣

コンバットブーツ
【こんばっとぶーつ】
Combat boots

➡ 軍靴

コンバットレーション
【こんばっとれーしょん】
Combat ration

　軍用の野戦食であるレーションの1種で、特に作戦行動中の兵士が携行し、野戦の最中でも簡単に食事が摂れるように工夫された、保存の利く糧食のこと。戦闘する体力を補うために高カロリー食となっており、各国でそれぞれの食生活や食習慣に応じたコンバットレーションが開発された。乾パンなどの保存の利く主食に缶詰がセットになり、近年はレトルトパックも多く使われるようになった。第二次世界大戦時のアメリカ軍では「Cレーション」とよばれた（Cはコンバットの C ではなく、3番目のレーションの意味）。近年は自衛隊はじめ各国のコンバットレーションが、「ミリメシ」と名付けられて一般に紹介され、一部のマニアに親しまれている。

同 » 携行糧食、戦闘糧食

コンバット・サーチ＆レスキュー
【こんばっとさーちあんどれすきゅー】

Combat search and rescue

➡ 戦闘捜索救難

コンタクト
【こんたくと】
Contact

　直訳すると連絡や接触だが、軍事用語では特に敵と接触したり、敵の兆候をキャッチしたりした場合に使われる。

コンフォーマル・フューエル・タンク
【こんふぉーまるふゅーえるたんく】
Conformal fuel tank

　航空機の機体に密着する形で増設される増槽（補助燃料タンク）のこと。翼下や胴体下につけられるドロップタンクより、空気抵抗やステルス性の面で有利。

コンポジット・アーマー
【こんぽじっとあーまー】
Composite armor

➡ 複合装甲

最前線
【さいぜんせん】
Front line

　戦場において、敵と接する戦線のうち、もっとも敵に近いところにあるエリア。

最大射程距離
【さいだいしゃていきょり】
Maximum range

　銃器や火砲において、弾が届く最大の射程距離のこと。ただし最大射程距離では命中率は低くなり、威力も小さくなることがある。

最大潜航深度
【さいだいせんこうしんど】
Maximum depth

　潜水艦の性能で、潜ることが可能な最大の深度。これを超えると水圧超過による圧壊の危険性が高くなる。また最大潜航深度では安全マージンが見込まれていないので、長期間そこに留まり続けることはしない。

最大着陸重量
【さいだいちゃくりくじゅうりょう】
Maximum landing weight

　航空機が着陸するさいに機体強度のうえで許容される最大の重量。最大離陸重量よりも少ないことが多い。これを超えると、主脚などの着陸装置が耐荷重オーバーとなり破損することもある。そこで場合によっては着陸前に超過分の燃料を投下するなどして、重量調整を行うこともある。

最大離陸重量
【さいだいりりくじゅうりょう】
Maximum take off weight

　航空機が離陸するさいに、性能的に可能な最大の総重量。機体そのものの空虚重量に、乗員や燃料とペイロードを足した重量が、最大離陸重量を超えると離陸ができない。

サイト
【さいと】
Sight

➡ 照準器

サイドアーム
【さいどあーむ】
Sidearm

　補助兵器として兵士がバックアップのために保持する武器。例えばライフルを使う兵士にとっては、拳銃はサイドアームとなる。そのため軍用拳銃のことをサイドアームと表記することもある。

対 » メインアーム

サイドエレベーター
【さいどえれべーたー】
Side elevator

　空母や強襲揚陸艦にある、飛行甲板と格納庫をつなぐ搭載機の上げ下ろしに使う大型のエレベーターで、艦舷に設置されているもの。片側が海に面しているので、エレベーター床面のサイズからはみ出すサイズの機体も載せることができる。サイドエレベーターは第二次世界大戦時の空母「ワスプ」に補助エレベーターを付けたのが始まりで、その後に建造された主力空母「エセックス」級に標準装備された。今では大型の空母には欠かせない装備となっている。

同 » 艦舷エレベーター

サイドカー
【さいどかー】
Sidecar

　オートバイ（二輪車）の横に側車を付け、3輪にしたタイプのもの。最大で3名の乗車が可能。側車部分に機銃などを据え付け武装することもできた。第二次世界大戦期のドイツでは、軍用サイドカーを採用し、偵察任務や連絡業務などに使用した。普通のオートバイにはついていないバックギアも備えられていた。

サイバー戦争
【さいばーせんそう】
Cyber warfare

　現代社会では軍事でもコンピューターとネットワークが欠かせない。相手国の軍事システムや情報システムに対し、不法にハッキングして侵入し、情報を盗んだり破壊活動を行う電子的な戦いを、サイバー戦争とよぶ。物理的な軍事力を使わずとも、相手国の社会インフラを破壊し混乱を引き起こすことも可能で、21世紀の新たな戦場として脅威度が増している。

サイバー部隊
【さいばーぶたい】
Cyber unit

サイバー戦争を仕掛ける場合や、逆に自国のシステムをサイバー攻撃の脅威から防御するための、専門部隊。21世紀に入りサイバー戦争の脅威が認識されるにつれ、主要各国で組織されつつある。

砕氷艦
【さいひょうかん】
Icebreaker

　水面の氷を砕きながら航行できる能力を備えた艦船。日本では南極観測隊に使われる「しらせ」が知られているが、海氷の多い北極海に面し、北極海航路を使うロシアは、多くの砕氷能力を持った軍艦を就役させている。23000ｔと大型の原子力砕氷艦も稼働中だ。

サイレンサー
【サイレンサー】
Silencer

➡ サプレッサー　　同 》消音器

佐官
【さかん】
Field officer

　将校のなかでも、尉官の上位にある高級将校。下から少佐、中佐、大佐となり、実戦部隊の指揮官や大型艦の艦長や幹部などを務める、責任のある地位だ。自衛隊では、下から3佐、2佐、1佐となる。

作戦
【さくせん】
Operation

戦いを進めるために考えられ実施させるはかりごと。

索敵
【さくてき】
Search enemy

　戦闘行動の前段階として、敵の位置や戦力、状況などを探し求め確認する行動。偵察行動の一種。

索敵機
【さくてきき】
Reconnaissance aircraft

➡ 偵察機

炸薬
【さくやく】
Explosive

　爆弾や砲弾、ミサイル、魚雷などの兵器の中に装填され、命中時に爆発させるための火薬。炸薬には爆発威力の大きいTNT火薬が主に使われる。

同 》爆薬

炸裂弾
【さくれつだん】
High Explosive

➡ 榴弾

座礁
【ざしょう】
Stranding

　艦船が浅瀬や暗礁に乗り上げ、自力で行動をとれなくなる状況。まれに潮位の

低い干潮時に座礁しても、潮が満ちて潮位があがることで自然に離礁することもある。一方、座礁時に船底が破損し、復帰には大掛かりな修理を必要とする場合もある。

同 » 擱座

サスペンション
【さすぺんしょん】

Suspension

　車両の構造で、車輪と車体の間に位置する装置。路面の凹凸などからくる揺れを吸収する緩衝装置で、操縦性や乗り心地を大きく左右する。また、車両以外の機械でも、防振装置をサスペンションとよぶ場合がある。

同 » 懸架装置

サーチ＆レスキュー
【さーちあんどれすきゅー】

Search and rescue

➡ 捜索救難

サーチライト
【さーちらいと】

Search light

　強力な灯りを発する照明装置で、絞った光を特定の方向に向け、離れた距離のものを照らすことができる。都市部や基地の夜間防空設備や、艦艇に積んで夜戦時に照射するなどで使われた。

同 » 探照灯、投光器

雑嚢
【ざつのう】

Haversack

　様々な個人装備や糧食などを入れる、布性のショルダーバックタイプの袋。

砂漠迷彩
【さばくめいさい】

Desert camouflage

　砂漠の風景に合わせた迷彩。主にサンドやタンといった色彩を中心に組み合わせたもの。

座標
【ざひょう】

Coordinates

　本来は幾何学において点の位置を示す数値の意味だが、軍事では地球上のある地点を示す緯度と経度による地図座標のことを指す。また緯度と経度に加え標高の数値を入れる3次元の地図座標が用いられることもある。

サプレッサー
【さぷれっさー】

Suppressor

　銃の発射音やマズルフラッシュ（発射炎）を軽減するために、銃口の先に取り付ける筒状の装置。また、銃本体内にサプレッサー効果のある機構を組み込んだものもある。日本語では消音器と訳されることが多いが、フィクションにあるように完全に音を消すことは難しい。狙撃の際などは、発射音を軽減すると同時にマズル

フラッシュを隠すため、射撃位置を敵に悟られない効果が大きい。

同 » サイレンサー、消音器

サブマシンガン
【さぶましんがん】
Submachine Gun

➡ 短機関銃　［略］SMG

サブマリナー
【さぶまりなー】
Submariner

潜水艦の乗組員に対する俗称。同じ軍艦でも、通常の水上艦艇の乗組員に対し潜水艦乗りは特殊な存在のため、区別してよばれることが多い。

サープラス
【さーぷらす】
Surplus

軍の装備の放出品のこと。中古のウエアやさまざまのアイテムが放出品として民間に払い下げられ、ミリタリーサープラスショップなどで一般に販売される。

サーベル
【さーべる】
Saber

西欧式の片刃の刀剣で、騎兵が片手でも扱えるサイズと重さの物。軍人が軍刀として使うことが多いが、昔は警官も装備していた時代がある。

同 » 軍刀

サーマルジャケット
【さーまるじゃけっと】
Thermal jacket

戦車の主砲などで、砲身を包むカバー状の筒や巻き付ける布など。砲身の温度を一定に保ち、砲身の歪みを防止して命中率を高める効果がある。戦後第2世代以降の戦車に多く採用されている構造。

サーモバリック爆弾
【さーもばりっくばくだん】
Thermobaric bomb

➡ 燃料気化爆弾

サルベージ
【さるべーじ】
Salvage

遭難した船舶やその乗員、積み荷を救助する海難救助のこと。また沈没や座礁した船を引き上げる作業のこともいう。サルベージ船は、沈んだ船を引き上げるための、クレーンや潜水作業装備を備えた船のこと。

山岳戦
【さんがくせん】
Mountain warfare

山岳地帯で繰り広げられる作戦や戦闘のこと。山岳地帯は大型の装甲車両や火砲を持ち込みにくいため、特殊な訓練を受けた軽装備の歩兵が活躍する。また少

数の部隊で遊撃戦を行うゲリラ戦法も行いやすい地形だ。欧州のアルプス山脈に面したフランスやイタリア、オーストリア、ドイツなどの国々では、山岳戦を得意とする専門の部隊が存在する。

三脚
【さんきゃく】
Tripod

　3本の脚で器具を支える道具で民間ではカメラなどで使われるが、重機関銃などの移動式の架台として使われる。

同 » トライポッド

塹壕
【ざんごう】
Trench

　城や集落の周辺に、敵の侵攻を防ぐために掘られた堀や壕が語源だが、銃砲が登場した中世以降は野戦においても、銃弾や砲弾から身を隠すために簡易的な掘りを巡らした陣地を作るようになり、塹壕とよぶようになった。塹壕は、人間が立って歩ける程度の深さの堀で、真っすぐだけでなく、ジグザグに掘られることもある。その構築は工兵の任務だが、一般の歩兵も塹壕構築に駆り出されることが多々ある。塹壕は防御陣地だが、後方に回り込まれ攻撃されると弱いため、横に長く伸び構築されるようになった。第一次世界大戦の西部戦線では、相対したドイツ軍とイギリス、フランスを中心とした連合国が互いに、スイス国境からイギリス海峡に至る長大な塹壕陣地を構築し、戦いを繰り広げた。

塹壕戦
【ざんごうせん】
Trench warfare

　敵味方の軍隊が互いに塹壕を掘り合って陣地を構築し、相対する戦い。第一次世界大戦の欧州・西部戦線では、幾重にも張り巡らせた塹壕に数10万人の兵士がにらみ合う大規模な塹壕戦が繰り広げられた。塹壕戦は一般に防御側が有利で、攻撃側に多大な損害が生じることが多く、持久戦の様相を呈していた。塹壕陣地を突破し局面を打開するために、第一次世界大戦時に登場した新兵器が戦車だった。

酸素魚雷
【さんそぎょらい】
Oxygen torpedo

　第二次世界大戦時に日本海軍が開発した魚雷。圧縮酸素で軽油を燃焼させ排気が海水に溶ける二酸化炭素のみになるため、航跡がほとんど出ない魚雷となった。速度が50ktと速く、射程も20000m以上と長大で、気がつかれずに回避されにくい新兵器として、アメリア軍から恐れられた。

散弾
【さんだん】
Shotgun pellet

　装弾（ショットシェル）とよばれる筒状の弾薬内に、多数の小さな鉛玉を詰めた弾。

散弾銃によって発射され、銃口から出た後は一定距離で鉛玉が拡散して広がり、ある程度の範囲に被害を与える。もともとは狩猟に使われたもので、鳥を狙う細かな鉛玉を多数詰めたバードショットや、鹿などの獣を狙うため6〜9㎜程度の大粒の鉛玉を詰めたバックショットがある。さらに像などの巨獣を狙う1発のみのライフルスラグ弾という特殊弾もある。装弾の直径には数種類あり、ゲージという単位で表記する。軍用には主にバックショット弾が使われる。

散弾銃
【さんだんじゅう】
Shotgun

　散弾を発射する銃。狩猟用として発展したが、弾が広範囲に広がることから近距離での混戦時に有効とされ、軍用としても特殊部隊などで使われる。主に都市部での市街戦やジャングル戦などで使用する。狩猟や競技用としては銃身を2本連ねた中折れ式2連装のものが主流だ。一方軍用のコンバットショットガンは、4〜8発を手動装填で連発できるポンプアクション式や、ガス圧で自動装填できるオートマチック式が使われる。

同 » ショットガン

散布界
【さんぷかい】
Scattering area

　銃弾や砲弾の着弾誤差。同一の銃や砲で1点を狙って撃った場合、射撃距離が遠くなるほど着弾位置にバラツキが生じる。散布界が狭い（集弾率が高い）ほど、命中率は高くなる。遠距離の砲撃の場合は、散布界を計算に入れて着弾地点を設定し、面を制圧する。

山砲
【さんぽう】
Mountain gun, Pack gun

　小型の野戦砲の1種で、山岳地でも運用しやすいように小型軽量で、分解運搬が可能な榴弾砲。軽量性を重視するため砲身は短くなり、射程はあまり長くない。運搬時は馬などで牽引するか、分解して馬数頭に積載して運ぶが、険しい山岳地では人力で運搬することもあった。

参謀
【さんぼう】
Military staff

　部隊の指揮官を補佐して、作戦や用兵などの立案・指導を受け持つ将校のこと。通常は大隊や連隊以上の規模の上級部隊司令部に配備される。中世以前は軍師とよばれていたが、近代以降の軍隊では、参謀が集団で作戦立案を担当することが一般的だ。

参謀本部
【さんぼうほんぶ】
General staff office

　国家の軍指導部や大規模集団に設けられる、軍隊の作戦指揮の補佐や、作戦立案を担当する組織。複数の高級参謀

が所属し合議によって作戦立案が行われる。軍指導部にある参謀本部を統括する長は、参謀総長とよばれる。

自衛官
【じえいかん】
Self-Defense official

防衛省配下の人員のうち、自衛隊の任務を担う制服を着用する武官の総称で、特別職国家公務員。将官、佐官、尉官、曹、士の階級に大別される。即応予備自衛官は、自衛隊員ではあるが自衛官には含まれない。

自衛艦
【じえいかん】
Self-Defense ship

海上自衛隊に所属する艦艇のうち、自衛隊籍を持ち国際法上の軍艦に分類される艦艇の総称。護衛艦や潜水艦、掃海艦、輸送艦などが含まれる警備艦艇と、練習艦や支援艦、砕氷艦などの補助艦艇に区別される。また、港湾で雑役を行う支援船や、自衛隊を除籍した記念艦などは、自衛艦には含まれない。

自衛艦旗
【じえいかんき】
Self-Defense ship ensign

➡ 軍艦旗

自衛権
【じえいけん】
Right of self-defense

国際法で認められる国家が持つ権利の1つで、自国や自国民に対する武力攻撃などの急迫不正の侵害があった場合に、除去するためにやむをえず行使することが認められる防衛の権利。集団的自衛権と区別するために、個別的自衛権とよばれることもある。

同 》 個別的自衛権

自衛隊
【じえいたい】
Japan Self-Defense Forces

日本における自衛隊法で規定された防衛組織。日本の安全を保つための防衛活動を行う。1954年7月1日に保安隊と警備隊を改変して設立。設立当初は防衛庁の隷下に置かれた。最高指揮権は内閣総理大臣が持ち、現在は防衛省の下に防衛大臣が隊務を統括。自衛隊全体を運用する統合幕僚監部が設置され、その隷下に陸上自衛隊、海上自衛隊、航空自衛隊の3つの組織が置かれて実務を担当する。この他に、情報本部、自衛隊情報保全隊、自衛隊指揮通信システム隊などの共同部隊組織や、外殻組織の防衛装備庁がある。兵力は陸海空3自衛隊併せて約244000人（2018年現在、即応予備自衛官は除く）。

略 》 JSDF

シウス
【しうす】
CIWS

➡ 近接防御火器システム

ジェットエンジン
【じぇっとえんじん】
Jet engine

　外部から空気（大気）を取り入れて圧縮し、燃料と混合して燃焼。高温の燃焼ガスをジェット（噴流）として高速で噴出し、推進力に変える航空機用エンジンのこと。大気を取り入れて圧縮するために噴流で回転するガスタービンを使用するが、その構造の違いでターボジェットエンジンとターボファンエンジンに大別される。また圧縮機の軸回転でプロペラを回して推進力にするターボプロップエンジンや、ヘリコプターに使われるターボシャフトエンジンも、広義的にはジェットエンジンの仲間。さらに艦艇や一部の戦車で使われるガスタービンエンジンも、仕組みはジェットエンジンだ。

ジェット機
【じぇっとき】
Jet aircraft

　ジェットエンジンを備えて、推進力にする航空機。プロペラを推進力とする航空機より高速を得やすい。

ジェット燃料
【じぇっとねんりょう】
Jet fuel

　航空機用ジェットエンジンに使われる燃料。ジェット燃料は成分によって、灯油とほぼ同等の成分を持つケロシン系と、灯油成分にナフサを加えたワイドカット系の2つの系統に大別される。

ジェリカン
【じぇりかん】
Jerrycan

　軍用車両などに使う燃料を運ぶ、燃料携行缶の1種。第二次世界大戦時にドイツ軍が開発した、2枚の鋼板をプレス成型して組み合わせた缶で、大量生産が可能。20ℓ入りのジェリカンはその後世界標準の燃料携行缶として広まった。

シェルター
【しぇるたー】
Shelter

➡ 掩体壕

支援
【しえん】
Support

　味方の任務達成のために、他の部隊や兵士が援助を行い支えること。直接、戦闘に加わり手助けすることもあれば、物資や人員などの補給を行う後方支援任務

もある。

支援戦闘機
【しえんせんとうき】
Support fighter

　航空自衛隊の用語で、対地対艦攻撃を主任務とし、対空戦闘も行える戦闘攻撃機のこと。

同 » 戦闘攻撃機、デュアルロール機

シーカー
【しーかー】
Seeker

　ミサイルに搭載される目標探索装置。赤外線やレーダー、TV画像で目標を捉える。ミサイルはシーカーで得た目標情報にしたがって自動追尾を行う。

視界外射程ミサイル
【しかいがいしゃていみさいる】
Beyond-Visual-Range missile

　現代の戦闘機に搭載される空対空ミサイルのうち、射程距離が20海里（約37km）を超える、中〜長射程のもの。現代の空戦では、相手を捉えたら、まず視程外射程ミサイルを発射して離れた距離から攻撃する戦闘が第一段階となる。初期のものは、母機のレーダー情報による中間誘導が必要だったが、現在のものは発射すればあとはミサイルに搭載されているレーダーや誘導装置で自動誘導され、撃ちっぱなし能力が付与されている。アメリカの「AIM-7スパロー」や「AIM-120AMRAAM」、欧州の「ミーティア」、ロシアの「R-77」、中国の「PL-12」、航空自衛隊の「AAM-4」などがある。

同 » BVRミサイル

視界内射程ミサイル
【しかいない射程ミサイル】
Within-Visual-Range missile

　現代の戦闘機が搭載する、20海里（約37km）以内の射程を持つ短距離空対空ミサイル。敵機を視界で捉えることができる範囲で、相手をロックオンして発射する。近年は、発射後にミサイルがロックオンするオフボアサイト機能を備えたミサイルが主流になりつつあり、敵を真正面に捉えなくても攻撃することが可能だ。アメリカの「AIM-9サイドワインダー」やイギリスの「ASRAAM」、ロシアの「R-73」、中国の「PL-5」、航空自衛隊の「AAM-5」などがある。

同 » WVRミサイル

市街戦
【しがいせん】
Urban warfare

　都市部や村落など、建築物の多い市街地で行われる戦闘のこと。特に主要都市部は重要な戦略拠点となるので、戦闘の帰結には市街戦を制することが重要となる。林立する建築物が障害となる複雑な地形のため、野戦のように戦車などの戦闘車両が機動性を発揮しにくい。個人携帯の対戦車兵器が発達した現在では、狙い撃たれて撃退されることも多い。そのため市街戦の主力は歩兵で、戦闘車両は歩

兵の支援に投入されることになる

対 » 野戦

士官
【しかん】
Commissioned officer

軍組織の中で、兵を指揮する少尉以上の階級の軍人。士官学校などの専門教育機関において、初級士官教育を受けた上で任官される。将校ともよばれる。旧日本軍においては、海軍では士官、陸軍では将校が好んで使われた。

同 » 将校

士官学校
【しかんがっこう】
Military academy

士官（将校）を養成するための、軍内部に設置された専門教育機関。旧日本軍では、陸軍士官学校、海軍兵学校などが相当し、現代の自衛隊では防衛大学校や幹部候補生学校が相当する。

士官候補生
【しかんこうほせい】
Military cadet

士官学校で学んでいる最中の学生。また士官学校は終了したものの、士官に任官される前の者も含む。また士官候補生のまま、部隊に仮配属される場合には准尉の階級が与えられることもある。

志願兵
【しがんへい】
Volunteer

個人の自由意志で、軍に応募し入隊した兵員のこと。

対 » 徴兵

志願兵制
【しがんへいせい】
Volunteer soldier system

軍隊の兵員を、個人意思による応募採用で賄う制度のこと。多くの国は義務として軍務に就く徴兵制を採用しているが、現代のイギリスとアメリカは志願兵制度を原則としている。日本の自衛隊も志願兵制だ。また徴兵制を基本とする国々でも、別途に志願兵を受け入れることが多い。

指揮官
【しきかん】
Commander

軍隊において、部隊の指揮を執る任務を担う、その部隊内の最高位の士官や下士官。

次期主力戦闘機
【じきしゅりょくせんとうき】
Fighter experimental

近い将来に新たに採用する予定の、次世代の主力戦闘機候補。これの選定は各国ともに将来の戦力を占うもので、大きな注目を集める。

略 » F-X

磁気探知機
【じきたんちき】

Magnetic anomaly detector

海中に潜航した潜水艦を探知するための装置。潜水艦は大きな金属の塊であり、それにより地磁気の流れが乱れる。その乱れから海中に潜む潜水艦の存在をキャッチする仕組み。対潜哨戒機などに搭載されている。

略 » MAD

指揮通信車
【しきつうしんしゃ】
Command Communication Vehicle

部隊の指揮官が座乗する専用車両。第二次世界大戦以後、無線などの通信手段が実用化されると、機甲師団などの機動性の高い陸上部隊の指揮官は、通信能力を強化した車両に座乗して指揮を執るスタイルが定着した。ドイツ・アフリカ軍団を率いた猛将ロンメルは、通信機能を強化した装甲ハーフトラックを指揮通信車として使い、機甲部隊に帯同しながら指揮を執った。

識別不明機
【しきべつふめいき】
Unknown aircraft

敵味方識別信号を出さずに飛来する国籍や正体が不明な航空機を識別不明機とよぶ。平時では、識別不明機が防空圏に近づいたのを察知するとスクランブルで迎撃機が飛び立ち接近、敵か味方かを見極める。戦時では、戦闘区域に侵入した識別不明機は、敵とみなされて攻撃される。

同 » アンノウン

持久戦
【じきゅうせん】
Protracted warfare

戦闘における戦術の1つで、自軍の戦力をできるだけ保持しつつ長期戦に持ち込むこと。彼我の戦力差が大きく劣勢で、自軍が防備に有利な立場にある場合などに多く選択される戦術だ。短期決戦では勝ち目が薄い場合に、積極的な攻撃を回避し防御を固めることを主とする。時には小規模なゲリラ戦を展開して、敵の戦力や士気を減衰させながら時間を経過させ、戦局の転換を待つ。

シークレットサービス
【しーくれっとさーびす】
Secret service

➡ 要人警護部隊

時限信管
【じげんしんかん】
Time limit fuse

砲弾などを起爆する信管の1種。発射してから一定時間がたった時に、起爆する仕組みのもの。手榴弾は時限信管を用いており、安全ピンを抜いて投擲すると、3〜4秒後に爆発するように設定されている。また空中で爆発させ破片で破壊する対空砲弾や、投下して一定時間で爆発させる爆雷なども、時限信管を採用している。

対 » 着発信管

指向性エネルギー兵器

【しこうせいえねるぎーへいき】

Directed-energy weapon

　実体を伴わないエネルギーを照射することで、破壊などを行う兵器の総称。フィクションの世界では古くからレーザー砲やビーム砲などが知られる。近年はレーザー光を使って航空機やドローン、ミサイルなどを狙い撃つレーザー砲が実用化されつつある。多大な電力を必要とするため、艦艇や大型の航空機、大型車両などに搭載するものが開発されている。一方、粒子ビーム砲は理論的にはあるが、いまだ実用化されていない。また指向性の電磁波（マイクロ波）を使った、非致死性の暴徒鎮圧用兵器なども研究されている。

シースキマー

【しーすきまー】

Sea skimmer

　海面上5〜15mの超低空高度で飛び、レーダーによる探知を掻い潜りながら目標に接近する、対艦ミサイルのこと。目標の想定位置に近づくと一度高度を上げて（ポップアップ）上空から目標に突入する。海面をかすめるような超低空飛行が、英名でSkimmer（和名ハサミアジサシ属）とよばれる海鳥の飛び方に似ていることから、この名前がついたとされる。

施設科

【しせつか】

Engineer

自衛隊における、工兵隊に相当する部隊の名称。

| 同 | » 工兵隊 |

自走砲

【じそうほう】

Self-Propelled Gun

　車両に火砲を搭載し、機動力を与えたもの。多くは、車載した体勢のままで、砲撃を行うことができる。機甲師団などに所属する砲兵をはじめ、さまざまな自走砲が運用されている。

自走対空砲

【じそうたいくうほう】

Self-Propelled anti-aircraft gun

　航空機を攻撃する対空砲を車両に搭載したもの。部隊に随伴し、飛来する敵機から味方を守る役割を果す。第二次世界大戦期に強力な機甲部隊を活用したドイツ軍は、飛来する敵攻撃機から戦闘車両を守るために、トラックや戦車の車台に対空機銃や対空砲を積んだ自走対空砲を開発した。現在の自走対空砲は搭載するレーダーと連動する20〜40mmクラスの対空機関砲で武装されているものが多い。

自走対空ミサイル
【じそうたいくうみさいる】
Self-Propelled Surface-to-Air Missile

　地対空ミサイルを車載し、機動性をもたせたもの。自走対空砲と同様に、敵機の襲来から味方を守る装備。短射程のミサイルを汎用車両に搭載した軽便なものから、中～長射程の地対空ミサイルを装軌車両に搭載するものまで、さまざまだ。

自走対戦車砲
【じそうたいせんしゃほう】
Self-Propelled anti-tank gun

　対戦車砲を、トラックやハーフトラック、戦車の車台などに搭載した兵器。第二次世界大戦時に戦車が陸戦の主役になると、それに対抗するために誕生した。砲は戦車の装甲を貫通できる威力があるが、装甲は皆無もしくは限定的で防御力は弱いため、待ち伏せ攻撃で威力を発揮した。戦後も長らく配備されていたが、現在では対戦車ミサイルにとってかわられ、ほとんど姿を見なくなった。

自走迫撃砲
【じそうはくげきほう】
Self-Propelled mortar

　迫撃砲を車載化し、機動力を持たせた兵器。迫撃砲は敵を制圧するために重宝される火砲だが、発射地点を察知されると反撃を受けやすい。そこで装軌装甲車などに車載し、砲撃後にすばやく発射地点を変えることができる自走迫撃砲が装備された。

自走榴弾砲
【じそうりゅうだんほう】
Self-Propelled Howitzer

　機甲部隊においても、榴弾砲による支援砲撃は欠かせないが、通常の牽引砲では、機甲部隊の侵攻速度についていけない。そこで機甲部隊に追随して支援砲撃が可能な自走榴弾砲が登場した。現代の自走榴弾砲は、車台には戦車並みの装軌車両が使われ、大口径の火砲で車載状態での射撃を可能にしている。多くは砲塔を備えており、敵の砲撃の破片や機関銃程度には耐えられる程度の防御力も備えられている。また近年は、装輪の大型トラックに榴弾砲を積んだ、簡易的な自走榴弾砲も登場している。

師団
【しだん】
Division

　陸軍においての編制単位の1つ。司令部を有し、その配下にいくつかの連隊や大隊をおく。規模は国や時代によってことなるが、7000～20000名の兵力を持つ。通常は歩兵の他に砲兵や戦車部隊など、複数の兵科を配下に納める。また独自の後方支援部隊も整備され、単独で正面作戦実行が可能とされる。

師団長
【しだんちょう】
Division commander

　師団を率いる最高階級の指揮官。将官が就任する（通常は中将）。

士長
【しちょう】
Leading private

　自衛隊における一般兵士の階級のうち1士の上にくる最上位のもの。上等兵に相当する。

輜重
【しちょう】
Munitions

　軍隊で前線の兵士たちが使う、武器弾薬や衣服・糧食といった軍需品のこと。こういった物資を前線に輸送する兵站を担当する補給部隊を、日本陸軍では輜重隊とよんだ。

自沈
【じちん】
Scuttling

　自ら乗船している艦船を沈めること。敵に敗れたあと、艦が鹵獲されるのを防ぐために自沈する場合や、沈没はしていないが大破し修復が望めない状況で、乗員退艦後に味方に攻撃させ自沈処分するような場合がある。

失速
【しっそく】
Stall

　乗り物が速度を急激に失うことだが、特に航空機に置いて飛行状態を保つ速度を維持できなくなる場合、失速状態に陥り墜落につながってしまう。

実包
【じっぽう】
Cartridge

➡ 弾薬　対 » 空包

実用上昇限度
【じつようじょうしょうげんど】
Service ceiling

　航空機の上昇高度においての実用的な限界。エンジンや機体の性能から30m上昇するのに1分かかる高高度であり、それ以上は実用的な飛行が難しい。

自動拳銃
【じどうけんじゅう】
Automatic pistol

　弾丸を発射したときのガス圧を利用して、次弾の装填や発射準備を行う連発式の拳銃のこと。最初の1発のみは、スライドを引いて薬室に弾薬を装填する必要があるが、2発目以降は引き金を引くだけで発射できる。グリップの中に箱型弾倉が差し込まれる形が一般的で、現代の自動拳銃では20発近い弾を込めることが可能だ。代表的な軍用拳銃として知られる「コルトガバメント」も自動拳銃だ。

同 » オートマチックピストル

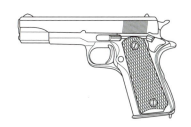

自動車化狙撃兵
【じどうしゃかそげきへい】
Motor rifle troops

　旧ソ連やロシアにおける、機械化歩兵の呼び名。

自動車化歩兵
【じどうしゃかほへい】
Motorised Infantry

　軍用トラックなどの兵員輸送車に乗車して移動する、機動性を持たせた歩兵。ただし移動に使う車両は非装甲のものなので、戦場までは車両移動するが、戦場では徒歩で歩兵として戦う。装甲兵員輸送車や歩兵戦闘車を使い機甲部隊に随伴して行動する歩兵（戦闘時は下車する）は、機械化歩兵とよび区別する。

自動小銃
【じどうしょうじゅう】
Automatic rifle

　弾丸を発射したときのガス圧を利用して、次弾の装填や発射準備を行う連発式の小銃のこと。中でも1発ごとに引き金を引くセミオートと、引き金を引き続けると連射するフルオートに分れる。アメリカ軍が第二次世界大戦時に大量導入した「M1ガーランド」は、セミオートライフルの傑作だ。現代では、セミオートタイプは威力のある弾丸を使用する狙撃銃やバトルライフルに、またフルオートタイプは歩兵の主兵器であるアサルトライフルに、それぞれ進化している。

　同 » オートマチックライフル

自動装填装置
【じどうそうてんそうち】
Autoloader

　近年、戦車砲や自走榴弾砲などに採用されている、機械で自動的に次弾を装填する装置。手動装填に比べ、発射準備に要する時間が短くなる。例えば戦車では、従来は装填手が砲弾の装填を担当していたが、自動装填装置付きの戦車では装填手が必要なく、乗員を減らすことが可能。自動装填装置を採用した日本の10式戦車は、車長と砲手、操縦手の3名で運用される。ただし機構が複雑になるため、アメリカのようにあえて自動装填装置を採用せず、装填手を載せる国もある。

自動追尾
【じどうついび】
Homing

　ミサイルや魚雷などで、目標が出す熱や電波、音などを捉えたり、自らが出す電波や音波で目標を探知したりして、自動的に目標を追いかけて命中する誘導方式のこと。

　同 » ホーミング

シートール機
【しーとーるき】
Conventional Take-Off and Landing aircraft

➡ 通常離着陸機　略 » CTOL

死の灰
【しのはい】

Radioactive dust

核兵器の副産物として、強い放射性物質が生成され大気中に撒き散らされることを揶揄して、核実験を報道した日本の新聞が名付けた造語。

自爆
【じばく】
Suicidal explosion

兵器を自ら爆破して破壊したり、敵艦に航空機で体当たり攻撃を行うこと。また人が自らの身体に装着した爆弾を敵を道連れに爆発させることもいう。

自爆テロ
【じばくてろ】
Suicide terrorism

自らの身体に付けた爆弾や、運転する車両に満載した爆弾を爆発させて、自らの死と引き換えに周囲の人々に対し殺人や破壊行為を行う、テロリズム行為。

シーパワー
【しーぱわー】
Sea power

海洋に権力を持ち通商路を確保することで、他国に大きな影響を与える海洋国家が持つ力の概念。軍事面では海軍力を整備している。大陸国の持つランドパワーの対義語として使われる。第二次世界大戦時の主要国では、アメリカ、イギリス、日本がシーパワー国家の代表格だ。

対 » ランドパワー

シビリアンコントロール
【しびりあんこんとろーる】
Civilian control of the military

軍隊に対して、文民である政治家が指揮権を握って統制を行う体制のこと。民主主義国家では、軍部の暴走を防ぐために絶対に必須な体制とされる。日本の自衛隊も、最高指揮権は文民の長である内閣総理大臣が持ち、さらに文民である防衛大臣によって統制されるため、シビリアンコントロールが機能している組織だ。

同 » 文民統制

シーマイル
【しーまいる】
Seamile

➡ 海里

島型艦橋
【しまがたかんきょう】
Island bridge

➡ アイランド

シミュレーター
【しみゅれーたー】
Simulator

操縦や戦闘などを模擬的に行うシミュレーション装置。戦闘機の操縦などを習得するには、練習機に乗る前にまずフライトシミュレーターを使って、操縦の基本を模擬練習する。また、実際の戦闘行為をコンピューター上でシミュレートして判定や研究を行うための装置も、各国で導入されている。

射撃
【しゃげき】
Shooting

　銃砲を使って弾を発射し、目標を狙い撃つこと。

同 » シューティング

射撃手
【しゃげきしゅ】
Shooter

　戦車や爆撃機などで、機銃の操作を受け持つ要員のこと。また戦闘ヘリなどでも攻撃全般を受け持つ要員をいう。

同 » ガンナー

射撃統制装置
【しゃげきとうせいそうち】
Fire Control System

　戦車などに搭載される砲撃するための情報を集積し狙いをつけるための装置。測距儀により距離を測り、環境センサーで得た温度などの情報や、目標の移動情報などを加味して、コンピューターが正確な狙いをつける。また、現代の戦闘艦艇には、さらに大規模な射撃統制システムが搭載され、火器管制レーダーなどを用いて砲やミサイルによる攻撃を統制する。

同 » 火器管制装置　　略 » FCS

シャシー
【しゃしー】
Chassis

　車両の車体を構成するフレームのこと。また、フレームに組み込まれるエンジンやトランスミッションサスペンションなどの装置を加えたボディ外板を除く全体を指すこともある。

同 » 車台

射出座席
【しゃしゅつざせき】
Ejection seat

　戦闘機などの小型の軍用機に備えられている、ベイルアウト（緊急脱出）用の装置。故障や被弾などで墜落の可能性が高まったときに、乗員が座る射出座席がロケットモーターを点火して、キャノピーを突き破り機外に打ち出される。乗員は機外で射出座席から離脱し、パラシュートを開いて降下し生還する。

同 » インジェクションシート

車台
【しゃだい】
Chassis

➡ シャシー

射弾観測
【しゃだんかんそく】
Observation of fire

➡ 弾着観測

車長
【しゃちょう】
Commander

　戦車や歩兵戦闘車、自走砲などの戦闘車両において、指揮を執る最上位の乗員。戦車では車長の指示に従って、操縦手が

操縦し砲手が主砲を撃つなど行動する。

ジャッジ・システム
【じゃっじしすてむ】
JADGE system

航空自衛隊が運用する自動防空警戒管制システムで、Japan Aerospace Defense Ground Environmentの頭文字をとってこうよばれる。2009年に従来運用されていたバッジシステムを更新して運用開始されたもので、国内3カ所の防空指令所と全国のレーダーサイトをネットワーク化し、さらに早期警戒機とのデータリンクを実施。さらに弾道ミサイルへの対応で、海上自衛隊のイージス艦や陸上自衛隊の防空部隊とも連携している。

射程距離
【しゃていきょり】
Range

銃砲などの火器やミサイルにおいて、弾が届く距離のこと。能力ギリギリの距離を最大射程、狙う精度が得られ命中率が期待できる距離を有効射程という。

同 » レンジ

ジャマー
【じゃまー】
Jammer

➡ 電子妨害装置

ジャミング
【じゃみんぐ】
Jamming

➡ 電子妨害

ジャム
【じゃむ】
Jam

銃が発射時に弾詰まりを起こすこと。「ジャムってしまった」などのように使う。

車両運搬船
【しゃりょううんぱんせん】
Vehicle carrier ship

車両を輸送する専門の船。民間でも広く使われる。船内に広大な車両甲板を持ち、埠頭にランプウェイを渡して車両が自走で搭載・揚陸を行うため、RO-RO船（ローローせん、Roll-on/Roll-off ship）ともよばれる。構造はフェリーに似るが、旅客用のスペースはない。民間では車両そのものを運搬するほか、コンテナをトレーラーに積んだまま運び入れ、牽引するトラクタヘッドだけ下船。目的地では別のトラクタヘッドで搬出する貨物船の一種としても使われる。軍用でも、軍用車両輸送専用の軍籍を持つ艦があるが、有事には民間のRO-RO船を徴用して使うことも多い。

同 » RO-RO船

ジャングル戦
【じゃんぐるせん】
Jungle warfare

熱帯雨林地帯における森林戦を、特にジャングル戦と区別することが多い。高温多湿な熱帯雨林では、障害物の多さの他

にも、病気対策や高温対策など、独特の対策を強いられる。

ジャングルブーツ
【じゃんぐるぶーつ】
Jungle boots

　アメリカ軍がベトナム戦での経験を元に開発した、ジャングル用のくるぶしまで覆う軍靴。内部に侵入した水を排出する穴を設け、乾きやすい素材を使用。さらに釘のトラップなどを踏み抜かないように、中敷きにはアルミ板も入れてある。

銃
【じゅう】
Gun

　火薬で弾丸を飛ばす火器で、個人で携帯ができるもの。
　同 » ガン、鉄砲

重営倉
【じゅうえいそう】
Heavy imprisonment

　日本陸軍における犯則者への懲罰のうち、特に重篤な者を拘置する処罰やその施設。通常の営倉よりも食事は粗末で、寝具なども与えられない厳しいものであった。

就役
【しゅうえき】
Commissioning

　一般には任務や役職に就くことをいうが、軍艦では建造やテストが完了した後に、軍に引き渡されて軍籍を与えられることを、就役という。就役して初めて軍艦として認められる。

銃眼
【じゅうがん】
Gun port

　防壁の内側から敵を射撃するために開けられた穴。古くは城や陣地などの施設に設けられた。装甲車や兵員輸送車でも、内部の兵士が乗車したまま外部に発砲するために装甲に開けられた開口部や銃を設置する架台のことを、ガンポートとよんでいる。
　同 » ガンポート

重空母
【じゅうくうぼ】
Heavy aircraft carrier

　第二次世界大戦末期に、アメリカでは比較的小型の空母を軽空母（CVL）と呼称した。戦後になると軽空母と区別するために、従来の主力空母を重空母（CVB）と呼称したが、現在は使われていない。
　同 » CVB　対 » 軽空母

襲撃
【しゅうげき】
Attack

　敵の不意を突き、襲い掛かること。

襲撃機
【しゅうげきき】
Attacker

第二次世界大戦当時、対地攻撃を専門にした攻撃機を、特に襲撃機と呼称した。

同 » 攻撃機

銃剣
【じゅうけん】
Bayonet

銃の先端に装着し白兵戦時に槍のように使う短剣のこと。刃渡りは20～30cmあり、銃に装着していないときはコンバットナイフとして使われる。

同 » コンバットナイフ、バヨネット

銃剣突撃
【じゅうけんとつげき】
Bayonet charge

銃剣を装着した小銃を構えて、敵に対して発泡しながら一斉に突撃を行う攻撃戦法。敵陣になだれ込んだ後は白兵戦となる。ただし、機関銃が発達した近世以降は防御側からの猛烈な反撃をうけ多大な損害を被ることが多くなり、現代戦ではほとんど使われない戦法だ。銃剣を装着しての白兵戦の技術は、日本では「銃剣道」とよばれてきた。現代でも自衛隊では正規の訓練に組み込まれている。

銃口
【じゅうこう】
Muzzle

銃の先端にある銃身の口で、ここから弾丸が発射される。銃口を相手に向けることは「攻撃の意思有り」と認識される。

同 » マズル

重航空巡洋艦
【じゅうこうくうじゅんようかん】
Heavy aircraft carrier cruiser

旧ソ連やロシアにおける、自国の空母につけた艦種名称。1975年に斜め飛行甲板を持った近代的な軽空母「キエフ」級を就役させた。しかし黒海の出口にあたるボスポラス海峡やダーダネルス海峡は、条約で航空母艦の通行が制限されている。そこで航空母艦とせずに、「重対潜巡洋艦」とした。その後継となったロシアの空母「アドミラル・クズネツォフ」も、艦種を「重航空巡洋艦」と呼称してボスポラス海峡の航行を可能にしている。

十字舵
【じゅうじだ】
Cross rudder

現代の潜水艦の艦尾に備えられる舵。左右への方向転換に使う2枚の垂直の縦舵と、上下方向(潜航浮上)に関与する2枚の水平方向の横舵が、ちょうど十字型をしているため、合わせて十字舵とよばれる。

銃身
【じゅうしん】
Barrel

銃の主要パーツで、弾丸を発射するための鋼鉄の筒。現代の拳銃や小銃では、銃身の内部に発射する弾を回転させて安定させるために、螺旋状の溝(ライフリング)が彫られている。散弾銃の銃身にはライフリングはない。

同 » バレル

縦深防御
【じゅうしんぼうぎょ】
Elastic defense

　攻勢をかけてくる敵に対応する防御戦法のひとつ。防衛線を何重にも重ねて設置し、あえて堅守をせずに、戦力を温存しつつ次の陣地へと後退を繰り返しながら戦い、奥深くまで誘い込む。敵は1つの防衛線を破るごとに攻勢を徐々に削がれていき、やがて補給線が伸びて限界に達し停滞する。そこで一気に反撃に転じて、敵を撃退するという防御戦術だ。

対 » 水際作戦

銃身命数
【じゅうしんめいすう】
Barrel accuracy life

　銃身の寿命のこと。銃は弾丸を発射するたびに、銃身内部が摩耗していく。摩耗が進むと、命中精度が落ちていき、さらには威力も減じてしまう。寿命がつきた銃身は、新しいものに交換する。銃身命数は銃によって様々だが、代表的なアサルトライフルである「M16」で、約13000発程度といわれている。

銃床
【じゅうしょう】
Stock

　小銃やアサルトライフルなどの銃器で、銃身を支える本体フレーム部のこと。前部の銃身に直結する部分を前床、後部の肩に当てて安定させる部分を後床とよぶ。また第二次世界大戦期の小銃のように、前床に対して後床がやや下方向に角度がついたものを、曲銃床。アサルトライフルのように前床と後床が一直線なものを直銃床とよぶ。

同 » ストック

銃創
【じゅうそう】
Bullet wound

　銃弾が当たることでできる傷。当たった箇所の表面の射入口は小さくとも、内部は衝撃波や砕けた弾丸で広がっていることが多い。

重巡洋艦
【じゅうじゅんようかん】
Heavy cruiser

　軍艦のカテゴリーのひとつで、大型の巡洋艦のこと。第一次世界大戦時は国ごとに基準がまちまちだったが、1930年のロンドン海軍軍縮条約において、砲の口径が6.1インチ（155㎜）を越え8インチ（203㎜）以下の戦闘艦で基準排水量1万t以下の巡洋艦を、カテゴリーA巡洋艦と定めた（当時の日本海軍では1等巡洋艦と呼称）。これが重巡洋艦とよばれるようになった。しかし第二次世界大戦がはじまり軍縮条約が無効となると、装甲を厚くして基準排水量が1万トンを超える重巡洋艦が多数出現した。現代では、巡洋艦に大口径砲を積むことがなくなり、重軽の区別は消滅している。

同 » CA

終戦
【しゅうせん】
End of war

戦争が終結すること。現在の日本では、第二次世界大戦（太平洋戦争）の終結をさすこともある。

重戦
【じゅうせん】
Heavy fighter

第二次世界大戦初期に日本陸軍で用いられた戦闘機の区分で、「重戦闘機」の略語。大馬力のエンジンを積み、上昇力や速度を重視。さらに20mm機関砲などの重武装を施して、対爆撃機の迎撃などを構想されていた。重戦には、単発エンジンのもの（「二式戦鍾馗」、「四式戦疾風」など）と、双発エンジンのもの（「二式複座戦闘機屠龍」など）があった。

対 » 軽戦

重戦車
【じゅうせんしゃ】
Heavy tank

第二次世界大戦で登場した重武装で重装甲の大型戦車。敵戦車を1発で屠る強力な主砲と、多少の砲撃は跳ね返す分厚い正面装甲を備え、対戦車戦闘に投入された。ただし自重は40tを越え最大80tにも迫るものもあり、機動性は低かった。ドイツでは、88mm砲を搭載した「Ⅵ号ティーガー」や「Ⅵ号Bティーガー Ⅱ（キングティーガー）」が活躍。またそれに対抗しソ連では122mm砲搭載の「IS-3 スターリン」、アメリカは90mm砲搭載の「M26パーシング」を開発し、戦場に投入した。戦後しばらくして1980年代に入ると、主力戦車はかつての重戦車に相当するものが中心となり、MBTとよばれるようになった。

対 » 軽戦車、中戦車

従卒
【じゅうそつ】
Orderly

特定の高級将校の専属となり、身辺の世話などを担当する兵士。

縦舵
【じゅうだ】
Vertical rudder

潜水艦の舵のうち、垂直方向に設けられた、左右の方向転換に寄与する舵のこと。通常の船舶では縦舵のみだが、潜水艦では平行方向の横舵（潜水舵）があり、区別するために使われる。

集弾効果
【しゅうだんこうか】
Accuracy of fire effect

銃を撃った場合に、着弾が狭いエリア

に集まることを「集弾性が良い」という。機関銃などの連射可能な銃では、1発では破壊できない目標でも、集弾の結果として撃破することが可能な場合がある。

集団的自衛権
【しゅうだんてきじえいけん】

Right of collective self-defense

国家が武力攻撃を受けた場合に、密接な関係にある第三国が協同して反撃する、国際法で認められた権利。国連憲章の第51条において、加盟国による集団的自衛権の行使を認めることが明文化されている。

絨毯爆撃
【じゅうたんばくげき】

Carpet bombing

特定の地域を徹底的に破壊するために大量の爆弾で集中して爆撃すること。部屋に絨毯を敷き詰めるように徹底的に行うことから、絨毯爆撃とよばれる。その区域内のものはすべて破壊しつくすことを目的とすることから、無差別爆撃ともよばれる。

　同　» 無差別爆撃　　対　» 精密爆撃

銃把
【じゅうは】

Grip

拳銃や小銃などの銃器で、構えるときに手で握る部分。

　同　» グリップ

重爆撃機
【じゅうばくげきき】

Heavy bomber

爆撃機の中で、爆弾の搭載量が多く航続距離の長い大型の機体。精密爆撃を主とする対地攻撃機的な意味合いの強い軽爆撃機に対して、大量の爆弾での絨毯爆撃を得意とする大型の機体を、重爆撃機と区別した。第二次世界大戦時の代表的な重爆撃機といえば、アメリカの「B-17」や「B-29」、イギリスの「ランカスター」などで、「B-17」で5.8ｔ、「B-29」や「ランカスター」で9〜10ｔの爆弾最大搭載能力があった。一方、日本陸軍の「100式重爆撃機」では、爆弾最大搭載量が1ｔと、同じ重爆撃機でも性能には大きな開きがあった。大戦末期に日本本土に渡洋爆撃を行った「B-29」は、歴史上唯一の2発の核兵器を使用した爆撃機だ。その後継となった「B-52」は1955年に登場したが、核戦力の一端を担う戦略爆撃機として、今もなお現役で飛び続けている。

　対　» 軽爆撃機

州兵
【しゅうへい】

National guard of the United States

アメリカ合衆国において、53の各州がそれぞれ維持する、志願兵による組織。各州の治安維持部隊としてアメリカ国内で活動するとともに、有事の際には連邦軍の予備部隊的な存在となる。

終末高度防衛
【しゅうまつこうこうどぼうえい】
Terminal High Altitude Area Defense

アメリカ陸軍が進める弾道ミサイル迎撃システムの1つ。英語表記の頭文字をとってTHAADともよばれる。飛来する敵の弾道ミサイルから分離した弾頭部を、大気圏に再突入する前に迎撃しようというもの。移動式のXバンド早期警戒レーダーと、射程200kmの移動式迎撃ミサイルおよび管制装置で構成される。2018年の時点で、アメリカ本土に加え、韓国の在韓米軍にも配備されている。

重力加速度
【じゅうりょくかそくど】
Gravitational acceleration

航空機において、加速や旋回によって生じる力を重力加速度（G）という単位で表す。1.0Gは、地球上で重力に引かれて自由落下する加速度のことで9.80665m/S^{2}に相当する。戦闘機の通常の飛行時にかかるGは、1.5～2G程度だが、急旋回などのマニューバでは9G以上がかかることもある。通常の人間では6G程度で失神するといわれるが、戦闘機のパイロットは生身で9Gに耐える訓練を要求される。また実際の飛行時には急激なGに耐え、事故を防ぐために耐Gスーツを着用する。

同 » G

宿営
【しゅくえい】
Encamp

根拠地の兵営以外の場所で軍隊が宿泊すること。そのための仮の営舎のことであり、宿営を行う場所を宿営地とよぶ。

出撃
【しゅつげき】
Sortie

敵への攻撃目的で、基地や根拠地から出発すること。

出力重量比
【しゅつりょくじゅうりょうひ】
Power weight ratio

軍用車両などの動力性能を図る目安の1つ。エンジンの馬力を戦闘重量で割ったもので、数値が大きいほど動力性能が高いことになる。ただし、民生品の自動車などで使われるパワーウエイトレシオは逆で、車重をエンジン馬力で割ったもの。こちらは数値が少ないほど性能が高くなる。

シュートダウン能力
【しゅーとだうんのうりょく】
Shoot down ability

軍用機が上空から下方の目標をレーダーで捉えて、ミサイルなどで攻撃できる能力。従来の航空機搭載レーダーは、地表面や海面からの反射波のせいで下方の目標を捉えることが難しかったが、1980年代以降にルックダウン能力が可能となって、ミサイルの誘導技術の向上と併せてシュートダウンが実現した。

ジュネーヴ条約
【じゅねーぶじょうやく】
Geneva convention

　1864年に赤十字国際委員会により提唱され締結された、「戦時傷病者保護」に関する国際条約。別名、赤十字条約ともよばれる。さらに1929年には「捕虜の待遇」に関する条約が追加作成される。よく「ジュネーヴ条約に乗っ取った捕虜の待遇を望む」といわれるのは、この1929年の追加条項によるもの。さらに第二次世界大戦後の1949年には、それまでのジュネーヴ条約を再構築する形で、ジュネーヴ諸条約が新たに締結される。主に「戦地にある軍隊の傷者及び病者の状態の改善」、「戦地にある軍隊の傷者及び病者の状態の改善」、「捕虜の待遇」、「戦時における文民の保護」の4項目からなる。

主砲
【しゅほう】
Main gun

　複数種類の火砲を備える軍艦で、最大の威力を発揮する大砲のことをいう。例えば日本海軍に所属した世界最大の戦艦「大和」は、3連装46cm砲塔3基（9門）を主砲として備え、副砲として3連装15.5cm砲塔4基（12門）を副砲として備えていた。ちなみにこの副砲は、巡洋艦では主砲に相当する。軍艦以外には、一部の戦車でも複数の砲を備えるものが存在し、その場合も威力が大きい砲を主砲とした。

主翼
【しゅよく】
Main wing

　飛行機が備えるいくつかの翼の中で、もっとも大きい揚力を発生する翼のことを主翼という。主翼の他には水平尾翼、垂直尾翼、カナード翼などがある。

手榴弾
【しゅりゅうだん】
Hand grenade

➡ 手榴弾（てりゅうだん）

主力空母
【しゅりょくくうぼ】
Main aircraft carrier

　搭載した攻撃機や爆撃機が艦隊打撃戦力の主力となる中〜大型空母のこと。第二次世界大戦時のアメリカ海軍では、開戦時に「レキシントン」級や「ヨークタウン」級などを主力空母として運用していたが、1942年以降には基準排水量27100tの「エセックス」級を23隻も建造した。一方日本海軍では開戦時に、「赤城」、「加賀」、「飛龍」、「蒼龍」、「瑞鶴」、「翔鶴」の主力空母6隻で機動艦隊を編成し真珠湾攻撃を成功させたが、その後大戦中に就役させた主力空母は、「大鳳」、「信濃」、「雲龍」、「天城」、「葛城」の計5隻のみだった。

[同] » 攻撃空母、CV

主力戦車
【しゅりょくせんしゃ】

Main Battle Tank

第二次世界大戦後から現代まで、各国陸軍の主戦力となる戦車の総称。メインバトルタンクを略してMBTとよばれる。打撃力と防御力、機動力を高い次元で兼ね備えた兵器であり、現在も陸戦の王者として君臨する。主力戦車は開発された時代と性能により世代で分けられる。1960年ごろまでに開発された90〜100㎜砲装備が第1世代。1960年〜1970年代中盤に開発された105〜120㎜砲装備が第2世代。1975年〜1990年代中盤に開発された120〜125㎜砲装備が第3世代、1990年台中盤以降の開発でネットワーク機能などを強化したものが第3.5世代とよばれている。陸上自衛隊の戦車でいえば、「61式」が第1世代、「74式」が第2世代、「90式」が第3世代、「10式」が第3.5世代に相当する。

| 同 | 》 メインバトルタンク |
| 略 | 》 MBT |

准尉
【じゅんい】
Warrant officer

士官学校を経ていない下士官が、長年の実績の積み重ねや、武勲などにより昇進し士官に準じる待遇を受ける場合の階級。「尉」と付くがあくまでも士官ではなく、最上級下士官の扱いである。ただし待遇は士官に準じる扱いをうけることもある。准尉、もしくは準士官の扱いは、各国の軍によってまちまちであり、中には准尉を置かずに兵曹長や特務曹長とする場合もある。

| 同 | 》 兵曹長、特務曹長 |

巡検
【じゅんけん】
Excursion

本来は巡回してとりしらべることの総称だが、日本海軍や海上自衛隊では、毎日行われる艦艇内を巡回しての点検を巡検とよんでいる。

竣工
【しゅんこう】
Completion

一般には工事が完成することだが、艦艇の造船では、進水して艤装工事が終わり、さらに公試（テスト航行）が無事に終了して手をかける必要がなくなった状態を、竣工という。ただし、竣工した段階ではまだ軍籍には登録されておらず、軍艦と名乗れるのは軍籍登録して就役してからだ。

巡航戦車
【じゅんこうせんしゃ】
Cruiser tank

第二次世界大戦時のイギリス軍が用いた戦車の分類。50km/h以上の高速性能を強みとして、戦場で機動性を発揮し敵

を攪乱することを目的に開発された。しかしその分、重量を減らす必要があり装甲が薄く、防御力を犠牲にしていた。代表的なものに「マークⅥクルセーダー」や「マークⅧクロムウェル」がある。戦後には巡航戦車の機動性に防御力や強力な主砲を兼ね備えた傑作戦車「センチュリオン」が登場し、現在の主力戦車（MBT）に発展した。

対 » 歩兵戦車

巡航速度
【じゅんこうそくど】
Cruising speed

　航空機や艦艇が航行するさいに、もっとも経済的に優れた速度のこと。一般にこの速度を保つと航続距離がもっとも長くなる。巡航速度と燃料搭載量、燃料消費率の関係で最大航続距離が決まる。

巡航ミサイル
【じゅんこうみさいる】
Cruise Missile

　艦艇や航空機から発射される、長射程の対地ミサイル。数100kmから1000kmを越える長い射程距離を持つのが特徴。機体には航空機のような翼を備え、燃費のいいジェットエンジンを装備、発射されたあとは比較的低空を水平飛行で飛ぶ。多くの巡航ミサイルがターボファンジェットエンジンを備え飛翔速度は亜音速だが、近年はラムジェット推進を備えた超音速巡航ミサイルも開発されている。弾体は大きめで、搭載する炸薬量も多い。た核弾頭を搭載できるものもある。GPSによる航法システムを持ち、ある程度プログラムされた経路を飛ぶが、レーダーにより捕捉されるのを避けるための低空飛行や障害物を自ら回避する自律飛行が可能。近年は、水上艦艇や潜水艦から発射された巡航ミサイルにより、内陸部の対地目標をピンポイント攻撃する作戦が実施されている。

略 » CM

巡航ミサイル潜水艦
【じゅんこうみさいるせんすいかん】
Cruise missile submarine

　対地攻撃を行う、水中発射型の巡航ミサイルを多数積んだ潜水艦。アメリカ海軍は、余剰となった「オハイオ」級弾道ミサイル原潜を改造し、154発ものトマホーク巡航ミサイルを搭載して、対地攻撃任務や特殊部隊支援を行う巡航ミサイル潜水艦に仕立てた。またロシアも、大型巡航ミサイルを搭載する「オスカーⅡ」型や「ヤーセン」型を配備している。

同 » SSG

準中距離弾道ミサイル
【じゅんちゅうきょりだんどうみさいる】
Medium-Range Ballistic Missile

　発射して大気圏外まで上昇してから再突入し落下する弾道ミサイルのうち、射程が800〜1600km（500〜1000マイル）程度のもの。かつて冷戦期には米ソ両国が運用していたが、削減条約等の関連ですべて退役。中国の「東風21号」と、

北朝鮮の「ノドン」、「テポドン」、「北極星2」などがこのカテゴリーになる。

略 » MRBM

巡洋艦
【じゅんようかん】

Cruiser

　軍艦のなかで、戦艦と駆逐艦の中間に位置する戦闘艦。遠洋航行能力と高速性能を持つ一方で、武装や装甲は戦艦には及ばない。第二次世界大戦時以前には、主砲は8インチ（203㎜）以下で基準排水量10000ｔ以下と軍縮条約で制限された（軽巡洋艦は6.1インチ155㎜砲以下に制限）。戦艦と正面から撃ち合うことはできないが、機動性を生かして広大な海洋での長期警戒航行任務や、海戦での索敵や偵察などの任務と巡洋艦以下の艦艇への攻撃を担う。近年、ミサイルの発展により戦艦が姿を消すと対艦・対空・対地とさまざまな種類のミサイルを搭載運用する主力艦として、存在価値を高めている。

略 » C

巡洋戦艦
【じゅんようせんかん】

Battlecruiser

　巡洋艦の高速性能や機動性と、戦艦並みの強武装を兼ね備えた、大型の戦闘艦。搭載する主砲は戦艦と同等、艦のサイズも同等ながら、装甲は戦艦ほどには強固ではない。戦艦の定義のひとつである、自分の主砲の直撃に耐えることはできない。その分だけ軽量であり、戦艦よりも数ノットの優速性能を備えている。外見から戦艦に準じた艦と見られがちだが、防御力に関しては脆弱だ。例えば、第二次世界大戦時のイギリスの巡洋戦艦「フッド」は、ドイツの戦艦「ビスマルク」と直接砲撃戦を行った結果、「ビスマルク」の38㎝主砲弾の直撃で火薬庫が爆発し轟沈している。

略 » BC

巡洋潜水艦
【じゅんようせんすいかん】

Cruise submarine

　第二次世界大戦までの日本海軍で活躍した外洋作戦を前提とした大型潜水艦。巡潜と略される。長大な航続距離を持ち、外洋に置いて哨戒や通商破壊など単独での任務遂行を可能にした。特に大戦期に建造された巡洋潜水艦（伊号甲型、伊号乙型）は、格納庫とカタパルトを持ち、水上偵察機や水上攻撃機を搭載した。巡潜乙型の「伊25」は1942年にアメリカ西海岸で作戦を実行、艦載砲による基地攻撃や、搭載機による爆撃を行った。与えた被害は軽微だったが、これはアメリカ本土を航空機により爆撃した史上唯一の例である。

同 » 航洋型潜水艦

准将
【じゅんしょう】

Brigadier

　将官の一番下の階級で、少将の下、大佐の上になる。国によって准将を置く軍

と、置かない軍がある。呼び方もまちまちで、下級少将や代将と訳されることもある。旅団など、比較的規模の小さい独立部隊を指揮することが多い。旧日本軍や自衛隊では、准将に相当する階級は存在しない。

将
【しょう】
General

自衛隊における上級将官の階級。中将に相当する。所属により陸将、海将、空将とよばれる。

少尉
【しょうい】
Second-lieutenant

将校(士官)の中で、もっとも下の階級。士官学校などを卒業すると、まず少尉に任官され、士官として部隊に配備される。そのため、若年の士官がほとんど。(下士官から叩き上げで士官学校に入った年配の少尉もいるが、稀な存在)。自衛隊では3尉が少尉相当の階級となる。

焼夷弾
【しょういだん】
Incendiary bomb

着弾すると発火して周囲を燃焼させる爆弾。内部には可燃性物質を発火炎上させる焼夷剤が詰められている。ナパームなどの強燃性油脂を使った油脂焼夷弾や、テルミット反応で高温を発するテルミット焼夷弾、黄燐を使う黄燐焼夷弾などがある。第二次世界大戦時のアメリカ軍による無差別絨毯爆撃では、多くの焼夷弾が用いられ都市部に大火災を引き起こした。

消音器
【しょうおんき】
Silencer

➡ サプレッサー

哨戒
【しょうかい】
Patrol

敵の侵入や攻撃に備えて、一定の水域や空域を警戒パトロールして、見張ること。主に航空機や艦艇、レーダーなどを用いる。また、一定のエリアで哨戒活動を設定したラインを、哨戒線とよぶ。哨戒活動は、平時の軍隊においても重要な任務となる。

哨戒艦艇
【しょうかいかんてい】
Patrol boat

領海やその外側に広がる排他的経済水域など、沿海域をパトロールし警戒するための艦艇。1000tを目安に、それより大型のものを哨戒艦、小型のものを哨戒艇と称する。主目的は哨戒活動であり、本格的な戦闘は想定していないので、武装は警備活動に必要十分な程度のミニマムな装備の場合が多い。専用の哨戒艦や哨戒艇が建造される一方で、駆逐艦やフリゲートなどの軍艦を哨戒艦として使用する場合がある。また戦時には、漁船

を徴用して哨戒活動に従事させることもあった。

哨戒機
【しょうかいき】
Patrol aircraft

広域をパトロールして敵の侵入などを警戒する任務を帯びた航空機。広いエリアを巡回するための長い航続距離と、水上目標を捜索や発見し監視するために、安定した低空飛行性能が要求される。また潜水艦を探し出し、監視や攻撃を行う装備を備えた機体を、対潜哨戒機とよぶ。日本では、海上自衛隊が運用する、ターボプロップエンジン4発機である「P-3C」や、その後継であるターボファンエンジン4発機の「P-1」を運用。広大な領海や排他的経済水域を監視し、対潜哨戒や水上哨戒を担っている。

哨戒潜水艦
【しょうかいせんすいかん】
Patrol submarine

➡ 沿岸型潜水艦

将官
【しょうかん】
General

軍の中で上位の指導者層にあたる上位の階級。佐官の上になる。大将、中将、少将、および准将が将官とよばれる。ただし最上位階級で名誉職である元帥は将官には含まないことが多い。将官は、陸軍や空軍では将軍、また海軍では提督とよばれる。

| 同 ≫ 将軍、提督

上官
【じょうかん】
Senior officer

軍隊内において、自分より上位の階級の人。

蒸気カタパルト
【じょうきかたぱると】
Steam catapult

空母に設置される搭載機を発艦させるためのカタパルトで、高圧蒸気の力で作動させる。発明したのはイギリス海軍だが、実用化したのはアメリカ海軍で、1955年に就役した大型空母フォレスタルに搭載された。それまでの油圧式より射出能力が高く、現在のニミッツ級に備えられたものは最大40tもの重量の機体を発艦させられる能力を持つ。ただし高圧蒸気の供給は推進器に使われる蒸気タービンからで、蒸気タービン機関か原子力機関のいずれかを動力とする艦しか、備えることができない。

蒸気タービン
【じょうきたーびん】
Steam turbine

大型の艦船に搭載される推進器システムで、外燃機関の一種。ボイラーで燃料を炊いて、その熱で水蒸気を発生。蒸気をタービンに当てて回し回転力に変え、スクリューや発電機を稼働する仕組み。

タービンを回した蒸気は復水器で冷却して水に戻し、循環して使われる。大きな出力が得られることから、かつては大型艦の動力として多く使われた。その一方で、装置が大掛かりになることから、小型艦艇には向かない。また一度火を落とすと再稼働には時間がかかるという欠点もある。現在は、原子力機関や高出力のガスタービン、ディーゼルエンジンなどの登場で、軍艦の動力としての蒸気タービン機関は廃れつつある。

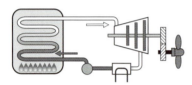

将軍
【しょうぐん】
General

➡ 将官

将校
【しょうこう】
Officer

➡ 士官

昇降舵
【しょうこうだ】
Elevator

➡ エレベーター

少佐
【しょうさ】
Major

　軍の階級のひとつで、下位の佐官。大尉の上で、中佐の下になる。少佐は陸軍なら中隊、海軍なら小型艦艇や潜水艦の艦長などを務めるなど、部隊を率いる立場になる幹部士官だ。階級では1つの違いとはいえ、大尉から少佐に昇進するのはかなり狭き門だ。自衛隊の階級では3佐が少佐相当になる。

小銃
【しょうじゅう】
Rifle

　兵士がひとりで使用する一定の長さのある小口径の銃器。歩兵が扱うもっとも一般的な兵器だ。歴史は16世紀に登場した火縄銃に遡るが、19世紀中盤に銃身内にライフリングを刻んだライフル銃(当時はミニエー銃とよばれた)が登場し、性能が格段に向上。近代的な兵器として普及した。そのためライフル銃ともよばれている。また当初は銃口から弾丸と装薬を詰める前装銃だったが、19世紀には弾丸と装薬を一体化した弾薬が発明され、それを後部から装填する後装銃へと発展した。その後複数の弾薬を装填できる連発銃が登場し、やがて自動的に次発装填できる自動小銃(オートマチックライフル)へと進化して、現在に至っている。

　同 » 長銃、ライフル銃

照準器
【しょうじゅんき】
Sight

銃や火砲の狙いをつけるために据え付けられる装置。拳銃や小銃に備えられる照門と照星を重ねて狙いをつける簡易的な照準器（アイアンサイト）から、狙撃などで使われる倍率の高いスコープ状の光学照準器や、レーザー光を使うレーザーサイトなどさまざまな照準器が考案されている。また、戦闘機などにはハーフミラーに照準線を投影して狙いをつける高度な光像式照準器が使われる。

同 » サイト

少将
【しょうしょう】
Major-general

軍の階級のひとつで、下位の将官。大佐もしくは准将の上で、中将の下になる。少将は陸軍なら師団長または旅団長を務める。また海軍なら艦隊の司令官を務め、乗艦には将官旗が掲げられる。空軍では航空団の司令などに就く。自衛隊では将補に相当する。

照星
【しょうせい】
Front sight

拳銃や小銃に備えられる基本的な照準器のうち、銃の前方部上面にとりつけられる突起状のパーツ。

同 » フロントサイト

小隊
【しょうたい】
Platoon

戦闘部隊の単位のひとつ。陸軍の歩兵小隊では、時代や国により差はあるが、30〜50名で1個小隊となる。小隊の中は3〜4個分隊と小隊本部からなり、3〜4個小隊で1個中隊になる。戦車部隊の場合は、3〜4両で戦車小隊を形成する。また戦闘機でも飛行小隊を組み。通常3〜4機で飛行小隊を形成する。

小隊軍曹
【しょうたいぐんそう】
Platoon sergeant

小隊の中において、尉官の小隊長を補佐する下士官。小隊に所属する各分隊の分隊長は下士官が務めるが、そのなかでもっとも上位の下士官が任命される。年配で現場叩き上げのベテランであることが多く、小隊内のまとめ役となる。特に小隊長を経験の浅い少尉が務める場合は、小隊軍曹に頼る部分は大きくなる。

小隊長
【しょうたいちょう】
Platoon leader

小隊を率いる指揮官。陸軍歩兵の場合は、小隊長には中尉か少尉が着任するのが通例。

上等兵
【じょうとうへい】
Private first class

軍隊の内、兵士の階級の1つ。1等兵の上に位置し、下士官（伍長）の下になる。一般兵卒のなかでも経験を積んだものが

任命される。国によっては上等兵を置かない場合もある。自衛隊では士長に相当する。

焦土作戦
【しょうどさくせん】
Scorched-earth defense

　圧倒的な敵に侵攻されることが予想される場合に、その前に自ら交通網や重要施設、街並み、畑など、さまざまなインフラや食糧調達源を焼き払い破壊してしまう作戦のこと。敵が侵攻してきて占領しても、その後に利用されないようにする、捨て身の防衛戦術。

常備排水量
【じょうびはいすいりょう】
Normal load displacement

　1922年以前に使われていた艦艇の大きさを表す排水量。乗員全員と弾薬3/4、消耗品1/2、燃料1/4、予備ボイラー水1/2を積んだ状態で算出される値。これは艦が戦闘状態に入っていることを想定していた。現在では使われていない。

将補
【しょうほ】
Major-general

　自衛隊における下位の将官の階級。少将に相当する。

情報戦
【じょうほうせん】
Intelligence warfare

　戦時・平時に関わらず、相手国の情報を収集分析する情報活動を行い、自国に優勢な状況を維持すること。その情報を元に、相手に対し心理戦や宣伝戦（プロパガンタ）を仕掛けるなど、武力を用いない戦闘が繰り広げられる。情報戦は古くから用いられてきたが、現代においては、ネット環境やSNSの普及により、情報戦の様相が大きく様変わりしている。

情報部
【じょうほうぶ】
Intelligence services

　敵の情報を集め分析する軍所属の機関。潜入した諜報員（スパイ）により敵陣営から情報を探り出すような諜報活動や、偵察衛星などの画像分析、通信の傍受など、さまざまな手段で集めた情報から、敵国の状況を分析し、軍事作戦遂行の判断材料として軍首脳部に進言する。アメリカのCIA（アメリカ中央情報局）やNSA（アメリカ国家安全保障局）、旧ソ連のKGB（国家保安委員会）、イギリスのMI6、イスラエスのモサドなどが知られている。

同 》 諜報機関

照明弾
【しょうめいだん】
Illuminating flare

　空中で強い光を放ちながら燃焼し、パラシュートでゆっくり落下する特殊砲弾。闇夜に作戦を実行するさいの照明として、至近エリアを照らす。榴弾砲や迫撃砲の弾として高い角度で撃ち上げるタイプと、

航空機から投下するタイプがある。また、発射に信号拳銃やグレネードランチャーを使う、コンパクトなものもある。

照門
【しょうもん】
Rear sight

拳銃や小銃に備えられる基本的な照準器のうち、銃の後部にとりつけられる凹状のパーツ。照門の中に銃身先端にある照星を重ねることで、狙いをつける。

<u>同</u> » リアサイト

上陸作戦
【じょうりくさくせん】
Landing operation

海上から敵地に兵力を揚陸する作戦のこと。敵がいない地点に奇襲的に揚陸する場合は、損害が少ないが大きな兵力は察知されやすい。一方、敵が待ち受ける中を攻撃して制圧しながら揚陸する強襲上陸の場合もある。後者では敵に数倍する大兵力と艦砲や爆撃などの十分な支援下で行わないと、成功は難しい。

<u>同</u> » 揚陸作戦

上陸用舟艇
【じょうりくようしゅうてい】
Landing craft

➡ 揚陸艇

触発式
【しょくはつしき】
Contact type

機雷や爆弾の起爆方式のひとつで相手に触れたことを感知して爆発するもの。触発式機雷の場合は表面に何本かの触角があり、その先端が触発センサーになっている。

触雷
【しょくらい】
Contact to mine

機雷が艦艇に接触して起爆すること。

女性兵士
【じょせいへいし】
Female soldier

古くから軍は男性の職場とされていたが、例外的に女性の兵士や指揮官は存在した。現代では女性も多く進出しており、後方任務だけでなく戦闘部隊にも配属されるようになった。ただし、総数ではまだ少ないため、特に女性兵士と区別してよばれることが多い。現代のアメリカ軍では、女性陸軍兵をWAC（Woman's Army Corps）、女性空軍兵をWAF（Woman in the Air Force）、女性海軍兵をWAVE（Woman Accepted for Volunteer Emergency）と呼称している。自衛隊でもこの略号を使うことが多い。

<u>略</u> » WAC、WAF、WAVE

除籍
【じょせき】
Deselection

軍においては軍籍から登録抹消されることをいう。軍人の場合、死亡したり現役

復帰が望めない傷病を追ったり、年齢的に退役した後に、完全に軍籍から離れた場合を除籍といい、退役(除隊)がそのまま除籍とはならない。艦艇や航空機、戦車などの兵器も同様で、現役から引退しただけでは、軍籍抹消とはならない。モスボール(動態保存)されていずれ現役に復帰する場合もある。しかし廃棄処分や売却されるさいに登録抹消されれば、初めて除籍となる。

除染
【じょせん】
Decontamination

　放射能や病原菌、毒ガスなどの有害物質や、それに汚染された物質を取り除くこと。現代の軍隊では、こういったNBC兵器による汚染に対処する部隊が存在している。例えば自衛隊では、特殊武器防護隊とよばれる対NBC兵器の専門部隊があり、「NBC偵察車」や「化学防護車」などの専門装備を備えている。

初速
【しょそく】
Initial velocity

　銃や砲を撃った場合の発射直後の弾丸や砲弾の速度。一般に銃砲では、初速が早いほど、射程が長く威力も増すとされている。

除隊
【じょたい】
Discharge

➡ 退役

ショットガン
【しょっとがん】
Shotgun

➡ 散弾銃

地雷
【じらい】
Mine

　地中に埋没させたり、何かに隠して仕掛ける待ち伏せ式の爆弾。人や車両などが接触すると起爆し、損害を与える。人を狙う小型の対人地雷と、戦車などの車両を対象にした威力の大きい対戦車地雷に分れる。地雷のなかでもっとも古典的なものは、上を踏まれると信管が起爆する感圧起爆方式だ。また上に突き出したポールを倒すと起爆する対戦車地雷や、ワイヤーなどのトラップにひっかかると起爆する対人地雷などもある。地雷は工兵が一つずつ埋没させて仕掛けるが、小型の地雷の中には空中投下により一度に多数を散布するものもある。地雷は非常に効果の高い兵器だが、一方で戦闘終了後に除去されずに残されることが多い。そのため、一般市民への被害が多発し、大きな問題となっている。

地雷原
【じらいげん】
Minefield

　地雷を集中的に多数仕掛けたエリアのこと。地雷は敵を待ち伏せして破壊する兵器で、本来は仕掛けた位置を秘匿する。しかし地雷原が敷設されていることで、そちらの方向からの敵の接近を阻止できるため、地雷原の存在をあえて知らせ接近の抑止に使うこともある。また、朝鮮半島の38度線などでは境界エリアが地雷原となっており、互いの軍隊のみならず一般国民の往来を阻止する抑止力となっている。

地雷処理車
【じらいしょりしゃ】
Mine clearing vehicle

　敷設された地雷を取り除く、専用の装備を備えた車両。もっとも一般的なのは、装甲の厚い戦車の前面に、地雷を掘り出し誘爆させる鋤型のブレードを取り付けたものや、重量のあるローラーで踏みながら誘爆させ除去するタイプ。また、多数の地雷が埋没する地雷原では、ワイヤーで多数の爆薬をつないだものをロケット弾で飛ばし、一気に起爆させて侵攻ルートを作り出す地雷原処理車などもある。

自律型無人潜水機
【じりつがたむじんせんすいき】
Unmanned Underwater Vehicles

　無人潜水機のうち、AIを搭載して自律航行を行うタイプ。偵察や調査任務の他に、機雷などを排除する掃海任務向けの機体も開発されている。
　略 » UUV

シールズ
【しーるず】
SEALs

➡ ネイビーシールズ

司令官
【しれいかん】
Commander

　陸軍の方面軍や海軍の艦隊、空軍の航空集団など、大規模な部隊を率いる上位の指揮官の総称。

司令塔
【しれいとう】
Conning tower

　潜水艦における艦橋部のこと。古くは司令塔内に発令所があったが、現在の潜水艦では発令所は司令塔の真下の艦内に位置し、上部に水上航行時のみ使用する航海艦橋が置かれるのみとなった。
　同 » セイル

司令部
【しれいぶ】
Headquarters

　大規模な部隊を率いる指揮官が指揮を執る部署や、それが設置してある場所。

シーレーン
【しーれーん】

Sea lane

　国家において、通商や戦略上で重要視される海上交通路。貿易依存の高い海洋国家においては、国家の命運を左右する重要な存在であり、有事にはその防衛が鍵となる。特に国際海峡など、はシーレーンのチョークポイントとよばれる拠点で、シーレーン防衛は、有安全保障上の重要課題となる。四方を海に囲まれる日本においては、シーレーン防衛は欠かせない課題であり、海上自衛隊ではシーレーン防衛を念頭に、その大きな脅威となる対潜戦、対機雷戦を重視して発達してきた。

　同 » 海上通商路

親衛隊
【しんえいたい】
Schutzstaffel

　国王などの君主や国家元首の身辺警護を行う部隊。その中でも、国王に直属の部隊は近衛兵とよばれ、親衛隊と区別されることもある。第二次世界大戦のナチスドイツ体制では、ヒトラーの護衛部隊として発足したナチス党内の武装組織が拡大し、軍とは別の命令系統の強大な権限を持った組織としてナチス党支配の原動力となった。Schutzstaffelを略してSSとよばれる。中でも兵力を強化した武装親衛隊は、優先的に最新兵器が振り分けらえたエリート部隊として、戦場での戦闘も行った。

深海救難潜航艇
【しんかいきゅうなんてい】
Deep Submergence Rescue Vehicle

　事故などで浮上できない潜水艦から乗員を救助する、特殊な潜航艇。母艦である潜水艦救難艦に搭載され、現場海域で独自潜航。沈底している潜水艦のハッチ部にドッキングして、内部に閉じ込められた乗員を移乗させて救い出す。

　略 » DSRV

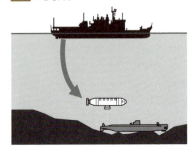

信管
【しんかん】
Fuse

　爆弾や砲弾を起爆させるための装置。着弾したときに起爆する着発信管、目標が接近したのを察知して起爆する近接信管、発射後や着弾後の一定時間が経過したところで起爆する時限信管などがある。信管は、爆弾や砲弾の弾頭部にセットされる弾頭信管が多いが、装甲目標に対する砲弾の場合は、着弾時に信管が破壊されないように、後部にある弾底信管が使われる。

シングルアクション
【しんぐるあくしょん】
Single action

リボルバー式の拳銃において、撃鉄を手動で起こした状態で引き金を引くと、撃鉄が落ちて弾を発射するタイプのもの。発射までの動作が撃鉄を起こす分だけ多くなるが、引き金が軽く精密射撃がしやすい。またオートピストルにもシングルアクション式があり、最初の1発は撃鉄を起こす動作が必要となる。

対 》 ダブルアクション

信号弾
【しんごうだん】
Signal flare

撃ち上げると色の付いた光を発するなどして、味方に合図を送る特殊弾。主に救難信号として使用し、要救助者が捜索隊にこちらの位置を知らせるのに使用する。信号拳銃などの専用器具を用いて撃ち上げる。

進水
【しんすい】
Launch

造船台の上で建造した艦船を、滑らせて水上に浮かべること。ただし進水時は、まだ艤装工事が終了していないことが多く完成ではない。進水時に行われる式典を、進水式という。

陣地
【じんち】
Position

陸戦において味方が陣取る場所。特に戦闘を想定して、攻撃や防御のための準備や配置を施した野戦築城拠点のこと。簡易的には塹壕などを掘って防御力をあげるのが一般的。陣地を強化して恒久施設化すると、要塞とよばれるようになる。

信地旋回
【しんちせんかい】
Pivot turn

戦車などの装軌車両で、片側の無限軌道（クローラー）だけを止めて、車幅のスペースで旋回すること。

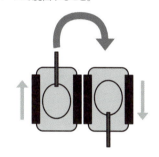

進駐軍
【しんちゅうぐん】
Occupation forces

他国の領土内に進軍した後に、そのままそこに留まっている軍隊のこと。特に日本においては、1945年8月の第二次世界大戦終戦後に日本を占領した、米軍主体の連合国軍のことを指す。マッカーサー米元帥を最高司令官とした連合国軍最高司令官総司令部（GHQ）の統治下による進駐は、1952年4月の日本の主権回復まで続いた。

心的外傷後ストレス障害
【しんてきがいしょうごすとれすしょうがい】
Post Traumatic Stress Disorder

戦場における戦闘体験や、事故や天災、犯罪被害や虐待など、自分の生命が脅かされる経験により精神的障害の後遺症として現れるストレス障害。英語表記の頭文字をとりPTSDとして知られる。戦争帰還兵に見られる症状をもとに認知されたもので、退役兵が抱える大きな問題とされている。

同 » 戦闘ストレス反応
略 » PTSD

侵攻
【しんこう】
Invasion

他国の領土や支配地域に侵入して攻撃すること。

新兵
【しんぺい】
Recruit

兵士養成課程を終えたばかりで、初めて部隊に配属となった未経験の兵士。

同 » ルーキー　**対** » 古参兵

心理戦
【しんりせん】
Psychological warfare

相手国の国民や兵士に対し、心理に働きかけるさまざまな情報操作や宣伝工作を行うことで、自国に有利な状況に導くこと。戦場においては、偽情報を流して相手に混乱を生じさせたり、過大な戦果を強調して戦意喪失に導くなど、戦場の帰趨に直結する大きな効果を生み出すことがある。

森林戦
【しんりんせん】
Forest warfare

植物が密集した森林地帯における戦闘を念頭においた作戦。障害物が多く、機甲戦力が使いにくいうえに、大軍での統一行動が難しくなる。またゲリラ戦法などの少人数敵対勢力による襲撃に対する備えなど、森林戦ならではノウハウが必要だ。また南方の熱帯雨林における森林戦は、さらに高温多湿などの条件が重なるため、ジャングル戦と区別されることもある。

森林迷彩
【しんりんめいさい】
Forest camouflage

森林地帯など植物の多い地域の背景に溶け込むように工夫された迷彩模様。グリーンやオリーブ系の色を基調に、3～4色を混ぜた配色が使われる。

侵略戦争
【しんりゃくせんそう】
Aggressive war

他国の主権が及ぶ領土領海などに侵攻して、その権益を奪い取ったり領土を獲得するために仕掛ける戦争のこと。特に軍隊を派遣して武力により侵略することを直接侵略といい、条約や政治的な手

段により行われることを間接侵略とよぶ。

水温躍層
【すいおんやくそう】
Thermocline

➡ 温度境界層

水上機
【すいじょうき】
Seaplane

　水面に浮く構造を持ち、水面を滑走して離着水を行う航空機のこと。水上機には大きく2種類あり、1つは水面に浮くために、機体の下にフロートとよばれる浮舟を備えたもの。機体そのものは陸上機を改造して造られることも多い。狭義で水上機といえばこのタイプのことを指し、フロートを下駄に見立てたゲタバキ機とよばれることもある。もう1種は機体そのものが水に浮き滑走する舟型をした飛行艇だ。こちらの機体は専用設計となる。フロートタイプの水上機は、第二次世界大戦までは、巡洋艦や潜水艦、水上機母艦などに搭載され、偵察や弾着観測などに用いられた。しかし戦後はヘリコプターにとって代わられ、現在は軍用機としての水上機は、数少ない軍用飛行艇を除いては姿を消している。民間機としては、島嶼部や内水面で活躍している。

[同] » ゲタバキ機
[対] » 陸上機、艦上機

水上機母艦
【すいじょうきぼかん】
Seaplane carrier

　航空機が戦力化された第一次世界大戦時に、複数のフロート式水上機を搭載して敵地攻撃などを目的とした大型艦。当時は航空母艦といえば水上機母艦のことだった。カタパルトで搭載した水上機を発艦させ、水面に着水した水上機をクレーンで収容した。しかし、その後に飛行甲板を持った空母が登場すると水上機母艦は廃れ、現在は姿を消している。

水上戦闘機
【すいじょうせんとうき】
Fighter seaplane

　第一次世界大戦時、フロート式の水上機や小型飛行艇に機銃を搭載した水上戦闘機が登場し、欧州の地中海やアドリア海で活躍した。しかし陸上機に比べ空戦能力が劣るため姿を消した。一方日本では、第二次世界大戦時に東南アジアや南太平洋の島嶼部が戦場となり、水上戦闘機の需要から、零式艦上戦闘機を水上戦闘機に改造した「二式水上戦闘機」や、最初から専用設計を行った「強風」などを開発して運用した。水戦と略されることが多い。

水上偵察機
【すいじょうていさつき】
Reconnaissance seaplane

　第一次世界大戦から第二次世界大戦時にかけて活躍した軍艦に搭載して偵察や索敵任務を担ったフロート式水上機。特に日本海軍では、巡洋艦や潜水艦に搭載して、広域を探る艦隊の目として、重要な役割を果たした。水偵と略されることが多い。また小型の爆弾搭載が可能ものもあり、攻撃機として使われた例もある。1942年には日本の「伊25」潜水艦に搭載された「零式小型水上偵察機」が、アメリカ東海岸北部のオレゴン州森林地帯への爆撃も行っている。これはアメリカ本土が航空機に爆撃された唯一の例だ。

水線下防御
【すいせんかぼうぎょ】
Underwater defense

　軍艦において、喫水線の下の水没した部分に施した装甲や防御のこと。魚雷が登場して、水中からの攻撃に対する防御力が重視されるようになった。戦艦などの大型戦闘艦の中には、この部分にバルジとよばれる増加装甲を兼ねた膨らみを設けて、防御力を高めた。

水素爆弾
【すいそばくだん】
Hydrogen bomb

　核融合反応（熱核反応）を利用した、強力な核爆弾。小型の原子爆弾を起爆し、その力で重水素化リチウムに含まれる重水素を核融合させて、膨大なエネルギーを生み出す。その威力は原子爆弾の数100倍にのぼるメガトン級に達する。現在、核保有国が有する核弾頭として使われている。

　同 » 熱核兵器、水爆

水上排水量
【すいじょうはいすいりょう】
Full load displacement

　潜水艦で使われる大きさの表記で、燃料、弾薬、水、人員、消耗品を満載した状態で水面に浮いた状態での排水量。水上艦の満載排水量と同じ。

水中排水量
【すいちゅうはいすいりょう】
Underwater displacement

　潜水艦で使われる大きさの表記で、水中に全没した場合の排水量。水上排水量より1～3割大きな数値となる。最近はこちらの数値が重要視されることが多い。

垂直舵
【すいちょくだ】
Vertical rudder

➡ 縦舵

垂直発射装置
【すいちょくはっしゃそうち】
Vertical Launching System

　ミサイルの収納容器と発射装置（ランチャー）を兼ねたケースを束ねた兵器。垂直方向に発射することから垂直発射装置

とよばれている。主に大型の水上戦闘艦に搭載され、対空ミサイルや対潜ミサイルなどが収容されている。垂直に発射したミサイルは、艦の上空で向きを変え、目的に向かって飛翔する。また近年は潜水艦でも、巡航ミサイルランチャーとして採用する艦が登場している。

■略■ » VLS

垂直尾翼
【すいちょくびよく】
Vertical tailplane

　航空機の尾部に設けられる尾翼のうち、垂直方向のもの。垂直安定板として機体を安定させる役割を持つ。また垂直尾翼にはラダーとよばれる方向舵が付属し、左右方向の姿勢変化を行う。

垂直防御
【すいちょくぼうぎょ】
Vertical defense

　軍艦で、艦舷などの側面の部分に施される装甲。海戦で砲撃を受けた場合、近距離だと相手の砲弾は側面に着弾することが多く、戦艦などの大型戦闘艦は垂直防御を分厚くして、防御力を向上した。しかし現代の軍艦は、装甲にUnderwaterよる防御をあまり重視しておらず、垂直防御も限定的な艦が多い。

垂直／短距離離着陸機
【すいちょく／たんきょりりちゃくりくき】
Vertical/ Short Take Off and Landing aircraft

　離陸や着陸において、垂直離着陸もしくは短距離離陸＆垂直着陸を行う固定翼のジェット機のこと。バーチカル／ショート・テイクオフ・アンド・ランディングの頭文字をとってV/STOL機とよばれる。短距離離陸を行ったほうが効率よく、多くのペイロードを搭載することができる。これまで実用化されたのは、イギリスで開発された「ハリアー」や、その改良型であるアメリカの「AV-8B」のみだ。アメリカの最新戦闘機であるF-35Bは短距離離陸で着陸時には垂直離陸のみとなるので、STOVL機として区別されている。

■同■ » ブイストール機　■略■ » V/STOL

垂直離着陸機
【すいちょくりちゃくりくき】
Vertical Take Off and Landing aircraft

　垂直離陸と垂直着陸が可能な固定翼のジェット機。バーチカル・テイクオフ・アンド・ランディングの頭文字をとってVTOL機とよばれる。かつてソ連の艦載機として開発された「Yak-38」は、垂直離着陸専用のリフトエンジンを備えていた。イギリスの「ハリアー」も当初はVTOL機とよばれていたが、実用上短距離離陸を行うことが多いことから、V/STOL機の方を名称として使うようになった。

■同■ » ブイトール機　■略■ » VTOL

随伴艦
【ずいはんかん】
Accompanying ship

　艦隊において、主力艦艇の護衛や補助

のために、つき従っている艦艇のこと。また主力艦であっても、司令官が座乗する旗艦以外のすべての艦を、随伴艦とよぶこともある。

水爆
【すいばく】
Hydrogen bomb
➡ 水素爆弾

水兵
【すいへい】
Seaman

　海軍に所属する一般兵士のこと。特に艦艇に所属する乗組員のことを指す場合もある。

同 » セーラー

水平舵
【すいへいだ】
Horizontal rudder
➡ 横舵

水平爆撃
【すいへいばくげき】
Horizontal bombing

　爆撃機や攻撃機が爆撃を行う場合に、比較的高空で水平飛行状態を維持しながら爆弾投下する方法。投下した爆弾は、母機の速度を加味した自由落下で目標に向かうため、急降下爆撃に比べ命中精度は低かった。主に無差別爆撃などで用いられる。ただし、防御の厚い戦艦や要塞を爆撃する場合は、装甲やコンクリートの防御を貫通させるため、あえて高高度からの水平爆撃を行うこともある。

水平尾翼
【すいへいびよく】
Horizontal tailplane

　航空機の尾部に備えられる水平方向についた尾翼。機体を安定させる役割に加え、水平尾翼の後部にはエレベーター（昇降舵）が備えられ、機首の上げ下げに関与する。水平尾翼は、機体尾部の他に、垂直尾翼上部にT字型で備えられるものもある。またデルタ翼機（三角翼機）や全翼機のように、水平尾翼を持たない航空機もある。

水兵服
【すいへいふく】
Seaman's uniform

　水兵が着用する制服。胸元はV字形のセーラーカラーで、襟元から後部にかけては四角く垂れた襟を備えるのが特徴。それに裾の広がったズボンを合わせるのが基本形。セーラー服ともいわれるが、こちらは水兵服のデザインを取り入れた、日本の女子学生用の制服を指すことが多い。

同 » セーラー服

水平防御
【すいへいぼうぎょ】
Horizontal defense

　軍艦において、水平方向に広がる甲板下に装甲を施した、上面からの砲撃や爆撃に対処する防御方法。遠距離から砲撃

された砲弾は、高い角度から落ちてくるため、命中弾に耐えるためには水平方向の防御が必要。そのため、戦艦などの大型戦闘艦艇では、水平防御を施した。また航空機が発達すると、上空からの爆撃への対処により、さらに重要度が増した。空母の中には、飛行甲板に装甲を施して装甲空母とよばれたものもあった。

| 同 | » 甲板防御

水雷
【すいらい】
Torpedo

　水中で爆発させて敵艦を破壊する爆弾。19世紀には、水雷艇や黎明期の潜水艦で敵艦の真下に仕掛けたり、長い棒の先につけて押し当てて爆発させたりした。その後、触れると爆発する待ち伏せ兵器の機械水雷（機雷）や、自走する魚形水雷（魚雷）にそれぞれ進化し、原始的な水雷は姿を消した。

水雷艇
【すいらいてい】
Torpedo boat

　水雷を搭載して敵艦に近づき攻撃した、小型の戦闘艇。その後、機雷や魚雷の発達に伴い、機雷敷設艦や魚雷艇に進化し、純然たる水雷艇は第二次世界大戦の前には姿を消した。なお日本海軍では魚雷艇のことを水雷艇と呼称していた。

水雷母艦
【すいらいぼかん】
Torpedo depot ship

　水雷艇部隊に随伴して、弾薬や燃料、食糧などを補給する補助艦艇。また小型水雷艇を搭載し、目的地で発艦させることができる水雷艇母艦もあった。

水陸機動団
【すいりくきどうだん】
Amphibious rapid deployment brigade

　陸上自衛隊の中に2018年に新設された、水陸両用作戦を主任務とする部隊。海外の海兵隊に相当するため、日本版海兵隊などともよばれている。西部方面普通科連隊を基盤に編制され、現在は2個連隊2100名だが、近い将来に3個連隊3000名に増員される予定だ。長崎県佐世保市にある相浦駐屯地に本部が置かれ、水陸両用装甲車「AAV-7」などの専用装備が配備されている。

水陸両用車
【すいりくりょうようしゃ】
Amphibious vehicle

　第二次世界大戦時に、ドイツは小型汎用車を改造し水上航行能力を持たせた「シュビムワーゲン」を開発。泥濘地や湖沼地帯で活躍した。一方アメリカは、「ジープ」をベースにボート型の車体を備えた「フォードGPA」や、水陸両用トラック「DUKW」、装軌の水陸両車両「LVT」などを開発。上陸作戦に使用した。その後、上陸作戦や湖沼地帯で活躍する水陸両用車は、世界各国で開発運用されている。

水陸両用強襲車
【すいりくりょうようきょうしゅうしゃ】
Amphibious Assault Vehicle

上陸作戦に重きをおくアメリカ海兵隊が装備する、水陸両用の歩兵戦闘車。第二次世界大戦時に開発した「LVT-1 アリゲーター」は、海兵を載せて揚陸艦から直接発艦し、自力でビーチに揚陸した。その後も改良を加え、現在は乗員3名と海兵25名を搭載する「AAV-7」が運用されている。水上航行速度は13km/hながら、陸上では最大74km/hを出す機動力と、兵員を銃弾から守る装甲や機関銃砲塔を備える。陸上自衛隊の水陸機動団にも導入されている。

▶ 略 » AAV

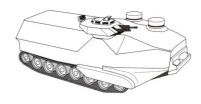

水陸両用部隊
【すいりくりょうようぶたい】
Amphibious force

➡ 海兵隊

推力
【すいりょく】
Thrust

噴射など推進するのに使われる力のこと。ジェットエンジンやロケットエンジンなど、噴射により推進力を得るもので使われる。推力の単位は、重量ポンド（lbf）や重量キログラム（kg f）、ニュートン（N）などで表される。また艦船のスクリューの場合も推力と表記する。

推力重量比
【すいりょくじゅうりょうひ】
Thrust weight ratio

ジェットエンジンやロケットエンジンにおいて、発生する推力に対するエンジンが持ち上げる総重量の比率。ロケットのように翼を持たない機体の場合、推力重量比が1以上にならないと、離陸することはできない。また戦闘機などの場合では、推力重量比が大きいほど計算上では上昇能力が向上する。航空自衛隊も配備する「F-15」戦闘機は推力重量比が1.03～1.14程度あり、非常に高い上昇能力を備えている。

推力偏向ノズル
【すいりょくへんこうのずる】
Vectored thrust nozzle

ジェットエンジンやロケットエンジンで、推力を生む燃焼ガスを噴き出すノズル（噴射口）が稼働して推力方向をある程度変化させる仕組みのもの。近年の最新戦闘機などに採用され、通常の飛行では不可能な高い機動性を得ることや、短い距離での離陸などが可能になる。また宇宙空間を飛ぶロケットエンジンでも、方向を変えるために使われる。また世界初の実用V/STOL機である「ハリアー」は、左右4基の推力偏向ノズルを備え、垂直

離着陸時には下方に向けてリフトエンジンとして使い、飛行時は後方に向ける仕組みだった。

同 » ベクタードスラストノズル

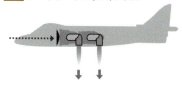

水冷
【すいれい】
Water cooling

エンジンや銃身など熱せられる機械の冷却方法のひとつで、周囲や内部に水などの液体を循環するパイプを通し、熱を放熱させる。熱せられた水はラジエーターで空気中に放熱することで冷やされて、再び循環される。空冷方式に比べ構造が複雑となるが、冷却効率は高い。また、水などの液体の代わりに不燃性の油を冷却材に使う、油冷方式もある。

同 » 液冷　対 » 空冷

枢軸国
【すうじくこく】
Axis powers

第二次世界大戦時に、連合国と対峙した国々の総称。日本、ドイツ、イタリアの三国同盟加盟国を中心に、ハンガリー、ルーマニア、フィンランド、ブルガリア、タイなども枢軸国に数えられている。

対 » 連合国

スキージャンプ台
【すきーじゃんぷだい】
Ski jumping deck

カタパルトを持たない空母が備える、艦載機を発艦させるための設備。飛行甲板の先端に10〜13度程度の角度のついたカーブスロープを備えたもので、固定翼の艦載機の発艦を手助けする。スキーのジャンプ台に似た姿から、その名でよばれている。

スクランブル
【すくらんぶる】
Scramble

緊急に行う出撃のこと。特に識別不明機や敵機の接近を察知して、急いで迎撃機を発進させることをスクランブルとよんでいる。日本の航空自衛隊では、各基地において24時間体制で、識別不明機接近によるスクランブルに備えたアラート（発進待機）体制がとられている。

同 » 緊急発進

スクリュー
【すくりゅー】
Screw

艦船でもっともポピュラーな推進装置。2枚以上のねじれた羽を水中で回転させることで、水を押し出して推力を生む。ポピュラーなものは3枚羽だが、7枚羽など

のものもある。

スコードロン
【すこーどろん】
Squadron

➡ 飛行隊

スコープ
【すこーぷ】
Scope

　銃に装着する照準器の一種で、望遠鏡状のもの。除くと数倍の倍率で拡大され、表示される照準線（レティクル）に目標を合わせて狙いを付ける。

　同 » テレスコピックサイト

スターリングエンジン
【すたーりんぐえんじん】
Stirling engine

　熱により気体が膨張する力を利用して動力に変える外燃機関。エンジンの両端を熱したり冷やしたりを繰り返すことで、シリンダー内の気体が膨張収縮し、その力でシリンダーを動かす。1816年にスコットランド人の牧師、ロバート・スターリングが発明した。エンジンとしては出力が小さく構造が複雑だが、現在は潜水艦の補助動力となるAIP（非大気依存推進）機関として採用されている。

スターリンのオルガン
【すたーりんのおるがん】
Stalin's organ

　第二次世界大戦時、ソ連軍が使った「カチューシャ」との別称を持つ多連装ロケット弾。飛翔する際の音がまるでオルガンの演奏のように聞こえたことから、対峙するドイツ軍兵士が「スターリン（ソ連の指導者）のオルガン」とよんで恐れた。

スタングレネード
【すたんぐれねーど】
Stun grenade

　非殺傷兵器である手榴弾で、炸裂すると周囲にいる者の目を眩ませる強い閃光と、聴覚を麻痺させるようなつんざく音を発する。ただし爆発そのものの威力はほとんどなく、人体に損害は与えない。相手の視覚と聴覚を一時的に奪うことが目的で、特殊部隊の突入時や暴徒鎮圧などに使われる。

　同 » 閃光音響手榴弾

スタンドオフミサイル
【すたんどおふみさいる】
Stand off missile

　敵の防空システムの射程外から攻撃できる、長射程の空対地ミサイルのこと。攻撃機や爆撃機は、自分を危険にさらさない距離から対地攻撃を行うことができる。

ステルス
【すてるす】
Stealth

語源は「隠れる」という意味だが、軍事においては、電波を使ったレーダーやIR（赤外線）センサーに捉えられないようにする技術のことをさす。近年は航空機をはじめ、艦艇や車両などにも取り入れられるようになった。レーダーに対するステルスは、レーダー波を違う方向に反らして反射したり、吸収して反射を抑えたりする方法を用い、レーダー反射断面積（RCS）を小さくする。また昨今はIRセンサーも発達し、ミサイルなどには赤外線を捉えるシーカーが使われる。そこでノズルの噴射ガスの温度を低く抑え、エンジンの排熱を隠すなどの方法により、IRセンサーからのステルスを実現している。

ステルス機
【すてるすき】
Stealth aircraft

　ステルス技術を大幅に取り入れた、第5世代の戦闘機や爆撃機のこと。レーダーや赤外線センサーに見つかりにくく、空中戦や敵地侵攻で圧倒的な力を発揮する。世界初のステルス攻撃機はアメリカの「F-117」で、レーダーを反らすために平面を組み合わせた独特の外観を備えていた（現在はすでに退役）。現在運用されている戦闘機ではアメリカの「F-22」や「F-35」、ロシアの「Su-57」、中国の「J-20」、爆撃機ではアメリカの「B-2」が、ステルス機とされている。

ステルス塗料
【すてるすとりょう】
Stealth paint

　レーダー波を吸収や反射しにくくするといわれている塗料の総称。ステルス機の表面などに塗布することで、レーダーに対するステルス性を高める効果がある。

ストック
【すとっく】
Stock

➡ 銃床

ストッピングパワー
【すとっぴんぐぱわー】
Stopping power

　銃器が持つ、相手を止める力のこと。例えば口径の小さい弾丸では、急所に当たらない限り、敵を負傷させても動きを止めるまでに至らないことが多い。こういった場合は「ストッピングパワーが低い」という。逆に口径が大きく威力のある弾丸では、相手に大きなダメージを与えることができる。アメリカ陸軍で、軍用拳銃として1911年に制式化された「M1911コルトガバメント」を長らく愛用し、1985年まで制式採用され続けたのは、使われる45口径弾のストッピングパワーが高く兵士の信頼性が高かったからだ。

ストラテジー
【すとらてじー】
Strategy

➡ 戦略

スナイパー
【すないぱー】
Sniper
➡ 狙撃兵

スナイパーライフル
【すないぱーらいふる】
Sniper rifle
➡ 狙撃銃

スノーケル
【すのーける】
Snorkel

　潜水艦に備えられる吸排気装置。司令塔の上部に高くつきだすように設置した吸排気用のパイプで、現代の潜水艦はここからエンジン稼働用や人間の呼吸に欠かせない吸排気を行う。スノーケルの先端のみを海上に出せば、本体は水面下に潜んだまま吸排気ができる仕組みだ。また先端部には吸気口から水が逆流して浸水しないように弁が取り付けられている。特に充電するのにディーゼルエンジンを回す必要がある、通常動力潜水艦にとっては無くてはならない装置だ。また、戦車などの戦闘車両も、吸排気口にスノーケルを接続して、水底に潜って渡河をすることがある。

スパイ
【すぱい】
Spy
➡ エージェント

スパイ衛星
【すぱいえいせい】
Spy satellite
➡ 偵察衛星

スパイラルスピン
【すぱいらるすぴん】
Spiral spin
➡ 錐揉み

スーパーキャビテーション魚雷
【すーぱーきゃびてーしょんぎょらい】
Supercavitation

　水中をロケット推進で進む超高速魚雷。弾体の先端から細かい気泡（キャビテーション）を吹き出し、その泡の幕に包まれ水と遮断された中を、ロケット推進で進むため、正確には水中ロケットというべき存在。ソ連で1970年代終盤に開発された「シクヴァル」に採用され、水中を200kt（約370km/h）の高速で突き進んだ。現在ではアメリカやドイツなど、いくつかの国でも同様の魚雷が開発されている。

スーパーキャリア
【すーぱーきゃりあ】
Super carrier

　第二次世界大戦後にアメリカ海軍が装備した大型空母の別称。1955年に就役した「フォレスタル」級空母一番艦の「フォレスタル」は、通常動力艦ながら満載排水量約8万tの巨体を誇り、80機前後の艦載機を搭載して圧倒的なパワーを世界に示し、特別な存在として「スーパー

キャリア」とよばれるようになった。その拡大改良型の「キティーホーク」級、世界初の原子力空母「エンタープライズ」、そしてついに10万tを越え、現在のアメリカシーパワーの象徴ともいえる「ニミッツ」級も、この名前を継いでいる。そして2017年には新世代のスーパーキャリア、「ジェラルド・R・フォード」級が就役した。

スーパークルーズ
【すーぱーくるーず】
Super cruise

　ジェット機で、マッハ1を超える超音速で長時間巡航できる能力のこと。従来の超音速ジェット機は、音速を突破するにはアフターバーナーとよばれる再燃焼装置を炊いて推力を増し可能にしていた。しかしアフターバーナーは膨大な燃料を消費するため、長時間使用することは難しい。そこでハイパワーエンジンの採用や空力的特性の見直しにより、アフターバーナーを使わないミリタリー推力でも超音速領域まで加速でき、そのまま長時間の超音速飛行を可能にする戦闘機が登場した。現在、スーパークルーズ能力があるとされるのは、アメリカの「F-22」や「F-35」、ロシアの「Su-35」や「Su-57」、欧州の「ユーロファイター・タイフーン」、フランスの「ラファール」、スウェーデンの「グリペンE」などの限られた最新鋭機だ。

スーパーチャージャー
【すーぱーちゃーじゃー】
Supercharger

　エンジン（内燃機関）の出力を増大するために、意図的により多くの空気を送り込む過給機の一種で、機械的な構造で稼働させるもの。排気ガスで過給機を回すターボチャージャーに比べ、応答性は高い反面、機械的なパワーロスが生じる。自動車など車両のほか、航空機用のレシプロエンジンにも用いられる。

　同 » 機械式過給機

スピードローダー
【すぴーどろーだー】
Speed loader

　リボルバー式拳銃で、予備の弾丸を素早く再装填するために使われる専用の器具。

スペースド・アーマー
【すぺーすどあーまー】
Spaced armor

　対装甲弾頭として普及した成形炸薬弾（HEAT）は、超高温のメタルジェットを吹き付け装甲に穴を穿ち貫通させる。そこで内部を中空にして空間を設けた2重の装甲が考案された。1枚目の装甲は破られながらメタルジェットを拡散させて、2枚目の装甲で耐えるという仕組みだ。

　同 » 空間装甲、中空装甲

スペシャル・エア・サービス
【すぺしゃるえあさーびす】
Special Air Service

　第二次世界大戦中に創設されたイギリス軍の特殊空挺部隊。当初は敵地に潜入して作戦を行うコマンド部隊として勇名を轟かせたが、第二次世界大戦後は対テロ活動の専門部隊として発展。この分野では世界でもっとも経験豊富な部隊として、世界中の特殊部隊の手本とされる存在だ。

略 » SAS

スペツナズ
【すぺつなず】
Spetsnaz

　ソ連時代から続くロシア軍の特殊部隊。敵地に潜入しての情報収集や破壊工作、後方攪乱から、要人暗殺までをも任務とする影の部隊として、世界中から恐れられている。西側のスパイ映画などのフィクションでは、敵役として度々登場する。

スポッター
【すぽったー】
Spotter

➡ 観測兵

スマート爆弾
【すまーとばくだん】
Smart bomb

➡ 誘導爆弾

スムーズボア
【すむーずぼあ】
Smoothbore

➡ 滑腔砲

スモーク
【すもーく】
Smoke

➡ 煙幕

スモーク・ディスチャージャー
【すもーくでぃすちゃーじゃー】
Smoke discharger

　戦車や装甲車などの軍用戦闘車両に装備される、煙幕を発生させる発煙弾を発射する装置。筒状の発射機を、角度を変えて数本連ねて装備する。車両の前方に発煙弾を発射して、煙幕で車体を敵の視界から隠す。

同 » 発煙弾発射機

スラッグ弾
【すらっぐだん】
Slug

　散弾銃で発射する、単弾頭の弾薬。弾の径が大きく威力があるため、狩猟では猛獣などの大型獣を狙うのに使われる。ライフリングのない散弾銃の銃身でも安定した弾道が得られるように、弾の方にライフリングが刻まれ、発射すると弾が回転しながら飛翔する。ただし射程がライフルより短いため、軍用では市街戦で突入するときにドアを破壊するなど、出番は限られる。

スラット・アーマー
【すらっとあーまー】

Slat armor

　成形炸薬弾（HEAT）の対策として用いられる網状の増加装甲。装甲車両の仮面装甲の外側に、少し離して設置する。潜んだ歩兵が至近距離から装甲車両を狙う対戦車ロケット弾（RPG）の弾頭には成形炸薬弾が使われており、その防御には有効な手段だ。成形炸薬弾が命中すると、網の部分で炸裂し吹き出すメタルジェットを拡散させるため、本体の装甲へのダメージを軽減する効果が高い。ただし徹甲弾などの運動エネルギー弾には、ほとんど効果がない。

スリング
【すりんぐ】

Sling

　ライフルなどの銃を担ぐときに使われる、ベルト状の紐。

スリング
【すりんぐ】

Sling

　ヘリコプターで、機体の下に貨物などを吊り下げた状態で、輸送すること。

せ

制圧
【せいあつ】

Suppression

　敵対して従わない者を、威力によって押さえ込むこと。武力を制圧手段として使う場合は武力制圧といわれることもある。

　同 » 鎮圧

制圧射撃
【せいあつしゃげき】

Suppression fire

　相手を牽制する火力支援のための射撃法。銃や砲の射程内で対峙する敵勢力に対して、短時間に集中した射撃を行って弾幕を張ることで、敵を掩体壕などの中にくぎ付けにして、味方への攻撃を一時的に封じる。必ずしも撃滅を目指すことではなく、威嚇し敵の行動を抑制することを目的とする。その隙に味方が行動を起こすための援護となる。

　同 » 援護射撃、牽制射撃
　対 » 精密射撃、狙撃

制海権
【せいかいけん】

Control of the sea

　戦時において、一定海域に対し軍事力をもって支配権を確立した状況。自国艦船の航行の自由を確保するとともに、敵対勢力の海域への侵入を排除する。沿岸部においては、海上のみならず沿岸地域も自国管理下に置かなければ、制海権の確保は難しい。また航空戦力が重要視される現代では、制海権を継続的に確保するには同エリア上空の制空権確保も重要な要素となる。

正規空母
【せいきくうぼ】
Aircraft carrier

かつて日本海軍で使われた空母の区分。最初から空母として就役し、艦上爆撃機や艦上攻撃機、艦上戦闘機を搭載運用できる艦を、正規空母や制式空母と呼称。他の軍艦を改造した改造空母や、商船を改造した特設空母と区別した。1941年12月の開戦時に日本海軍に在籍した正規空母は、大型の「赤城」、「加賀」、「瑞鶴」、「翔鶴」、中型の「飛龍」、「蒼龍」、小型の「鳳翔」、「龍驤」の計8隻。「赤城」と「加賀」は戦艦や巡洋戦艦として起工されたが、建造の途中で設計変更されて空母として完成就役したため、正規空母として扱われている。その後大戦中には大型の「大鳳」、「信濃」、中型の「雲龍」、「天城」、「葛城」の計5隻が正規空母として完成している。現在では曖昧に使われ、CTOL機を運用する中〜大型の主力空母のことを正規空母とよび、V/STOL機専用の軽空母と区別することもある。

同 » 制式空母　CV
対 » 改造空母、特設空母、補助空母

正規軍
【せいきぐん】
Regular army

国家によって法的に組織整備され、政府に任命された指揮官の管轄下にある正式な常設軍事組織のこと。

対 » ゲリラ、民兵、パルチザン、レジスタンス

制空権
【せいくうけん】
Control of the air

戦時において、一定の空域に対して軍事力(航空戦力)をもって支配下においた状態。自国の領空や周辺空域の制空権確保は、安全保障の観点から絶対に保持する必要がある。また制海権を確保するには、そのエリアの制空権の確保が欠かせない。逆に敵地を攻撃するさいも、制空権を確保することで、有利に戦況を進めることができる。このような一時的な制空権確保の場合は、航空優勢とよんで使い分けることもある。

制空戦闘機
【せいくうせんとうき】
Air superiority fighter

空戦能力に優れ、敵機を撃破・駆逐し、制空権や航空優勢を確保することを主の目的に配備される戦闘機。現在では、アメリカで開発された「F-15イーグル」や「F-22ラプター」、ロシアの「Su-27」や「Su-35」は、空戦能力の高さから、代表的な制空戦闘機として君臨している。

制空迷彩
【せいくうめいさい】
Air superiority camouflage

軍用機にほどこされる塗装の一種。空の色と紛らわせるためにブルーやグレイを基調に塗られた迷彩塗装。

成形炸薬弾
【せいけいさくやくだん】
High-Explosive Anti-Tank

化学エネルギー弾の一種。命中して炸裂すると、砲弾内の漏斗状の金属（コーン）が溶解して高速のメタルジェットとなり、装甲の一点に収束して貫通させる。これはモンロー／ノイマン効果といわれる原理による。砲弾の速度が遅くとも装甲貫通の効果が高く、対戦車砲弾の他にRPGなどの対戦車ロケット弾や、対戦車ミサイルの弾頭にも使われる。

同 » 対戦車榴弾　　略 » HEAT

制式空母
【せいしきくうぼ】
Aircraft carrier

➡ 正規空母

制式名称
【せいしきめいしょう】
Official name

軍用品のうち公式に採用された装備に命名される名称。国や軍によって定められた命名法にのっとりつけられる。ここから公式に装備を採用することを「制式化する」という。

政治将校
【せいじしょうこう】
Political commissar

軍隊を統率するために、政府が軍組織内に直接派遣して政治指導を行う将校待遇の人員。独裁政権下の軍隊に多く見られ、政治的信条やイデオロギーに沿った指導を行う。軍内部において階級以上の特権的な立場を保持する。旧ソ連軍や第二次世界大戦のドイツ軍で採用された。

斉射
【せいしゃ】
Volley

多数の銃や火砲を、一斉にそろって射撃すること。陸上戦では、隊全体が号令に従って一斉射撃する戦法を取ることで、攻撃の効果を高める。また軍艦では、複数の砲で一つの目標に対して一斉射撃することで命中率を高める。

政府専用機
【せいふせんようき】
Government plane

政府の首脳や要人の移動に使われる航空機。長距離飛行が可能な旅客機ベースのものから、ビジネスジェットや大型ヘリコプターなどがある。旅客機ベースの場合は、内部は専用に改造され、首脳の執務室や専用室、会議室、それに同行する要員や記者団用の座席などが設けられるほか、通信能力は大幅に強化されている。首脳の外遊などの他、外地からの自国民救出などにも使われることもある。日本では、長らくボーイング「747-400」型機をベースとした政府専用機2機を運用していたが、老朽化のため機種変更とな

り、2019年からボーイング「777-300ER」に代替わりする。主に天皇・皇后の外国訪問や内閣総理大臣の外遊に使われる。籍は自衛隊所属であり、管理や運用はすべて航空自衛隊が行う。搭乗員も特別航空輸送隊第701飛行隊所属の航空自衛隊員だ。

生物兵器
【せいぶつへいき】
Biological weapons

バイオ兵器やB兵器などともよばれる、有害な細菌やウイルスなどを故意的に散布することで被害を与える兵器。古代においてはサソリや毒蛇などを使った攻撃も記録にある。特に第二次世界大戦時、列強各国ではひそかに研究がなされ、戦後には実用化されていた。なかでも炭疽菌や天然痘などが知られている。しかし非人道的な兵器との見地から、国際条約で使用・生産・貯蔵ともに禁止されている。

同 » B兵器

生物兵器禁止条約
【せいぶつへいききんしじょうやく】
Biological and toxin weapons convention

生物兵器の使用は、1925年のジュネーヴ議定書によって禁止されたが、生産や保有については長らく野放しであった。そこで1966年の国連総会での決議をキッカケに気運が広がり、使用だけでなく、生産や貯蔵も禁止する生物兵器禁止条約を制定。1975年に発効した。現在、179カ国の国・地域が批准している。（署名のみは6カ国、未署名は11カ国・地域）

整備
【せいび】
Maintenance

機械類を使用可能な状況に準備して整えること。

整備兵
【せいびへい】
Mechanic

航空機や軍用車両など、一定の整備を行わないと稼働状況を維持できない兵器について、整備の特殊技能を持った専門兵士。第二次世界大戦時の日本海軍では、海軍航空隊の機体を整備するため、整備科が独立して編制されていた。

精密射撃
【せいみつしゃげき】
Precision fire

➡ 狙撃　対 » 制圧射撃

精密爆撃
【せいみつばくげき】
Precision bombing

狙った目標に限定して爆撃する方法。無誘導爆弾が主流だった時代には、工場や敵基地などの戦略目標に照準を合わせて狙う爆撃を精密爆撃とよび、市街地を無差別に爆撃する絨毯爆撃と区別した。現代はレーザー誘導やGPSを使った誘導爆弾や対地ミサイルが登場し、狙った目標をピンポイントで爆撃することが可能

になった。

対 » 絨毯爆撃

セイル
【せいる】
Sail

　潜水艦の司令塔の別称。語源は帆船やヨットの帆だが、その形に似ていることからよばれるようになった。

同 » 司令塔

赤外線スコープ
【せきがいせんすこーぷ】
Infrared scope

　赤外線を使った暗視装置の1種。可視光より波長の長い赤外光を捉え、暗闇でも見ることができるスコープ。初期のものは赤外線サーチライトを照射することで、その反射を捉えるアクティブ方式が主流だった。その後、物体から発せられる熱赤外線を捉える赤外線受光素子が開発された。人体やエンジンなどの熱源由来のサーモグラフィー画像を映し出す赤外線スコープが登場し、暗視装置として使われている。

赤外線捜索追尾装置
【せきがいせんそうさくついびそうち】
Infra-Red Seach and Track

　英語表記の頭文字からIRSTとよばれる。主に戦闘機などの軍用機に搭載されるセンサーで、エンジンなど赤外線を放射する目標を遠距離から捜索探知し、追尾する性能をもった装置。レーダーが放射した電波の反射波を捉えるのに対し、目標が発した赤外線を一方的に捉えるパッシブ性が特徴。赤外線は空気中で減衰するため、探知可能距離はレーダーより短いが、欺瞞を受けにくいシステムだ。ソ連では早くから実用化に成功し、1970年代に登場した「MiG-23」に搭載。改良型の「MiG-27」に搭載したIRSTは約50kmの探知可能距離を持っていたとされる。その後アメリカをはじめ各国も追随し、現代の一線級の戦闘機には欠かせないセンサーとなっている。

略 » IRST

赤外線妨害装置
【せきがいせんぼうがいそうち】
Infra-Red Jammer

　赤外線追尾方式のシーカーを持つミサイルに対抗するために、赤外線を間歇的に照射することで、欺瞞して狙いを狂わせる装置。

同 » IRジャマー

赤外線誘導
【せきがいせんゆうどう】
Infra-Red homing

　ミサイルの誘導方式のひとつで、目標が発する赤外線を捉えて、自動追尾する仕組み。対空ミサイルでは初期から使われ、対艦、対地ミサイルでも取り入れられている。ただし対抗手段も多く登場したため、現在は赤外線誘導と画像認識技術を組み合わせた、赤外線画像誘導が主力となっている。

設営
【せつえい】
Construction

軍の営舎や拠点などを準備すること。もともとは軍事用語だったが、今は一般に広く使われている。

雪上車
【せつじょうしゃ】
Snowmobile

雪原で走行するために造られた車両。無限軌道（キャタピラ）を備えた装軌車両だが、特に雪上での沈み込みに対応するために、幅の広い無限軌道を採用する。また寒冷地で使われるため、各所の防寒対策も施される。近年は、スノーモービルとよばれる単車型の小型雪上車も登場し寒冷地の偵察任務などに使われている。

斥候
【せっこう】
Patrol

主に陸軍で、部隊に先行して行動し、地形や敵の状態を探る偵察任務を帯びた兵のこと。特に敵の存在が予想される場合は、敵に接近を悟られないように少人数で隠密行動をとる必要がある。

同 » **偵察兵**

接敵
【せってき】
Contact

➡ 会敵

セフティ
【せふてぃ】
Safety

➡ 安全装置

セーフハウス
【せーふはうす】
Safe house

敵対勢力の圏内で諜報活動などを行う場合、密かに設けた隠れ家的な拠点のこと。

セミアクティブ・ホーミング
【せみあくてぃぶほーみんぐ】
Semi-active homing

ミサイルや魚雷の誘導方式のひとつ。レーダーによる誘導ミサイルの場合、母機が発するレーダーの反射波を捉えて誘導される。命中率は高いが、母機が命中までレーダー照射を続ける必要があり、その間に反撃されるリスクが高い。魚雷の場合も同様で、発射した母艦が発するアクティブソナーの反射音波を捉えて誘導する。いずれも母機や母艦のリスクが高いため、現在は旧式化した方式だ。

セミオート射撃
【せみおーとしゃげき】
Semi-automatic fire

銃の射撃方法のひとつ。引き金を引くだけで弾丸が発射され自動的に次弾が装填されるが、発射されるのは1度に1発のみ。現代の歩兵の主力銃であるアサルトライフルでは、セミオートと、引き金を引き続けると連射するフルオートを切り替え

て使い分ける仕組みが備えられている。

同 » 単射

セーラー
【せーらー】
Sailor
➡ 水兵

セーラー服
【せーらーふく】
Sailor suit
➡ 水兵服

零点規正
【ぜろてんきせい】
Zero in adjustment

　ライフル銃などで、照準器内の狙った場所と実際の着弾点が一致するように、照準器の調整を行う作業のこと。ゼロインともよばれる。特に中〜長距離の射撃においては、気象条件などで生じる弾道の変化を確かめ調整することが不可欠だ。

戦域核兵器
【せんいきかくへいき】
Theater nuclear weapon

　射程が500〜5500kmの核弾頭を装備した弾道ミサイルと巡航ミサイル。

同 » 中距離核戦力

戦役
【せんえき】
War

　戦争の一局面や、特定の戦闘を含む軍事行動を示す場合に使われる。

戦果
【せんか】
War results

　戦闘などの戦いの結果、得られた成果の総称。

戦火
【せんか】
Fire of war

　戦争や戦闘によって生じた火災のこと。戦闘を避けて避難することを比喩して、「戦火を逃れる」という。

戦渦
【せんか】
War turmoil

　戦争や戦闘によって引きおこされた混乱状態。

戦禍
【せんか】
War damage

　戦争や戦闘の結果として被った被害や災いのこと。

戦艦
【せんかん】
Battleship

　強力な砲を搭載し主用攻撃兵器とする一方で、堅固な防御力も備えた、海軍の主力大型戦闘艦。19世紀末に登場した戦艦の主砲は30〜34cmの口径であり、

その後、第二次世界大戦最大の戦艦である日本の「大和」型戦艦に搭載された46cm砲まで拡大した。一方、戦艦の防御力は、「主要部分の装甲が自艦の主砲の直撃にも耐える」ことを定義とされていた。そこで主砲は強力でも、装甲がそこまでに至らない艦は、巡洋戦艦として区別された。第二次世界大戦までは、戦艦が海軍の主力艦であった。しかし緒戦で日本軍が行った真珠湾攻撃やマレー沖海戦で、航空機攻撃により戦艦が撃破されることが明らかになり、その後、主力艦の地位は空母にとって代わられる。沖縄戦で日本が誇る「大和」が、空母艦載機の波状攻撃で沈められたのが、その象徴となった。一方、アメリカ海軍が第二次世界大戦末期に就役させた「アイオワ」級は、戦後も長らく使われたが、1992年に退役した3番艦「ミズーリ」が最後の戦艦となった。現在は世界で現役の戦艦は存在しない。

同 » バトルシップ、BB

戦技競技会
【せんぎきょうぎかい】
Combat techniques competition

　陸上自衛隊や航空自衛隊で開催されるさまざまな戦技を競う競技会。射撃や格闘、戦闘機操縦や空輸といった実戦に即したものから、救難や通信、さらには野外炊飯やラッパ演奏など、さまざまな部門の戦技競技会が開催されている。

船渠
【せんきょ】
Dock
➡ ドック

閃光音響手榴弾
【せんこうおんきょうしゅりゅうだん】
Stun grenade
➡ スタングレネード

戦死
【せんし】
Death in battle

　軍人が戦争の状況下や戦闘の結果、死亡すること。民間人が戦闘に巻き込まれて死亡しても、戦死とはよばない。

戦史
【せんし】
Military history

　戦争や軍の歴史。

戦時
【せんじ】
Wartime

➡ 有事　対 » 平時

戦時国際公法
【せんじこくさいこうほう】
Low of war

　戦時に適応される国際的に定められた法律やルールの総称。交戦法規のほか、中立国や非戦闘員などの定義や扱い、戦争犯罪に関する法規など多岐にわたる。

戦車
【せんしゃ】
Tank

　古代においては、戦闘用に用いられる馬に引かせる兵車のこと。近代以降の戦車は、第一次世界大戦時にイギリス軍が「マークⅠ」戦車を開発し、塹壕陣地の突破に使用したのが始まり。戦車が別名でタンクとよばれるのは、戦車を開発中のイギリス軍が情報を欺瞞するために、タンク（給水車）と呼称していたことが起源だ。現代の戦車の定義は、攻撃力と防御力、機動力の３つを高い次元で兼ね備えた戦闘車両となる。路外などの不整地でも機動力を発揮するために無限軌道（キャタピラ）で走行する装軌車両に強固な装甲を施し、いくつかの例外を除いて回転砲塔に戦車砲を備えている。登場から100年たった今でも、陸戦の王者ともいうべき存在だ。なお装輪車両に強力な戦車砲を備えた車両も登場しているが、不整地での機動性や防御力が低いため、厳密には戦車と区別されている。主兵器にミサイルや榴弾砲などを積んだ装甲車両も、戦車ではなく自走砲の扱いだ。

　同 》 タンク

戦車運搬車
【せんしゃうんぱんしゃ】
Tank transporter

　装軌車両である戦車は、自力での長距離移動は難しい。そこで陸路での長距離輸送には、戦車を載せることができる専用の大型トレーラーを、戦車運搬車として使用する。

　同 》 トランスポーター

戦車回収車
【せんしゃかいしゅうしゃ】
Tank recovery vehicle

　戦車が故障や破損で動けなくなった場合、重量があるので普通のレッカー車などでは動かすことが難しい。そこで故障した戦車を戦場から後方に回収する、専用車両が開発運用されている。戦車回収車の多くは回収対象となる主力戦車の車体を流用し、砲塔や武装の代わりに、クレーンやウインチなどの回収器材を搭載する。

戦車橋
【せんしゃきょう】
Armored vehicle launched bridge

　戦車の行動を阻む対戦車壕などの窪地にかける仮の橋。戦車の車重に耐える頑丈さが求められる。戦場で使用するため、装甲を施した車体の上に戦車橋を載せた専用の架橋戦車で運用する。

戦車壕
【せんしゃごう】
Tank's trench

　戦車を防御戦で使う場合に構築される、戦車の車体がすっぽり入るように掘っ

た塹壕のこと。砲塔だけを地上に露出して、敵を待ち伏せる。

戦車跨乗
【せんしゃこじょう】
Tank desant

戦車を援護し周囲の敵歩兵を排除する役目の歩兵を、戦車の上部や後部に搭乗させて行動を共にすること。ただし跨乗歩兵は生身を晒すため、死傷率は非常に高かった。そのため、戦車に追随し歩兵を運ぶ装甲兵員輸送車が開発され、現在は戦車跨乗は行われない。

同 》 タンクデサント

戦車兵
【せんしゃへい】
Tank crew

戦車に搭乗し操作する専用の兵士。第二次世界大戦時には、車長、操縦士、砲手、装填手、通信手兼機銃手の計5名でチームが組まれた。近年は通信機の発達や砲の自動装填化などにより乗員が減り、3〜4名の戦車兵で運用する。

戦車砲
【せんしゃほう】
Tank gun

戦車の主力兵器として搭載される火砲。直接照準で狙う直射砲で、装甲車両などのハードターゲットを撃破する徹甲弾や成形炸薬弾と、陣地などのソフトターゲットを破壊する榴弾の双方を発射できる。戦後第2世代の西側諸国の戦車では105㎜ライフル砲が主流だったが、現在の第3〜3.5世代の主力戦車では、口径120〜125㎜クラスの滑腔砲が、戦車砲として用いられる。

戦車揚陸艦
【せんしゃようりくかん】
Tank landing ship

車両を輸送し揚陸させる装備を持った揚陸艦の中でも、特に戦車などの重装甲車両を中心に運ぶ専用艦。海岸の浜辺に船首を乗り上げ、船首のハッチを開いてビーチングとよばれる直接揚陸が可能な特殊構造を備えている。

同 》 LST

戦車猟兵
【せんしゃりょうへい】
Tank hunter

➡ 対戦車兵

戦術
【せんじゅつ】
Tactics

作戦や戦闘において実際に戦力を運用するための手法や方法論や、実際の戦闘方法のこと。よく戦略と対比して使われることが多く、戦術の方が狭い範囲やエリアのことを意味する。

同 》 タクティクス　対 》 戦略

戦術核兵器
【せんじゅつかくへいき】

Tactical nuclear weapon

戦場での戦闘行為の一貫として、敵軍を直接攻撃するのに使われる射程の短い核兵器。ミサイルの弾頭や爆弾の他、砲弾や魚雷などを運搬手段に用いられ、射程500km以下のものが戦術核兵器と定義されている。威力についての定義は特にないが、戦場で使われるため、比較的威力を抑えたものが多い。

戦術航空士
【せんじゅつこうくうし】
Tactical Coordinator

対潜哨戒機などの搭乗員で、潜水艦探査などのミッション遂行やプラン策定を担当するスペシャリスト。

略 》TACCO

戦術航法装置
【せんじゅつこうほうそうち】
Tactical Air Navigation

UHF波（極超短波）を用いた、航空機や艦艇で使われる電波航法装置。英語表記の頭文字であるTACAN（タカン）の通称でよばれる。

戦術弾道ミサイル
【せんじゅつだんどうみさいる】
Tactical ballistic missile

弾道ミサイルの中で、射程距離が300km未満の短距離のもの。多くは移動発射式の地対地ミサイルであり、弾頭は通常弾頭が用いられることが多いが、核弾頭を装備できるものもある。代表的なものには、アメリカ軍の「ATACMS」や旧ソ連の「スカッド」、韓国の「玄武」などがある。

戦術データリンク
【でーたりんく】
Tactical digital information link

軍隊において、作戦行動に必要なさまざまな情報をネットワーク上でやりとりするためのデータ通信システム。コンピューターとネットワーク環境の発達により、現代の軍隊には不可欠な能力となりつつある。国や時代によっていくつかの規格が運用されている。現在、アメリカ海軍を中心に運用されている「リンク16」は、海上自衛隊でも使われている。

戦術爆撃
【せんじゅつばくげき】
Tactical bomber

敵の部隊を直接爆撃して撃破する爆撃作戦のこと。そのため爆撃に使われる中〜小型の爆撃機や攻撃機のことを、戦術爆撃機と総称する。

戦術兵器
【せんじゅつへいき】
Tactical weapon

戦場で対峙した敵に対する戦闘に、直接使われる兵器の総称。

対 》戦略兵器

戦術輸送機
【せんじゅつゆそうき】
Tactical transport aircraft

兵士や物資などを運ぶ軍用輸送機の中で、地域の拠点から戦場に近いローカル空港への輸送や前線への物資投下など、戦闘区域の近くまでの輸送任務を受け持つ輸送機のこと。そのため、短距離離着陸能力や、舗装されていない滑走路への離着陸能力などが要求される。日本の自衛隊も使用している「C-130」は、各国で使われる代表的な戦術輸送機だ。

戦傷
【せんしょう】
War wound

戦闘により軍人が負傷すること。その結果、後日死亡に至ることを戦傷死として、戦死と区別する。

戦場
【せんじょう】
Battlefield

戦闘を行っている区域や場所。また過去に戦闘が行われた場所のことを指すこともある。

同 » 戦地

戦場救急車
【せんじょうきゅうきゅうしゃ】
Ambulance

➡ 野戦救急車

旋条痕
【せんじょうこん】
Rifle mark

➡ ライフルマーク

前進翼
【ぜんしんよく】
Forward swept wing

ジェット機の主翼の形状の1つ。通常の翼とは逆に、付け根から前方に向けた角度で翼が伸びる。通常の形態よりも空戦性能に優れるとされ、アメリカの「X-29」やソ連の「Su-47」など、前進翼を備えた実験機が造られた。しかしステルス性は低くなり空力的なデメリットも大きいため、実用化はされずに姿を消している。

潜水艦
【せんすいかん】
Submarine

水中に潜ることができる艦艇のこと。敵に察知されずに行動できることから、19世紀中ごろから発展してきた。水上では、ディーゼルエンジンなどの内燃機関を動力にして動くが、水中では給気ができないため、バッテリーに貯めた電力でモーターを回して推力にする。第一次世界大戦時には、ドイツのUボートが連合国の商船や輸送艦を攻撃して通称破壊戦で大きな戦果をあげ、潜水艦の有用性を世界に示した。第二次世界大戦でも各国で使われた。ただし当時の潜水艦は、通常は水上航行し戦闘時のみ潜水する運用で、艦形も水上航行重視のものが主流。そのため可潜艦とよんで区別することもある。戦後の潜水艦は、実用的なスノーケルの装備や水中航行に向いた艦形など、できるだけ長時間潜り続ける工夫がなされた。20世紀中盤の冷戦期には、従来の攻撃型潜

水艦に加え、弾道ミサイルを積んだ弾道ミサイル潜水艦が登場。原子炉を動力にして長時間の連続潜航も可能になった。現在の核保有国は、弾道ミサイル原潜を、核戦力の大きな柱に据えている。

潜水艦徽章
【せんすいかんきしょう】
Submarine insignia

→ ドルフィンマーク

潜水艦救難艦
【せんすいかんきゅうなんかん】
Submarine rescue ship

故障や破損で沈底したまま浮上不能になった潜水艦から、乗員を救出するための専用装備を備えた救難艦。潜水救難艦には、母艦からワイヤーで吊り下げられて潜航するレスキューチャンバーや、自力航行できる深海救難潜航艇（DSRV）などを搭載し、沈底した潜水艦を捜索。発見したら潜水艦のハッチにドッキングして、取り残された潜水艦乗員を救い出す。

潜水艦発射弾道ミサイル
【せんすいかんはっしゃだんどうみさいる】
Submarine-Launched Ballistic Missile

大型の弾道ミサイル潜水艦に搭載される中〜長射程の弾道ミサイル。水面直下の水中から発射される。基本的には核弾頭が搭載され、有事に母国が核攻撃を受けた場合の報復手段として、核抑止力の一翼を担っている。

■略■ » SLBM

潜水空母
【せんすいくうぼ】
Aircraft carrier submarine

航空機を搭載した大型潜水艦。第二次世界大戦中に3隻が就役した日本の「伊400」型は、水中排水量6560ｔの当時世界最大の潜水艦。その最大の特徴は、司令塔下部に航空機の格納筒と、前甲板に空気式カタパルトを備え、水上攻撃機「晴嵐」を3機搭載したこと。当初は搭載機によるパナマ運河攻撃を意図していたが、戦局の悪化から作戦を実行することなく、終戦を迎えた。日本海軍は他にも、1〜2機の水上偵察機を積んだ潜水艦を多数装備していたが、本格的な攻撃機3機を搭載した「伊400」こそ、潜水空母の名前に相応しい。

戦線
【せんせん】
Front

敵軍と対峙するとき、味方の前方陣地や陣取る地点を結んだ戦術的なラインや区域のこと。

前線
【ぜんせん】
Front line

戦線の中でも、敵と直接対峙し戦闘が

行われる最前列のこと。

宣戦布告
【せんせんふこく】
Declaration of war

　戦争を始めるさいに、相手国に対して開戦を正式に宣言・公布を行うこと。戦線布告を行わずに戦闘状態に入る場合もあり、この場合は戦争ではなく、武力紛争とよばれることが多い。

戦争
【せんそう】
War

　戦って争うこと。現代では国家同士が国際紛争の最終解決手段として、武力によって闘争することを、戦争とよぶ。現在の国連憲章では、自衛権の行使や国連による強制処置を除き、戦争を禁止している。

潜舵
【せんだ】
Diving rudder

　潜水艦が備える水平方向に展開する舵のうち、艦の前部もしくは司令塔に備えられた舵を潜舵とよぶ。艦の姿勢を上下に変え、潜航や浮上に用いられる。艦尾にも水平方向の舵は備えるが、こちらは水平舵とよぶ。

船台建造方式
【せんだいけんぞうほうしき】
Slipway construction method

　艦船を建造するさいに、船台の上でまず竜骨（船の背骨に当たるパーツ）を造り、そこに肉付けして船体を建造する伝統的な工法。

　対 » ブロック建造方式

船団護衛方式
【せんだんごえいほうしき】
Convoy escort system

➡ 護送船団方式

戦地
【せんち】
Front

➡ 戦場

全地球測位システム
【ぜんちきゅうそくいしすてむ】
Global Positioning System

➡ グローバル・ポジショニング・システム

　略 » GPS

全地形対応車
【ぜんちけいたいおうしゃ】
All Terrain Vehicle

　太いタイヤを装着して不整地での走行性能を高めた3輪または4輪のオートバイ。軍用では偵察車両として使われるが、民生用ではレジャーや放牧などで利用される。また軍用のバギーにもこの名前で呼称されるものがある。

　略 » ATV

全通甲板
【ぜんつうかんぱん、ぜんつうこうはん】

Continuous deck

空母などに用いられる、艦首から艦尾まで続き障害となる構造物のない平らな甲板。空母では搭載機を離着艦させる飛行甲板として使用される。

同 » 平甲板

宣伝戦
【せんでんせん】
Propaganda war

→ プロパガンダ

戦闘
【せんとう】
Battle, Combat

敵対する個人や組織同士で、武力により戦う行為・行動のこと。

同 » コンバット

戦闘機
【せんとうき】
Fighter

機銃・機関砲や空対空ミサイルを主力兵器として搭載し、航空機同士の空中戦を主な目的とする軍用機。航空機が兵器として使われるようになった第一次世界大戦初期、先行して登場した偵察機や爆撃機を攻撃して駆逐するために、機銃を備えたのが始まり。第二次世界大戦では、空中戦を繰り広げる高性能な戦闘機が活躍した。陸上機の他に、空母に搭載する艦上戦闘機や、フロートを装備した水上戦闘機も登場した。戦後、ジェット機の時代になっても、戦闘機の重要性は変わらない。戦闘機が活躍して制空権や航空優勢を確保することが、戦場の勝敗を大きく左右するからだ。主兵器は機銃から空対空ミサイルに変わったが、戦闘機は今も空軍の花形的存在である。

同 » ファイター、F

戦闘旗
【せんとうき】
Battle ensign

軍艦で戦闘状態にあるときにメインマストに掲げられる軍艦旗。軍艦旗は、停泊中の日中と航海時は、艦尾やマストから斜めに張られる斜桁に掲げられる。しかし戦闘時はメインマストに掲げ、戦闘状態であることを示す。

戦闘教義
【せんとうきょうぎ】
Battle doctrine

戦略や戦術に大きく関与する、軍隊の基本的な戦闘部隊運用思想のこと。例えば機甲師団の特性を最大限に生かした電撃戦などは、機甲師団を備える軍隊の戦闘教義といえる。

同 » ドクトリン

戦闘空中哨戒
【せんとうくうちゅうしょうかい】

Combat Air Patrol

　戦闘機を使った防空作戦の手法。英語表記の頭文字からCAPとよばれる。敵機の接近が予想される場合、あらかじめ味方の上空エリアに戦闘機を周回飛行させて待機させる。自機のレーダーや前方展開した早期警戒機で敵機を捉えた場合に、早急に対処することが可能となる。ただし周回飛行しながら滞空待機するため、燃料消費が問題となる。敵機が接近したときに燃料が少なく戦えなければ意味がないからだ。そこで長時間のCAPの場合、数機ずつ交代するか、空中給油を活用して滞空時間を延長するなどの手段をとる。

戦闘攻撃機
【せんとうこうげきき】
Fighter attacker

　戦闘機に爆弾や対地・対艦ミサイルなどを搭載できるようにして、対地攻撃や対艦攻撃も可能にしたもので、デュアルロール機ともよばれる。例えば米海軍の主力艦載機である「F/A-18」は、戦闘攻撃機として「F」と「A」の機種記号が振り当てられている。また、航空自衛隊が装備する「F-2」も、対地対艦攻撃任務と要撃任務の双方を兼ねた性能を持つ戦闘攻撃機。自衛隊では支援戦闘機とよんでいる。現在はさらに多くの任務に対応したマルチロール機に発展している。

　同 » 支援戦闘機　デュアルロール機
　略 » F/A

戦闘行動半径
【せんとうこうどうはんけい】
Combat radius

　航空機が戦闘を伴う作戦行動を行う場合に、兵器を積んだ状態で基地から発進して、同じ基地に帰着することが可能な距離。目的地までの往路と復路の距離に加え、目的地上空での戦闘行動時に消費する燃料に若干の予備燃料も計算に入れて算出される。通常は最大航続距離の1/3が、戦闘行動半径とみなされる。つまりスペックで1500kmの航続距離を持つ航空機の場合、攻撃が可能な戦闘行動半径は、その1/3の500km程度となる。

戦闘工兵
【せんとうこうへい】
Combat engineer

　工兵は陣地の構築や障害物の破壊などを行う戦闘支援兵科だが、戦闘が行われている戦場で活動しなければならない場合もある。そのため、歩兵に準じた武装や防御力を備えた戦闘工兵が活躍する。例えば、前線突破の際に障害物を爆破して取り除いたり、地雷を除去したり、壕を越える架橋を行うなど、侵攻路を啓開するのは戦闘工兵の役割だ。

戦闘工兵車
【せんとうこうへいしゃ】
Combat engineering vehicle

　戦場で敵の攻撃を受けながらも、工兵作業を行うための車両。そのため、戦車並みの装甲を備えることが多い。装甲ブ

ルドーザーや架橋戦車、地雷除去戦車は、戦闘工兵車の一種だ。またトーチカや城壁などの陣地破壊用の臼砲を備えた自走砲も、戦闘工兵車の1種といえる。

戦闘指揮所
【せんとうしきしょ】
Combat Direction Center

空母の中にある、戦闘時に指揮をとる艦の中枢となる指揮司令室。防御力を高めるために、艦橋内ではなく、装甲などで囲われた艦体の中に設置される。ここには周辺の情報や搭載機の管制情報、敵の情報などがすべて集約される。機密の塊であり、平時でも入室には制限がかけられる。空母以外の軍艦における戦闘情報センター(CIC)に相当する。

略 » CDC

戦闘ストレス反応
【せんとうすとれすはんのう】
Combat Stress Reaction

➡ 心的外傷後ストレス障害

略 » CSR

戦闘情報センター
【せんとうじょうほうせんたー】
Combat Information Center

現代の軍艦に備えられる、戦闘情報が集約される指揮所。航海の指揮をとる航海艦橋は艦橋の上部にあるが、戦闘情報センターは、被弾しにくい艦体の中に設けられる。空母の場合は戦闘指揮所(CDC)とよばれる。

略 » CIC

戦闘捜索救難
【せんとうそうさくきゅうなん】
Combat search and rescue

敵の勢力圏内や戦闘区域に、取り残されて動きの取れなくなった味方を、探索して救助すること。主に撃墜や故障で脱出降下した航空機パイロットの救難に用いられた。また負傷などで取り残された兵士の救出任務もある。戦闘区域で行われるため、救難員も武装して、敵の攻撃を排除しつつ行うこともある。

戦闘配置
【せんとうはいち】
Battle station

戦闘状態に入る準備を行い、所定の位置につくこと。例えば、銃座や砲座に砲手や装填手がつき、号令があり次第すぐに攻撃を開始できる状態にする。

戦闘バギー
【せんとうばぎー】
Combat buggy

オフロード性能に優れた、軽量のバギーに武装を施したもの。砂漠地帯や荒地などで作戦を行う特殊部隊が装備する。機動性を生かして、偵察任務や敵の後方撹乱などに使われる。ただし装甲はなく、防御性能は皆無だ。

同 » 高速戦闘車両

戦闘爆撃機
【せんとうばくげきき】
Fighter bomber

　第二次世界大戦時やその後の時代に、大型の戦闘機に爆弾や対地ロケット弾を装備し、対地攻撃が可能なようにした機体を、特に戦闘爆撃機とよんだ。欧州戦線では、イギリス軍の「ホーカータイフーン」やアメリカ軍の「P-47サンダーボルト」が活躍し、ドイツ軍では「ヤークトボンバー」を縮めた「ヤーボ」とよんで恐れた。ジェット機の時代になると、対地ミサイルなど搭載兵器の種類も増え、戦闘攻撃機とよばれるようになった。

同 » ヤーボ

戦闘服
【せんとうふく】
Combat uniform

　軍服の1種で、戦闘状態で使いやすいように工夫された制服。迷彩服は生地に迷彩柄が施され、発見されにくいように工夫された戦闘服だ。

同 » 迷彩服

戦闘ヘリ
【せんとうへり】
Attack heliconpter

➡ 攻撃ヘリ

戦闘糧食
【せんとうりょうしょく】
Combat ration

➡ コンバットレーション

戦爆連合
【せんばくれんごう】
Strike package

　敵地や敵艦を攻撃する航空攻撃作戦のさいに、攻撃を担当する爆撃機や攻撃機の編隊と、その護衛にあたる戦闘機隊を組み合わせて編制した航空部隊のこと。数十機からときには百機以上にのぼる大編隊を組むこともある。敵地では、護衛戦闘機が敵の迎撃機に対峙して味方を守り、その隙に爆撃機や攻撃機が目標を攻撃する。

選抜射手
【せんばつしゃしゅ】
Marksman

➡ マークスマン

潜望鏡
【せんぼうきょう】
Periscope

　鏡やプリズムなどを組み合わせて隠れた場所から外を覗き見る装置。発祥は、塹壕戦などの陸戦で、塹壕の中に隠れたまま、敵方を観察するために開発されたもので、ペリスコープという。その後、潜水艦が開発されたさいに、水面下に没した状態で水面上を観察するために取り入れられた。日本には、潜水艦用の装備として入ってきたため、潜望鏡と名付けられた。潜水艦の他に、戦車や装甲車などの外部観察用の装備としても使われている。近年は、オーソドックスな光学潜望鏡の他に、TVカメラなどを使った電子潜望

鏡も登場した。潜水艦では耐圧殻となる船体を物理的に貫通しないことから、電子潜望鏡を非貫通式潜望鏡とよんで区別している。

同 » ペリスコープ

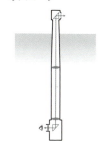

殲滅
【せんめつ】
Extermination

➡ 撃滅

戦友
【せんゆう】
Comrade

軍隊の同じ部隊に所属して、生活を共にし、一緒に戦った仲間のこと。同じ釜の飯を食い苦楽をともにした間柄。

全翼機
【ぜんよくき】
Flying wing aircraft

航空機の形状の1つ。胴体部と主翼が一体化した機体で、垂直尾翼や水平尾翼を持たない無尾翼構造のもの。空気抵抗が少ない反面、安定性を得るのが難しく、試作機で終わったものが多いが、ステルス爆撃機であるアメリカのB-2は、実用化された全翼機だ。

戦略
【せんりゃく】
Strategy

全体を見通した広範囲な視野と長期的展望で建てられる作戦や理論のこと。「戦略」は、兵站や補給なども含めた大掛かりなものであり、限られた区域の戦闘行動や戦闘手段を対象にした「戦術」と対比して使われる。

同 » ストラテジー

戦略核兵器
【せんりゃくかくへいき】
Strategic nuclear weapons

➡ 戦略兵器

戦略爆撃機
【せんりゃくばくげきき】
Strategic bomber

敵の司令部がある後方拠点や、生産や交通などの社会インフラといった戦略目標の破壊を目的にして、爆撃を行う大型爆撃機。敵地の奥深くまで飛ぶ長大な航続距離と、大量の爆弾を搭載する能力が要求される。第二次世界大戦後期に、日本各地の都市を爆撃したアメリカの「B-29」は、代表的な戦略爆撃機だ。その後継機として冷戦期の1952年に搭乗した「B-52」は、初飛行して70年近くの間に改良を重ねた結果、今も現役でアメリカの核戦力の一翼を担っている。

戦略兵器
【せんりゃくへいき】
Strategic weapons

　敵国の社会インフラや後方拠点を直接攻撃し、戦争継続能力を喪失させる役割をもった兵器。長い射程と強大な威力を併せ持つ。広義的には必ずしも核兵器とは限らないが、実質的には核弾頭を運搬できる兵器を、戦略兵器とよんでいる。主な戦略兵器は、射程5500kmを越える大陸間弾道ミサイル（ICBM）、射程600kmを越える潜水艦発射弾道ミサイル（SLBM）、航続距離8000kmを越える核爆弾搭載可能な戦略爆撃機、核弾頭搭載の長距離空中発射巡航ミサイル（ALCM）を発射できる爆撃機などが相当する。

<u>同</u> » 戦略核兵器

戦略兵器削減条約
【せんりゃくへいきさくげんじょうやく】
Strategic Arms Reduction Treaty

　アメリカとロシアの間で結ばれた、核兵器の大幅削減を目的にした条約。英語表記の頭文字からSTARTと略される。1991年に第一次戦略兵器削減条約（START1）が調印され、1993年には第二次戦略兵器削減条約（START2）に発展した。米露ともに配備する核弾頭6000発、戦略爆撃機や弾道ミサイルなどの運搬手段が1600基機に削減された。ただし短距離で使われる戦術核兵器は対象に入っていない。世界情勢が大きく変わった2011年には新戦略兵器削減条約（NEW START）が発効している。旧条約では米露ともに配備する核弾頭を1550発、戦略爆撃機や弾道ミサイルなどの運搬手段を800基機にまで削減している。

<u>略</u> » START

戦略兵器制限交渉
【せんりゃくへいきせいげんこうしょう】
Strategic Arms Limitation Talks

　冷戦下の1970年代に、アメリカとソ連の間で交渉が行われた核軍縮交渉。英語表記の頭文字をとってSALTと略される。1972年に条約締結された第一次戦略兵器制限交渉（SALT 1）と、1979年に締結された第二次戦略兵器制限交渉（SALT 2）が行われた。ソ連が崩壊しロシアに変わってからは、戦略兵器削減条約（START）に引き継がれた。

<u>略</u> » SALT

戦略ミサイル
【せんりゃくみさいる】
Strategic missile

　中〜長射程の弾道ミサイルや、空中発射型巡航ミサイルで、核弾頭を搭載できるもの。

戦略ミサイル潜水艦
【せんりゃくみさいるせんすいかん】
Strategic missile submarine

➡ 弾道ミサイル潜水艦

戦略輸送機
【せんりゃくゆそうき】
Strategic transport aircraft

本国から海外の戦争や紛争地域まで、兵士や装備を輸送できる軍用大型輸送機。軍用機の中でも最大級の膨大な積載能力と、海外展開が可能な長大な航続距離を持つ。ただし、機体が大型のため、離着陸できる飛行場には長い滑走路が必要だ。代表的なアメリカの「C-5Mスーパーギャラクシー」は、120 tを越える最大積載量と4000km以上の航続距離を持つ。一方、ロシアの「An-124 ルスラーン」は230tの最大積載量と5200kmの航続距離を誇る。さらにロシアの「An-225 ムリーヤ」は、250 tの積載量を誇る世界最大の輸送機で、1機のみが現存する。

そ

掃海
【そうかい】
Minesweeping

　機雷が設置されている海域を捜索し、機雷を除去して航行の安全を図ること。

掃海艇
【そうかいてい】
Minesweeper

　機雷を発見し除去するための艦艇。小回りが利くように数百 t 以下の小型艦艇が用いられる。掃海艇の船体は、磁気感応機雷に反応しないように、木製や強化プラスチックで造られる。掃海艇には、機雷を探知するアクティブソナー型の機雷探知機と、機雷を誘爆させ破壊する掃海具が積まれている。掃海具にはいくつかのタイプがある。ひとつは係留機雷の鎖を断ち切って浮上させる係維掃海具で、浮上した機雷は搭載機銃で銃撃したり爆薬を仕掛けたりして爆破処分する。また感応機雷を除去するために、磁気掃海具や音響掃海具も装備される。偽の磁気情報や音響情報を与えて、感応機雷を誘爆させる。

同 » MSC

掃海母艦
【そうかいぼかん】
Minesweeper tender

　小型の掃海艇船団の母艦として、燃料や物資の補給や、乗員へのサポートなどを行う任務の艦。近年は、ヘリコプター用の飛行甲板を備え、掃海ヘリを運用する掃海母艦が活躍している。また掃海活動の一方で、機雷敷設機能を併せ持つ艦もある。

同 » MST

掃海ヘリ
【そうかいへり】
Minesweeping helicopter

　海に降ろした係維掃海具を低空飛行しながら牽引し、掃海作業を行うヘリコプター。掃海具を引っ張るために強い力が必要で、大型の輸送ヘリコプターをベースにした機体が多い。

増加装甲
【ぞうかそうこう】

Add-on armor, Additional armor

戦車や装甲車などの装甲の外側に、さらに防御力を増すために追加で後付けされる装甲。単に鋼板を外側にボルト止めしたり、予備のキャタピラを鋼板がわりに張り付けたりするような簡易的なものは、以前から使われてきた。また、近年は砲弾があたると自ら外側に向け爆発し、成形炸薬弾の効果を打ち消す爆発反応装甲のブロック（ERA）を、表面に張り付けることも多い。その他、無限軌道（キャタピラ）をカバーするようにサイドに装着するシュルツェンとよばれる防弾板や、成形炸薬弾対策の網のようなスラット・アーマーも、増加装甲としては有用だ。

早期警戒衛星
【そうきけいかいえいせい】
Early warning satellite

偵察衛星の一種で、弾道ミサイルの発射や飛翔を監視することを目的とするもの。現在、アメリカ、ロシア、フランスで配備運用されている。

早期警戒管制機
【そうきけいかいかんせいき】
Airborne Warning And Control System

早期警戒レーダーを搭載し、広域の空中目標を探知する一方で、味方の航空部隊に対しての指揮管制を行う、空飛ぶレーダーサイト。大型の早期警戒レーダーを収めた円盤状や板状のレーダードームを、機体の上面に背負っている外観が特徴だ。ベースには旅客機や輸送機など、搭載量が多く航続距離の長い機体が用いられる。早期警戒管制機は、ネットワーク化の進む現代の航空戦には欠かせない存在だ。また空中目標以外にも、地上目標や海上目標を探知することも可能だ。航空自衛隊でも「E-767」早期警戒管制機を導入している

略 » AWACS

早期警戒機
【そうきけいかいき】
Airborne Early Warning

早期警戒レーダーを装備した小型～中型の機体。小型輸送機をベースにしたものや、大型ヘリコプターをベースにしたものがある。機体が小さい分、早期警戒管制機よりもレーダー探知能力は劣り、指揮管制能力も限定的だ。ただし空母にも艦載機として搭載できるサイズで、空母艦隊の周辺警戒や空母飛行隊へのサポートに使われている。代表的な早期警戒機はアメリカの「E-2ホークアイ」で、空母艦載機として使用されている。同機は、航空自衛隊も導入しており、早期警戒管制機を補完する空飛ぶレーダー基地として、陸上基地から運用している。

略 » AEW

装軌車両
【そうきしゃりょう】
Tracked vehicle

足回りに、無限軌道（キャタピラ、クローラー、履帯ともいう）を用いた車両のこと。道路外の不整地での走行性能が高く、障

害物を踏破する能力や登坂力に優れる。また、重量を無限軌道全体で支えるので、装輪車両よりも重い車重を支えることができる。その反面、路上での機動性は装輪車両には及ばず、自力での長距離移動にも不向きだ。戦車や重装甲の戦闘車両、雪上車や工事用の車両などで使われる。

対 » 装輪車両

遭遇戦
【そうぐうせん】
Encounter

戦場において彼我の部隊がそれぞれ移動している最中に、偶発的に接触して起こる戦闘のこと。意図されていない戦いのため、現場指揮官の的確な判断や咄嗟の対応が勝敗の鍵を握る場合が多い。

装甲
【そうこう】
Armor, Armour

敵の攻撃を弾き返して、ダメージを最小限にとどめるための防御的装備。堅固な金属で造られることが多い。古くは、兵が身につける鎧や盾などの防具が、装甲の始まりだ。現在は、戦車や装甲車などの戦闘車両や、軍艦などに装甲が施されている。一般に装甲は厚くすればするほど、敵の武器に対しての防御力が増す。しかしその分重量が増し兵器の機動性が損なわれる。

総合火力演習
【そうごうかりょくえんしゅう】
Firepower review

陸上自衛隊が毎年夏に開催する、大規模演習のひとつ。東富士演習場で行われるため、富士総合火力演習とよばれる。通常の演習とは異なり、一般にも開放されアピールの場となっている。

装甲艦
【そうこうかん】
Armored ship

製鉄技術が発展した19世紀中盤に登場した、敵の砲弾を防ぐために甲板や両舷に鋼板を張って、防御力を高めた軍艦の総称。20世紀にはいると細分化した艦種で呼称するようになり、装甲艦とはよばなくなった。

装甲空母
【そうこうくうぼ】
Armored aircraft carrier

第二次世界大戦期に、敵機からの爆撃に耐えるために、飛行甲板に装甲を施した空母が登場した。イギリスの「イラストリアス」級、日本の「大鳳」や「信濃」、また終戦には間に合わなかったが、アメリカの「ミッドウェイ」級などが装甲空母とよばれていた。

装甲車
【そうこうしゃ】
Armored Car

ボディに装甲を張り巡らして、防御力を高めた車両。装甲を施した馬車などの発想は古くからあり、レオナルド・ダ・ヴィ

ンチも移動砲台というべき装甲車のスケッチを残している。現代の装甲車は、自動車が実用化された20世紀初頭に登場し、ガソリン車に鋼板製のボディと機銃用の砲塔を備えていた。道路事情が悪かった第一次世界大戦ではあまり活躍しなかったが、装甲車両に装甲と武装を施した戦車の登場で有用性が認められ、第二次世界大戦では多くの戦闘車両に装甲が施されるようになった。

略 » AC

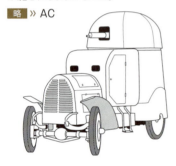

装甲戦闘車両
【そうこうせんとうしゃりょう】
Armored Fighting Vehicle

　装甲を施し武装を搭載した軍用車両の総称。

略 » AFV

装甲偵察車
【そうこうていさつしゃ】
Armored reconnaissance vehicle

　機銃弾などの攻撃には耐えられる程度の装甲を施した偵察車両。装甲車の中では高い機動性を持つ。相手に攻撃させて位置や勢力を探る、威力偵察などに用いられる。

装甲擲弾兵
【そうこうてきだんへい】
Panzergrenadier

➡ 機械化歩兵

装甲兵員輸送車
【そうこうへいいんゆそうしゃ】
Armored Personnel Carrier

　歩兵を運ぶ装甲化された輸送車両。陸戦の王者として君臨する戦車だが、潜んだ敵兵からの近接攻撃には弱かった。そこで戦車には敵兵を排除する歩兵を随伴させるのがセオリーだが、戦車の上に載せて運ぶ（跨乗歩兵）のは、被害が大きかった。そこで戦車に随伴できる機動力を持ち、敵の攻撃から歩兵を守る装甲を施した、装甲兵員輸送車が登場した。第二次世界大戦期に機甲戦を得意としたドイツでは、装甲ハーフトラックを兵員輸送車に使った。戦後、特に冷戦期以降は各国で普及し、アメリカの装軌装甲兵員輸送車である「M113」は、多くの西側諸国で使われるベストセラーとなった。戦車に随伴させるなら装甲兵員輸送車も装軌車両であることが必須だ。しかし、機動性を重視した部隊の運用ニーズから、装輪式の装甲兵員輸送車も登場し、近年は世

界中の軍隊で使われている。自衛隊でも、装軌式の「73式装甲車」と装輪式の「96式装輪装甲車」の双方が導入されている。

略 » APC

装甲列車
【そうこうれっしゃ】
Armored train

　鉄道の車両に装甲や武装を施した軍用列車。鉄道は重要な交通インフラのため、ゲリラ戦などで狙われやすい。そこで鉄道路線の警備や、輸送列車の護衛のために開発されたのが、装甲列車だ。装甲列車には、機関車に装甲を施したもの、装甲で囲み機銃を積んだもののほかに、対戦車砲や榴弾砲を積んだもの、対空砲を積んだもの、通信車両、VIP護送のために厚い装甲を張り巡らしたものなどさまざまな車両があり、組み合わせて使われた。

相互確証破壊
【そうごかくしょうはかい】
Mutual Assured Destruction

　核戦略における概念。核兵器保有国同士が対立し、どちらかが使用した場合、相手国に生き残った核兵器により報復攻撃を受ける。その結果、相互ともに破壊しあうことを、双方の国が認識すること。そのため、核兵器保有国同士では、核抑止力が働いて核戦争を含む全面対決が起こりえないという考え方。

略 » MAD

捜索救難
【そうさくきゅうなん】
Search and rescue

　行方不明者や漂流者などを捜索して救助する行動。海軍や沿岸警備隊では、平時には海難事故の捜索救難も大きな任務となる。また、山岳地での遭難にも軍の部隊が対処することもある。ただし、戦時における捜索救難活動は、敵との対処という問題が生じるため、戦闘捜索救難として区別される。

同 » サーチ&レスキュー

掃射
【そうしゃ】
Automatic weapons fire

　機関銃など連射できる銃器を使い、左右に広く銃口を振りながら、薙ぎ払うように連続射撃を加えること。

操縦桿
【そうじゅうかん】
Control stick

　航空機で機体の進行方向を変えるために、昇降舵や補助翼を操作するハンドルや棒状の取手のこと。

操縦手
【そうじゅうしゅ】
Pilot

➡ パイロット

増槽
【ぞうそう】

External fuel tank

軍用機の機外(翼下や胴体下)に取り付ける、外付けの増設燃料タンク。機内の燃料タンクでは不足する長距離飛行の場合に使われる。通常は増槽内の燃料から使用し、増槽が空になったら、機内燃料を使用する。増槽は必要に応じて切り離して落下廃棄することも可能だ。また、戦車など一部の軍用車両でも、増槽を装着できるものもある。

操舵手
【そうだしゅ】
Steersman

艦艇の舵輪を握り直接操作する要員。通常は艦長など上位士官の命令に従って、操舵を行う。

装弾筒付徹甲弾
【そうだんとうつきてっこうだん】
Armor-Piercing Discarding Sabot

細長い弾芯に装弾筒というカバーを被せた砲弾。ライフル砲で使われ、砲口から発射されると装弾筒が分離して外れ、弾芯のみが目標に飛んでいく。細長い弾芯は比重の重い金属で造られ、運動エネルギーで敵の装甲を貫通する。

略 » APDS

装弾筒付翼安定徹甲弾
【そうだんとうつきよくあんていてっこうだん】
Armor-Piercing Fin-Stabilized Discarding Sabot

比重の大きい金属で造られた細長い弾芯に装弾筒というカバーを被せた砲弾。滑腔砲で使われ、直進性を得るために弾芯後部には安定翼が付いている。運動エネルギーで敵の装甲を貫通する徹甲弾の中でも、もっとも威力が強い砲弾だ。

略 » APFSDS

曹長
【そうちょう】
Sergeant major

下士官の階級の1つで、軍曹の上に位置する上級下士官。軍によっては、曹長の中にも段階があり、その上に上級曹長を置く場合もある。ベテラン揃いの下士官の中でも、もっとも経験を積んだ兵士であり、陸軍の場合は小隊長補佐や分隊長として、一般兵士を統率する立場を任されることが一般的。自衛隊では1曹に相当する。

ソーティ
【そーてぃ】
Sortie

基地などの拠点から、実戦部隊のユニットを作戦参加のために出撃させること。元は海軍における艦船に使われた言葉だが、現在では特に航空機の延べ出撃単位として、出撃回数×出撃機数を示す。例えば10機編隊を1回出撃させた場合は10ソーティといい、5機編隊を3回出撃させた場合は15ソーティとなる。

装填手
【そうてんしゅ】

Loader

砲兵や戦車兵のなかで、砲弾を砲に装填する役割を担う兵士。重い砲弾を手で扱うため、力が必要だ。

掃討
【そうとう】
Sweeping

敵軍や敵対勢力に攻撃を加え、完全に排除すること。特に弱体化した敵を徹底的に攻撃して排除するような戦いを掃討戦とよぶ。

双発機
【そうはつき】
Twin engine airplane

エンジンを2基積んだ航空機のこと。左右の主翼に1基ずつエンジンを備えた場合や、小型のジェット機に多い後部に2基のエンジンを並べる配置が一般的。

対 》 単発機

装薬
【そうやく】
Propellant

銃や砲で弾を発射するために使われる火薬のこと。現代の銃や砲では、薬莢の中に詰められている。また大型の大砲では砲弾の後ろに装薬を詰めた薬嚢を必要量入れる薬嚢方式が採用される場合もある。近世までは装薬には黒色火薬が使われており、発射すると砲身から延焼煙を出していた。20世紀初頭からは、無煙火薬が使われるようになり、発射時の煙が減少する一方で、威力も大きくなった。

同 》 ガンパウダー、発射薬

装輪車両
【そうりんしゃりょう】
Wheeled vehicle

足回りにタイヤを用いる車両のこと。整地された道路上での機動性は高く、高速走行や自力での長距離移動ができる。しかし路外の不整地、とくに障害物が多い場所や田畑など軟弱な地形、雪上などでは、走行不能に陥ることも多い。またタイヤは設置面積が小さいため、支えられる重量も限られる。軍用車両としてはトラックや小型汎用車両などで使われてきたが、近年は機動性を重視した戦闘車両にも、装輪車両が増えてきている。

対 》 装軌車両

装輪戦車
【そうりんせんしゃ】
Wheeled tank

タイヤ式の装輪装甲車に、戦車砲を備えた砲塔を載せた戦闘車両。装輪ならではの機動性と、状況によっては対戦車戦闘も可能にする強武装が特徴だ。ただし装輪ゆえに重量増には限りがあり、装甲はせいぜい機関砲弾に耐える程度しか備えられず、戦車と正面から撃ち合うのは分が悪い。第二次世界大戦時やその後の時代に登場し、機動性を活かして強硬偵察や警戒任務などに使われた。一時は廃れたが、近年は展開力を武器にした装

輪の機械化即応部隊における火力支援として、再評価されている。主力の装輪兵員輸送車と行動を共にでき、自力で長距離移動できることが大きな強みだ。イタリアの「チェンタウロ」、アメリカの「ストライカー M1128 機動砲システム」、陸上自衛隊の「16式機動戦闘車」などが代表格で、いずれも8輪の装甲車体に105㎜戦車砲を組み合わせている。

| 同 》機動戦闘車

即応部隊
【そくおうぶたい】
Response force

➡ 緊急展開部隊

即応予備自衛官
【そくおうよびじえいかん】
Ready reserve Self-Defense official

有事や災害時などに招集され、現役の陸上自衛隊員同様に第一線で働く、予備自衛官。自衛官として1年以上の勤務経験を持ち、年齢など一定の条件を満たした者が対象で、いわば非常勤の自衛隊員といえる。現役の常備自衛官では手が足りない場合に招集され、即応自衛官主体の部隊を編制する。それだけに練度の維持が重要で、通常の予備自衛官よりも多い年間30日の訓練が義務付けられている。普段は民間企業で働くが、訓練も含め招集期間を対象に俸給が出される。また採用している企業にも、雇用手当が支給される。

速射砲
【そくしゃほう】
Rapid-fire gun

機関砲より大きい口径の火砲で、発射速度が速く1分間に10発以上の連続発射が可能な火砲。19世紀末に砲の発射反動を吸収する駐退機が発明され、火砲の発射に要する時間が短くなったことから、こうよばれるようになった。明確な定義はないが、世界大戦期は口径37㎜程度の小口径の速射砲が使われた。現在は、口径40㎜程度までは機関砲とよび、口径57㎜～75㎜以上で、1分間に10発以上を発射可能な砲を速射砲とよび分けている。

即席爆弾
【そくせきばくだん】
Improvised Explosive Device

ありあわせの爆発物に起爆装置を組み併せて簡易的に製造された、仕掛け爆弾。英語表記の頭文字からIEDと略される。アフガニスタンやイラクなどの地域で、反政府軍やゲリラ組織によって道路脇に仕掛けられ、政府軍やアメリカ軍などに大きな損害を与えたことから、路肩爆弾ともよ

ばれた。爆発物には本来の爆薬だけでなく、古い砲弾の弾頭部や地雷などをまとめて使われることもある。また起爆装置には携帯電話などを使用し、遠隔操作で起爆できるように工夫されている。IEDの脅威は大きく、トラックなどのソフトスキン車両だけでなく、時には装甲車両も破壊することがあった。その教訓から最新の軍用車両は、IED対策を盛り込んだ設計がなされるようになってきている。

[同] » 路肩爆弾　[略] » IED

狙撃
【そげき】
Sniping

　銃で目標を狙い撃つこと。長距離射撃が可能な狙撃銃を用いて、相手に悟られない隠れた場所や遠方から目標を狙い撃つ。

[同] » 精密射撃　[対] » 制圧射撃

狙撃銃
【そげきじゅう】
Sniper rifle

　遠距離から敵兵士などの目標を狙い撃つための精度の高いライフル銃。現代の狙撃銃は、7.62㎜以上の口径で長銃身のライフルに、狙撃用の高倍率スコープを組み合わせたものが用いられる。性格上、連射能力はあまり求められず、以前は精度の出しやすいボルトアクション銃が主流だったが、現在は自動装填式の狙撃銃も多い。また口径12.7～14.5㎜の大口径ライフルも長距離狙撃に使われるが、これは対物狙撃銃として区別している。

[同] » スナイパーライフル

狙撃兵
【そげきへい】
Sniper

　歩兵の中でも、標的に対し長距離射撃で狙撃する訓練を受けた特殊技能兵。長距離射撃の能力はもちろんだが、敵から身を隠すための技能や、長時間の待ち伏せ作戦に耐える強い精神力、少人数行動での作戦遂行能力など、狙撃兵に求められる資質は多い。狙撃には専用の狙撃銃を用い、身を隠すために偽装するギリースーツなどの装備を使う。近年は、目標を選別し護衛役も兼ねる観測手（スポッター）とコンビを組んで狙撃任務にあたるのが通常。

[同] » スナイパー

測距儀
【そっきょぎ】
Rangefinder

　目標までの距離を測るための専用の機械。軍用では離れた2点から見た像の角度のズレから距離を算出する光学視差式測距儀が使われてきた。観測する2点が離れているほど精度が高くなり、戦艦「大和」に積まれた測距儀は15mもあった。近年はレーザー光を照射して跳ね返ってくる時間で測定するレーザー式測距儀などがある。

[同] » レンジファインダー

ソナー
【そなー】
Sonar

　艦艇が水中で音波を利用して周囲の状況や目標を探る音響センサー機器。潜水艦や水上戦闘艦に装備され、特に潜航中の潜水艦にとっては欠かせないセンサーだ。ソナーは、周囲の音をキャッチして状況を判断するパッシブソナーと、こちらから音波を発振して反射音を捉えて目標を探知するアクティブソナーに大別される。アクティブソナーでは、目標の方向や距離を正確に測ることが可能だ。

ソニックブーム
【そにっくぶーむ】
Sonic boom

　戦闘機などのジェット機が超音速で上空を通過する際に、発生する衝撃波により爆発音のような音が大音響で轟くこと。超音速で飛ぶジェット機のほうが、音速よりも速いため、ソニックブームを耳にした時に上空を見ても、発生源となった機体は遙か先に移動しており、肉眼で目視することは難しい。

ソノブイ
【そのぶい】
SONO-buoy

　対潜水艦作戦に使われる、ソナーを備えたブイで、対潜哨戒機など航空機から水面に投下して使用する。ソノブイ（SONO-Buoy）の名称は、ソナーとブイを合成して名ずけられた。ソノブイにはパッシブタイプのものと、自ら探索音波を発振するアクティブタイプのものの2種類がある。ソナーでキャッチした音響情報は、無線で母機や母艦に送られる。敵潜水艦が潜む想定位置の周辺に投下され、位置を特定する。

ソフトキル
【そふときる】
Soft kill

　電子戦などで、物理的な方法に頼らずに電子的な方法で、相手の機器を破壊したり狂わせたりすること。

　対 》ハードキル

ソフトスキン車両
【そふとすきんしゃりょう】
Soft skin vehicle

　軍用車両の中で、装甲が施されていない車両のことをソフトスキン車両とよぶ。トラックなどの輸送車両や、ジープなどの小型汎用車両は、基本形は装甲がないソフトスキンだ。

　同 》非装甲車両

ソフトポイント弾
【そふとぽいんとだん】
Soft point bullet

➡ ダムダム弾

た

体当たり攻撃
【たいあたりこうげき】
Ramming

　兵器ごと敵にぶつかって物理的なダメージを与える攻撃方法。古くはガレー船などの古代〜近世の軍船が敵に体当たりする戦法をとった。そのため、艦首水線下に衝角（ラム）という突起を備え、それで敵船の横腹に衝突し穴を開けた。第一次世界大戦以降も、イギリスの軍艦がドイツの潜水艦を体当たりで攻撃する戦法が用いられているが、自分もダメージを負うため、緊急時に限られた。一方、航空機の場合は、自分が被弾し帰還困難となった場合に、体当たり攻撃がしばしば用いられる。体当たり直前に緊急脱出することもあるが、多くは自らの命と引き換えになる。第二次世界大戦末期には、戦況悪化で追い込まれた日本軍が、航空機や潜水艇による特別攻撃として、体当たり攻撃を行っている。

耐圧殻
【たいあつかく】
Pressure shell

　潜水艦の水密エリアに使われる水圧に耐える構造の船殻のこと。水圧に耐えやすいように円筒形となっているのが一般的。その構造方式は主に3種類に分かれる。外殻がそのまま耐圧殻になる単殻式と、殻が二重になっており内殻が耐圧殻になっている複殻式、一部分だけ二重になっている半複殻式がある。

大尉
【たいい】
Captain

　下級将校（士官）である尉官の中で、もっとも上の階級。中尉の上で、少佐の下に位置する。陸軍の歩兵においては主に中隊長として中隊を率いる指揮官を任される。陸軍では英語で大尉をキャプテンと呼称するのは、実戦部隊の隊長を務める階級であることに由来する。また、空軍では軍用機の操縦士は大尉以上が務める場合が多い。自衛隊の階級では1尉が大尉に相当する。

第1空挺団
【だいいちくうていだん】
First Airborne brigade

　陸上自衛隊の配下にある空挺部隊。千葉県船橋市にある習志野駐屯地に本拠を持つ。1958年に創設されて以来、陸上自衛隊の中でも精鋭部隊として歴史を刻んできた。当初は東部方面隊の隷下にあったが、2002年の中央即応集団の発足によりその隷下に移管。さらに2018年に中央即応集団が廃止され陸上総隊が発足するにあたり、陸上総隊の隷下部隊となり、即応戦力の中核部隊となっている。現在は定員1900名。ちなみに第1のみで、第2以下の部隊はない。

退役
【たいえき】
Retirement

軍人が現役を退き、軍務から離れること。現役から退いても、軍籍を残して予備役などに留まる場合は、退役とよばないこともある。また古くなった兵器も、一線部隊から退いて予備に回された場合を退役とよぶ。ただしまだ使える兵器は軍籍からは抜かれずに、退役後に動態保存されて（モスボール）、いずれ現役に復帰する場合もある。廃棄や売却される場合は、退役後に除籍される。

対衛星兵器
【たいえいせいへいき】
Anti-Satellite weapon

軍事偵察衛星やGPS衛星などを攻撃する兵器の総称。地上や高高度の戦闘機から発射して宇宙空間まで打ち上げる対衛星ミサイルが主流。そのほかに人工衛星に近づき自爆するキラー衛星や、高出力レーザー兵器の使用も研究されてきた。現在、いずれも実戦配備は公然とはされていないが、米露中といった国々では開発されていると噂されている。

> 略 » ASAT

対外有償軍事援助
【たいがいゆうしょうぐんじえんじょ】
Foreign Military Sales

アメリカの国防総省が主導する外国への軍事援助プログラム。英語表記の頭文字からFMSと略される。合衆国政府の機関であるアメリカ国防安全保障協力局が窓口となり、アメリカの軍需メーカーからのアメリカ製兵器の輸出などを有償で行う。兵器に関する教育や訓練プログラムも併せて提供する一方で、アメリカ側の事情により納入が延期されたり、価格が当初見積もりより高くなる場合が多い。世界160カ国以上に対して行われた実績があり、日本もFMSで輸入している。

> 略 » FMS

大艦巨砲主義
【たいかんきょほうしゅぎ】
Big-ship/ big-gun theory

第二次世界大戦初期までの海軍では、大きな軍艦に口径の大きい砲を積んだ艦がもっとも強力であるとされ、そのような考えを大艦巨砲主義という。そのため、主要国では競って強武装に頑丈な装甲を備えた戦艦を建造した。しかし航空機の攻撃により戦艦が撃破され、戦艦は主役の座を空母に譲ることになった。さらに艦載主力兵器が大砲からミサイルに移行し、大艦巨砲主義は終焉を迎えた。第二次世界大戦中に建造されたアメリカの「アイオワ」級戦艦4隻を最後に、戦艦は新造されていない。

対艦ミサイル
【たいかんみさいる】
Anti-Ship Missile

艦船を攻撃するミサイルの総称。軍艦から発射する艦対艦ミサイル、航空機から発射する空対艦ミサイル、地上から発

対艦弾道ミサイル
【たいかんだんどうみさいる】
Anti-Ship Ballistic Missile

　大型艦艇を攻撃する弾道ミサイル。大気圏外から超高速で再突入するため、命中率に疑問符がつくが迎撃は困難とされる。現在は中国がアメリカ空母攻撃を意図して、準中距離弾道ミサイルをベースに開発した「DF-21D」が、実戦配備されているといわれている。

略 » ASBM

対気速度
【たいきそくど】
Airspeed

　航空機の速度は、大気の動きに対する相対的な対気速度で表され、それを計測するための機器が対気速度計だ。戦闘機の機首などに備えられる、ピトー管とよばれる細い中空の管で受ける圧力を計測して、対気速度に換算する。

待機任務
【たいきにんむ】
Alert mission

　平時から不測の事態に備えて、基地や軍事拠点で一定期間、待機する任務のこと。指令があり次第、短時間で出動準備を整え対処可能な態勢で待機することが求められ、待機任務中は基地内での休憩はできるが、外出して離れることはできない。

対空車両
【たいくうしゃりょう】
Anti-aircraft vehicle

　比較的低空を飛行する航空機やヘリコプターを攻撃する兵器を積んだ軍用車両。高射砲や高射機関砲を装甲車両に搭載した自走対空砲と、装甲車両や汎用車両に対空ミサイルを搭載した自走対空ミサイルの2種類がある。陸上自衛隊では、35㎜高射機関砲2門と追尾レーダーを装軌装甲車両に積んだ「87式自走高射機関砲」と、対空ミサイル発射機を装輪汎用車両に積んだ「03式中距離地対空誘導弾」、「11式短距離地対空誘導弾」、「93式近距離地対空誘導弾」などが配備されている。またロシアの「ツングースカ」は、機関砲と対空ミサイルの双方を装軌装甲車両に搭載した重武装の対空車両だ。

対空砲
【たいくうほう】
Anti-aircraft gun

➡ 高射砲

対空防御陣地
【たいくうぼうぎょじんち】
Air defense area

　航空機の接近を捉えるレーダーと、対空ミサイルや対空砲を装備した陣地。味方の拠点や重要な設備に隣接して設けられており、攻撃してくる敵機を撃退する役割を担う。

対ゲリラ戦
【たいげりらせん】
Counter guerrilla warfare

　遊撃的なゲリラ戦を挑んでくる敵の小規模部隊に対し、正規軍が行う対処作戦。対ゲリラ戦には大きく3つの段階がある。まず強力な武装を施したパトロール隊を始めとする緻密な警戒網を形成し、ゲリラ部隊の行動を阻害すること。次にゲリラ部隊の攻撃を想定して待ち伏せ、返り討ちにすること。そして最終段階が、ゲリラの根拠地を突き止め、大軍を擁して強襲し、殲滅することだ。

大佐
【たいさ】
Colonel

　上級士官である佐官の中でも最上位にあたる階級。中佐の上で、准将の下に位置する。陸軍では連隊長や大隊長を務め、海軍では空母や巡洋艦などの大型戦闘艦の艦長に就任する。また空軍では飛行隊群の司令などを務める。自衛隊では1佐が相当する。

耐Gスーツ
【たいじーすーつ】
G-suit

　戦闘機では、加速や旋回など急激なマニューバを行うことで生じる加速度（G）により、パイロットの血流が下半身に集まるブラックアウトという障害を起こす。そこで、Gに応じて圧縮空気を送り込み下半身に圧をかけてブラックアウトを防ぐ耐Gスーツが開発された。現代の戦闘機パイロットには欠かすことができない装備だ。

大将
【たいしょう】
General

　軍を指揮する将軍の中でも上位の階級。中将の上にあたり、大将の上には軍によっては上級大将を置く場合もあるが、そのほかは元帥のみだ。軍の中枢部となる統合参謀本部のメンバーを務め、軍を指導する立場となる。自衛隊では4つ星の階級章を有する将が相当し、幕僚長を務める。

耐地雷伏撃防護車両
【たいじらいふくげきぼうごしゃりょう】
Mine Resistant Ambush Protected vehicle

　21世紀に入り、イラクやアフガニスタンの戦場では、地雷や路肩に仕掛けられた即席爆弾（IED）により、多くの軍用車両が破壊され人的被害も多発した。そこで戦地で使う装甲汎用車両には、IED対策として下面からの爆風への対策や、側面からの待ち伏せ攻撃に対処できる防御力が要求された。アメリカ軍では「MRAP」とよばれる装輪装甲車両を開発し、従来の「ハンヴィー」などの汎用車両に変わって配備している。大きな技術的特徴は、底部をV字型にして地雷の爆風を逃がすこと。機銃弾程度に耐えられる装甲を施すこと。また車内の人員を衝撃から守る座席などを備えることだ。世界各国でも、

IED対策を盛り込んだ同様の装輪装甲車両が開発されている。

略 » MRAP

対人地雷
【たいじんじらい】
Anti-personnel mine

歩兵を攻撃対象にした小型の地雷。人が踏むと起爆する圧力感応式の他に、ワイヤーを使ったトラップに引っかかると起爆するなど様々。爆発力は人間の脚を吹き飛ばす程度だが、破片や小さな散弾を飛び散らして被害をもたらすタイプのものもある。起爆すると一定方向に散弾を放射する「クレイモア」とよばれる地雷は、ワイヤートラップの他にリモコンでの遠隔操作での起爆も可能だ。また多くは1個ずつ地中に埋没させるなどの方法で仕掛けるが、空中から大量に散布するものもある。こういった対人地雷は、必要性がなくなったあとも完全な除去が難しく、しばしば、一般人への誤爆被害を与えてしまう。

対人地雷全面禁止条約
【たいじんじらいぜんめんきんしじょうやく】
Convention on the prohibition of anti-personnel mines

戦闘員以外の一般市民にも多くの被害をもたらす対人地雷に対し、人道的な見地から結ばれた国際条約。正式には「対人地雷の使用、貯蔵、生産及び移譲の禁止並びに廃棄に関する条約」となる。1999年に発効し、日本も締約国として批准している。しかし、米露中印など軍需産業を抱える国を中心に40カ国以上が署名しておらず、効力は疑問視されている。

対戦車壕
【たいせんしゃごう】
Anti-tank ditch

戦車などの戦闘車両の進行を阻害するために、障害として造成する壕。無限軌道（キャタピラ）を備えた装軌車両は、壕や窪みを乗り越える超壕能力が高いが、無限軌道の長さの半分を超える幅は乗り越えられない。そこで味方陣地の前方に、戦車の車体全長ほどの対戦車壕を設え、防御線とする。

対戦車地雷
【たいせんしゃじらい】
Anti-tank mine

戦車など大型の目標を狙う強力な地雷。装甲の薄い底部や、タイヤや無限軌道（キャタピラ）を破壊する。踏むと起爆する圧力感応式が多いが、人間が踏んだくらいでは爆発しないように、一定以上の重量で踏まないと起爆しない工夫がなされている。また、車体の金属に反応する磁気感知式などもある。

対戦車バリケード
【たいせんしゃばりけーど】
Anti-tank barricade

戦車などの装軌車両の進行を阻むためのバリケード。コンクリートでつくられた大きな三角柱状のものなどで、うかつに乗り上げると腹がつかえて行動不能になる。また、道路そのものを塞ぐ大きなコンクリートブロックなどもあり、侵攻路を通行不能にする。

対戦車ヘリ
【たいせんしゃへり】
Anti-tank helicopter

➡ 攻撃ヘリ

対戦車砲
【たいせんしゃほう】
Anti-tank gun

　戦車など装甲を持つ兵器を撃破する直射砲。高初速で徹甲弾を発射するカノン砲が使われた。現代では、扱いが軽便で命中率の高い対戦車ミサイルにとって変わられ、一部の自走砲に積まれたもの以外は姿を消している。

対戦車ミサイル
【たいせんしゃみさいる】
Anti-Tank Missile

　成形炸薬弾を弾頭にした、装甲車両撃破を目的にした対地ミサイル。第二次世界大戦時に登場した無誘導の対戦車ロケット弾の成功により、ロケット弾を誘導化して命中率を高めることで登場。1956年の第二次中東戦争で、フランス製の「SS-10」を使用したイスラエル軍は、大きな成果を上げ威力を実証した。以後発展を続け、対戦車兵器の代表的な存在となった。現在は、歩兵が携帯できるものから、戦闘車両に搭載するもの、攻撃ヘリに搭載するものなど、さまざまな対戦車ミサイルが登場し各国で使われている。

▪ 略 » ATM

対戦車ライフル
【たいせんしゃらいふる】
Anti-tank rifle

➡ 対物狙撃銃

対戦車榴弾
【たいせんしゃりゅうだん】
High-Explosive Anti-Tank

➡ 成形炸薬弾

対潜哨戒機
【たいせんしょうかいき】
Anti-Submarine Warfare aircraft

　空から潜水艦を探し出す能力を持ち、必要であれば攻撃することが可能な固定翼の軍用機。第二次世界大戦時にアメリカ軍は、艦上攻撃機に索敵レーダーを搭載した登場した「TBF-Wアベンジャー」を開発し、浮上した潜水艦を探し出した。その後、航空機投下型のソナーであるソノブイや、潜水艦由来の磁気の乱れをキャッチする磁気探知装置（MAD）が開発され、それを運用する対潜哨戒機が登場した。潜水艦の攻撃には、対潜爆弾や短魚雷を投下して行う。対潜哨戒機は、海上を見張るためのセンサーに加え長い航続距離を持つため、水上目標を含めた哨

戒機としても活躍している。アメリカの「P-3C」は、アメリカ海軍や海上自衛隊をはじめ世界20カ国で使われるベストセラーとなった。海上自衛隊では、その後継機としてジェットエンジン4発を積んだ「P-1」を開発し、世界最高レベルの対潜哨戒能力を誇っている。

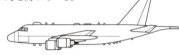

対潜ヘリ
【たいせんへり】
Anti-submarine helicopter

　潜水艦を捜索し攻撃を行うヘリコプター。対潜ヘリは投下型のソノブイに加え、ホバリング性能を活用して水面下に吊下式ソナー（ディッピングソナー）を降ろすなどの手段で、潜水艦を捜索する。また攻撃は対潜爆弾や短魚雷を用いる。対潜ヘリは、空母の他に小さな飛行甲板を持つヘリ搭載駆逐艦にも艦載できるため、汎用性が高い兵器だ。母艦のヘリ搭載駆逐艦と連携し、現代の対潜ミッションにおける主力兵器となっている。

対潜防護網
【たいせんぼうごもう】
Anti-submarine defense screen

　水中に潜ったまま接近できる潜水艦の侵入を防ぐために、重要拠点近くの海中に張り巡らせる網。機雷などと併用して使われることが多い。

対潜ミサイル
【たいせんみさいる】
Anti-submarine missile

　対潜任務につく駆逐艦などに積まれる対潜兵器。ミサイルの弾頭部に短魚雷を装着したもので、潜水艦が潜む海域に発射され、上空で短魚雷が分離してパラシュートで着水。敵潜水艦をキャッチして追尾し攻撃する。数10kmと離れたエリアにいる敵潜水艦を攻撃できる艦載兵器だ。アメリカ軍が開発した「アスロック」が代表的で、この名前でよばれることが多い。

同 » アスロック

対潜ロケット弾
【たいせんろけっとだん】
Anti-submarine rockets

　対潜爆雷をロケット推進で投射する艦載兵器。通常の爆雷は、自艦の後方にしか投射できないが、対潜ロケット弾は前方の海域に潜む潜水艦を攻撃することができる。スウェーデンのボフォース社が開発した「M50」が代表的で、単に「ボフォース」とよばれることも多い。

大隊
【だいたい】
Battalion

　陸軍における戦闘部隊の編制単位のひとつ。3～4個の中隊が集まって大隊が編制され、歩兵大隊であれば500～700名の兵士が所属する。大隊には大隊本部が置かれて作戦を統制し、補給や情報の管理を独自で行うこともある。

大隊長
【だいたいちょう】
Battalion commander

大隊をひきいる指揮官。通常は大佐もしくは中佐が任命される。

対電子対抗手段
【たいでんしたいこうしゅだん】
Electronic Counter-Counter Measures

レーダーに対する電子妨害（ECM）に対抗して、レーダーの周波数を変えるなどの防御的な対抗手段を講じること。現代の電子戦はECMとECCMを互いに繰り返しながら行われる。

同 » 電子防護　　略 » ECCM

対テロ部隊
【たいてろぶたい】
Counter-terrorism unit

テロリストによる非正規戦や犯罪に対抗する専門部隊。通常は警察組織の中に組織されるが、国によっては軍の特殊部隊が対テロ任務にあたることもある。

対物狙撃銃
【たいぶつそげきじゅう】
Anti-material rifle

重機関銃に使われる、12.7〜14.5mmの大口径弾を使った、遠距離狙撃用のライフル銃。その前身は、戦車が登場した第一次世界大戦後期以後、戦車のような装甲車両を打ち抜く大口径の徹甲弾を発射する対戦車ライフル。しかし戦車の装甲が厚くなるにつれ、歩兵が持ち運べる対戦車ライフルでは装甲を打ち抜くことが困難になり、第二次世界大戦後は廃れた兵器となった。しかし1982年のフォークランド紛争で、アルゼンチン軍が重機関銃による長距離狙撃で成果を上げたのをきっかけに見直され、対物狙撃銃と名前を変えて装備されるようになった。代表的なアメリカの「バレットM82」は、12.7mmの50口径弾を使用するセミオートマチックの大型狙撃銃で、湾岸戦争などの実戦で2km先の目標を狙撃した実績がある。

同 » アンチマテリアルライフル、対戦車ライフル

ダイブブレーキ
【だいぶぶれーき】
Dive brake

第二次世界大戦時に活躍した急降下爆撃機が備えた空力ブレーキ。急降下するさいに展開し、機体の強度限界を超えないように降下速度を抑える働きで用いられた。ドイツの「Ju87スツーカ」が有名だが、急降下時に展開するダイブブレーキが空気抵抗でサイレン音のような音をたて、敵兵に恐れられた。

大砲
【たいほう】
Gun

比較的大きな口径の砲弾を発射する砲の総称。

同 » 火砲

対砲レーダー
【たいほうれーだー】
Counter-battery radar

敵から発射された砲弾の弾道を捉えるための移動式レーダー。弾道から発射地点が割り出されるため、味方の砲兵に連絡して敵の砲兵に即座に反撃することができる。そのため現代の砲兵は、数発発射したら素早く移動して反撃をかわす必要が生じている。

大陸間弾道ミサイル
【たいりくかんだんどうみさいる】
Intercontinental Ballistic Missile

ロケットで大気圏外に打ち上げた弾頭が、弾道飛行を経て再突入する地上発射型の弾道ミサイルで、射程距離が6400km（4000マイル）を越えるもの。英語表記の頭文字をとってICBMともよばれる。冷戦期に、主にアメリカとソ連が核兵器の運搬手段として開発し、アメリカ大陸とユーラシア大陸の間を飛翔することからこの名前がつけられた。最高到達高度は1000～1500km、射程は最大13000kmにも及ぶものもある。初期のものは単弾頭だったが、現在は複数の弾頭を搭載し別々の目標を狙う多弾頭化が進められている。ICBMの発射に使われるロケット本体は、2～3段式で宇宙ロケットと大差がなく、弾頭部に爆弾を積んでいることと、弾道飛行で再突入するかどうかが違いとなる。

略 » ICBM

大量破壊兵器
【たいりょうはかいへいき】
Weapons of Mass Destruction

核兵器、生物兵器、化学兵器といった人間や生物を大量に殺傷し、膨大な被害をもたらす兵器のこと。近年はこれに加え、放射性物質を撒き散らす放射能兵器も加えた4種類をさす（放射能兵器は核兵器に含まれる場合もある）。2004年には、国連安全保障理事会において、大量破壊兵器を使用したテロ防止に関する決議が結ばれている。そのため、近年の紛争における化学兵器使用の疑いに対し、しばしば大きな国際問題に発展している。

同 » NBC兵器　　略 » WMD

対レーダーミサイル
【たいれーだーみさいる】
Anti-Radiation Missile

敵のレーダー電波や無線電波をキャッチし、それをたどって誘導されることで、発信源となるレーダー施設や無線基地を攻撃するミサイル。敵防空網制圧任務（SEAD）を担当する電子戦攻撃機などにより運用される。

略 » ARM

ダウンウォッシュ
【だうんうぉっしゅ】
Downwash

ヘリコプターの回転翼が生じる下方への強い空気流。低空でホバリングするときなどは、その真下の地上や水面に強い風が吹きつけられ、時には被害を及ぼす

こともある。

タキシング
【たきしんぐ】
Taxiing

　航空機が飛行場の誘導路などで、滑走路と待機場の間を牽引車などに頼らずに、自力で移動すること。プロペラやジェットエンジンを低出力で稼働して、その推力で走行する。

タクティカルベスト
【たくてぃかるべすと】
Tactical vest

　歩兵などが使用する戦闘用のベスト。武器や弾薬、諸々の装備類を収納するポケットなどが多く装着され、効率的に使えるように工夫されている。また、内部に装甲プレートなどを仕込んで防弾機能を持たせたものもある。

ターゲット
【たーげっと】
Target

➡ 標的

たこつぼ
【たこつぼ】
Small trench

　語源は蛸を捕獲するための漁具だが、軍事では野戦で暫定的に掘る個人用の小さな塹壕のこと。平地では歩兵が身を隠すためには欠かせないもので、たこつぼを掘るために歩兵の装備として折り畳みのスコップは欠かせない。

脱走
【だっそう】
Escape

　抜け出して逃げることで、収監された犯罪者などにも使われるが、軍隊では正規な手続きを行わずに所属の部隊から離れることをいう。特に戦闘中の敵前逃亡による脱走は、重罪とされる。一方、敵軍の捕虜になった場合、捕虜収容所からの脱走が試みられることもあった。

脱走兵
【だっそうへい】
Deserter

　正規軍に所属しながら、軍務を放棄して脱走した兵士。軍においては大きな犯罪行為であり、脱走後に捕まれば軍法会議で裁かれる。

タッチ＆ゴー
【たっちあんどごー】
Touch and go

　航空機の着陸時における、緊急時や訓練時に行われる行動。滑走路に侵入着陸し路面に接地した直後に、急遽エンジンパワーを上げつつ機首を引き揚げ、再離陸を行うこと。飛行訓練では必ず行われる項目の1つだ。地上の滑走路ではあまり使われることは少ないが、空母における着艦では、アレスティングワイヤーを捕まえ損ねた場合、タッチ＆ゴーで再離陸してオーバーランによる海面への落下を

防ぐ。

タッチダウン
【たっちだうん】

Touch down

　航空機の着陸のさいに、滑走路面に接地すること。

ダーティーボム
【だーてぃーぼむ】

Duty bomb

　爆発物に放射性物質を混入し、爆発させて撒き散らすもの。放射能汚染の被害をもたらすことを目的とした非人道兵器であることから「汚い爆弾」の異名をとる。公式に装備している軍隊はないが、テロでの使用計画が発覚したことがある。現代における新たな脅威となっている。

　同 》 放射能散布爆弾

多発機
【たはつき】

Plural-engine aircraft

　複数のエンジンを持つ航空機。エンジン2基の双発機の他、3発機、4発機、6発機などがある。

ダブルアクション
【だぶるあくしょん】

Double action

　拳銃の発射過程で、引き金を半分引くと撃鉄が起き上がり、そのまま最後まで引くと撃鉄が落ちて雷管を叩き弾が発射される方式。引き金を1回引く動作で2つの作動を行う。速射性に優れる一方で、シングルアクションに比べ引き金が重くなることが欠点とされたが近年は改善され、リボルバー拳銃の多くは、ダブルアクションを採用している。

　対 》 シングルアクション

ダブルタップ
【だぶるたっぷ】

Double-tap

　射撃をするさいに、1つの目標に対して素早く2発を撃ち込む射撃法。1発目の弾着から微調整し、確実に目標に命中させる。また2発連続で叩き込むことで、ダメージを確実なものにする。「タップタップ」射撃ともいう。

ダブルチェック
【だぶるちぇっく】

Double check

　人間が引き起こすヒューマンエラーを防ぐために、確認や動作点検を複数の人間で二重に行うこと。

拿捕
【だほ】

Capture

　平時においては、国際法や国内法に違反した外国籍の艦船を拘束し、自国の支配下におくこと。また戦時においては、敵の艦船や中立国の艦船を捕獲し、支配下におくこと。

ターボエレクトリック
【たーぼえれくとりっく】
Turbo electric

艦船の動力推進方式の一種。蒸気タービンや原子力タービン、ガスタービンなどのタービンエンジンを動力源として発電機を稼働し、その電力で電動機（モーター）を回してスクリューを回転させる。タービンエンジンは推進器に直結せず、推力はすべてモーターが産み出す。モーターは電気制御で回転数を変えられるため、ギアボックスが必要なく騒音を抑えることや、燃費を向上する利点がある。潜水艦では古くから使われ、最近は水上艦でも採用されている。

ターボジェットエンジン
【たーぼじぇっとえんじん】
Turbojet engine

もっともオーソドックスな航空機用ジェットエンジンで、圧縮した空気に燃料を噴射して燃焼させ、その排気を噴出して推進力として用いるもの。圧縮方法の違いで遠心式と軸流式があり、主流となる軸流式はエンジン前部にあるタービンで吸気を圧縮し後部の燃焼室で燃料と混合させて燃焼する。高速を求める機体に向いており、初期のジェット戦闘機や、超音速旅客機コンコルドなどで使われた。構造は比較的シンプルだが燃費が悪く、現在はミサイル用や模型用などのジェットエンジンを除いては、多くがターボファンエンジンに切り替わっている。

ターボシャフトエンジン
【たーぼしゃふとえんじん】
Turboshaft engine

➡ ガスタービンエンジン

ターボチャージャー
【たーぼちゃーじゃー】
Turbocharger

ガソリンエンジンやディーゼルエンジンなどの内燃機関に使われる過給機の一種。排気ガスを利用してタービンを回し、吸気を圧縮してエンジンに給気する。より多くの酸素をエンジンに送り込めるため、効率よく燃焼エネルギーを得ることができる。当初はディーゼル機関車のエンジン馬力向上のために1912年にドイツで考案され、その後、船舶エンジンなどに使われるようになった。また第二次世界大戦時は高高度を飛ぶ戦闘機や爆撃機などのエンジンにも使われた。その後小型化が進み、民間の高性能自動車や軍用車両にも多く採用されている。

同 》 排気タービン式過給機

ターボファンエンジン
【たーぼふぁんえんじん】
Turbofan engine

現在、主流となっているジェットエンジン。タービンの回転力で、エンジンの前

に備え付けている大きなファンを回して低圧圧縮機とし、圧縮された吸気の一部をさらに高圧圧縮機で圧縮して燃焼室に送り込み、燃料を混ぜて燃焼させ排気を噴出する。燃焼に使われなかった吸気は、そのまま後方に排気し推進力の手助けにする。ターボジェットエンジンに比べ、構造は複雑だが、燃料消費率は各段にいい。もともとは旅客機のエンジンとして開発されたが、近年は高速を求める戦闘機のエンジンとしても主流となっている。

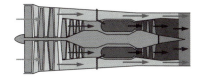

ターボプロップエンジン
【たーぼぷろっぷえんじん】
Turboprop engine

構造はジェットエンジンだが、タービン軸から得る回転をギアで減速して前方に備えたプロペラを回し、メインの推力を得るようになっている。また排気も推進力に利用する。構造上、音速以上の速度を出すことはできないが、燃料消費効率が非常に高く、低亜音速までの速度域で飛ぶ輸送機や哨戒機、旅客機などに採用されている。

ダメージコントロール
【だめーじこんとろーる】
Damage control

艦艇が事故や攻撃を受けた結果として火災や浸水などの損害を生じた場合に、その損害に対処して被害の拡大を最小限に食い止め、沈静化して復旧させる能力のこと。例えば軍艦に火災が生じた場合に、弾薬庫や燃料タンクにまで延焼する前に食い止めないと、致命的な破壊につながってしまう。そこで乗組員が懸命の消火活動にあたる。第二次世界大戦期のアメリカ海軍では、ダメージコントロールに対する意識が特に強かった。その結果、攻撃を受け破損しても、全力で修復しいち早く戦線復帰を果たすなどの大きな成果を上げた。その伝統は今も引き継がれ、世界中の海軍の手本になっている。

多目的戦闘機
【たもくてきせんとうき】
Multirole fighter

➡ マルチロールファイター

多目的対戦車榴弾
【たもくてきたいせんしゃりゅうだん】
High-Explosive Anti-Tank Multi Purpose

装甲をメタルジェットで破る成形炸薬弾の周囲に鋼球やワイヤーなどを配置し、破片効果で破壊する榴弾の機能を併せ持たせたもの。通常の榴弾よりは威力が劣るが、対装甲弾頭と一般弾頭を兼ねるため、搭載弾数が限られる戦車砲の砲弾として使われる。

略 》 HEAT-MP

多用途ヘリ
【たようとヘリ】
Utility helicopter

兵員や物資の輸送や砲撃の観測や偵察任務など、さまざまな任務をこなす小〜中型の汎用ヘリコプター。空飛ぶジープとして活躍する。

ダムダム弾
【だむだむだん】
Dum-dum bullet

弾丸の先端部を固い金属で覆わず、柔らかい鉛が露出したもの。人間などの柔らかい目標に命中すると、露出した鉛が潰れて広がった状態で体内に入るため、銃創が酷くダメージが広がる。非人道的であることから、1899年のハーグ平和会議と1907年に締結されたハーグ陸戦協定により、戦場での使用が禁止された。現在ではソフトポイント弾とよばれ、戦場では禁止されたが、警察などの組織では使われている。

同 » ソフトポイント弾

多連装ロケット砲
【たれんそうろけっとほう】
Multiple Launch Rocket System

対地攻撃用のロケット弾発射機を多数束ね、トラックや装軌車両などに載せた自走式の兵器。ロケット弾は1発ごとの命中率は低いが、一定エリアに多数をバラ撒くことで、面制圧に大きな威力を発揮する。第二次世界大戦期には各国で使われたが、特にソ連軍が多用した。「BM-13カチューシャ多連装ロケット」は、トラックなどの荷台に直径132mmのロケット弾を16発搭載。甲高い音を立てて飛来することからドイツ兵に「スターリンのオルガン」とよばれ恐れられた。現在も各国で使われるが、アメリカが開発した「MLRS」は、12発の227mmロケット弾をランチャーに搭載する。現在は404個の子弾をバラ撒く「M30」と、単弾頭の「M31」の2種のロケット弾があり、最大射程は60〜100km以上。いずれもGPS/慣性誘導がなされ、命中率も高くなっている。これまで16カ国で採用され、陸上自衛隊も運用中だ。

略 » MLRS

団
【だん】
Brigade

軍隊においての編制単位のひとつ。師団や旅団には及ばない集団で、1000〜3000名程度の部隊に適応される。陸上自衛隊では、専門性の高い部隊を団編制としていることが多い。第1空挺団、水陸機動団、第1ヘリコプター団、高射特化団、第1特科団、システム通信団、施設団、教育団、開発実験団、富士教導団などがある。

弾丸
【だんがん】
Bullet

銃弾の弾薬のうち、発射されて飛翔する部分。

同 » 弾体、バレット

短機関銃
【たんきかんじゅう】
Submachine Gun

オートピストルで使われる拳銃弾を使う小型の機関銃のこと。歩兵が手持ちで射撃できる。短機関銃の元祖は、第一次世界大戦時にドイツで開発された「MP18」で、9㎜拳銃弾を使用。塹壕のような狭い中でも取り回しやすく、短時間に多くの弾をバラまけるので、白兵戦で威力を発揮した。その後、第二次世界大戦でも各国で装備されるようになる。アメリカの「トンプソンM1」や「M3グリースガン」、イギリスの「ステン」、ドイツの「MP40」などが代表的だ。冷戦期以降は、より威力のあるアサルトライフルが普及したため廃れかけた。しかし市街戦や対テロ作戦など、特殊部隊で使われるようになる。中でもドイツの「H＆K MP5」シリーズは、世界中の特殊部隊や警察で愛用されるベストセラーだ。

同 » 機関拳銃、サブマシンガン

略 » SMG

短魚雷
【たんぎょらい】
Light torpedo

現在の魚雷には直径にいくつかの規格があり、そのうちもっとも小さい324㎜径のものを短魚雷とよぶ。主に、水上艦から発射されたり対潜哨戒機から投下発射される対潜魚雷として使われる。またアスロックなどの対潜ミサイルの弾頭にも用いられる。一方、潜水艦から発射される533㎜径の魚雷を長魚雷とよび区別している。

対 » 長魚雷

短距離空対空ミサイル
【たんきょりくうたいくうみさいる】
Short-range Air-to-Air Missile

➡ 視界内射程ミサイル

短距離弾道ミサイル
【たんきょりだんどうみさいる】
Short-Range Ballistic Missile

発射して大気圏外まで上昇してから再突入し落下する弾道ミサイルのうち、射程が800km（500マイル）以下の戦術弾道ミサイル。弾頭は通常弾頭のほかに戦術核弾頭も装備可能。ただし射程500kmを越えるものは中距離核戦力全廃条約の対象になる。多くは1段式のロケットで車両などに積載した移動式発射台を用いる。ソ連が開発し東側諸国で使われた「スカッド」や、韓国が装備する「玄武-1」などは、短距離弾道ミサイルに分類される。

略 » SRBM

短距離離着陸機
【たんきょりりちゃくりくき】
Short Take-Off
and Landing aircraft

　500m前後の短い滑走で離陸が可能で、同様の距離で着陸もできる航空機。英語表記の頭文字からSTOL機とよぶ。日本の自衛隊でも運用している「C-130」のような戦術輸送機は、ちょっとしたローカル滑走路でも展開できるようにSTOL性が重視される。また艦載機も、短い飛行甲板から発艦するにはSTOL性が重要で、「ハリアー」や「F-35B」などはカタパルトを持たない軽空母にも搭載が可能だ。

[同] »エストール機　　[略] »STOL

短距離離陸垂直着陸機
【たんきょりりりくすいちょくちゃくりくき】
Short Take-Off
and Vertical Landing aircraft

　短距離の滑走で離陸し、着陸時は垂直着陸を行うジェット機。アメリカやイギリスで運用された「ハリアー」やその改良型「AV-8B」は、垂直離陸も可能だが、ペイロードを多く積んで離陸するために通常は短距離滑走離陸を行う。一方、飛行甲板への着陸は垂直着陸となるためSTOVL機とよぶ。またその後継となる「F-35B」も同様だ。

[同] »エストーブル機　　[略] »STOVL

タンク
【たんく】
Tank

➡ 戦車

タンクデサント
【たんくでさんと】
Tank desant

➡ 戦車跨乗

タンカー
【たんかー】
Tanker

➡ 給油艦

タンカー
【たんかー】
Tanker

➡ 空中給油機

単座
【たんざ】
Single seat

　航空機で1人乗りの機体のこと。戦闘機などに多い。

[対] »複座

単射
【たんしゃ】
Semi-automatic fire

➡ セミオート射撃　　[対] »連射

短銃
【たんじゅう】
Pistol

➡ 拳銃

単縦陣
【たんじゅうじん】
Single line formation

　艦隊の陣形で、それぞれの艦が縦に一列で並ぶこと。基本は旗艦が一番先頭に位置し、僚艦は前の艦に一定距離でついていく。艦隊行動をとりやすいが、戦況によっては縦に長く間延びしやすい。敵の艦隊との砲撃戦では、単縦陣の艦隊同士がすれ違って砲撃を交わすことが多かった。

探照灯
【たんしょうとう】
Searchlight

➡ サーチライト、投光器

弾芯
【だんしん】
Core

　銃の弾丸や徹甲弾のような運動エネルギー弾の芯となる部分。通常の銃の弾丸では弾芯の素材に比重が重い鉛が使われる。そのため、弾丸のことを「鉛玉」とよぶことも多い。戦車砲などの徹甲弾ではタングステンや劣化ウランなど、さらに重い金属が使用される。

弾倉
【だんそう】
Magazine

　銃に使う、弾を詰め次弾を供給するパーツ。オートピストルでは、グリップの中に交換式の長細い箱状の弾倉が入る。一方リボルバーは回転弾倉を備えているのが特徴。アサルトライフルや短機関銃なども箱型の弾倉を備えるが、中には円盤型のドラムマガジンを使うものもある。

同 》 マガジン

弾体
【だんたい】
Shell, Bullet

➡ 弾丸

弾帯
【だんたい】
Feeling belt, Bandolier

　機関銃など多くの弾を連射する銃器に使う、銃弾をベルト状に連ねたもの。箱型の弾倉に比べ、装弾数を大幅に増やすことができる。また、銃弾を収納できるベルトで肩からたすき掛けにして身につけるものも、弾帯とよぶ。

同 》 給弾ベルト

短艇、端艇
【たんてい】
Cutter boat

➡ カッターボート

弾着観測
【だんちゃくかんそく】
Spotting

　観測兵や観測機を使って、砲撃した砲弾が目標に対してどの位置に着弾し、どれほどの効力を上げたのかを観測すること。その結果を砲兵に連絡し、目標位置を修正して再度砲撃する。より効果的な

砲撃を加えるためには、弾着観測が欠かせない。

同 » 射弾観測

短筒
【たんづつ】
Pistol

火縄銃の時代に造られた、片手でも発射できる小型の銃。現在の拳銃に相当する。

同 » 拳銃、短銃、ピストル

タンデム弾頭
【たんでむだんとう】
Tandem warhead

対戦車弾頭として多用される成形炸薬弾だが、近年は爆発反応装甲やスラット装甲などの増加装甲で、成形炸薬弾の効果を半減する防御法が登場した。そこで成形炸薬弾頭を縦に2つ連ねたタンデム弾頭が登場。前の小型弾頭で増加装甲を無効化し、後ろの本弾頭で、本体の装甲を破壊する仕組みだ。

タンデムローター
【たんでむろーたー】
Tandem rotor

回転翼で浮力を得るヘリコプターは、メインローターの回転を打ち消さないと、機体が回転してしまう。そこで2つのメインローターを前後に配置し、逆回転することで機体を安定させる方式を、タンデムローターとよぶ。メインローターが2つになるため機体は大きくなるが、その分だけ推力も大きくなる。輸送ヘリとして陸上自衛隊でも活躍する「CH-47チヌーク」は、代表的なタンデムローター機だ。

弾頭
【だんとう】
Warhead

砲弾やミサイル、魚雷などにおいて、炸薬などが詰まっていて、目標の破壊に直接関与する部分のこと。徹甲弾のように炸裂しない運動エネルギー弾でも、飛翔する部分を弾頭とよぶ。

弾道
【だんどう】
Ballistic

発射された銃弾や砲弾、またロケットやミサイルなどが飛翔する軌道。

弾道弾
【だんどうだん】
Ballistic missile

➡ 弾道ミサイル

弾道飛行
【だんどうひこう】
Sub-orbital flight

火砲の弾のように、発射してから重力の影響を受け、弧を描くような軌道で飛翔して落下すること。弾道ミサイルの軌道。

弾道ミサイル
【だんどうみさいる】
Ballistic missile

　弾道ミサイルは、発射されるとロケットの推力で大気圏外に打ち上げられる。そこで切り離された弾頭部が慣性飛行し、地上の重力に引かれる弾道飛行の軌道を経て大気圏に再突入、目標に落下する。大気圏外から高速で落下するため迎撃は困難だが、命中精度はあまり期待できない。そこで核弾頭や威力の大きい火薬を用いた通常弾頭など、爆発力の大きい弾頭を積むことで、命中精度の悪さをカバーする。弾道ミサイルの元祖となったのは、第二次世界大戦時にドイツが開発した「V2」ロケット。射程320km、最高到達高度約100kmをほこり、欧州大陸から海を越え、イギリスのロンドンを攻撃して市民を恐怖に陥れた。戦後、その技術が米ソに渡り、弾道ミサイル開発につながった。弾道ミサイルは、射程距離の違いにより、大きく4つに分類される。射程が800km（500マイル）以下のものを短距離弾道ミサイル（SRBM）、射程が約800〜1600km（500〜1000マイル）を準中距離弾道ミサイル（MRBM）、射程が約1600〜6400km（1000〜4000マイル）を中距離弾道ミサイル（IRBM）、射程が6400km（4000マイル）を越えるものを大陸間弾道ミサイル（ICBM）と呼称する。

　同 » 弾道弾

弾道ミサイル潜水艦
【だんどうみさいるせんすいかん】
Ballistic missile submarine

　核弾頭搭載の潜水艦発射弾道ミサイル（SLBM）を積んだ、巨大な潜水艦。現代の核保有国における核報復手段として欠かせない戦力で、核パトロールとよばれる遊弋任務を定期的に行っている。そのため、長期にわたり潜航し続ける必要があり、動力には原子力機関を搭載する。世界初の弾道ミサイル潜水艦は、1958年にソ連が開発した通常動力型の「ゴルフ」級。次いで1959年には、アメリカで原子力弾道ミサイル潜水艦「ジョージ・ワシントン」級が誕生した。以来、アメリカ、ロシア、イギリス、フランス、中国の核保有国5カ国が、弾道ミサイル潜水艦を運用している。また近年は北朝鮮が通常動力艦ながら実験を行い、インドも建造中と伝えられている。

　同 » 戦略ミサイル潜水艦
　略 » SSB、SSBN

弾道ミサイル防衛
【だんどうみさいるぼうえい】
Ballistic Missile Defense

　核兵器の運搬手段の1つである、弾道ミサイルを迎撃し、自国を防衛する手段。1960年代には、核弾頭を備えた迎撃ミサイルが開発されたが、二次的被害の大きさから排除された。次いで1980年代には、軍事衛星にレーザー砲を搭載

し弾道ミサイルを迎撃するSDI構想（スターウォーズ計画）が発表されたが、実現に至っていない。在はBMD（Ballistic Missile Defense）構想として、実用化が進んでいる。アメリカを中心としたBMDでは、適性国の弾道ミサイル発射を監視する早期警戒衛星と、弾頭部が大気圏外を飛行中の中間段階で迎撃するイージスBMDシステム（高高度迎撃ミサイル「SM-3」など）、さらに再突入した終末段階の弾頭を迎撃する「THAAD」ミサイルや「パトリオットPAC-3」ミサイルなどで構成されている。日本も、BMD対応イージス艦と「PAC-3」を装備し、地上設置型の「イージス・アショア」の導入も予定している。またロシアやイスラエルも、弾道ミサイルを迎撃できるミサイルシステムを開発し配備している。

略 » BMD

単発機
【たんぱつき】
Single-engine aircraft

　航空機のうち、エンジンを1基のみ搭載したもの。プロペラを備えたレシプロエンジンのものやジェットエンジンのものがあるが、いずれも小型の機体が中心だ。

弾幕
【だんまく】
Barrage

　敵の攻撃に対処し接近を阻止して迎撃するために、多くの火砲で濃密な迎撃砲火を行うこと。幕のように隙間なくカバーすることから、「弾幕を張る」や「弾幕が薄い」などと使われる。

弾薬
【だんやく】
Ammunition

　銃や砲に使う弾丸（弾頭）と発射薬（装薬）を合わせた総称。大型の砲には、弾頭と装薬が別々になっているものもあるが、現在の多くの銃砲では、弾頭と装薬を詰めた薬莢が一体になっているものが主流だ。一体型の弾薬は、実包やカートリッジとよばれる。

同 » カートリッジ、実包

弾薬運搬車
【だんやくうんぱんしゃ】
Ammunition carrier

　火砲や戦車などに供給する予備弾薬を運搬する専用車両。運搬する以外に、給弾するためのクレーンや装置を備える場合もある。中には特定の自走榴弾砲とセットで開発され、接続して自動給弾が可能なものもある。

弾薬庫
【だんやくこ】
Ammunitions depot

　基地や艦内で、弾薬を保管するための倉庫。攻撃を受けたり火災を起こしたりすると誘爆して大惨事になるため、強固な防御や延焼防止策を施してあるものが多い。

弾薬箱
【だんやくばこ】
Ammunitions box

銃砲の弾薬を運ぶためのケース。小銃弾や機関銃弾の弾薬箱は、放出品として民間でも入手が可能。

単葉機
【たんようき】
Monoplane

航空機のうち主翼が左右一対のもの。

対 》 複葉機

ち

遅延信管
【ちえんしんかん】
Delay fuse

砲弾が着弾してから、一定の時間を置いて起爆する仕組みの信管。施設や軍艦などに着弾したさいに、表面で爆発せずに内部に侵入してから爆発させることができるため、より被害を拡大できる効果が見込める。

築城
【ちくじょう】
Construction of a castle

城や野戦陣地を構築すること。

蓄電池
【ちくでんち】
Storage battery

充電により電気を貯蔵し、必要に応じて放出する装置。何回も繰り返し充放電できることから、二次電池とも言われる。もっとも多く使われているのは鉛蓄電池で、電極に鉛を使用する。充電して電気エネルギーを電極に通すと希硫酸の電解液に硫酸イオンが移動することで、化学エネルギーとして貯蔵する。また近年は、ニッケル水素電池やリチウムイオン電池など、蓄電エネルギー量の多い電池も実用化され、潜水艦の蓄電池など、軍事の世界でも電池革命が始まっている。

同 》 二次電池、バッテリー

地形追随飛行
【ちけいついずいひこう】
Nap-Of the Earth

➡ 匍匐飛行　略 》 NOE

地対空ミサイル
【ちたいくうみさいる】
Surface-to-Air Missile, Ground-to-Air Missile

地上から発射し、航空機などの空中目標を狙うミサイル。

略 》 SAM

地対地ミサイル
【ちたいちみさいる】
Surface-to-Surface Missile, Ground-to-Ground Missile

地上から発射し、地上の目標を狙うミサイル。地対地ミサイルは大きく分けると、大型の弾道ミサイルと小型の対戦車ミサイルの２種類に分類することができる。

略 » SSM

地中貫通爆弾
【ちちゅうかんつうばくだん】
Bunker buster

➡ バンカーバスター

地方復興チーム
【ちほうふっこうちーむ】
Provincial Reconstruction Team

　大規模な戦闘や紛争の結果、大きな被害がもたらされた地域において、戦闘終結後に地域復興を手助けする目的で結成される、国外勢力による組織。アフガニスタンやイラクで創設され活動が行われた。

略 » PRT

着発信管
【ちゃくはつしんかん】
Impact fuse

　砲弾が着弾すると同時に、その衝撃で起爆させる信管。

着陸
【ちゃくりく】
Landing

　飛行してきた航空機が陸上に降りること。

同 » ランディング　　**対** » 離陸

着陸復行
【ちゃくりくふっこう】
Go around

　着陸しようとした航空機が、何らかの不具合やトラブルなどにより降下進入を途中で切り上げ、上昇に移ること。

同 » ゴーアラウンド

着陸誘導管制
【ちゃくりくゆうどうかんせい】
Ground Controlled Approach

　飛行場などに詰める航空管制官が、着陸を試みる航空機に対して無線による音声で指示を出し、降下進入を誘導すること。特に夜間や悪天候、視界不良時に行われ、航空管制官はレーダー画像などを見ながら指示を出す。

略 » GCA

着艦
【ちゃっかん】
Deck-landing

　飛行甲板を持った空母やヘリコプター搭載艦に、航空機が降りること。

着艦制動索
【ちゃっかんせいどうさく】
Arresting wire

➡ アレスティング・ワイヤー

着艦制動装置
【ちゃっかんせいどうそうち】
Arresting gear

➡ アレスティング・ギア

着艦フック
【ちゃっかんふっく】
Arresting hook

➡ アレスティング・フック

着艦誘導装置
【ちゃっかんゆうどうそうち】
Mirror landing system

空母に装備される、艦載機の着艦を補助する装置。空母から着艦に最適な侵入角度に合わせてガイド光が照射され、着艦する艦載機は、そのガイド光の範囲内から外れないような角度で、降下進入を行う。主に夜間の着艦で用いられる。

着剣
【ちゃっけん】
Fixing a bayonet

歩兵が小銃やアサルトライフルの先端に銃剣を装着すること。「着剣せよ」とは白兵戦の準備をすることの意味だ。

チャフ
【ちゃふ】
Chaff

レーダーの欺瞞や、ミサイルのシーカーを欺瞞して逸らさせるために使われる対レーダー装備。電波を良く反射する金属の薄いテープ片を空中に撒き散らし、レーダーに対して大きな反射帯を作り出す。初期にはアルミホイルを細かくしたものが使われたが、現在はより滞空時間の長い軽量素材にアルミ粉を蒸着させたものなどが使われる。現代の軍用機の多くには、チャフを詰めたカートリッジを放出するディスペンサーが備えられている。また艦艇などでは、ランチャーから上空に発射される。ただしチャフはレーダー欺瞞には効果が高いが、赤外線などの光波誘導には効果がないため、航空機では光波誘導欺瞞を行うフレアと併せて使用される。

中尉
【ちゅうい】
Lieutenant

下級将校(士官)である尉官の中で、大尉と少尉の間に位置する階級。陸軍の歩兵においては主に中隊長か小隊長として指揮を任される。自衛隊では2尉に相当する。

中央情報局
【ちゅうおうじょうほうきょく】
Central Intelligence Agency

アメリカ合衆国において、対外的な諜報活動を担当する情報機関。大統領に直属する国家安全保障会議の直轄機関であり、軍とは独立した組織として存在。英語表記の略であるCIAの名前で広く知られている。

略 » CIA

中距離核戦力
【ちゅうきょりかくせんりょく】
Intermediate-range Nuclear Forces

冷戦期末期の1980年台後半、欧州の安全保障を念頭に、アメリカとソ連の間で大幅な核戦力の削減が行われた。そ

の対象となったのが、射程500kmから5500kmの核弾頭を装備した弾道ミサイルと巡航ミサイルであり、それらを総称して中距離戦力とよぶ。

同 » 戦域核兵器　　略 » INF

中距離核戦力全廃条約
【ちゅうきょりかくせんりょくぜんぱいじょうやく】
Intermediate-range Nuclear Forces treaty

　レーガン政権下のアメリカとゴルバチョフ政権下のソ連の間で1988年に批准された核軍縮条約。中距離核戦力を対象に双方の相互監視のもと、廃棄処分が進んだ。しかし2019年、トランプ政権下のアメリカは、ロシア連邦に対して条約破棄を通告し、ロシアも同調。約30年で失効する。

中距離弾道ミサイル
【ちゅうきょりだんどうみさいる】
Intermediate Range Ballistic Missile

　発射して大気圏外まで上昇してから再突入し落下する弾道ミサイルのうち、射程が1600〜6400km程度のもの。かつて冷戦期には米ソ両国が運用していたが、削減条約等の関連ですべて退役した。ただしそれ以外の国では運用されている。中国の「東風26号」や、北朝鮮の「ムスダン」、「火星12」などだ。必ずしも核弾頭装備とは限らないが、周辺国には大きな脅威となる。その他インドとパキスタン、イランとイスラエルなど、地域で敵対する国家同士で配備されている。

略 » IRBM

中空装甲
【ちゅうくうそうこう】
Spaced armor

➡ スペースド・アーマー

中佐
【ちゅうさ】
Lieutenant-colonel

　上級士官である佐官の中で、大佐と少佐の間に位置する階級。陸軍では大隊長、海軍では中型艦艇の艦長や、空母や戦艦などの大型艦艇の副長、空軍では飛行隊長などを務める。自衛隊では2佐に相当する。

中将
【ちゅうじょう】
Lieutenant-general

　軍を指揮する将軍の中で大将と少将の間に位置する階級。軍司令官や軍団長、艦隊司令長官、航空士団長など、地域の軍を統括し指揮する重責を担う。自衛隊においては将(陸将、海将、空将)に相当する。

中性子爆弾
【ちゅうせいしばくだん】
Neutron bomb

　核兵器の中で、核融合による水素爆弾の一種。熱や爆風の発生を抑制する代わりに、放射線の1つである中性子線の発

生を高めたもの。中性子線は装甲やコンクリートなどを通過しやすく、生物を放射線障害で殺傷させる特徴を持つ。そのため、威力を限定的にした戦術核兵器として開発された。短距離核ミサイルの弾頭や、核砲弾弾頭に使用された。

中戦車
【ちゅうせんしゃ】
Medium tank

　第二次世界大戦期に、戦車は大きさにより3つのカテゴリーに分類された。その中間カテゴリーに位置するのが中戦車で20～40ｔ程度の重量のもの。戦車に要求される、攻撃力、防御力、機動力の3要素をバランスよく備えられるサイズで、当時の主力戦車として活躍した。ドイツの「Ⅲ号」、「Ⅳ号」、「Ⅴ号パンター」、アメリカの「M3リー（グラント）」、「M4シャーマン」、ソ連の「T-34」などがこのカテゴリーに属する。一方、日本陸軍の「97式中戦車」は、欧米基準では軽戦車に相当する車重だった。

鋳造装甲
【ちゅうぞうそうこう】
Casting Armor

　鋳造とは、溶かした金属を鋳型に流し込んで製造する工法。丸味があり弾を弾きやすい形状の装甲を一体成型で作れるため、かつては戦車の車体や砲塔を鋳造で製造していた。しかし耐弾性能のさらなる向上に必要性により高度化した装甲には不向きで、現在では鋳造装甲を採用した戦車は姿を消しつつある。陸上自衛隊でも、戦後第1世代の「61式中戦車」や第2世代の「74式中戦車」では、砲塔に鋳造装甲を採用しているが、その後継の「90式」からは複合装甲に変わった。

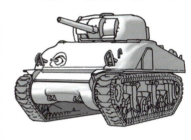

中隊
【ちゅうたい】
Company

　戦闘部隊の単位の1つ。陸軍の歩兵中隊では、時代や国により差はあるが、中隊本部と3～4個小隊で編制され、100～200名で1個中隊となる。また戦車中隊では10～15両程度の編制。砲兵においては4～6門で中隊を編制し、戦場における基本単位となる。

駐退機
【ちゅうたいき】
Recoil brake

　大砲を発射するさいに、その反動を吸収するために砲身部分のみを後退させる仕組みの装置。

中隊長
【ちゅうたいちょう】
Company commander

中隊を統制する指揮官。中隊本部に位置して、中隊配下の3～4小隊の指揮を行う。少佐もしくは大尉が就任する。

中翼機
【ちゅうよくき】
Middle-wing aircraft

小型航空機で、主翼を左右一対備える単葉機のうち、胴体の中ほどに主翼が設置されているもの。構造上複雑になるので、採用例は少ない。第二次世界大戦時の日本軍機では、ゲタバキの水上戦闘機として開発された「強風」と、強風ベースに陸上機に改造した「紫電」が中翼構造を採用している。

聴音機
【ちょうおんき】
Sound locater

地上から空中の音を捉えて、航空機の接近を察知するための装備。レーダーが実用化される以前の、第一次世界大戦から第二次世界大戦初期まで、夜間や荒天時の防空に使われた。大きな集音ラッパを複数束ね、空に向けて設置し、遠方の音を聞き分けた。

聴音襲撃
【ちょうおんしゅうげき】
Sonar approach

潜水艦が、視界やレーダーが使えない水中に潜り、ソナーでキャッチした音波情報だけを頼りに魚雷攻撃を行うこと。無誘導の魚雷の時代には非常に難しい技術だったが、ホーミング魚雷が使われる現在では、目標の大まかな位置さえ把握できれば、命中が期待できる。ただし必中を期する場合は、自らの位置を暴露するリスクを承知で、アクティブソナーで目標を探針してから発射する。

超音速
【ちょうおんそく】
Supersonic speed

大気中を音が伝わる速さである音速を越えた速度域。音速は厳密には条件により異なるが、対地速度1224km/hがマッハ1の基準として使われる。またマッハ1～1.3程度を遷音速として、それ以上を超音速というように使い分ける場合もある。

吊下式ソナー
【ちょうかしきそなー】
Dipping sonar

対潜ヘリコプターが装備するソナー。低空をホバリングしながら、ワイヤーで海面下までソナーのセンサーを降ろして、海中の潜水艦を探索する。

同 » ディッピングソナー

長魚雷
【ちょうぎょらい】
Heavy torpedo

魚雷には主に直径（太さ）において何種類かの規格がある。現代の潜水艦に搭載される魚雷は、ほとんどが533㎜径の規格であり、それを長魚雷とよぶ。水上艦や航空機に積む対潜目的の短魚雷と区別す

るために呼称される。

対 » 短魚雷

越壕性能
【ちょうごうせいのう】
Trench crossing

　軍用車両のスペックで用いられる項目で、どれくらいの幅の溝なら落ちずに超えられるかを示すもの。例えば装軌車両なら、計算上は無限軌道の接地長の半分の幅の壕なら、落ちずに渡ることが可能となる。

超信地旋回
【ちょうしんちせんかい】
Pivot turn

　無限軌道（キャタピラ）を使う装軌車両の場合、左右の無限軌道を逆転方向で動かすことで、その場にとどまったまま360度の回転を行うことが可能だ。これを超信地旋回とよぶ。

長銃
【ちょうじゅう】
Rifle

➡ 小銃　　対 » 短銃

超水平線レーダー
【ちょうすいへいせんれーだー】
Over The Horizon radar

　通常のレーダーは、使われているマイクロ波の電波が届かない水平線の向こう側は探知できないが、電離層で反射する短波帯の電波を使って、水平線より遠いエリアを探知できるレーダー。大型のアンテナを備える施設が必要だが、最大探知距離は3000kmに達するといわれている。

略 » OTH

跳弾
【ちょうだん】
Ricochet

　発射された拳銃や小銃の弾が、固い地面や壁に当たって跳ね、方向が変わること。

超短波全方向式無線標識
【ちょうたんぱぜんほうこうしきむせんひょうしき】
Very high frequency Omnidirectional Range

　超短波帯（VHF帯）を使った航空機用の無線標識。世界各地に標識局が設置され、複数の標識電波を受信することで、現在位置を知ることができる。

略 » VOR

超長波通信
【ちょうちょうはつうしん】
Very Low Frequency communication

　潜航中の潜水艦相手に使われる通信方法。超長波（VLF）は水面下10m程度

まで電波が届く。ただし、通常の通信にくらべ、送信できるデータ量は少ない。

同 » VLF通信

越堤高性能
【ちょうていこうせいのう】
Vertical obstacle

軍用車両のスペックで用いられる項目で、障害物を乗り越えられる高さのこと。

超弩級戦艦
【ちょうどきゅうせんかん】
Super Dreadnoughts

1906年に登場したイギリスの戦艦「ドレッドノート」は、30.5cm連装砲5基（10門）を搭載し、近代戦艦の規準となった。そこで「ドレッドノート」を越える性能の戦艦という意味で「超弩級」と言われるようになった。「弩」は「ドレッドノート」の頭文字の当て字である。

徴発
【ちょうはつ】
Requisition

民間人を強制的に軍の兵士として招集したり、軍需物資を強制的に徴収し取り立てること。

徴兵
【ちょうへい】
Conscription

国家が国民に課した兵役義務により、強制的に軍に編入された兵士。

対 » 志願兵

徴兵制
【ちょうへいせい】
Conscription system

国民の義務として国家が一定期間の兵役を定めている制度。日本では明治以降、第二次世界大戦終戦まで徴兵制が行われていたが、現在は行っていない。現在、世界で徴兵制を採用している国は約60カ国ある。隣国の韓国、北朝鮮も徴兵制を採用している。

弔砲
【ちょうほう】
Three-volley salute

弔意を表すために砲や銃を撃つ礼砲。国によって異なるが、弔意の対象となる人物の階級によって、発射回数が異なる。

諜報員
【ちょうほういん】
Agent

➡ エージェント

諜報機関
【ちょうほうきかん】
Intelligence agency

➡ 情報部

直掩
【ちょくえん】
Fighter cover

直接援護を略した言葉。特に空母艦載機が、味方艦隊の上空で敵機の襲来を撃退する役目や、味方の爆撃機や攻撃機と

行動を共にして敵機から守る役目をいう。

直掩機
【ちょくえんき】

Escort fighter

➡ 護衛戦闘機

直射
【ちょくしゃ】

Direct fire

銃砲をほぼ直線的な弾道で撃つこと。

同 » 平射　　対 » 曲射

直射砲
【ちょくしゃほう】

Direct gun

低くほぼ直線的な弾道で砲弾を発射する火砲。代表的な直射砲は、戦車砲や高射砲など。

同 » 平射砲　　対 » 曲射砲

チョバム・アーマー
【ちょばむあーまー】

Chobham armor

1960年代にイギリスで開発された、戦車用の複合装甲の1種。堅固な装甲板とセラミックプレートなどを多数重ね合わせた構造で、平面的な装甲面を形成する。成形炸薬弾などの化学エネルギーと徹甲弾などの運動エネルギー弾の双方に対し、高い防御効果が望めるとされる。第3世代の主力戦車であるアメリカの「M1エイブラムス」やイギリスの「チャレンジャー」に採用され、その後の各国主力戦車の装甲に、大きな影響をもたらした。

鎮圧
【ちんあつ】

Suppression

➡ 制圧

鎮守府
【ちんじゅふ】

Naval district

1945年の終戦まで存続した、日本海軍の艦隊根拠地を統括した組織。横須賀鎮守府、呉鎮守府、佐世保鎮守府、舞鶴鎮守府などがあった。この区割りは、現在は海上自衛隊の地方隊に引き継がれている。

鎮台
【ちんだい】

Chindai

明治時代の日本陸軍創設期に設けられた軍の編制。1871年（明治4年）に4つの鎮台が設置され、その後6つの鎮台に増えたが、1888年（明治21年）に廃止され、師団制に改編された。

沈没
【ちんぼつ】

Sinking

水面に浮いている艦船が沈んで、水面下に没すること。

通商破壊戦
【つうしょうはかいせん】
Commerce raiding warfare

　通商、特に海上航路における通商を行う国に対し、その海上通商路（シーレーン）に対して攻撃を行い、経済にダメージを与える戦法。第一次世界大戦では、イギリスに対しドイツが実行し、大きな成果を上げた。また第二次世界大戦での欧州や、日本に対するアメリカ軍の南方通商路封鎖も同様だ。主に潜水艦による商船や輸送艦隊への攻撃が行われてきたが、水上戦闘艦や空母艦載機を用いる場合もあった。現代でも有事における通商破壊戦は有効な手段と考えられており、日本でも中東と結ぶ航路などでの有事における危険性が懸念されている。その対抗策として、シーレーン防衛構想が練られている。

通常動力潜水艦
【つうじょうどうりょくせんすいかん】
Conventionally powered submarine

　潜水艦の主動力としてディーゼルエンジンを備え、水中ではディーゼルエンジンで発電機を回して得た電力でモーターを稼働するもの。原子力潜水艦に対して生まれた名称。

通常弾頭
【つうじょうだんとう】
Conventional warhead

　ミサイルや魚雷、砲弾の弾頭において、火薬類での爆発で効果をもたらす従来型の弾頭のこと。核兵器や化学兵器、生物兵器といった大量破壊兵器の弾頭と区別するために生まれた名称。

通常離着陸機
【つうじょうりちゃくりくき】
Conventional Take Off and Landing aircraft

　通常型固定翼の航空機で、滑走路や飛行甲板から通常に離陸し、通常に着陸するもの。英語表記の頭文字をとって、シートール機（CTOL機）とよばれる。短距離離着陸機（STOL機）や垂直離着陸機（VTOL機）などが登場して、それと従来機を区別するために造られた名称。

同 » シートール機　　**略** » CTOL

通信衛星
【つうしんえいせい】
Communications satellite

　大気圏外で衛星通信の中継所となる人工衛星。多くは静止軌道にあり、地上に対し常に一定の位置を保つ（一部、低軌道を周回する通信衛星もある）。通信衛星は民間で広く利用されているが、秘匿性の高い軍事通信専用の通信衛星も運用されているといわれている。

通信士
【つうしんし】
Radio operator

　通信部隊所属の専門兵や、艦艇や戦車、複座以上の航空機で、通信を担当する専門要員。ただし近年は通信機が進化して誰でも扱えるようになったため、特殊技能ではなくなりつつある。戦車や偵察機などでは、専用の通信士を置かない場合も多くなった。

同 » 無線手

通信部隊
【つうしんぶたい】
Communication unit

　高度な通信や、通信傍受などを専門とする部隊で、陸軍の大きな集団の中にはその規模に応じた通信部隊が編制される。陸上自衛隊では、特殊な通信を扱うシステム通信団が設けられる他、方面隊には通信群が配属され、師団や旅団には規模に応じて通信大隊や通信中隊が配置される。

通信兵
【つうしんへい】
Radio operator

　通信機を扱う専門技能を持った歩兵。20世紀までの携帯型無線通信機は、それなりに嵩張るため、小隊や分隊の中に無線通信機を持った専門兵がいて、指揮官と本部の通信を担当していた。現在は携帯電話も含め通信機が小型化している。そのため通信機器は個人装備の1つとなり、通信兵は姿を消しつつある。

通信傍受
【つうしんぼうじゅ】
Communication interception

　敵方の無線通信を盗聴して、敵の動向や作戦を知ること。ただし近年はその対策として、傍受されにくい通信機や通信方式も開発されている。

ツーマンセル
【つーまんせる】
Two-man cell

　2人でペアを組み行動すること。現代の歩兵戦術としては、ツーマンセルが基本となり、班として行動する。また3人1組で行動する場合は、スリーマンセルとよばれる。

テイクオフ
【ていくおふ】
Take-off

➡ 離陸

偵察
【ていさつ】
Reconnaissance

　相手の様子や、地形の状況などの状況を事前に探ること。基本的には相手に悟られずに密に行うが、相手を武力で刺激して情報を引き出す威力偵察という手段もある。

偵察衛星
【ていさつえいせい】
Reconnaissance satellite

大気圏外の宇宙空間から、可視光や赤外光などの光学機器や、レーダーなどの電子機器で、地上や海上を監視する人工衛星。特に軍事目的で使われるものを偵察衛星とよぶ。

|同| » スパイ衛星

偵察機
【ていさつき】
Reconnaissance aircraft

空から敵情を探るための航空機。19世紀に砲兵の着弾観測に気球が使われたのが元祖で、航空機が実用化した第一次世界大戦では、まず偵察機として使われた。第二次世界大戦に至る間に様々な偵察機が登場する。大型艦艇や潜水艦に搭載できる水上偵察機や、空母に搭載する艦上偵察機などは、海戦において欠かせない装備となった。戦後の冷戦期以降は、アメリカの「ロッキードU-2ドラゴンレディ」や「ロッキードSR-71ブラックバード」のように高空から敵情を探る戦略偵察機や、電子情報を収集する電子偵察機も登場。また、高速の戦闘機をベースにした偵察機も多く開発された。現在、戦略偵察機は偵察衛星の普及で存在意義が低下したが、戦術偵察機は「ノースロップ・グラマンRQ-4グローバルホーク」などの無人偵察機が活躍するようになった。

偵察戦闘車
【ていさつせんとうしゃ】
Reconnaissance combat vehicle

機動力を生かした偵察を任務とする軍用車両で、それなりの装甲と武装を備えるもの。偵察中の敵との遭遇戦での自衛力を備えるだけでなく、敵に攻撃を仕掛けて反応を探る威力偵察も任務の1つだ。第二次世界大戦時には、機動力の高い装甲車や軽戦車に通信能力を強化したものが使われた。現在は偵察に使うセンサーを装備した、専用車両も登場している。

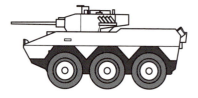

偵察隊
【ていさつたい】
Reconnaissance party

戦場において、周囲の状況や敵情の偵察に繰り出される部隊。既存の部隊から抽出されて、偵察任務にあたる場合もあるが、近年では偵察器材を備えた偵察専用の部隊が配属されることが増えてきた。

偵察兵
【ていさつへい】
Scout

➡ 斥候

偵察ヘリ
【ていさつへり】
Scout helicopter

➡ 観測機

挺進部隊
【ていしんぶたい】
Airborne troops

➡ 空挺部隊

挺進兵
【ていしんへい】
Paratrooper

➡ 空挺兵

ディスペンサー
【でぃすぺんさー】
Dispenser

　本来は液体を吹き出す装置だが、軍用機に備えられるチャフやフレアといった防御用の装備を射出する発射機のことを指す。

ディーゼル・エレクトリック
【でぃーぜるえれくとりっく】
Diesel electronic

　潜水艦で使われる推進方式で、ディーゼルエンジンで発電機を稼働し、そこで得られた電力でモーターを駆動してスクリューを回す。潜水中はエンジン稼働用の大気を取り入れられない潜水艦では、浮上航行中にバッテリーに電力を貯め、潜航中はバッテリーから供給される電力でモーターを回す。モーターは電気的な制御で回転数をコントロールできるため、ギアボックスを必要とせず、騒音を軽減するのにもつながる。また推進効率の向上も期待できることから、近年は水上艦でもこの方式を採用する艦が登場している。

ディーゼルエンジン
【でぃーぜるえんじん】
Diesel engine

　軽油を主燃料とする内燃機関のレシプロエンジン。ガソリンエンジンに比べ頑丈な構造が必要になるため重量は重くなるが、燃料の軽油がガソリンよりも常温で引火しにくいことや、低速トルクを得やすいこと、燃費に優れることから、軍用車両や小〜中型の艦船、潜水艦などで広く使われている。

停戦
【ていせん】
Ceasefire

➡ 休戦

梯団
【ていだん】
Echelon

　大兵力の部隊が進撃したり行進するさいに、便宜上いくつかの集団に分ける必要性が生じる。梯団とは、その分けられた集団個々をさす。

提督
【ていとく】
Admiral

　海軍の将官に対する呼称。艦隊の司令

官などを務める将官に対して使われる。

同 » 将官

ディッピングソナー
【でぃっぴんぐそなー】
Dipping sonar

➡ 吊下式ソナー

ディプレスド軌道
【でぃぷれすどきどう】
Depressed obit

　弾道ミサイルの飛翔軌道のうち、通常よりも低い高度までしか打ち上げない場合の軌道。高度が低く目標までの飛翔時間が短いことから、相手国に発射を探知されにくく迎撃されにくいが、射程距離は短くなる。

対 » ロフテッド軌道

低翼機
【ていよくき】
Low-wing aircraft

　小型航空機で、主翼を左右一対備える単葉機のうち、胴体の下側に主翼の付け根が設置されているもの。小型機から大型機まで、もっともポピュラーな構造だ。

ティルトローター機
【てぃるとろーたーき】
Tiltrotor aircraft

　機体の左右に備えた大きな回転翼の角度を変える（ティルト）ことができる機体。離着陸時にはローターを上向きにし、ヘリコプターのようなホバリングや垂直上昇降下を可能にする。一方、水平飛行では回転翼の角度を前向きに代え、飛行に効率の良い推力を生む。新世代の軍用小型輸送機である、「V-22オスプレイ」で実用化された。

テイルローター
【ているろーたー】
Tail rotor

　ヘリコプターの尾部に設けられる、水平方向に向けた小型の回転翼。メインローターが1基のヘリコプターは、その回転方向と逆の向きで機体が回転する力が発生する。そこでテイルローターで水平方向に推力を発生し、機体の回転を抑止している。2つのローターを使うタンデムローターや二重反転ローター、ティルトローターは、それぞれの回転翼を逆向きに回転して相殺するので、テイルローターは必要ない。

敵前逃亡
【てきぜんとうぼう】
Desertion in the face of the enemy

　戦場において、敵を前にして戦闘を放棄して逃げ出すこと。自分のみならず、味方の軍全体を危険に晒しかねない行為であるため、軍隊においては重罪とされる。場合によっては死罪に処される場合もある。

擲弾
【てきだん】
Grenade

➡ グレネード

擲弾銃
【てきだんじゅう】
Grenade launcher

➡ グレネードランチャー

擲弾筒
【てきだんとう】
Grenade launcher

　歩兵が1人で携行できる、小型の軽迫撃砲。第二次世界大戦時に日本軍が使用した「89式擲弾筒」は、簡易な装備ながらも効果が高く敵のアメリカ軍からも評価された。グレネードランチャーのことを擲弾筒と訳す場合もある。

敵防空網制圧
【てきぼうくうもうせいあつ】
Suppression of Enemy Air Defense

　航空機による敵地攻撃作戦の前に、敵の防空陣地やレーダー施設を攻撃して破壊し、味方機への脅威を取り除くための作戦。対空ミサイルが登場し、航空機の大きな脅威となったベトナム戦争以降に発達した。初期には先行する囮役の機体が敵を引き付けて攻撃させ、その発射位置を後続機が叩く戦法が取られたが、囮役は被害を受ける可能性が高かった。そのため、囮役機には電子妨害装置などを強化した専用の機体が開発され、対レーダーミサイルを用いてレーダー発信源を攻撃した。アメリカ軍では、この任務を担う攻撃機を特にワイルド・ウィーゼル機と呼称している。

略 » SEAD

敵味方識別装置
【てきみかたしきべつそうち】
Identification Friend or Foe

　航空機や艦艇に搭載される、電波で相手が敵か味方かを判断する装置。敵味方識別装置はこちらから識別信号を送り、相手に返信を要求する。識別信号には様々な情報が含まれるが、最低でも国籍コードと軍用機であることを示すコードが含まれる。敵味方識別装置は第二次世界大戦時から使われたが、時代に応じ暗号化など高度化してきている。現在、アメリカやNATO諸国、日本、韓国など旧西側諸国に所属する国々では、モード4とよばれるバージョンを使用している。

略 » IFF

デコイ
【でこい】
Decoy

➡ 囮魚雷

デジタル迷彩
【でじたるめいさい】
Digital camouflage

　迷彩服や車両の迷彩模様に用いられるパターンの1種で、ドットを組み合わせたモザイク模様を用いるもの。1990年代か

ら用いられるようになり、現在の主要な迷彩パターンの1つ。

同 » ピクセル迷彩

テストパイロット
【てすとぱいろっと】
Test pilot

　試作機や改造機などを試験飛行するために操縦するパイロット。十分に経験を積んだベテランパイロットから選抜されて任命される。試作機の飛行は不測の事態が起こりえるため、さまざまな危険が予想される。そのため、卓越した操縦技術だけでなく、突発的な事象に対処できる冷静さ、また試験飛行で起こったさまざまな事象・現象を、技術者に伝えるための、工学的な知識や経験などが求められる。

デストロイヤー
【ですとろいやー】
Destroyer

➡ 駆逐艦

デッキ
【でっき】
Deck

➡ 甲板

デッキクルー
【でっきくるー】
Deck crew

　空母の飛行甲板上で働く乗組員のこと。アメリカの空母では、デッキクルーの役割ごとに異なった色のヘルメットやベストを着用している。

徹甲弾
【てっこうだん】
Armor-Piercing

　装甲を貫通し破壊するために設計された砲弾や銃弾。弾頭に硬く重い金属を使い高速で衝突させることで装甲を破壊するために、運動エネルギー弾ともよばれる。艦砲や戦車砲などの直射砲や、機関砲、対物狙撃銃（対戦車ライフル）などの弾として使われる。

略 » AP

徹甲爆弾
【てっこうばくだん】
Armor-piercing bomb

　航空機から投下する爆弾のうち、戦艦などの装甲艦や掩体壕などを撃破するための重量級の爆弾。外殻はニッケルクロムモリブデン鋼などの硬い金属で覆われ、装甲や掩体壕を貫通してから破裂する遅発信管が使われる。できるだけ高空から投下することで、落下速度が増し貫通力も高くなる。第二次世界大戦時、戦艦などを攻撃するさいには、3000mの高度から800～1000kgの徹甲爆弾で爆撃した。掩体壕などを破壊する巨大なバンカーバスター（地中貫通爆弾）も、徹甲爆弾の1種だ。

徹甲榴弾
【てっこうりゅうだん】
Armor-Piercing High Explosive

徹甲弾の中に炸薬も仕込み、装甲を貫通したあとに内部で爆発させる仕組みの砲弾。

略 » APHE

撤収
【てっしゅう】
Withdrawal

任務や役目を終えた軍や部隊が引き上げること。撤退とはことなり、あまり負のイメージはない。

鉄条網
【てつじょうもう】
Barbed-wire entanglements

鉄線を材料に構築される簡易な柵状のバリケード。主に対人の障害物として使われる。端を針のようにわざと尖らせた有刺鉄線(バラ線)をコイル状に巻きながら帯状の柵とする。また電流を流して対人防御力を高めることもある。塹壕戦では、歩兵の侵入を阻む目的で塹壕の前方に設置されることが多い。

撤退
【てったい】
Withdrawal

軍の部隊が、陣地や根拠地、支配地域から退き後退すること。撤退には戦いに負けて退くような負の意味合いが強い。単に戦場や駐留地から引き上げる場合は撤収という。

鉄帽
【てつぼう】
Helmet

➡ ヘルメット

鉄砲
【てっぽう】
Gun

➡ 銃

デポ
【でぽ】
Depot

➡ 物資集積所

デモフライト
【でもふらいと】
Demonstration flight

航空ショーなどで行われる、観客に見せるための飛行のこと。デモンストレーションフライトの略。

同 » 展示飛行

デュアルロール機
【でゅあるろーるき】
Dualrole fighter

戦闘攻撃機などに代表される、2つの任務をこなす軍用機のこと。例えば、対空戦闘と対艦／対地攻撃の双方を目的として開発された航空自衛隊の「F-2支援戦闘機」などは、デュアルロール機の典型といえる。現在は、さらに複数の任務に対応するマルチロール機に進化している。

同 » 支援戦闘機、戦闘攻撃機、

戦闘爆撃機

手榴弾
【てりゅうだん】
Hand grenade

歩兵が手で投げて攻撃する、小型の榴弾。読み方は「てりゅうだん」と「しゅりゅうだん」の双方が使われ、手投げ弾や擲弾とよばれる場合もあった。時限信管によって起爆し、安全ピンを抜いてから投げ、着弾して間もなく爆発する仕組みだ。形は球形やパイナップル型、投擲用の柄がついたものなどがある。

同 » ハンドグレネード

デルタフォース
【でるたふぉーす】
Delta force

アメリカ陸軍所属の特制殊部隊で、主に対テロ戦を担当する。制式名称はアメリカ陸軍第1特殊部隊デルタ作戦分遣隊。1977年に創設され、その後、アメリカが関わる多くの対テロ作戦や紛争・戦争のほとんどに参加し、対テロ戦以外にも様々な特殊作戦に従事している。

デルタ翼
【でるたよく】
Delta wing

主にジェット戦闘機に採用される三角形の主翼。速度を出すのに向く後退角と主翼面積の確保を両立した形だ。水平尾翼を持たない無尾翼デルタ機と前方に小型のカナード翼を持つ複合デルタ翼に分かれ、前者はアメリカの「F-102」「F-106」、フランスの「ミラージュⅢ」や「ミラージュ2000」。後者は現代の欧州主力戦闘機、「ユーロファイター・タイフーン」、「ラファール」、「グリペン」が採用。また広義的には尾翼を持つ、「MiG-21」や「F-15」などの主翼もデルタ翼の一種とされる。

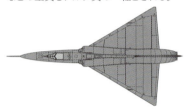

テレスコピックサイト
【てれすこぴっくさいと】
Telescopic sight

➡ スコープ

テロ
【てろ】
Terrorism

テロリズムを略した言葉だが、こちらを使うことのほうが多い。政治的な目的を達成する手段として、暴力行為や暴力を前提とした脅迫を用いること。語源はフランス語の「恐怖政治＝La Terreur」に由来するが、政治の手段として民衆の恐怖をあおることから、広義的に使われるようになった。主に社会的劣勢や軍事的劣勢にある少数派によって行使され、爆発物を仕掛けたり、社会や交通インフラを攻撃して麻痺させるなどの手段を用いる。市民や非戦闘員を巻き込み多大な被害をもた

らすことから、現代社会では重大な犯罪行為とされる。また対テロ戦争として、軍隊が対処するケースが増えており、その場合は特殊部隊が任にあたることが多い。

テロリスト
【てろりすと】
Terrorist

テロ行為を行う実行者の総称。現代社会では、法制上は重犯罪者として扱われる。

電気推進（艦船）
【でんきすいしん】
Electric propulsion

艦艇で、スクリューやウォーターポンプなどの推進器を電気によるモーターで駆動するもの。ディーゼルエンジンやガスタービン、原子力タービンなどで発電機を回し、それで得た電力でモーターを駆動する。モーターは速度調整を電子制御で行えるため、減速ギアを必要とせず、高効率化と騒音の削減というメリットがある。潜水中の通常動力型潜水艦はすべてこの方式で（水上航行時はエンジンからの直接駆動と併用する場合も）、近年は水上艦にも電気推進を採用する艦が増えてきた。

電気推進ロケット
【でんきすいしんろけっと】
Electric propulsion rocket

電気エネルギーを使って推進力を得るロケットエンジン。マイクロ波でプラズマ状イオンを精製して噴射するイオンエンジンや、アーク放電で推進剤を加熱して噴射し推進剤にするアークジェットなどがある。いずれも通常の化学推進に比べ推力は小さいが、電力の供給があれば少ない推進剤で長時間継続させることが可能だ。太陽電池を積む探査衛星などに使われている。

電撃戦
【でんげきせん】
Blitzkrieg

第二次世界大戦初期に、ドイツ軍が採用した戦闘教義。戦車を中核とした機甲部隊による、機動力を生かした侵攻に、急降下爆撃機等の航空支援や、空挺部隊による後方撹乱などを組み合わせたもの。第一次世界大戦から続く塹壕戦を基本とした持久戦に対し、短時間で侵攻を完了することを目的としたことから、電撃戦とよばれるようになった。電撃戦の成功により、その後の戦略・戦術が大きく変わった。

電磁カタパルト
【でんじかたぱると】
Electromagnetic aircraft launch system

空母から航空機を発艦させるときに使用するカタパルトで、電磁力を利用したリニアモーターを使って行うもの。従来の蒸気カタパルトに比べ、加速度を自由にコントロールでき、装置全体をコンパクトにできるほか、蒸気機関を持たない艦でも設置が可能という利点がある。一方で

膨大な電力を消費する。2017年に就役したアメリカの最新鋭空母「ジェラルド・R・フォード」で初めて実用化された。中国でも建造中の国産空母搭載に向け、開発中といわれている。

電子戦
【でんしせん】
Electronic warfare

　レーダーや無線通信波など、電子情報を巡る戦いのこと。無線の傍受や電波妨害による遮断はその1つ。またレーダー波の妨害である電子対抗手段（ECM）や、それに対するさらなる対抗手段の対電子対抗手段（ECCM）、さらには敵の電子情報を収集するなどが行われている。

電子戦機
【でんしせんき】
Electronic warfare aircraft

　電子戦に不可欠な高度な電子機器を搭載した軍用機。現代の航空機を使った戦いは、電子戦に勝つことが優劣を決定づける。そのため、各国とも様々な電子戦機を就役させ、電子情報の収集や妨害、味方機の攻撃支援などに投入している。電子戦機は膨大な電子装備を搭載するために、大型の輸送機や哨戒機をベースにした機体が主体。ただしアメリカの「EA-18Gグロウラー」やロシアの「Su-30MK」のように、マルチロール戦闘機に電子戦ポッドを搭載し、味方戦闘機に随伴可能な機体もある。これらは、対レーダーミサイルを搭載して電波発信源などの攻撃を行う敵防空網制圧任務も担う。

電子戦ポッド
【でんしせんぽっど】
Electronic warfare pod

　戦闘機の増槽の大きさのポッドの中に、電子戦に必要な電子機器を積んだもの。マルチロール戦闘機に搭載することで、電子戦機として使うことが可能になる。

転進
【てんしん】
Change course

　本来は、艦船が進行方向を変える意味だが、第二次世界大戦時の日本では、ネガティブなイメージが強い「撤退」という言葉の代わりに使用し、戦意高揚を図る手段として言い換えた。

電子対抗手段
【でんしたいこうしゅだん】
Electronic Counter Measures

　敵のレーダー波を妨害する手段。キャッチした敵のレーダー波と同じ周波数で誤った情報の電波を発信して欺瞞したり、より強い電波でノイズを発生させて妨害するなどの手段をとる。近年の戦闘に使われる軍用機は、こういった電子対抗手段装置を搭載している。

　略 » ECM

電子偵察機
【でんしていさつき】
Electronic reconnaissance aircraft

電子戦機の一種で、敵の発する電子情報を収集するための専用機。大型の機体に高度な電子機器を搭載しており、輸送機や哨戒機、旅客機などの機体をベースに造られることが多い。味方への電子的な支援を行うこともある。

電磁パルス
【でんじぱるす】
Electromagnetic Pulse

核爆弾の爆発によって生じる急激に発生するパルス状の強烈な電磁波。EMPとよばれる。EMPが発生すると、影響範囲内で浴びたさまざまな電子機器に被害が及ぶ。機器内に過電流を流したのと同様の状況をつくり、回路が焼き切れて破壊されるのだ。そこで、高高度で核爆弾を炸裂させ、地上の電子機器を広範囲にわたり破壊する、EMP攻撃が考案されている。さらに核爆発を起こさなくても限定的な範囲でパルス状電磁波を発生する、EMP爆弾も研究開発されている。

略 » EMP

展示飛行
【てんじひこう】
Display flight

➡ デモフライト

電磁砲
【でんじほう】
Railgun

➡ レールガン

電子妨害
【でんしぼうがい】
Jamming

無線通信電波やレーダー波など、電波を使用する行為を妨害すること。敵に混乱を生じさせ、敵からの察知を避けたり、攻撃をかわす手段となる。特にレーダー波への妨害は、電子対抗手段ともよばれている。

同 » ジャミング

電子妨害装置
【でんしぼうがいそうち】
Jammer

電子妨害を行う装置。レーダーなどの電子機器と連動して搭載される。また航空機の翼下などに搭載する、ポッドに納められたものもある。

同 » ジャマー

電子防護
【でんしぼうご】
Electronic protection

➡ 対電子対抗手段

電探
【でんたん】
Radar

➡ レーダー

転輪
【てんりん】
Wheel

戦車などの装軌車両につかわれる無限

軌道（キャタピラ）のなかで、無限軌道を支えるために使われる複数並んだ車輪。転輪で車体の重量を分散して支える役目を果たす一方で、転輪には駆動力が伝えられない。

導火線
【どうかせん】
Safety fuse

爆発物を起爆する雷管に点火するためのもの。黒色火薬を紙で巻いて紐状にしたもので、端に火をつけると、一定の速度で燃え伝わる。もう一端を雷管に接続すれば、雷管に達すると発火して周囲の爆発物を起爆する。導火線は長さに応じて燃え伝わる時間が調節できるため、長さで爆発させるまでの時間の猶予を調節できる。

冬季迷彩
【とうきめいさい】
Winter camouflage

迷彩服や軍用車両の車体に施される迷彩模様のうち、白色を基調にしたもの。主に雪原で使用することを想定した迷彩色である。

投降
【とうこう】
Surrender

敵軍に対し降参し、その証として武器を捨てて赴くこと。

投光器
【とうこうき】
Searchlight

➡ サーチライト

統合参謀本部
【とうごうさんぼうほんぶ】
Joint chiefs of staff

アメリカにおける軍の最高機関であり、国防総省の配下に位置する組織である。軍事問題全般を協議し、大統領や国防長官に助言を行う。統合参謀本部のメンバーは、アメリカ軍人制服組のトップとなる議長と副議長のほか、陸軍、海軍、空軍、海兵隊、州兵総局、それぞれの長で構成されている。

統合打撃戦闘機
【とうごうだげきせんとうき】
Joint Strike Fighter

1990年代に始まった、アメリカを中心とした国々による第5世代戦闘機の開発計画。開発の経費を削減するために通常の陸上型マルチロール戦闘機に加え、艦載機やSTOVL機の3種類を同一のシステムで統合して開発したもの。その結果として開発されたのが「F-35ライトニング」で、陸上機型の「F-35A」、STOVL機型の「F-35B」、艦載機型の「F-35C」が登場している。自衛隊もA型を導入し、B型の導入も予定されている。

略 》 JSF

統合電気推進
【とうごうでんきすいしん】
Integrated electric propulsion

　現代の艦船は、推進力以外にも多くの電力消費が必要となる。従来は推進力に使う主エンジンに加え、発電用のエンジンを別に積んでいた。電気推進艦が増えてきたことを背景に、推進器用とそれ以外の発電器を統合し一本化したシステムを統合電気推進とよぶ。イギリスの満載排水量65000tの新空母「クイーン・エリザベス」が、統合電気推進を採用した。海上自衛隊の艦艇では、海洋観測艦の「にちなん」と「しょうなん」、それに南極観測船「しらせ」が採用している。また最新の汎用護衛艦「あさひ」型や現在建造中の新イージス艦「まや」型も、ガスタービン発電機とディーゼル発電機を併用するが、電気系統を共有化した統合電気推進を採用する。

搭載機
【とうさいき】
Carrier-based aircraft

➡ 艦載機

島嶼防衛
【とうしょぼうえい】
Island defense

　島嶼部への敵勢力侵攻を念頭に、警戒態勢や組織・装備の体制を見直す、21世紀の日本における戦略や戦闘教義。日本は海に囲まれ大小6800以上の島からなる島嶼国家であり、特に国際情勢の変化にともない、奄美や沖縄を含む南西諸島方面の防衛が注目されるようになった。冷戦期には本土、特に北海道防衛に重点が置かれていたが、大きく変わりつつある。島嶼防衛には、まず制空権と制海権の確保が重要であること。同時に陸海空の自衛隊の統合的運用が不可欠とされる。陸上自衛隊においても、島嶼防衛を念頭に編制された水陸機動団の新設や、奄美大島、宮古島、石垣島、与那国島といった島嶼の要衝部に、新たな駐屯地が設置されるなどの対策がなされている。また、島嶼や艦艇での運用を前提にしたSTOVL型ステルス戦闘機の「F-35B」導入を決定するなど、装備面の対応も進んでいる。

投擲弾
【とうてきだん】
Hand grenade

➡ 手榴弾

登坂力
【とうはんりょく】
Climbing ability

　車両が坂(傾斜)を登る力がどの程度かを示す値。スペックでは登坂可能な角度で表される。装軌車両のほうが、装輪車両より登坂力が高い。

同盟軍
【どうめいぐん】
Allied forces

　利害や目的の一致において、国家同士

で結んだ同盟関係にある国の軍隊。

答礼
【とうれい】
Return salute

相手から受けた礼や挨拶に対して返すこと。どのように答礼するかは、状況や彼我の立場の違いによって異なる。

毒ガス
【どくがす】
Poison gas

➡ 化学兵器

弩級戦艦
【どきゅうせんかん】
Dreadnought

1906年に登場したイギリスの戦艦「ドレッドノート」は、30.5㎝連装砲5基（10門）を搭載し、近代戦艦の規準となった。そこでドレッドノートと同等の性能を持つという意味で「弩級」と言われるようになった。「弩」はドレッドノートの頭文字の当て字である。

特殊作戦群
【とくしゅさくせんぐん】
Special Forces Group

陸上自衛隊に所属する特殊部隊で、現在は陸上総体の直轄になる。2001年ごろから組織され、千葉県の習志野駐屯地に本部を置く。現在は300名規模の部隊とされるが、人員や装備などは情報公開されていない。公開された写真も、多くは隊員の個人特定が難しいように、顔を覆面等で覆ったものがほとんどだ。

略 » SFGp

特殊潜航艇
【とくしゅせんこうてい】
Midget submarine

軍用の小型潜水艇で、敵の泊地に侵入して攻撃を行ったり、工作員を送り込むなどの特殊任務に用いられるもの。航続距離は短いので、母艦で現場近くまで運ばれて運用される。第二次世界大戦期まで、各国で開発運用された。日本海軍では、水中排水量47 t で2発の魚雷を備えた「甲標的」を運用し真珠湾攻撃にも投入した。投入された5隻は1隻が拿捕され、残りは失われている。その後、「甲標的」の改良型である「蛟龍」や、特攻兵器であった「海龍」、人間魚雷ともよばれた「回天」などが作られた。戦果はあったが、損耗率も非常に高かった。現代では、特殊部隊の潜入任務などに特殊潜航艇が使われる。アメリカ海軍では、海軍特殊部隊SEALsの潜入用に6名乗りの「SDV」を開発。弾道ミサイル原潜を改造し特殊部隊支援任務を行う「改オハイオ」級に搭載している。他国でも同様の特殊潜航艇が装備されている。

同 » ミゼット潜水艦、SSM

特殊部隊
【とくしゅぶたい】
Special force

通常の訓練を施された兵士や警察官では対処できないような難しい事案や高度な作戦に対応する部隊。特殊部隊には大きく分けて軍の配下のものと、警察組織に属する部隊に分けられる。軍に所属する特殊部隊は、対ゲリラ戦や対テロ戦などの不正規戦闘や、敵地に侵入しての後方撹乱や要人襲撃などの特殊任務に従事する。所属する隊員は、高度な訓練を行い専門的な知識や技術を身につけている。そのため、どの軍においても特殊部隊の隊員は戦技や専門性に優れた精鋭とされている。現代の代表的な特殊部隊としては、イギリスのSAS、アメリカのグリーンベレー、ネイビーシールズ、デルタフォース、ロシアのスペツナズ、ドイツのGSG-9などがある。自衛隊にも陸自の特殊作戦群（SFGp）や海自の特別警備隊（SBU）が存在する。

特設空母
【とくせつくうぼ】
Modified aircraft carrier

日本海軍では客船や貨客船を改装した空母を特設空母と呼び、正規空母を補完するために投入した。「飛鷹」型2隻、「大鷹」型3隻、「神鷹」、「海鷹」の計7隻。基準排水量が17000～25000ｔと中型空母並みの大きさを誇ったが、商船構造のため速力不足やダメージコントロール能力の不足は否めなかった。

同 》 補助空母
対 》 正規空母、制式空母

督戦隊
【とくせんたい】
Barrier troops

督戦とは、部下を叱咤激励して戦わせることだが、軍隊においては後方から味方を監視し、強制的に戦闘を継続させる任務を持つ部隊のこと。時には敵の勢いにおされ退却を始めた味方に対し銃撃を加えるなどの、強行手段を用いることもある。そのため、味方からも憎悪の目を向けられることが多い。第二次世界大戦では、ドイツやソ連で使われた。

ドクトリン
【どくとりん】
Doctrine

➡ 戦闘教義

特別警備隊
【とくべつけいびたい】
Special Boarding Unit

海上自衛隊に所属する特殊部隊。2001年にアメリカのネイビーシールズをモデルに創設され、自衛艦隊の直轄部隊として広島県江田島に本部を置く。海上警備行動における、脅威度の高い艦船などの武装解除や拿捕、無力化などが主任務とされる。部隊規模は4個小隊編制で約100名。特警隊と略してよばれることもある。

略 》 SBU

特務曹長
【とくむそうちょう】
Master-Sergeant

→ 准尉

独立混成旅団
【どくりつこんせいりょだん】
Independent composite brigade

→ 旅団

ドーザーブレード
【どーざーぶれーど】
Dozer blade

　ブルドーザーなどに装備される土砂を押して移動するための鋼鉄の板状パーツ。戦闘工兵車や戦車などの大型装軌装甲車両に取り付けられることもあり、戦場での陣地構築などに使われる。

特科
【とっか】
Artillery

　陸上自衛隊における砲兵隊の呼び名。

同 » 砲兵隊

ドック
【どっく】
Dock

　艦船の建造・修理・整備や、荷役作業などのために艦船を収容できる施設。ドックには、艦船を入れた状態で水を排出できる乾ドックの他に、水上で艦船を収容する浮きドック、潮の干満などを利用して船舶を収容する湿ドック、荷役作業のために艦船を収容する荷役ドックなどがある。

同 » 船渠

ドック型揚陸艦
【どっくがたようりくかん】
Dock landing ship

　軍の装備を運び揚陸させる中～大型の揚陸艦で、艦内に揚陸艇を収容できるウェルドックを備えるもの。艦内には広い格納デッキを備え、揚陸は搭載する揚陸艇にウェルドック内で装備を移乗して行う。ドック型揚陸艦の艦種記号はLPDとLSDの2種類があるが、LSDはLPDよりも艦内のウェルドックが広くとられており、揚陸作戦を強化したタイプ。LPDは輸送能力に重きを置いたタイプで使いわけられる。近年は飛行甲板も装備し、ヘリコプターでの揚陸も可能だ。海上自衛隊に所属する「おおすみ」型輸送艦は、国際基準ではドック型揚陸艦に相当する。

同 » LPD/LSD

ドッグファイト
【どっぐふぁいと】
Dog fight

→ 格闘戦

ドッグタグ
【どっぐたぐ】
Dog tag

→ 認識票

突撃

【とつげき】

Assault

　歩兵や騎兵が行う基本戦術で、敵に向かって突入し撃破する行動。古代～近世においては、主要な戦術として使われた。しかし近代以降の機関銃など火砲の発達により、敵が待ち構える陣地への単純な突撃は、大きな損害を受ける作戦となった。

突撃銃

【とつげきじゅう】

Assault rifle

➡ アサルトライフル

突撃砲

【とつげきほう】

Assault gun

　第二次世界大戦時、ドイツ軍が開発した歩兵支援用の自走砲。主力戦車であった「Ⅲ号戦車」の車体を流用した「Ⅲ号突撃砲」を開発した。固定式の低い砲塔に歩兵支援用の短砲身75㎜カノン砲を搭載した。固定砲塔のため、ベースの「Ⅲ号戦車」より口径の大きな砲を搭載が可能になったのだ。しかし、戦況の変化から対戦車戦闘を強いられることが多く、中期からは長砲身75㎜戦車砲を搭載した改良型を投入。対戦車戦闘でも数々の成果を上げた。その成功をうけ「Ⅳ号戦車」をベースにした「Ⅳ号突撃砲」も作られた。この他、15㎝榴弾砲や38㎝臼砲を積んだ突撃砲もあった。また、ドイツでの成功をうけ、同盟国のイタリア、フィンランド、ハンガリー、また敵側のソ連でも突撃砲に準ずる戦闘車両が作られた。

特攻

【とっこう】

Kamikaze attack

　第二次世界大戦末期に、戦況の悪化により日本軍が実施した、兵器を使った体当たり攻撃。特別攻撃を略して特攻とよばれた。1944年に日本海軍が神風特別攻撃隊を組織し、フィリピン海域でアメリカ海軍の護衛空母に体当たり攻撃を行ったのが始まり。その後終戦まで特攻は繰り返され、アメリカ軍兵士からは「カミカゼアタック」と恐れられた。一定の戦果を上げるが、乗員の損耗前提であり、さらに悪化する戦況を覆すことはできなかった。また航空機以外にも、特殊潜航艇や小型ボートで特攻が行われた。

同 ≫ 神風攻撃

特攻隊

【とっこうたい】

Kamikaze corps

　第二次世界大戦時に日本軍が組織した、体当たり攻撃を前提とした部隊。特別攻撃隊の略称。

特攻兵器
【とっこうへいき】
Special attack weapon

　第二次世界大戦時に日本軍が開発した、体当たり攻撃を前提とした兵器。特攻が行われた当初は、既存の戦闘機や爆撃機に爆弾を搭載して体当たり攻撃を行ったが、その後、専用の兵器が開発された。航空機ではロケットエンジンを備えた「桜花」。また艦艇では、特殊潜航艇「海龍」、人間魚雷「回天」、爆装ボート「震洋」「マルレ」などがあり、実戦で使用された。

ドットサイト
【どっとさいと】
Dot sight

　拳銃や小銃で使う光学式照準器で、スコープ内に光の点（ドット）で照準が示されるもの。

トップアタック
【とっぷあたっく】
Top attack

　戦車などの軍用車両や軍艦に対して、装甲の薄い上面から攻撃する戦法。重装甲を誇る戦車でも、重量バランスの関係から上面装甲まで分厚くすることはできない。そこで、上空から狙うと威力の少ない機関砲やミサイルでも撃破することができる。近年の対戦車ミサイルにはトップアタックモードが備えられたものがあり、一度目標の上空に上がり、上面に突入して破壊する。これは軍艦でも同様で、対艦ミサイルにもトップアタックモードが備えられている。

トーチカ
【とーちか】
Tochka

　分厚いコンクリートで造られた天蓋（天井）付きの防御陣地で、機関銃などを据え付ける開口部が備わっているもの。防御陣地の要所などに設置することで、少人数の守備兵で数的に優勢な敵軍の行動を阻むことができる。トーチカには天蓋があるため、敵の砲撃や爆撃も直撃でコンクリートが破られない限りは耐えることができる。近づく敵歩兵は機関銃で掃討する。防御陣地に複数のトーチカを設け、それぞれを地下トンネルや塹壕で連絡した陣地は堅固な防御力を発揮する。第二次世界大戦では、トーチカなどの堅固な陣地を攻撃する歩兵支援のために、歩兵戦車や突撃砲が誕生した。

土嚢
【どのう】
Sandbag

　布袋の中に土を詰めた土木資材。平時には水害時などの応急資材として使われる。一方、軍用では陣地設営に欠かせない資材だ。土嚢は簡単に製作できる一方で、銃弾が貫通しない強度を持つため、積み上げて陣地や銃座などの防弾壁として使用する。また塹壕の壁の補強に積むなど用途は幅広い。

巴戦
【ともえせん】
Dog fight

➡ 格闘戦

ドライ推力
【どらいすいりょく】
Dry thrust

➡ ミリタリー推力

ドライドック
【どらいどっく】
Dry dock

➡ 乾ドック

トライポッド
【とらいぽっど】
Tripod

➡ 三脚

ドラッグシュート
【どらっぐしゅーと】
Drag chute

　戦闘機などの小型ジェット機で、着陸後に滑走速度を落とし停止するために使うパラシュート。タッチダウン後に尾部から放出し、速度を落とす。60年代の戦闘機に多く、航空自衛隊の「F-4ファントムⅡ」は、ドラッグシュートを使った。また、「F-2」もドラッグシュートを備えているが、通常の着陸では必要なく、緊急時のみ使用する。一方、最近の機体にはドラッグシュートを使わないものが主流。「F-15イーグル」は最初からドラッグシュートが備えられておらず、主脚のブレーキに加え大きなエアブレーキを開いて減速する。

ドラム缶
【どらむかん】
Drum

　鉄板を丸めて作られる、大量生産が可能な円筒形の燃料輸送用の容器。容量は1本200ℓが標準だ。ガソリンや軽油などの燃料を入れて、トラックなどに載せて輸送する。満杯にすると150～200kgの重さになるが、円筒形のため押して転がせば、兵士1人でも移動させることが可能だ。

ドラムマガジン
【どらむまがじん】
Drum magazine

　機関銃に装着し給弾する銃弾を収納する弾倉のうち、円盤型のもの。箱型弾倉より多くの銃弾を入れることができる。例えばアメリカ軍が使った「トンプソン」サブマシンガンでは、箱型弾倉が20発もしくは30発装填可能なのに対し、ドラムマガジンは50発もしくは100発装填できる。

ドーラン
【どーらん】
Grease paint

　カモフラージュのために兵士が顔や手

の素肌に塗る化粧塗料。主に黒や茶、緑などの色を使い、時には複数の色を迷彩パターンで塗ることもある。

トランスポーター
【とらんすぽーたー】
Transporter

➡ 戦車運搬車

トランスミッション
【とらんすみっしょん】
Transmission

　車両に使う変速装置。エンジンが発生した回転力を、ギアの組み合わせで車輪に最適な回転に変える。ただしモーターで動く電気車両は電気的に回転を制御できるため、トランスミッションが必要ない。

| 同 | » 変速機

トリガー
【とりがー】
Trigger

➡ 引き金

トリム
【とりむ】
Trim

　潜水艦の海水に対する比重バランスと前後左右の水平バランス。バラストタンクの調整で比重を海水と同じにし、浮きもせず沈みもしない状況で(中性浮力)、前後左右を水平に保つことを、「トリムを作る」という。

ドルフィンマーク
【どるふぃんまーく】
Dolphin mark

　海上自衛隊の潜水艦乗組員がつける潜水艦徽章の愛称。マークにはイルカが描かれており、航空機パイロットのウイングマークになぞらえてこの名前がついた。

| 同 | » 潜水艦徽章

トレーラー
【とれーらー】
Trailer

　自らは動力を持たずに牽引される車両のこと。大型のトレーラー式の輸送トラックや、小型汎用車が牽引する2輪の荷車などが使われている。

ドローン
【どろーん】
Drone

➡ 無人航空機

内火艇
【ないかてい】
Launch

　ディーゼルエンジンなどの内燃機関を搭載した小型艇。中～大型の軍艦に搭載され、連絡任務などで使われる。

ナイトスコープ
【ないとすこーぷ】
Night scope

➡ 暗視装置

内燃機関
【ないねんきかん】
Internal-combustion engine

　エンジン本体内部で燃料を爆発燃焼させ、その熱エネルギーを回転力などの物理的エネルギーに変える仕組みのエンジン。ガソリンを燃料とするガソリンエンジンや軽油を燃料とするディーゼルエンジンは内燃機関だ。また仕組みで大きく分ければ、シリンダーとピストンを備えるレシプロエンジン、回転するローターを備えるロータリーエンジン、燃焼ガスでエンジン内のタービンを回すガスタービンエンジンがある。

　対 » 外燃機関

流れ弾
【ながれだま】
Stray bullet

　銃で射撃したさいに、目標に当たらずに外れてしまった弾丸のこと。射程の長い銃では、それた弾丸が思わぬところに飛んで、無関係な人や施設に被害を与えることが多々ある。「流れ弾に当たる」は「巻き添えを喰らった不運な出来事」という意味の慣用句として使われることもある。

ナトー
【なとー】
NATO

➡ 北大西洋条約機構

ナトー軍
【なとーぐん】
NATO force

　軍事同盟である北大西洋条約機構に所属する欧州各国軍とアメリカ軍で構成される軍組織。冷戦期にソ連を中心とする東側諸国と対峙するために結成された。現在でも隣接するロシアとの緊張的関係が続く。また地域紛争解決のための介入や、イラク、アフガニスタンへの派遣なども行っている。

　同 » NATO軍

ナトー弾
【なとーだん】
NATO bullet

　NATO軍が加盟各国の共通規格とした銃器の弾薬。拳銃や短機関銃に使われる9×19㎜パラベラム弾、アサルトライフルなどに使われる5.56×45㎜弾、狙撃銃やバトルライフル、機関銃に使われる7.62×51㎜弾、重機関銃や対物狙撃銃に使われる12.7×99㎜弾がある。

　同 » NATO弾

斜め飛行甲板
【ななめひこうかんぱん】
Angled deck

➡ アングルドデッキ

ナパーム弾
【なぱーむだん】
Napalm bomb

　ナフサ（粗製ガソリン）にナパーム剤を

加えてゲル状にしたものを詰めた焼夷弾の1種。1300℃に達する高温で延焼し広範囲を焼き尽くす。通常の水では消火できず、油火災用の消火剤が必要だ。第二次世界大戦直後にアメリカで開発され、朝鮮戦争やベトナム戦争で使われた。ただし、非人道的との非難をうけ、アメリカ軍は2001年にすべてのナパーム弾を廃棄し、現在は装備していない（似たような性能を持つ焼夷弾は装備している）。

ニアミス
【にあみす】
Near miss

　航空機同士が、衝突の危険性があるほどの異常接近をしてしまう状況。

二脚
【にきゃく】
Bipod

　歩兵が携帯可能な重量の機関銃で、安定した射撃を行うために取り付けられる、二本脚の支持架。アサルトライフルで使うこともある。

同 » バイポッド

二次電池
【にじでんち】
Rechargeable battery

➡ 蓄電池

二重反転式プロペラ
【にじゅうはんてんしきぷろぺら】
Contra-rotating propellers

　レシプロ機やターボプロップ機などのプロペラを回して推力を得る航空機で、同軸に2枚のプロペラ設置しそれぞれ逆方向の回転を行う仕組みのもの。2枚を反転させることで、プロペラの回転で生じるカウンタートルクを相殺し、プロペラ推進効率が高まるメリットがある。ただし回転軸を内軸と中空の外軸を重ねるなど構造が複雑になるデメリットもあり、採用例は多くない。ソ連時代に設計された「ツポレフTu-95」戦略爆撃機や、ロシアとウクライナが共同開発した「アントノフAn-70」戦略輸送機などで使われている。

二重反転式ローター
【にじゅうはんてんしきろーたー】
Contra-rotating rotor

　ヘリコプターで、同軸で2枚のメインローターを設置し、逆方向の回転を行う仕組みのもの。二重反転式プロペラと原理や基本構造は同じだ。ローターの回転で生じるトルクカウンターが相殺されるため、尾部にテイルローターを付ける必要がなくなる。またローターの効率が高くなり、その分、ローター径を小さくできるメリットもある。半面、構造が複雑でメンテ

ナンスも大変だ。ソ連のカモフ設計局が開発した「Ka-27ヘリックス」は、艦載ヘリコプターとして成功し、その派生型は西側諸国も含め多くの国で採用されている。

入隊
【にゅうたい】
Enlistment

軍隊などの組織に新たに入ること。

対 》 除隊

人間魚雷
【にんげんぎょらい】
Human torpedo

第二次世界大戦末期、日本海軍が開発した「回天」は、「九三式酸素魚雷」を元に改造して搭乗員1名が操縦するようにした特攻兵器。潜水艦のデッキに載せて運び、敵の泊地近くで攻撃。乗員の脱出装置はなく、まさに人間魚雷そのものだった。

認識票
【にんしきひょう】
Dog tag

兵士が身につける軍籍番号や所属などの個人情報を記した身分証。1枚もしくは2枚組の金属製プレートで、ペンダントのように首から下げて携行する。ペットの犬がつける鑑識票に似ていることから、ドッグタグとのスラングでよばれている。戦死して遺体の回収がすぐには難しい場合、2枚組タイプは1枚を外して他の兵士が持ち帰り、もう1枚はそのまま遺体に残して身元確認用に使われる。

同 》 ドッグタグ、IDタグ

任務
【にんむ】
Mission

軍などの組織の活動において課せられた務めや仕事。軍人においては、任務を果たすことが何事にも優先する。

任務部隊
【にんむぶたい】
Task force

➡ 空母打撃群

ネイビー
【ねいびー】
Navy

➡ 海軍

ネイビーシールズ
【ねいびーしーるず】
Navy SEALs

　アメリカ海軍に所属する特殊部隊。海だけでなく、空（空挺）や陸上の作戦もこなす精鋭としてしられる。湾岸戦争をはじめ、さまざまな作戦に投入されている。名前の「SEALs」は、海陸空のすべての任務にあたることと、海生哺乳類のアザラシの英名をかけて命名された。

　同 » シールズ、Navy SEALｓ

熱核兵器
【ねつかくへいき】
Thermonuclear weapon

➡ 水素爆弾

ネームシップ
【ねーむしっぷ】
Name ship

　同じ形式で複数量産された艦艇の中で、最初に造られた一番艦のこと。その艦の名前をとって、同型艦全体を「〇〇型」、「〇〇級」とよぶことから、ネームシップと呼称される。

粘着榴弾
【ねんちゃくりゅうだん】
High-Explosive Squash Head

　戦車砲や無反動砲などの直射砲で用いられる、対装甲砲弾の１種。通常の炸薬を詰めた榴弾と似た構造だが、弾頭部を覆う金属に薄く柔らかいものを使用。目標に当たるとへばりつくように潰れて起爆する。起爆によって生じた衝撃波が装甲材を伝わるホプキンソン効果により、装甲の裏側が破壊され飛び散り、内部を損傷する仕組みだ。近年の戦車等に使われる複合装甲には効果が薄く、現在ではほとんど使われていない。

　略 » HESH

燃料
【ねんりょう】
Fuel

　燃焼させることで、熱源となるもの。エンジンなどを動かすために使用する。薪や木炭の他、石炭、石油、天然ガスなどの化石燃料が広く使われる。また核分裂反応で熱を出す核燃料も広義では含まれる。

燃料気化爆弾
【ねんりょうきかばくだん】
Fuel-Air Explosive

　酸化エチレンや酸化プロピレンなどの燃料を加圧沸騰させ、大気中に霧状に一気に噴射し、それを誘爆させる仕組みの爆弾。強烈な爆圧と3000℃に迫る高温を発生し、半径数百ｍにわたり破壊する。その威力は小型の戦術核爆弾に匹敵し「貧者の核爆弾」といわれることもある。近年は、燃料ではなくサーモバリック爆薬とよばれる気体爆薬を用いるようになったため、サーモバリック爆弾ともよばれるようになった。

　同 » 気化爆弾、サーモバリック爆弾
　略 » FAE

燃料携行缶
【ねんりょうけいこうかん】
Jerrycan

➡ ジェリカン

燃料電池
【ねんりょうでんち】
Fuel cell

　水素やメタノールなどを使い、一定条件下で触媒と反応させることで電気エネルギーを発生する装置。燃焼をともなわないため大気中の酸素がなくても使える。民間ではすでに燃料電池車などで実用化されている。軍事の世界でも最新の通常動力型潜水艦に搭載される、AIP機関（非大気依存推進機関）の一方式として実用化されている。

燃料棒
【ねんりょうぼう】
Fuel rod

　原子炉で使う核燃料ペレットを、棒状の燃料被服管に封入したもの。燃料棒内の核燃料ペレットが、原子炉の炉心で核分裂反応により高熱を発し、その熱で水を沸騰し蒸気を作り出す。

ノーズギア
【のーずぎあ】
Nose gear

　航空機の降着装置のうち、前脚と前輪のこと。

ノーズコーン
【のーずこーん】
Nose cone

　ロケットや戦闘機などの最前部にとりつけられる、円錐形のカバー。ノーズフェアリングともいう。

ノズル
【のずる】
Nozzle

　ロケットエンジンやジェットエンジンの後部にあり、燃焼ガスを噴出する吹き出し口の部分。

ノーター
【のーたー】
NOTOR

　「NOテイルローター」を略した造語で、ヘリコプターの後部にあるテイルローターの代わりに空気を横方向に噴射して、機体の横回転運動を打ち消す仕組み。一部の機体で採用されているが、あまり普及していない。

ノックダウン生産
【のっくだうんせいさん】
Knockdown production

　兵器や軍備品の輸入方式のひとつ。他国の企業の製品を、組み立てされる前の部品の状態で輸入し、国内で組み立てる生産方法のこと。パーツ製造から国内で行うライセンス生産と違い、国内の受け入れ企業が行うのは組み立て作業のみ。全部品を輸入する場合のほかに、主要

パーツのみ輸入し簡易な部分は国内品を使う場合もある。いずれも技術移転を受ける効果は少ないが、その分、ライセンス生産より割安になる場合が多い。

ノット
【のっと】
knot

　速度の単位で、1ノットは1時間に1海里（1852m）進む速さ。艦艇や航空機で用いられる。単位記号は「kt」。

略 » kt

ノーティカルマイル
【のーてぃかるまいる】
nautical mile

➡ 海里

ノーラッド
【のうらっど】
NORAD

　北アメリカ航空宇宙防衛司令部の略称。アメリカ合衆国とカナダが共同運営している防衛組織で、地球全体の人工衛星の観測・管理や、弾道ミサイルなどの発射を監視している。コロラド州のコロラドスプリングス近郊に、地下司令部がある。North American Aerospace Defense Commandの頭文字をとってこうよばれる。

は

排煙器
【はいえんき】
Evacuator

　戦車砲などの砲身の途中につけられる装置で、砲弾発射後に砲身の中に残る燃焼ガスを排出し、砲尾から戦闘室内に流入するのを防ぐ。

廃艦
【はいかん】
Abandoned ship

　耐用年数を過ぎた艦艇や、破損して修復不能な艦艇を、軍籍から削除し（除籍）廃棄処分とすること。

排気タービン式過給機
【はいきたーびんしきかきゅうき】
Turbocharger

➡ ターボチャージャー

排水量
【はいすいりょう】
Displacement

　艦艇の大きさを表すための数値。艦を水面に浮かべた時にアルキメデスの原理で排水される水の量を、1㎥を1tに換算したものを排水tとして表記する。排水量には算出される条件によりいくつかの基準がある。水上艦では1922年より以前は「常備排水量」、1922年以降は「基準排水量」が国際基準として使われた。現在は「満載排水量」が使われることが国際基準だが、海上自衛隊では「基準排水量」を採用し、必要に応じて「満載排水量」を併記している。例えば「ひゅうが型護衛艦では、基準排水量が13950ｔに対し、満載

排水量は19000tと3割強も数値が異なる。この他に公試状態で算出する「公試排水量」がある。また潜水艦では、水上に浮いた状態での満載排水量に当たる「水上排水量」と、全没した場合の「水中排水量」が併記して使われている。

ハイスキュード・スクリュー
【はいすきゅーどすくりゅー】
High-speed screw

現代の潜水艦が備える特殊形状のスクリュー。5～7翼で、細長くよじれた構造になっている。推進効率が高い上に静粛性に優れる。ただし加工が難しく、工作精度が低いと騒音の元になる。

敗走
【はいそう】
Rout

戦いに負けた結果、急いで逃げ出すこと。

配属
【はいぞく】
Assignment

兵士を一定の部隊や部署に所属させることをいう。

排他的経済水域
【はいたてきけいざいすいいき】
Exclusive Economic Zone

1994年に発効した海洋法に関する国際連合条約で定義された、国家が海洋に及ぼす権利がおよぶ水域。沿岸国は自国の岸から200海里（370.4km）までの水域範囲内で、水産物や鉱物資源、海流などから得られる自然エネルギーに対して、排他的に探査・開発・保全・管理を行う権利を有する。

略 » EEZ

ハイドロフォン
【はいどろふぉん】
Hydrophone

水中の音を収集するマイクロフォン。ソナーシステムの集音センサーとして使われる。

背嚢
【はいのう】
Backpack, Rucksack

兵士が個人装備や消耗品を入れて担ぐ布製のバックパック。

バイパス比
【ばいぱすひ】
Bypass ratio

ターボファンエンジンで、吸気した空気のうち、バイパス流として排気されるものと燃焼室に送られる空気量の比率。この

比率の数値で、エンジンの特性が推測できる。一般に、バイパス比が高くなると燃費は良くなるが高速飛行には向かず、バイパス比が低いと高速飛行に対応するが燃費は悪くなる。

配備
【はいび】
Deployment

兵器や部隊を、必要な部署に所属させること。

バイポッド
【ばいぽっど】
Bipod

➡ 二脚

パイロット
【ぱいろっと】
Pilot

航空機を操縦する人員。また港湾部などで艦船を導く水先案内人のことをいうこともある。

同 》 操縦士

パイロン
【ぱいろん】
Pylon

軍用機が翼下や胴体下に爆弾やミサイル、増槽などを積むときに使う板状の支柱。

バウソナー
【ばうそなー】
Bowsonar

潜水艦や対潜能力重視の水上艦が、艦首部分に備えるソナー。

パウダー
【ぱうだー】
Powder

➡ 火薬

爆撃機
【ばくげきき】
Bomber

爆弾や対地ミサイルなどを搭載し、爆撃を主任務とする軍用機。大型の戦略爆撃機から、小型で目標に向けて急降下しながら爆撃を行う急降下爆撃機など、形態は様々だ。

同 》 ボマー　　略 》 B

迫撃砲
【はくげきほう】
Mortar

砲弾を高角度で打ち上げ、山なりの弾道で飛ばす火砲。臼砲を小型軽量化して誕生した。砲弾は、高角度に固定された砲口部から滑り落として装填し、落下した衝撃で雷管が発火して発射される。単純な造りで砲身も比較的薄く、そのため通常の火砲に比べ軽量で携帯性に富む。小型の迫撃砲は分解すれば数人が背負い運ぶことも可能。そのため、歩兵部隊に配備されることが多く近接援護砲撃などを担当し、照明弾や煙幕弾を発射するのにも使われる。通常の火砲に比べ射程は短く精密な砲撃も難しいが、取り扱いが簡易

なことから、現代の軍隊では欠かせない装備となっている。また、105〜120mmクラスの重迫撃砲は野砲に匹敵する威力を持つがそれなりの重量がある。牽引式や自走迫撃砲として運用されている。

ハーグ陸戦条約
【はーぐりくせんじょうやく】
Convention respecting the laws and customs of war on land

　1899年にオランダのハーグで開催された万国平和会議で採択した、陸戦における様々な国際規定を定めた条約。1907年に一部改定されたあと、現在に至るまで続き、陸戦法規の根拠とされている。交戦者や戦闘員・非戦闘員の定義、宣戦布告、捕虜や傷病者の扱い、降伏や休戦の規定などが定められた。

爆弾
【ばくだん】
Bomb

　内部に装填された炸薬を爆発させて破壊や殺傷を行う兵器の総称。近年は核爆弾や細菌爆弾のように、炸薬以外の手段で被害を与えるものも、爆弾と呼称することがある。

爆弾倉
【ばくだんそう】
Weapon bay

➡ ウェポンベイ

爆弾テロ
【ばくだんてろ】
Terrorist explosions

　爆弾を仕掛け周囲に被害をもたらす手段で行われるテロ行為。

泊地
【はくち】
Anchorage

　荒天時などでも安全に艦艇船舶が碇を降ろして停泊できる水域のこと。奥まった港湾や島々に囲まれたような天然の泊地の他に、防波堤を築いて波浪を防ぐ、人工の泊地も多い。

爆発反応装甲
【ばくはつはんのうそうこう】
Explosive reactive armor

➡ リアクティブ・アーマー

薄暮攻撃
【はくぼこうげき】
Attack of twilight

　日没直後の黄昏時に行う攻撃のこと。近代以前は通常の攻撃は十分に明るさのある日中に行われ、暗くなると自然に戦闘が中止されるのが普通だった。第二次世界大戦期の航空戦でも同様だったが、敵の警戒が薄れる薄暮時を狙って行われ

る作戦を薄暮攻撃とよんだ。奇襲効果もあり戦果が期待できる一方、攻撃隊の帰路は夜間飛行になるため、帰りつけないリスクも大きかった。

白兵戦
【はくへいせん】
Close combat

　刀や槍などを使った前時代的な兵器を使う兵を白兵といい、白兵同士が直接相対する接近戦を白兵戦とよぶ。銃器を使う現代戦でも、歩兵同士が着剣し入り乱れて戦う接近戦のことを指す。

爆薬
【ばくやく】
Explosive

➡ 炸薬

爆雷
【ばくらい】
Depth charge

　駆逐艦などの水上艦艇が、海中に投下して潜水艦を攻撃する専用の爆弾。ドラム缶に似た円筒形のものが多い。レール状の投下器から転がして水中に落とすための形状だ。

爆雷投射機
【ばくらいとうしゃき】
Depth charge launcher

　第二次世界大戦期までの駆逐艦などに搭載された、爆雷を投射するための兵器。艦の左右後方に向けて、100〜200mの距離で爆雷を飛ばした。

幕僚
【ばくりょう】
Staff

　将軍などの上級指揮官に付き従って補佐し、作戦立案や指揮などを手助けするスタッフ。

波号潜水艦
【はごうせんすいかん】
Ha-Go Submarine

　第二次世界大戦まで日本海軍が装備した二等潜水艦のうち、排水量500t未満の小型のもの。航続距離が短く、沿岸域で使われた。

波状攻撃
【はじょうこうげき】
Attack in waves

　海岸で波が絶え間なく押し寄せるように、敵に立ち直る間を与えず反撃を許さないほど、繰り返して攻撃を行うこと。

バース
【ばーす】
Berth

　港湾で艦艇が着岸して停泊できる岸壁のこと。

バースト射撃
【ばーすとしゃげき】
Burst fire

アサルトライフルなどに組み込まれる機構で、1回引き金を引くと数発だけ連続発射する仕組み。2発の場合は2点バースト、3発の場合は3点バーストとよばれる。引き金を引いた間連射するフルオート射撃とは違い、弾丸をむやみやたらに消費しすぎないように考案された射撃方式だ。

発煙弾
【はつえんだん】
Smoke shell

濃い色の付いた煙を発生し、煙幕を張るために使われる。砲弾タイプで火砲やグレネードランチャーから発射するもの、戦車などの軍用車両に設置した専用のスモークディスチャージャーから発射するもの、手榴弾タイプで歩兵が投擲して使うものなど、さまざまなタイプがある。

発煙弾発射機
【はつえんだんはっしゃき】
Smoke discharger

➡ スモークディスチャージャー

ハッキング
【はっきんぐ】
Hacking

コンピュータのシステムに無断侵入すること。情報を抜き取ったり、プログラムを故意に書き換えたり、ときには乗っ取ったりする行為。サイバー戦争では、敵の軍事システムのコンピュータに対するハッキングが行われる。

バックファイヤ
【ばっくふぁいや】
Backfire

無反動砲やロケット弾などを発射するさいに、砲やランチャーの後方に吹き出される爆風のこと。発射時に真後ろに立っていると、巻き込まれて被害を受けてしまう。バックブラストともいう。

バッジ・システム
【ばっじしすてむ】
BADGE system

1969年から2009年まで運用された、航空自衛隊の自動防空警戒組織。Base Air Defense Ground Environment Systemの頭文字からバッジ・システムとよばれた。2009年より、後継となるジャッジ・システムに更新されている。

パッシブ・ソナー
【ぱっしぶそなー】
Passive sonar

潜水艦や水上艦に備えられるソナー（水中音響探知器）の一種で、周囲の音を採集する、受動型ソナーのこと。高度なハイドロフォンセンサーを使い、水中を伝わってくる音波をキャッチして、分析する。水中の潜水艦が通常使うのはパッシブ・ソナーが大半で、こちらの存在を晒すことなく、周囲の状況を探ることが可能だ。捉えた艦船由来の音は、音紋とよばれる音声の特徴を記録したライブラリーに照らし合わすことで、個別の艦を判別することも可能だ。

対 » アクティブ・ソナー

パッシブ・ホーミング
【ぱっしぶ・ほーみんぐ】
Passive homing

　誘導魚雷やミサイルの誘導方法の1つで、ターゲットから発せられる音や熱源などの情報を自身が搭載するシーカー（またはセンサー）で捉えて、自動的に目標を追尾する。

対 » アクティブ・ホーミング、セミアクティブ・ホーミング

発射炎
【はっしゃえん】
Muzzle flash

➡ マズルフラッシュ

発射薬
【はっしゃやく】
Propellant

➡ 装薬

バッテリー
【ばってりー】
Battery

➡ 蓄電池

バッフルチェック
【ばっふるちぇっく】
Baffle check

　水中航行中の潜水艦はソナーで周囲を監視するが、バッフルとよばれる真後ろ方向だけは死角になる。そこで一定期間ごとに艦の進路を斜めに変えたり、時には180度回頭したりして、真後ろ方向に異常がないか（敵に追尾されていないか）を確認する行動。

発令所
【はつれいじょ】
Combat Information Center

　潜水艦の中枢部で、艦長や操縦士などが詰める航海艦橋と戦闘指揮所を兼ねたスペース。指揮官が光学式潜望鏡を覗くため、潜望鏡が設置されるセイル（司令塔）の真下に発令所が設けられる。

バディ
【ばでぃ】
Buddy

　2人で組んだ場合の相棒のこと。現代の歩兵では単独行を行うことはなく、最低でも2人1組のツーマンセルを組む。そのさい、バディは一心同体ともいえる存在になる。また歩兵以外でも2人1組み（2機1組）のケースは多い。例えばダイバーは、2人1組のバディシステムが基本となっている。

バーティゴ
【ばーてぃご】
Vertigo

➡ 空間識失調

ハードキル
【はーどきる】
Hard kill

火砲による砲撃など、物理的な手段で破壊すること。電子的な手段であるソフトキルに対して使われる言葉。

対 » ソフトキル

バードストライク
【ばーどすとらいく】
Bird strike

飛行中の航空機に鳥が衝突して起こる事故。特に海沿いの空港などで起こりやすい。

ハードポイント
【はーどぽいんと】
Hardpoint

軍用機の翼下や胴体下に設けられる、ミサイルや爆弾などの武装や増槽を取り付けることができる箇所のこと。必要に応じて、ハードポイントにパイロン（板状の支柱）を取り付け、その先端に武装や増槽を搭載する。

バトルシップ
【ばとるしっぷ】
Battleship

➡ 戦艦

バトルプルーフ
【ばとるぷるーふ】
Battle proof

兵器が実戦経験を経て信頼性を得ること。実際の戦闘で使用されることで、設計時やテストでは表面化しなかった不具合が見つかることもある。それが原因でカタログスペックどおりの性能が発揮できないことも少なくない。バトルプルーフは、兵器の完成度と信頼性を高める重要な要素とされる。

バトルライフル
【ばとるらいふる】
Battle rifle

7.62㎜径の弾丸を使うオートマチックライフルの総称。現代の主流であるアサルトライフルは、発射反動が少なく携行弾数を増やすなどの理由から、5.56㎜弾が標準だ。しかし威力や射程が不足する場合もあるため、7.62㎜弾を使うバトルライフルが見直されている。近年では歩兵小隊に所属するマークスマン（選抜射手）が装備し、味方の援護や狙撃などの任務に使うことが多い。

羽布
【はふ】
Fabric

高い密度で織り込み、防水処理を施した布。亜麻や木綿などを材料にする。軽く丈夫で、複葉機の時代には航空機の羽や胴体に張って使用した。グライダーにも使われる。

ハーフトラック
【はーふとらっく】
Half-track

タイヤを使う装輪車両と無限軌道（キャタピラ）を使う装軌車両を合わせた軍用トラック。前輪はタイヤを用い、後輪にあた

る部分には無限軌道が備わっている。通常のトラックよりも不整地走行性能が高かった。第二次世界大戦では、アメリカの「M2/M3ハーフトラック」や、ドイツの「Sd.Kfz.250/251」が活躍し、戦場で歩兵を運ぶ兵員輸送車や不整地での物資輸送に活躍した。しかし、路上での機動力は通常のトラックに及ばず、不整地では装軌車両に及ばない中途半端な存在として、その後は使われなくなった。

同 》 半装軌車両

バヨネット
【ばよねっと】
Bayonet

➡ 銃剣

払い下げ品
【はらいさげひん】
Surplus

➡ 放出品

パラシュート
【ぱらしゅーと】
Parachute

　傘のように開く布製の装備で、開くことで空気抵抗を生じ、落下速度を緩める道具。普段は折りたたんで携行し、使用時に広げる。航空機などから降下する場合に使用されるほか、航空機の着陸時に使用し速度を緩めるドラッグシュートもある。オーソドックスなマッシュルーム型がお馴染みだが、近年使われる翼型のラムエアタイプは、ある程度の滑空性能を持つ。

同 》 落下傘

バラストタンク
【ばらすとたんく】
Ballast tank

　潜水艦の艦内に備えられる海水の出し入れが可能なタンクで、浮力調整のために使われる。バラストタンクの上部にあるベント弁を開いて海水を入れれば、重くなり潜水艦は沈降する。逆に圧搾空気を送り込み海水を排出すれば、浮力が付き浮上する。

パラトルーパー
【ぱらとるーぱー】
Paratrooper

➡ 空挺兵

バルカン砲
【ばるかんほう】
Vulcan gun

➡ ガトリングガン

バルジ
【ばるじ】
Bulge

　艦艇の水面下側面に設けられる膨らみ。浮力を増す目的のほかに、魚雷対策

など水中防御力の強化のために、改装時に増設されることもある。

パルスドップラーレーダー
【ぱるすどっぷらーれーだー】
Pulse doppler radar

主に航空機に積まれるレーダーで、断続的に電波を出すパルスレーダー波を用い、ドップラー効果によって位置や相対速度を正確に計測できる仕組み。上空から下方の目標を探知するルックダウン能力には欠かせないレーダー方式だ。

パルチザン
【ぱるちざん】
Partisan

➡ ゲリラ

バレット
【ばれっと】
Bullet

➡ 弾丸

バレル
【ばれる】
Barrel

➡ 銃身

パワーパック
【ぱわーぱっく】
Power-pack

軍用車両では、エンジンと変速機(トランスミッション)を一体化して開発されることが多く、パワーパックとよぶ。戦車などでは整備のさいに、パワーパックごと降ろして行うことが普通だ。

ハンガー
【はんがー】
Hanger

➡ 格納庫

バンカーバスター
【ばんかーばすたー】
Bunker buster

第二次世界大戦時に登場した、潜水艦の基地や地下基地などを破壊するために開発された大型爆弾が元祖。重量の重さで地上部分を貫通し、内部に達して膨大な炸薬による爆発力で施設を破壊した。その後、ロケット推進で突入速度を増すなど、さまざまなバンカーバスターが開発されている。MOP(大型貫通爆弾)とよばれるアメリカ軍の「GBU-57」は、重量13600kgもの巨大爆弾で、現在のところ核爆弾をのぞいては最大の爆発力を誇る兵器とされている。

同 » 地中貫通爆弾

バンザイアタック
【ばんざいあたっく】
Banzai-attack

第二次世界大戦時、南方の戦場で戦った日本陸軍は、戦況の悪化で玉砕覚悟の無茶な突撃を行った。その際に「天皇陛下万歳」の声とともに行われたことから、アメリカ軍兵士が「バンザイアタック」とよんで恐れた。

半潜水艇
【はんせんすいてい】
Semi-submarine

　水面下ギリギリまで船体を水没させて発見されにくくする小型艦艇。ただし完全に潜水することはできない。特殊部隊の潜入などで使われる。北朝鮮も工作員潜入や拉致の目的で、工作船に搭載して日本沿岸で使用したとされている。

半装軌車両
【はんそうきしゃりょう】
Half-track vehicle

➡ ハーフトラック

ハンター・キラー
【はんたーきらー】
Hunter killer

　第二次世界大戦中に、大西洋で通商破壊戦を行うドイツのUボートを狩りたてるために、英米海軍が行った戦法。無線傍受やレーダーなどでUボートをキャッチし、対潜機を積んだ護衛空母と随伴する駆逐艦でチームを組んで、追い立てて攻撃。多くのUボートを沈めた。その後、潜水艦を攻撃する水上艦や対潜哨戒機そのものをハンター・キラーというようになった。現在では水中で対潜作戦を行う攻撃型潜水艦も含まれる。

パンツァーカイル
【ぱんつぁーかいる】
Panzerkeil

　第二次世界大戦の東部戦線で、ドイツ軍の機甲部隊が行った、戦車を使用した戦法。戦車隊と装甲擲弾兵（機械化歩兵）でカンプグルッペと名付けた機甲戦闘集団を形成。重装甲の重戦車を楔型陣形の先端に据え敵軍からの攻撃を受け止めつつ突入。その両脇や後方に機動性のある中戦車を配置して突破口を拡大しつつ敵陣を破壊。さらに後方に続く兵員輸送車に乗った装甲擲弾兵が、戦車が蹂躙した敵陣地に下車展開して掃討や制圧するというものだ。

| 同 ≫ 楔型陣形

ハンドガン
【はんどがん】
Handgun

➡ 拳銃

ハンドキャノン
【はんどきゃのん】
Hand cannon

　強力な弾丸を発射できる大型の拳銃の総称。構造上堅牢なリボルバーが多い。44口径マグナム弾を使う「S&W M29」や50口径マグナム弾の「S&W M500」、またマグナム弾を撃てるオートピストルの「デザートイーグル」などが有名だ。

ハンドグレネード
【はんどぐれねーど】
Hand grenade

➡ 手榴弾

ハンマー
【はんまー】
Hammer

➡ 撃鉄

反乱軍
【はんらんぐん】
Rebel army

　国家の支配に反発し、命令系統を離脱して独自行動を起こして、反旗を翻す軍隊のこと。

ピカティニーレール
【ぴかてぃにーれーる】
Picatinny rail

　アサルトライフルなどの小火器に備えられる、オプション装備を取り付ける台座。スコープや暗視装置、ライトなどを取り付ける。取り付け台座となるピカティニーレールは規格化されており、規格に対応する機器を自由に取り付けることができる。

非貫通式潜望鏡
【ひかんつうしきせんぼうきょう】
Non-penetration periscope

　近年の潜水艦に装備される潜望鏡で、先端にTVカメラや光学センサーを付けたもの。光学式潜望鏡のように物理的に光を導く必要がないため、設置場所や構造の自由度が高い。船体の耐圧殻を貫通させる必要がないことから、この名前でよばれている。

引き金
【ひきがね】
Trigger

　銃器で弾丸を発射するための激発装置。湾曲した金具になっており、指で引くことで作動する。

　同 》 トリガー

ピクセル迷彩
【ぴくせるめいさい】
Pixel camouflage

➡ デジタル迷彩

飛行甲板
【ひこうかんぱん】
Flight deck

　中～大型の艦船に備え付けられる、航空機の発着に使われる平らな甲板スペース。空母のように、艦首から艦尾まで続く飛行甲板は全通式とよばれ、CTOL機やSTOVL機、それにヘリコプターなどさまざまな艦載機を運用できる。一方、駆逐艦などの後部に設けられた飛行甲板は、ヘリコプターの発着に使われる。

飛行機
【ひこうき】
Airplane

　空を飛行する航空機の中でも、特に固定翼を持つ機体のこと。通常、回転翼を持つヘリコプターや、飛行船、気球などは飛行機には含まれない。

飛行船
【ひこうせん】
Airship

空気より軽いヘリウムガスを詰めた、流線形の気嚢で浮力を得る、飛行機械。気嚢の下部に人員が登場するコックピットを備える。また発動機でプロペラを回して推進力にする。移動速度はゆっくりだが、長時間滞空できる利点を持つ。初期の飛行船は水素ガスを使っていたが、引火して爆発事故が起こったため、現在は不燃性のヘリウムガスなどが使われる。

飛行隊
【ひこうたい】
Squadron

航空機を運用する部隊の総称として使われるが、航空部隊の部隊単位として使われることが多い。例えばアメリカ軍では、「航空団(Wing)」、「航空群(Group)」の下の単位として、「飛行隊(Squadron)」が当てられている。

同 » スコードロン

飛行艇
【ひこうてい】
Flying boat

水上で発着する水上機の一種で、機体の胴体部そのものが水に浮く船の形状を持っている。比較的大型の機体が多い。また飛行艇の多くは格納式の降着装置を持ち、滑走路からの発着も可能な両用構造となっている。1910年代から開発され、第一次世界大戦でも実戦使用された。穏やかな水面があれば飛行場や滑走路が不要であり、その利点を生かして島嶼部での運用や海上哨戒などに活躍した。第二次世界大戦では、日本の「二式大艇」やアメリカの「PBYカタリナ」などの傑作飛行艇が誕生した。戦後は一時廃れたが、湖沼地帯の多いカナダやロシアで開発運用されている。また海洋国家の日本でも「二式大艇」の系譜を継承する対潜哨戒飛行艇の「PS-1」が開発され、現在は救難飛行艇「US-2」が運用されている。

飛行服
【ひこうふく】
Flight suit

航空機の搭乗員が着る飛行に適した服装や装備。保温性や耐久性、耐火性などが考慮されている。

同 » フライトスーツ

非殺傷兵器
【ひさっしょうへいき】
Non-lethal weapon

人間に対し使われる兵器で、行動の阻止は行うもののダメージは軽微で致死には至らないように工夫された武器。主に警察組織や軍隊により、暴徒鎮圧などに使われる。催涙ガスを撒き散らす催涙ガス弾や、柔らかいゴム弾、音や閃光を発するスタングレネード、電気で一時的に麻痺させるスタンガンなどが、代表的なものだ。

同 » 非致死性兵器

ピストル
【ぴすとる】
Pistol

➡ 拳銃

非装甲車両
【ひそうこうしゃりょう】
Non-armored vehicle

➡ ソフトスキン車両

非大気依存推進機関
【ひたいきいぞんすいしんきかん】
Air-Independent Propulsion

　最新の通常動力潜水艦に装備される、大気中の酸素を取り入れなくても稼働できる推進機関。英語表記の頭文字をとってAIP機関とよばれる。いくつかの方式が考案されてきたが、加熱による空気の膨張力で動くスターリングエンジンと、液体水素を触媒反応させ電力を発生する燃料電池が、実用化されている。海上自衛隊の「そうりゅう」型は、前者を採用している。

　同 » AIP機関

非対象戦争
【ひたいしょうせんそう】
Asymmetric war

　敵味方の軍隊の形態が、著しく異なるもの同士の戦い。現代ではアフガニスタンに代表される正規軍とゲリラ組織の戦いなどが、非対象戦争とよばれている。

被弾
【ひだん】
Being shot

　発射された銃弾や砲弾が、自分に当たること。

避弾経始
【ひだんけいし】
Sloped armor concept

　銃弾や砲弾が当たっても弾き逸らしてしまうように、装甲に角度をつけること。第二次世界大戦期の戦車から採用された傾斜装甲や、戦後第2世代までの戦車に採用された丸みを帯びた砲塔などは、避弾経始を考慮した形状だ。

非致死性兵器
【ひちしせいへいき】
Non-lethal weapon

➡ 非殺傷兵器

ビーチング
【びーちんぐ】
Beaching

　揚陸艦や揚陸艇が、浜に乗り上げて艦内に積んだ陸上兵力や装備を直接上陸させること。揚陸艦には艦首部に開口扉が設けられているものがあり、艦首だけを浜につけて、開口扉を開けて車両を降ろすことができる。

ピッチング
【ぴっちんぐ】

Pitching

艦艇で生じる縦揺れや、航空機の上下方向の運動のこと。

対 » ローリング

ピトー管
【ぴとーかん】
Pitot tube

航空機などで、対気速度を計るために使われるセンサー。機首部分などに前方に向けて設置された細い管で、その内部にかかる大気圧力を測定し周囲の気圧と比較して速度を計測する。

非武装地帯
【ひぶそうちたい】
Demilitarized Zone

戦争や紛争において、停戦や休戦で戦闘が休止したままの状態で、双方の勢力が接するエリアに設けられる緩衝地帯。軍事行動を行わないことが、双方の勢力により合意された中立地帯のこと。現在では、韓国と北朝鮮の軍事境界線を中心に帯状に設けられている。

略 » DMZ

非武装中立
【ひぶそうちゅうりつ】
Unarmed neutrality

国家がとる安全保障の方策のひとつで、警察権をのぞく軍隊を持たず、武装を放棄して中立を宣言すること。現在では宗教的国家のバチカン市国の他、中米のコスタリカが非武装中立を宣言。また南太平洋のいくつかの小国も、実質的に非武装中立を取り入れている。

被帽付徹甲弾
【ひぼうつきてっこうだん】
Armor-Piercing Capped

対装甲で使われる徹甲弾の一種で、先端表面に柔らかい金属のキャップを被せて、着弾時の滑り止めにしているもの。

略 » APC

標的
【ひょうてき】
Target

射撃で狙う的のことが語源だが、攻撃の目標を総称していうこともある。

同 » ターゲット

病院船
【びょういんせん】
Hospital ship

手術や検査、入院などの病院機能を備えた大型艦船。民間の病院船もあるが、多くは軍によって保有運用される。専用の病院船は、固定武装を持たず、白色の艦体に赤十字や赤新月マークなどの標識を明確に掲示し、医療行為以外の軍事行動はとらないなどの条件を満たすことで、攻撃をされず保護されると戦時国際法で定められている。また、空母や揚陸艦、輸送艦などの大型艦艇で艦内に病院機能を持つものもあるが、病院船とは区別されている。

平甲板
【ひらかんぱん】
Flush deck

➡ 全通甲板

ピンポイント爆撃
【ぴんぽいんとばくげき】
Pinpoint bombing

➡ 精密爆撃

ふ

ファイア・アンド・フォーゲット
【ふぁいああんどふぉーげっと】
Fire and forget

➡ 撃ちっ放し能力

ファイター
【ふぁいたー】
Fighter

➡ 戦闘機

ファーストエイドキット
【ふぁーすとえいどきっと】
First-aid kit

兵士が個人携帯する応急手当用の医療セット。包帯や滅菌したガーゼや応急テープ、三角巾、止血剤、水質浄化剤など、基本的な応急処置用のアイテムがコンパクトにまとめられている。

ファミリー化
【ふぁみりーか】
Family concept

軍用車両の開発で用いられる手法で、基本となる車体やエンジンを共通化し、さまざまな装備や任務の車両を開発すること。開発費の低減化だけでなく、戦地における整備のしやすさや部品供給の一本化などのメリットが大きい。例えば、現在アメリカ陸軍が運用している装輪装甲兵員輸送車の「ストライカー」は、徹底したファミリー化が行われている。ベースとなる装甲兵員輸送車の他に、偵察車、機動砲(装輪戦車)、自走迫撃砲、指揮通信車、砲兵観測車、装甲工兵車、野戦救急車、自走対戦車ミサイル、NBC偵察車と、計10種の車両が開発されている。

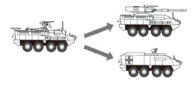

ブイトール機
【ぶいとーるき】
VTOL aircraft

➡ 垂直離着陸機

ブイストール機
【ぶいすとーるき】
V/STOL aircraft

➡ 垂直/短距離離着陸機

フィールドキッチン
【ふぃーるどきっちん】
Field kitchen

野外で兵士に暖かい食事を提供する

247

ために開発された、調理セットを備えた移動式の車両。第一次世界大戦では、ドイツ軍などで、馬で引くトレーラー式の「フィールドキッチン」が運用され、シチューなどを煮込む圧力釜が備えられていた。以来、各国の軍隊で運用され、野戦陣地の兵士に暖かい食事を提供する。現在も軍隊の重要な装備として重宝されている。アメリカ軍では、トレーラーを展開すると、800人分の調理を行える「モバイルキッチントレーラー」を装備。陸上自衛隊でも、600人分の炊飯やオカズの調理ができる「野外炊具1号」を持つ。災時などは被災民に暖かい食事を提供するのにも使われる。

同 » 野外炊具

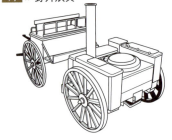

風船爆弾
【ふうせんばくだん】
Balloon bomb

　第二次世界大戦後期に日本軍が開発した兵器。水素を詰めた風船（気球）に爆弾を吊り下げたもので、上空のジェット気流に乗せて太平洋を渡らせて、アメリカ本土を攻撃しようというもの。実際に9300発が放たれ、そのうちアメリカ側の記録では、285発がアメリカ大陸に到達したとされる。ピクニック中の市民6人が爆死する被害をうけたのが、確認された唯一の戦果とされる。

同 » 気球爆弾

風洞実験
【ふうどうじっけん】
Wind tunnel experiment

　航空機などの開発にあたり使われるのが、風洞とよばれる人工的に空気の流れを作るトンネル状の装置。その中でに模型や実機パーツを置いて、空力特性などを確かめるための実験を行う。

風防
【ふうぼう】
Windshield

　航空機など速度の出る乗り物で、風の影響を遮るための透明な盾。前方に展開し風よけとするものはウィンドシールドとよぶ。また戦闘機などに使われるすっぽり覆う半円形のタイプは、キャノピーとよばれている。

同 » ウィンドシールド、キャノピー

フェアリング
【ふぇありんぐ】
Fairing

　航空機やロケットの先端に被せられる、空気抵抗を軽減するための覆い。

フェイズド・アレイ・レーダー
【ふぇいずどあれいれーだー】
Phased array radar

多数のアンテナ素子を並べてビーム操作を行う、フェイズドアレイアンテナを使用したレーダー。イージス艦などに搭載されるレーダーで、広範囲で高い精度の捜索が可能だ。

フェリー飛行航続距離
【ふぇりーひこうこうぞくきょり】
Ferry flight range

航空機が燃料を最大限に積み、兵器などを積まない状態で飛べる、最大航続距離のこと。あくまでもカタログスペック値であり、実際の運用ではその状態で飛ぶことはほとんどない。

不可侵条約
【ふかしんじょうやく】
Non-aggression Pact

国家間で結ばれる条約で、相手国に対し相互に武力行使による侵略を行わない約束を明文化したもの。ただし必ずしも同盟関係にあるわけではなく、一方的に破棄されることも多い。例えば第二次世界大戦直前の1939年には、ドイツがポーランドとの不可侵条約を破棄し、代わりにソ連との間で独ソ不可侵条約が結ばれた。その結果、ドイツとソ連は9月に、双方からポーランドへ侵攻。それを非難したイギリス、フランスがドイツに宣戦布告し、第二次世界大戦へと拡大した。しかし独ソ不可侵条約も長くは続かず、1941年にドイツのソ連侵攻で破棄された。

同 » 不侵略条約

浮橋
【ふきょう】
Pontoon bridge

➡ ポンツーン

伏撃
【ふくげき】
Ambush

敵の侵攻を予測し、待ち伏せて攻撃する戦法。攻撃がしやすく敵の反撃を受けにくい地形に交戦エリアを想定して、味方の兵力を敵に察知されないように配置して待ち受ける。敵がキルゾーンに入ったら一斉に攻撃すれば、大きな損害を与えることができる。また、味方の一部を囮役としてわざと敵に追撃させ、キルゾーンにおびき寄せる戦術も使われる。伏兵の一部が敵の後方を遮断し退路を断てば、一気に壊滅に追い込むことも可能だ。

同 » アンブッシュ

複合装甲
【ふくごうそうこう】
Composite armor

防弾鋼板の間に、セラミックやチタン合金など様々な防弾素材を多重に挟み込んで作られた装甲。対装甲に使われる成形炸薬弾と徹甲弾の双方に対して、防御効果が高い。イギリスで開発されたチョバムアーマーがその先鞭をつけ、戦後第3世代以降の主力戦車の多くが、複合装甲を採用している。

同 » コンポジットアーマー

複座
【ふくざ】
Two-seater

　戦闘機や攻撃機、練習機などの航空機で、2名の乗員が搭乗するように座席が2つ設けられているタイプ。多用な任務に対応しやすくなるほか、パイロットの訓練に複座型は欠かせない。前後に座席が配置されるタンデム型が主流だが、左右横並びのサイド・バイ・サイドもある。また、戦闘ヘリコプターも複座を採用しているものが多い。

対 » 単座

伏兵
【ふくへい】
Ambush

　敵に気づかれないように潜んで待ち伏せ、伏撃を行う兵士や部隊。古来から伏兵を活用することは、兵法の常套手段とされている。侵攻側より少ない兵力で対抗することも可能だ。

副砲
【ふくほう】
Secondary gun

　軍艦に積まれる火砲で、主砲に次ぐ口径を持つもの。主砲が長射程を生かし遠距離の攻撃を行うのに対し、副砲は中～近距離に近づいてくる小型艦艇などの敵を攻撃するのに使われる。例えば第二次世界大戦時の戦艦では、副砲は口径12.7～15.5cm程度の副砲を備えた。第二次世界大戦最大の戦艦「大和」は、46cm砲が主砲で、副砲は15.5cm砲を装備。主に近づく敵の駆逐艦などを攻撃対象に想定していたが、この15.5cm砲は「最上」型巡洋艦の改修で撤去した主砲を再利用したものだった。また軍艦以外にも、多砲塔戦車など複数の火砲を備える陸上兵器でも、副砲が備えられたものがあった。

複葉機
【ふくようき】
Biplane

　航空機の黎明期に多く見られる、上下2枚の主翼を持つ機体。世界初の飛行機として知られる「ライトフライヤー」も複葉機だった。2枚の主翼でより多くの揚力を発生させることが目的で、当時の主翼は木製の骨組みに頑丈な羽布が張られたものだった。第一次世界大戦では様々な複葉機が軍用機として活躍し、中には3枚の翼を持つ三葉機もあった。しかし1930年代中盤に金属製の翼を持つ単葉機が登場すると、速度や飛行性能で及ばず、複葉機は姿を消した。第二次世界大戦では一部の観測機などに残るのみとなった。現在は曲芸用などでわずかに使われる程度だ。

武勲艦
【ぶくんかん】
Feats of arms ship

　華々しい戦果を上げた軍艦のこと。武勲艦の多くは、武勲の末に戦没してしまうことが多く、その大半は人々の記憶として語り継がれている。例えば、第二次世界大戦時の日本海軍の武勲艦といえば、開戦時の真珠湾攻撃から始まり数々の海戦で活躍奮闘した末に、レイテ沖海戦で沈んだ空母「瑞鶴」を上げる声が多い。しかし武勲艦が幸運にも戦没せずに退役に至った場合は、記念艦として栄誉をうけることもある。日露戦争で連合艦隊旗艦を務めた戦艦「三笠」は、退役後も保存され、現在は横須賀で記念艦として係留展示されている。

浮航能力
【ふこうのうりょく】
Swimming ability

　軍用車両に付加される能力のうち、水に浮いて水面を航行することができるもの。

不侵略条約
【ふしんりゃくじょうやく】
Non-aggression pact

➡ 不可侵条約

ブースター
【ぶーすたー】
Booster

　ロケットや航空機に取り付けられる補助推進装置。大型ロケットでは打ち上げの際に、本体の周辺にロケットブースターをつけて噴射させ、推進力を増す。また、航空機が短距離離陸するために、ブースターを用いることがある。ブースターは推進剤を使い切ったら、分離して落下廃棄される。

不正規戦争
【ふせいきせんそう】
Unconventional war

　従来の正規軍同士の戦闘ではなく、ゲリラ戦や後方攪乱、破壊工作、テロリズムなどの手段を使って戦われる戦争の総称。敵国内の反乱分子を援助してクーデターを起こさせるような工作活動も、不正規戦争の1種だ。

敷設潜水艦
【ふせつせんすいかん】
Submarine minelayer

　機雷を運び敷設する任務を担う潜水艦。機雷の敷設筒を備え、水中に潜ったまま機雷を放出し、密かに敷設する。敵の軍港や海軍基地などの拠点や、海峡の封鎖作戦などに使われた。

武装
【ぶそう】
Armament

　戦闘に使われる武器。また、それを装備すること。

同 » 兵装

普通科
【ふつうか】
Infantry

➡ 歩兵隊

物資集積所
【ぶっししゅうせきじょ】
Depot

　部隊が戦いを継続するために必要な様々な補給物資を一時的に集めて貯蔵しておく場所。戦場の後方エリアに設置され、必要に応じて前線の部隊に物資を供給する。兵站には欠かせない設備だが、あくまでも一時的に設置されるもので、恒久的な基地ではない。燃料や弾薬、食糧などの消耗品を中心にさまざまな物資が集積される。そのため、敵軍に襲われた場合は、味方の戦闘継続能力に大きな影響が出かねない。

同 》デポ

ブッシュハット
【ぶっしゅはっと】
Bush hat

　ベトナム戦争でアメリカ軍が採用して広がった、兵士が被るツバ付きの布製帽子。降雨時に顔に雨だれが顔にしたたらないために好まれた。

不発弾
【ふはつだん】
Unexploded bomb

　発射された砲弾や投下された爆弾で、着弾しても爆発せずにそのままの形で残ってしまったもの。不発弾は、土中に埋もれて残ることが多く、後日にちょっとしたキッカケで爆発し、民間人に被害を与えることもある。現在でも、過去に戦場であった場所では、不発弾が発見されることが多い。その場合は軍隊や警察組織の爆発物処理班が出動して、撤去もしくはその場での爆破処理を行い、脅威を取り除かねばならない。

ブービートラップ
【ぶーびーとらっぷ】
Booby trap

　放棄した陣地や装備、時には戦死者の遺体などに仕掛けられる、爆発物などを使った罠。勢いづいて乗り込んで、無警戒に触ったり踏んだりすると、仕掛けられた手榴弾や爆弾などが爆発して、思わぬ被害をうけることになる。Booby（愚か者）が引っかかる trap（罠）というのが、語源だ。

フライト
【ふらいと】
Flight

　航空機により飛行すること。

フライトジャケット
【ふらいとじゃけっと】
Flight jacket

航空機パイロットや搭乗員が着用する耐久性と防寒性に優れる上着。日本では、米軍のフライトジャケット「MA-1」が放出品として流通してブームとなり、現在では定番のファッションアイテムとなっている。

フライトスーツ
【ふらいとすーつ】
Flight suit

➡ 飛行服

フライトデータレコーダー
【ふらいとでーたれこーだー】
Flight recorder

航空機が飛行時に生じた様々なデータを記録する装置。堅固な造りのケースに納められ、墜落などの重大事故では回収されて分析し、事故原因を解析する手がかりとなる。

フライトデッキ
【ふらいとでっき】
Flight deck

➡ 飛行甲板

フライトデッキコントロール
【ふらいとでっきこんとろーる】
Flight deck control

空母のフライトデッキ（飛行甲板）での、搭載機の配置や移動、発着艦時のさまざまな動きなどを統括する部署。艦橋の中に設けられる。ヴィジャボードとよばれる飛行甲板を模した板の上に、飛行機の模型を置いて動かすというアナログな方法で、フライトデッキ上の配置や動きを決め、作業の指示を出している。

フライ・バイ・ライト
【ふらいばいらいと】
Fly By Light

航空機の操縦系統などで、光ファイバーを経由した光信号を使って操作を伝達し、さまざまな舵やエンジンのコントロールを行う方式。電線によるフライ・バイ・ワイヤの発展型だが、光ファイバーを使うことで電磁パルスによる干渉を受けにくく、膨大なデータ量の伝達が可能になる最新の方式だ。

フライ・バイ・ワイヤ
【ふらいばいわいや】
Fly By Wire

航空機の操縦系統で、従来は操縦室での操作は、ケーブルや油圧パイプなどの物理的な動きを通して、各部に伝えられていた。フライ・バイ・ワイヤでは、操縦の動作が電線を通して電気信号で各部に伝えられ、個々のアクチュエーター（モーターなど）を作動して操縦系統を操作する。動作を電気信号に代えるさいにコンピュータ制御を挟むことで、アナログ方式では不可能だった操作性の向上が実現し、自動操縦装置なども実用化した。

フライ・パス
【ふらいぱす】
Fly pass

飛行場の上空を、着陸せずに低高度で

飛行したまま通過すること。日常では緊急時以外にはほとんど行われることはないが、航空祭での展示飛行ではしばしば実施される。

プライマー
【ぷらいまー】
Primer
➡ 雷管

フライングブーム方式
【ふらいんぐぶーむほうしき】
Flying boom method

　空中給油に使われる方式の1つ。給油機の尾部から、フライングブームとよばれる、途中に小さな安定翼のついた給油管を伸ばし、被給油機の給油口に先端を差し込んで給油を行う。アメリカ空軍のほか、航空自衛隊の空中給油機もこの方式を採用している。

ブラウンウォーター・ネイビー
【ぶらうんうぉーたーねいびー】
Brown water navy

　主に沿岸域や湖沼や河川域などの内水面で活動する海軍のことを示す。使用されている艦艇は、比較的小型のものが多い。外洋で活躍するブルーウォーター・ネイビーに対応してアメリカで造られた俗称である。

　同 » 沿岸海軍
　対 » ブルーウォーター・ネイビー

プラスチック爆薬
【ぷらすちっくばくやく】
Plastic explosive

　粘土のように自由に形を変えられる可塑性を持った合成爆薬。アメリカ軍をはじめ世界中で広く使われるC4爆薬やチェコ製のセムテックスが代表的。通常の状態では化学的安定性が高く、普通に衝撃を加えただけでは爆発しない。また火を付けたり火の中に放り込んだりしても燃えるだけで爆発はしない。しかし雷管を差し込み起爆すると、TNT火薬の1.34倍の威力という強力な爆発力を発揮する。主に工兵の作業などで使われる。

　同 » C4爆薬

フラップ
【ふらっぷ】
Flap

　飛行機（固定翼機）の主翼の後端に装備される稼働する補助翼。フラップを下げたり後方に伸ばしたりすることで、主翼の揚力を増すことができる。離陸時や着陸時など、低速で揚力を多く必要とする場合はフラップを効かせて揚力を増やし、失速しないようにする。一方、通常の飛行時は収納して、空気抵抗を減らし、効率的な飛行を可能にする。

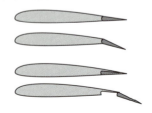

フリゲート
【ふりげーと】
Frigate

　帆船の時代には、外洋航行が可能な小型で快速な軍艦をフリゲートと呼称した。近代以降、国によってフリゲートと名付けられた艦はさまざまだったが、駆逐艦相当もしくはそれより小型の外洋艦で、主に船団護衛の任務につくものをフリゲートと呼称することが多い。現在も、小型の航洋型護衛艦に使われることが一般的。海上自衛隊では、今後新たに建造する比較的小型の汎用護衛艦に、フリゲートを表す「FF」の艦種記号を当てることが公表されている。

同 » FF

ブリッジ
【ぶりっじ】
Bridge

➡ 艦橋

フリート
【ふりーと】
Fleet

➡ 艦隊

ブリーフィング
【ぶりーふぃんぐ】
Briefing

　一般的には説明会や報告会の意味で使われるが、軍事の場合には軍事行動や作戦実施の前に行われる、打ち合わせのこと。特に航空の分野では、飛行の前に必ず搭乗員や関係者の間でブリーフィングが開かれる。

ブルーインパルス
【ぶるーいんぱるす】
Blue impulse

　航空自衛隊に所属する、広報活動を目的とした曲芸飛行チームの愛称。正式な部隊名は、第4航空団飛行群第11飛行隊。1960年に空中機動研究班として発足し、1964年の東京オリンピックで大空に五輪マークを描く展示飛行で、広く知られるようになった。使用機体は1981年までは「ノースアメリカンF-86F」、1982～1995年までは「三菱T-2練習機」、1995年以降は「川崎T-4練習機」が使われている。本拠地は1981年までは浜松基地、それ以降は松島基地に置かれている。現在も、各航空基地の航空祭や国家的イベントなどで展示飛行を行い、高い人気を集めて多くのファンに支持されている。

ブルーウォーター・ネイビー
【ぶるーうぉーたーねいびー】
Blue water navy

　外洋を舞台に活躍する、海軍の総称。自国の沿岸だけでなく、世界の大洋に広域的に展開して作戦活動できる能力を持つ。そのためには単に大型艦を装備するだけじゃなく、洋上補給などの能力を有することが不可欠だ。現在、ブルーウォーター・ネイビーといわれるのは、アメリカ海軍、イギリス海軍、フランス海軍、ロシア海軍、中国海軍、インド海軍などで、正

確には海軍ではないが海上自衛隊もここに含まれる。また、イタリア、オーストラリア、カナダ、韓国、スペイン、ニュージーランド、フィンランド、ブラジルなどの海軍も、それに準ずる外洋作戦能力を備えるが、これらは地域海軍（グリーンウォーター・ネイビー）として区別されることが多い。

[同] » 外洋海軍
[対] » ブラウンウォーター・ネイビー

フルオート射撃
【ふるおーとしゃげき】
Full automatic fire

機関銃やアサルトライフル、短機関銃などで行われる射撃手法で、引き金を引いている間は、弾が切れるまで連続して発射されるもの。

[同] » 連射

フルメタルジャケット弾
【ふるめたるじゃけっとだん】
Full metal jacket bullet

比重の重い鉛のコアの外側を硬い銅合金（真鍮）で覆った弾頭の弾丸。貫通力に優れ、拳銃弾や小銃弾としてはもっともポピュラーなもの。完全被甲弾ともよぶ。

フレア
【ふれあ】
Flare

航空機などに搭載される赤外線誘導に対する欺瞞装置。マグネシウムなどをまぜた火薬を主原料とした延焼弾で、機体から発射されると数秒間燃焼して熱源となる。赤外線誘導のミサイルは、エンジンより大きな熱源のフレアに引き付けられて目標から逸れ、その間に機体を急旋回させ回避する。レーダーを欺瞞するチャフと共に、対ミサイル防御手段の双璧。機体の下方やパイロンに設置されたディスペンサー（発射機）から、射出される。

フレームアウト
【ふれーむあうと】
Flameout

航空機のジェットエンジンが、突然燃焼を停止してしまう状況のこと。様々な原因が想定されるが、酸素供給不足や燃料供給不足による一時的なものなら、空中での再始動が可能な場合が多い。ただしバードストライクなどの異物混入による内部破損であれば、エンジンは停止の状態のまま。双発機なら残ったエンジンのみでの飛行が可能だが、単発機ならば滑空に移り不時着するしかない。

プログラム誘導
【ぷろぐらむゆうどう】
Program guidance

ミサイルや魚雷の誘導方法の1つ。あらかじめプログラミング入力した経路に沿って進路をとる。目標に近づくまでをプログラム誘導で行い、最終段階ではシーカーを働かせて、目標を捉えて突入するような、複合的な使われ方が多い。

ブロック建造方式
【ぶろっくけんぞうほうしき】
Modular design construction

　第二次世界大戦後期以降に使われるようになった、艦船の建造方法。船体をいくつかのパーツに分けて別々に建造し、最後に建造ドックに運び込んで、電気溶接で接合して組み合わせ、船体を造り上げる。従来の船台建造方式に比べ、ドックを占有する時間が少なくてすみ、建造期間自体も短縮できるメリットがある。大規模な電気溶接の技術は、第二次世界大戦時のドイツやアメリカが先行して実用化。その後、世界各国で使われるようになった。

　対 》 船台建造方式

フロート
【ふろーと】
Float

　直訳すれば「浮き」の意味で一般にも使われるが、特に水上機が装着する水上降着装置（浮舟）のことを指す。

プロパガンダ
【ぷろぱがんだ】
Propaganda

　政治的や思想的な意図をもって、主義や主張を強く行う宣伝手法。自国民や敵対国の国民に対して、こちらが有利な状況になるように世論を誘導するために用いられる。

　同 》 宣伝戦

プローブアンドドローグ方式
【ぷろーぶあんどどろーぐほうしき】
Probe and drogue method

　空中給油の方式の1つ。給油機から、先端にドローグとよぶ金属の傘状の給油口をつけたホースを伸ばして空中給油を行う。受油機に取り付けたプローブという受油金具を、ドローグの中に差し込んでドッキングする。給油専用機（タンカー）以外でも、給油ポッドを取り付けられる機体なら給油機になれるメリットがある。ただし受油機側のドッキング時の操縦が難しいことと、時間あたりの給油量が、フライングブーム式より少なく給油時間がかかることがデメリット。アメリカ海軍や海兵隊の航空部隊、欧州やロシア、中国など多くの空軍が採用している。

プロペラ
【ぷろぺら】
Propeller

　航空機や艦船で使う2枚以上の羽根がついた捻じれた回転羽根。回転することで空気の流れを作り、エンジンの出力を推進力に変える推進装置。

フロントサイト
【ふろんとさいと】
Front sight

➡ 照星

分隊
【ぶんたい】
Squad

軍隊の編制単位で小隊の下に位置する小規模の隊。陸軍の歩兵においては10名前後で編制される。3～4分隊が集まって、小隊となる。

分隊支援火器
【ぶんたいしえんかき】
Squad Automatic Weapon

陸軍の歩兵分隊ごとに1丁配備される、突撃したり後退したりするさいに援護射撃を行う役目を持つ銃器。使用する銃は各国まちまちだが、5.56～7.62㎜口径の歩兵が持ち運べる軽機関銃が使われることが多い。通常は射手1名、もしくは射手と弾薬補給などをアシストする2名の隊員で扱われる。

略 » SAW

分隊長
【ぶんたいちょう】
Squad leader

分隊を率いる指揮官。通常は曹長や軍曹の下士官が任命される。

文民統制
【ぶんみんとうせい】
Civilian control

➡ シビリアンコントロール

兵員輸送車
【へいいんゆそうしゃ】
Personnel carrier

歩兵を運ぶことを目的とする車両。歩兵を車両で輸送するようになったのは、第二次世界大戦以降のことで、歩兵も機動力を持つようになり、機械化歩兵とよばれるようになった。トラックなどの荷台に座席を付けた無装甲のものと、兵員を守る装甲を施した専用の装甲兵員輸送車に大別される。

兵営
【へいえい】
Barracks

兵士の居住区。または兵舎が並ぶエリアのこと。

兵役
【へいえき】
Military service

軍に入隊して軍籍を持ち、軍務に服すること。

兵役忌避
【へいえききひ】
Evasion of military service

兵役の義務がある者が、詐病などの理由をつけて兵役を回避しようと試みること。発覚した場合は、国民の義務を果た

さない卑怯な行為と見なされ罰せられることもある。

兵科
【へいか】
Branch of service

軍隊の中で、装備や能力で分けられる区分。例えば陸軍では、歩兵、砲兵、騎兵、戦車兵、工兵など、担う役割によって分かれる。

平甲板
【へいかんぱん】
Flush deck

➡ 全通甲板

兵器
【へいき】
Weapon

軍が使用する戦闘や防御に使われる武器。

同 » ウェポン

兵器廠
【へいきしょう】
Armory, Arsenal

➡ 工廠

兵器倉
【へいきそう】
Weapon bay

➡ ウェポンベイ

兵士
【へいし】
Soldier

広義的には軍隊に所属する人員のことをいうが、狭義的には士官から指揮をうける下士官と兵卒の総称。

同 » 兵隊

平時
【へいじ】
Peacetime

戦争や紛争などが起こっていない、平和な時のこと。

対 » 戦時、有事

兵舎
【へいしゃ】
Barracks

➡ 営舎

並射
【へいしゃ】
Standard fire

機関銃など連続射撃ができる銃器において、数発ずつ途切れさせて射撃する方法。フルオートで連射を続けると、銃身の痛みが早くなるため、通常は並射を繰り返すような射撃を行う。

平射
【へいしゃ】
Flat trajectory fire

➡ 直射　　対 » 曲射

平射砲
【へいしゃほう】
Flat trajectory gun

➡ 直射砲　　対 ≫ 曲射砲

兵装
【へいそう】
Armament

➡ 武装

兵曹
【へいそう】
Petty officer

　海軍における上級下士官。陸軍の曹長に相当。

兵曹長
【へいそうちょう】
Chief warrant-officer

➡ 准尉

兵卒
【へいそつ】
Private soldier

　軍組織の中で大多数を占める、一般兵士の総称。下士官の下になる。上等兵、一等兵、二等兵など。

兵隊
【へいたい】
Soldier

➡ 兵士

兵站
【へいたん】
Military logistics

　前線で戦う戦闘部隊に対し後方との連絡経路を確保し、補給線を維持して、燃料、弾薬、食糧から兵士のための日用品の輸送を行う。また負傷兵の後送や増援の補充、装備の整備・修理なども担当する後方支援任務のこと。一見、地味な存在で軽視されがちだが、兵站が確保できていなければ、戦闘部隊は戦闘を継続することが不可能で、中〜長期の戦闘の帰結が左右される。古今東西、名将といわれる指揮官は、兵站の重要性を理解していることが条件とされてきた。

同 ≫ ロジスティクス

兵站基地
【へいたんきち】
Logistics base

　兵站を行うための基地や地域のこと。規模や担う役目によって区分される。軍の方面軍全体への兵站を行う拠点となる都市などは、戦略兵站基地。また、前線部隊への補給などを担当する物資集積所などは、戦術兵站基地として分けて考えられる。

ペイロード
【ぺいろーど】
Payload

　航空機における、積載可能な物資の重量のこと。積載物には、乗員と貨物や武装などの重量が含まれる。スペックに記

載される最大離陸重量から空虚重量(機体そのものの自重)と搭載燃料の重量を差し引いたものが、ペイロードの目安となる。長距離を飛ぶために燃料を多く積めば、その分ペイロードは少なくなるし、逆に搭載燃料を減らせば、その分だけペイロードを増やすことができる。

ペイント弾
【ぺいんとだん】
Paint bullet

弾頭にペイントの詰まったカプセルを搭載したもの。実銃用とエアーソフトガン用のものがある。命中するとペイントでマーキングされ、訓練で用いられることがある。

ベイルアウト
【べいるあうと】
Bailout

戦闘機など、射出座席が備えられている航空機で緊急脱出を行うこと。機体が攻撃を受け破損などした場合に行われる(エンジン故障などの場合には、海上であればベイルアウトをせずに着水が試みられることもある)。ベイルアウトでは、まずキャノピーが排除され、搭乗者が射出座席ごとロケットモーターで機外へと射出される。その後、座席から離脱しパラシュートで降下する。

平和維持活動
【へいわいじかつどう】
Peace Keeping Operations

➡ 国連平和維持活動

平和維持軍
【へいわいじぐん】
Peace Keeping Forces

➡ 国連平和維持軍

ベクタードスラストノズル
【べくたーどすらすとのずる】
Vectored thrust nozzle

➡ 推力偏向ノズル

ベース
【べーす】
Base

➡ 基地

ヘッドアップディスプレイ
【へっどあっぷでぃすぷれい】
Head–Up Display

戦闘機などに使われる情報表示システムで、コンバイナという透過するガラス板に様々なデータなどを反射投影して表示する。また戦闘時の照準器も兼ねる。パイロットは、外景から視線を外して一々計器を見なくても、前方を見たまま必要な情報を得ることができるシステムだ。

略 » HUD

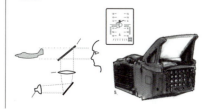

ヘッドセット
【へっどせっと】
Headset

ヘッドフォンとマイクが一体化された会話装置。航空機や戦車など、騒音が会話の邪魔になる環境で使われる。

ヘッドマウントディスプレイ
【へっどまうんとでぃすぷれい】
Head Mounted Display

頭部に装着する情報表示のディスプレイシステム。身につけた端末からの情報を専用の眼鏡などに表示し、歩兵などが作戦行動中もフリーハンドで情報を得ることができる。また、航空機では、ヘルメットにディスプレイを組み込んだタイプも登場。最新の戦闘機である「F-35」は、専用のヘルメットのバイザーに主要な情報を表示するシステムを採用している。

略 》 HMD

ベテラン
【べてらん】
Veteran

➡ 古参兵　　対 》 ルーキー

ベトコン
【べとこん】
Vietcong

1960年に結成された南ベトナム解放戦線の別称。1955年〜1975年まで続いたベトナム戦争で、ベトナム共和国（南ベトナム）政府軍とアメリカ軍を中核にする勢力に対し、反政府勢力の中核として、主にゲリラ戦を展開して戦った。ベトコンは、ベトナム民主共和国（北ベトナム）の支援をうけて戦い抜き、1975年に北ベトナム軍と共にサイゴンを陥落させて勝利。その後、南北ベトナム統一にともない合流する形で組織は解体される。

ヘリ空母
【へりくうぼ】
Helicopter carrier

ヘリコプター（回転翼機）のみを多く運用する航空母艦。アメリカ軍とイギリス軍が、第二次世界大戦後に余剰となった空母を転用して、ヘリコプターを搭載し陸兵の揚陸任務にあてたのが始まり。これはその後、専用設計のヘリコプター揚陸艦に発展した。またフランス海軍の「ジャンヌ・ダルク」やソ連海軍の「モスクワ」級（いずれもすでに退役）などのように、大型巡洋艦の後部に飛行甲板を設け、対潜ヘリコプターを複数運用した艦が登場し、対潜空母やヘリコプター巡洋艦とよばれた。対潜ヘリと戦闘艦を組み合わせるスタイルは、その後のヘリ搭載駆逐艦（護衛艦）に発展し、世界標準となる。海上自衛隊では、ヘリコプター搭載護衛艦の発展形として、全通甲板を持つ「ひゅうが」型（基準排水量13950t）と「いずも」型（基準排水量19500t）を就役させ運用している。外見やサイズから空母といわれがちだが、今のところ固定翼機の運用はできない。ただし、「いずも」型を軽空母に改装する計画が発表されている。海上自衛隊ではヘリ搭載護衛艦（DDH）とよぶが、

海外ではヘリ空母に分類されている。

同 » CVH

ヘリコプター
【へりこぷたー】
Helicopter

　回転翼機ともよばれ、機体の上方に大型のローター（回転翼）を備えて回転させ、飛行する揚力と移動する推力を得る航空機のこと。狭いスペースからの垂直離着陸や、空中で停止するホバリングが可能で、使い勝手の良さから軍民問わず世界中で使われている。回転翼のアイデアは15世紀のレオナルド・ダ・ヴィンチが残したスケッチにまで遡るが、その後は1901年にドイツで実験的に15秒の浮揚に成功したのが最初だ。その後各国で実験機が作られるが、実用化は1937年にドイツで開発された「フォッケウルフFw61」が元祖とされる。戦後になり小型で高出力のガスタービンエンジンが実用化され、各国で使われるようになり、現在に至っている。

ヘリコプター揚陸艦
【へりこぷたーようりくかん】
Landing platform helicopter

　ヘリコプターを使って兵を揚陸することを主目的とした揚陸艦で、多くの輸送ヘリコプターを搭載し、揚陸能力の中心に据えた大型艦艇のこと。ヘリ空母から発展して、専用の揚陸艦として発展した。アメリカの「イオー・ジマ」級や、イギリスの「オーシャン」がある（いずれもすでに退役）。

同 » LPD

ペリスコープ
【ぺりすこーぷ】
Periscope

➡ 潜望鏡

ヘリ搭載護衛艦
【へりとうさいごえいかん】
Helicopter destroyer

　海上自衛隊で運用されている、ヘリコプターの運用を中心に据えた戦闘艦。1973年に就役した「はるな」型は、艦橋後部にヘリ格納庫、艦尾にヘリ用の飛行甲板を備え、対潜ヘリを3機搭載した。その改良型の「しらね」型も対潜ヘリ3機を搭載。艦種記号には、ヘリ搭載駆逐艦を意味するDDHが使われた。しかし、1982年から大量に就役した汎用護衛艦（DD）の「はつゆき」型は、後部に格納庫と飛行甲板を持ち対潜ヘリ1機を搭載。これは世界的に駆逐艦にヘリを搭載するトレンドに乗ったものだった。2009年に「はるな」型2隻の後継として登場した「ひゅうが」型は、全通甲板を持つ空母型で、最大11機のヘリコプター運用能力を

持つ。また2015年に「しらね」型後継として就役した「いずも」型はさらに大型化し、最大14機の運用能力を備えた。艦種記号はDDHのままだが、海外の軍事年鑑などにはヘリ空母として分類されている。

同 » DDH

ヘリポート
【へりぽーと】
Heliport

　ヘリコプターの発着場。発着時に異物を巻き上げるなどの支障がないように、平らなヘリパッドが設けられている。ヘリコプターは離着陸に滑走を必要としないため、サイズはヘリコプターの大きさプラスα程度で可能で、都市部にも設けることができる。日本では、公共用ヘリポートと、警察やドクターヘリ拠点病院に設けられる非公共用ヘリポートがある。その他に高層ビルの屋上などに消防活動などのために設けられた緊急着陸場があるが、こちらは火災や災害などの緊急時以外は使用できない。

ヘリボーン
【へりぼーん】
Heliborne

　ヘリコプターを用いて、陸戦部隊を戦闘区域に直接投入する戦術。ヘリコプターが実用的な兵器となった、ベトナム戦争以降に多用されるようになった。輸送ヘリや汎用ヘリに歩兵を分乗させて、空から侵入。ランディングゾーンが確保できる場合は、降着して兵を降ろす。一方でホバリングしたヘリからロープを伝って滑り降りるラペリングを行うこともある。また兵士を降ろす瞬間に敵の攻撃を受けると大きな損害を受けかねないため、戦闘機や攻撃ヘリによる護衛をつけ、必要に応じて事前攻撃で制圧した後に、強襲的に降着する場合もある。

ベルト給弾方式
【べるときゅうだんほうしき】
Belt feed

　機関銃に使われる給弾方式の一つで、金属のリンク金具でつながった弾帯（弾薬ベルト）を機関部に挟み込む形でセット。弾帯は250発以上の弾薬がベルトリンクという金具でつながっており、箱型マガジンに比べ多くの弾薬を途切れることなく連射することができる。

ヘルメット
【へるめっと】
Helmet

　兵士の頭部を保護するための帽子状の防具。銃弾の直撃を跳ね返す強度はないが、砲弾の破片などには効果が高い。また戦闘機パイロットや戦車搭乗員なども、ヘルメットの着用は必須だ。軍によって使用されるデザインが異なり、敵味方の識別の目安にもなった。以前は金属で作られており、それなりの重量があったが、現在は強度の高いケブラーやアラミドなどの繊維を使った強化プラスチック製のものが主流となっている。また近年は暗視装置やカメラ、ヘッドセットなどを取り付

けることができるタイプもある。

変速機
【へんそくき】
Transmission

➡ トランスミッション

編制
【へんせい】
Organization

個々を組織して機能する部隊などの団体としてまとめること。同じ部隊でも、平時と戦時では編制が変わることもある。

編隊
【へんたい】
Formation

複数の航空機の集団。集団での飛行時に隊列を整えることを、「編隊を組む」という。

ホイスト
【ほいすと】
Hoist

ヘリコプターのドア部に備えることができるウインチ装置。ホバリングしたまま、人員や貨物を上げ下ろしできる。ホイストを使って降りることを「ホイスト降下」、またホイストで要救助者を吊り上げることを「ホイスト救助」とよぶ。

ボイラー
【ぼいらー】
Boiler

蒸気タービン機関のコアとなる装置。燃料を燃焼させる火室と、燃焼による熱で水を加熱し高圧の蒸気に変える熱交換装置を組み合わせたもの。この蒸気でタービンを回し、直接推進力にしたり、発電機を稼働したりする。

　同 » 缶

ポイントディフェンス
【ぽいんとでぃふぇんす】
Point defense

アメリカ海軍における艦隊防空の概念で、個々の艦が自分自身を守る防空体制のこと。エリアディフェンスをかい潜って迫る敵機や敵ミサイルを、自艦に積んだ兵器で排除する。現在では主に艦対空ミサイルが用いられるが、ポイントディフェンスミサイルの射程は、25〜50km程度。空対空ミサイルをベースに改造した「シースパロー」や、その発展型の「ESSM」は、アメリカ海軍だけでなく、海上自衛隊でも採用している。

　同 » 個艦防空

砲
【ほう】
Gun

　火薬を用いて砲弾を発射する、筒状の兵器の総称。

同 » ガン

防衛
【ぼうえい】
Defense

　外部から加えられる危害に対して、自分を守ること。国家においては、外部勢力から自国の領土領海への侵略を受けたり、国民の権利を著しく侵された場合、自衛権を発揮して、軍事力をもって対抗すること。

防衛装備庁
【ぼうえいそうびちょう】
Acquisition technology & logistics agency

　日本の防衛省の外局として2015年に発足した官庁。防衛装備品の研究開発や調達、それにともなう国際協力の推進などを任務とする。毎年11月には、「防衛装備庁技術シンポジウム」を開催し、成果を一般公開している。

防衛省
【ぼうえいしょう】
Ministry of defense

　日本において国防を担当する行政機関。陸海空自衛隊を含む国防組織を統括する。英語表記ではMinistry of defenseであり、他国の国防省に相当する。1954年に総理府・内閣府の外局である「防衛庁」として発足した。その後2007年に、内閣に統轄される独立した行政機関である「防衛省」に移行した。長は、内閣総理大臣が任命する防衛大臣が務める。

防衛大綱
【ぼうえいたいこう】
National defense program guidelines

　正式には「防衛計画の大綱」で、日本における10年程度の期間を見据えて発表される安全保障政策の基本指針。国内・国際情勢に大きな変化があるたびに改定される。昭和51年に策定された、52年度以降を見据えた「52大綱」が最初で、平成30年の「30大綱」まで、6回策定されてきた。防衛大綱に従って、5年間の装備計画を定める中期防衛力整備計画が定められる。

砲艦
【ほうかん】
Gunboat

➡ 河川砲艦

ボウガン
【ぼうがん】
Bow gun

➡ クロスボウ

砲艦外交
【ほうかんがいこう】

Gunboat diplomacy

軍艦を他国の沿岸に派遣して威嚇し、武力の誇示によって交渉で有利な条件を勝ち取ろうとする外交政策。19世紀以降、列強各国が行ってきた。日本に対しても幕末期のペリー来航などは砲艦外交といえる。現在でもアメリカの空母などが近海を通過することで、外交的プレゼンスを示すことなどは、砲艦外交の1種だ。

防空演習
【ぼうくうえんしゅう】
Air defense exercise

航空機やミサイルの攻撃に対処するために行われる、軍事演習。

防空艦
【ぼうくうかん】
Air defense ship

艦船への航空攻撃に対処するために、高精度のレーダーや対空火器などを重点的に装備した、駆逐艦や巡洋艦。主に艦隊に配置され、飛来する敵機に対しての艦隊全体をカバーする対空戦闘任務にあたる。第二次世界大戦期の日本の「秋月」型駆逐艦や、アメリカの「アトランタ」級軽巡洋艦が代表的。現在は、イージスシステムを積んだイージス艦などの、ミサイル駆逐艦やミサイル巡洋艦が防空艦として運用されている。

防空訓練
【ぼうくうくんれん】
Air raid drill

第二次世界大戦期に、空襲に対処するために一般市民に対して行われた訓練。実態は防空というよりも、火災などの空襲被害への対処訓練であった。また現在でも、韓国や台湾のように空襲時における一般人の避難訓練を行う国もある。

防空壕
【ぼうくうごう】
Air raid shelter

航空機による空襲から、人々が避難するために地下などに掘られた避難施設。掩体壕は航空機などの装備品の保護を対象にするが、防空壕は一般に人員の一時避難に使われる。ただし防空壕には、核シェルターのような長期の避難生活は想定されていない。

防空識別圏
【ぼうくうしきべつけん】
Air Defense Identification Zone

領空に隣接した外側の空域に、各国ごとに設定される。領空に接近する航空機の監視や国籍識別を行う。航空機は速度が速いため、領空に侵入されてからでは対処が難しい。そのため、領空から一定の範囲を防空識別圏として定めている。防空識別圏の範囲は、国際的に定められたものではなく、国ごとに設定されている。防空識別圏に飛行計画が提出されていない識別不明機が侵入した場合には、スクランブルにより迎撃戦闘機が接近し、国籍や所属を確認。領空侵犯の恐れがある航空機に対しては、警告などの予防処

置がとられる。

略 » ADIZ

防空戦闘機
【ぼうくうせんとうき】
Interceptor

➡ 迎撃機

砲牽引車
【ほうけんいんしゃ】
Artillery tractor

野戦砲を牽引するための専用車両。歴史は古く、1769年にフランスのキュニョーが作った世界初の蒸気機関自動車は「キュニョーの砲車」とよばれた砲を牽引するための軍用車両だった。第一次世界大戦以降、さまざまな砲牽引車が作られ、現在でも各国で運用されている。主にトラックなどをベースにした装輪車両と、路外で使用する装軌車両に大別される。

同 » ガントラクター

砲口
【ほうこう】
Muzzle

砲身の先端にある開口部。ここから砲弾が発射される。また砲口の内径を口径という。

同 » マズル

砲口制退器
【ほうこうせいたいき】
Muzzle brake

➡ マズルブレーキ

方向舵
【ほうこうだ】
Rudder

➡ ラダー（航空機）

放射性物質
【ほうしゃせいぶっしつ】
Radioactive material

放射性同位元素を含む物質。放射性崩壊を起こすことで放射線を放出し、その結果、放射能被害をもたらす。兵器としては、核兵器やダーティーボムに使われる。また微量ながら、計測センサーなどで使用される。

放射線防護服
【ほうしゃせんぼうごふく】
Radiation protection suit

被爆地や事故を起こした原子力発電所、また放射性物質を扱う施設など、放射能が人的被害を与える場所で着用される防護服。X線やガンマ線などの放射線遮断効果を持つ金属を用いた本格的なものもあるが、中性子線は遮断することはできない。また放射性物質の付着をさけ吸入を防ぐだけの、放射線遮断機能のない簡易的なものもある。

放射能汚染
【ほうしゃのうおせん】
Radioactive contamination

　放射性物質から出る放射線により汚染されること。原子力事故や核兵器による核爆発の他に、放射性物質が存在するだけでも、もたらされる。特にウランやプルトニウムなど半減期の長い放射性物質は長期間被害をもたらす。放射線物質を撒き散らすダーティーボムは、放射能汚染をもたらすことだけを目的にしており「汚い爆弾」とよばれている。

放射能散布爆弾
【ほうしゃのうさんぷばくだん】
Dirty bomb

➡ ダーティーボム

砲手
【ほうしゅ】
Gunner

　火砲の発射を担当する兵士。砲の規模にもよるが、砲弾の装填、照準、発射などを複数の砲兵で分担する。戦車砲の場合は、砲弾の装填を行う装填手と、照準・発射を担当する砲手に分かれる（近年は自動装填装置の採用で装填手がいない場合もある）。

　同 » ガンナー

傍受
【ぼうじゅ】
Interception

　無線などで行う通信を、通信の当事者以外の第三者が電波をキャッチして受信し、内容を知ること。第二次世界大戦期には、敵の無線を傍受することで先んじて対応することが、戦局を左右した。そのため、内容を知られないように暗号で通信するなどの手段が生まれた。現在でも、通信データを暗号化するなどの方法が用いられるが、それを解読する技術も進んできている。

放出品
【ほうしゅつひん】
Surplus

　不要になったりモデルチェンジして使われなくなった軍用品を、民間に安価で払い下げたもの。ミリタリーショップなどを通して流通する。ウェア類などが中心だが、弾薬箱や使用済み薬莢などもある。また、退役して廃棄処分となった軍用車両（ただし武装は取り外している）や、そこに使われるパーツなどもあり、マニア垂涎のアイテムとなっている。

　同 » 払い下げ品

防潜網
【ぼうせんもう】
Anti-submarine net

　潜水艦の侵入を防ぐために、水面下に張り巡らせる金属製の網。軍港の出入り口など、重要拠点への通り道などに設置される。

砲台
【ほうだい】

Battery

火砲を設置するための台座を備えた陣地。交通の要所や重要拠点を防御するために造られる。敵の攻撃から砲を守るための堅固な防御を施し、要塞化される場合が多い。例えば、東京の湾岸部にある「お台場」は、幕末のペリー来航後に、江戸の防御を固めるために建設された海上砲台が、名前の由来となっている。

砲艇
【ほうてい】
Gunboat

➡ ガンボート

砲塔
【ほうとう】
Turret

大砲が設置される装甲された搭状の装備。軍艦や戦車、要塞などに設置される。外側には砲身のみが突き出され、砲の機関部や操作する砲手は、装甲に囲まれて敵の攻撃から守られる。砲は上下左右にある程度稼働し照準を付けられるが、水平方向に大きく向きを変えるには砲塔ごと回転させる。自走砲や駆逐戦車のような固定式砲塔と区別するために、戦車のような360度回る砲塔は、回転砲塔(旋回砲塔)とよばれる。

砲兵
【ほうへい】
Artillery

陸軍において大砲を運用して敵を攻撃する任務の兵士や兵科。

砲兵隊
【ほうへいたい】
Artillery

陸軍における、大砲を運用する専用の部隊。陸上自衛隊では特科と呼称している。

同 » 特科

防弾チョッキ
【ぼうだんちょっき】
Bulletproof vest

➡ ボディアーマー

防毒面
【ぼうどくめん】
Gas mask

➡ ガスマスク

方面隊
【ほうめんたい】
Army

陸上自衛隊における、もっとも大きな部隊単位区分で、日本全土を5エリアに区分し、各方面隊を置いて管轄している。2019年現在、方面隊は以下の5つでそれぞれ配下に師団や旅団が基幹戦力として配置されている。北部方面隊(北海道、2個師団2個旅団)、東北方面隊(東北地方6県、2個師団)、東部方面隊(関東甲信越、計11都県、1個師団1個旅団)、中部方面隊(近畿四国中国中部の一部21府県、2個師団2個旅団)西部方面隊(九州沖縄8県、2個師団1個旅団)。ま

た航空自衛隊では、日本を4つの航空方面隊に区分（北部航空方面隊、中部航空方面隊、西部航空方面隊、南西航空方面隊）。海上自衛隊では方面隊ではなく、5つの地方隊として区分されている。

飽和攻撃
【ほうわこうげき】
Saturation attack

防御側の対処能力を超える物量の攻撃を集中して、防御を打ち破る手法。その代表例が対艦ミサイルによる飽和攻撃だ。現代は対艦ミサイルに対しての防御システムが発達し、1～数発のミサイルでは迎撃される可能性が大きい。しかし防御側の火器管制システムにも限界があり、一度に対処できる数には限りがある。そこで同時に対処しきれない数の対艦ミサイルで集中攻撃を加えることで、防御を突破することが期待できる。

補給
【ほきゅう】
Supply

消費し欠損した物資を補うために、後方から供給すること。軍事行動では、補給がなされないと攻撃や作戦を継続することができない。兵站任務の中でも、もっとも重要なものだ。

補給艦
【ほきゅうかん】
Supply ship

航行中の艦艇に対して、燃料、武器弾薬、食糧などを補給する機能を持つ大型の軍艦。洋上で物資補給や給油を行うための装備を備えるのが特徴で、物資を運ぶだけの輸送艦とは区別される。以前は、燃料を運ぶ給油艦、武器弾薬を補給する給兵艦、食糧を補給する給糧艦などに分かれていたが、現在はこれらを統合して1艦ですべての補給が可能な、補給艦が主流となっている。海上自衛隊でも「とわだ」型補給艦（満載排水量12600ｔ）3隻と、「ましゅう」型補給艦（満載排水量25000ｔ）2隻を運用している。

同 » AOE

補給線
【ほきゅうせん】
Supply line

前線の部隊に対し補給を行うための経路。敵の補給線に攻撃を加えて遮断することは、敵の継戦能力を奪うことになるため、有効な後方撹乱作戦だ。

補給潜水艦
【ほきゅうせんすいかん】
Supply submarine

第二次世界大戦時に、大西洋でＵボートによる通商破壊作戦を行っていたドイツ海軍は、Ｕボートに洋上補給するための補給潜水艦「U-XIV」型を開発した。通常の補給艦では、連合軍に狙われてしまうためだ。Ｕボート4隻分の燃料や食糧・水を補給できたこの艦は、「ミルヒーク（牝牛）」の愛称でＵボート乗組員から親しまれた。しかし連合軍に存在を察知された大戦後

期には、優先的に攻撃されて、就役した補給潜水艦10隻すべてが戦没した。

補充兵
【ほじゅうへい】
Recruit

部隊で戦死や戦傷などで欠員が生じたさいに、その穴埋めとして送られてくる追加の兵士。他部隊の生き残りの古参兵が補充されることもあるが、多くは経験のない新兵がやってくる。

歩哨
【ほしょう】
Sentry

陣地や兵営、軍事施設などを警備し、外敵の侵入や内部の治安監視などのために歩いて警戒にあたる任務。またそれに従事する兵士のこと。

補助空母
【ほじょくうぼ】
Auxiliary carrier

➡ 特設空母

補助動力装置
【ほじょどうりょくそうち】
Auxiliary Power Unit

航空機や艦艇などに、推進用のメインエンジンとは別に搭載される、発電や油圧系の作動に使われる小型エンジン。近年は電子装備の発達で、必要電力量が増えたため、戦車などの軍用車両にも備えられることが多くなってきた。

略 » APU

補助翼
【ほじょよく】
Aileron

➡ エルロン

ポッド
【ぽっど】
Pod

戦闘機などの軍用機が機外に搭載する追加装備。カメラやセンサーを積んだ偵察ポッドや機関砲ポッド、ロケット弾ポッドなどの追加武装、電子戦を行うECMポッドなどさまざま。主翼や胴体下のパイロンに取り付けられ、空気抵抗を軽減するために流線形のケースに収められている。

ポップアップ
【ぽっぷあっぷ】
Pop-up

対地ミサイルや対艦ミサイルの機動で、低空で接近して目標間近で一度上空に上がってからトップアタックを行うものがある。この一度舞い上がる機動をポップアップとよぶ。

ボディアーマー
【ぼでぃあーまー】
Body armor

兵士が身につける銃弾や砲弾の破片から身を守るための、防護装備。身体の上半身を守るベスト（チョッキ）状のものが多いが、昨今は下腹部も覆うものも増

えている。ケブラーなどの強化繊維が使われ、内部には防弾鋼板やセラミックプレートが挿入される。多くは拳銃弾程度なら防御可能で、近年は高速の小銃弾にも耐えるボディアーマーも出現してきている。ただし貫通は阻止しても衝撃は受けるため、あくまでも致命傷は避けられるといった程度。また、脇の下や首筋などカバーしきれない箇所もある。

同 » 防弾チョッキ

ボディーガード
【ぼでぃがーど】
Bodyguard

政府要人や著名人などに付き添い、身辺警護にあたる護衛。ほとんどが警察機構の人員や、民間のボディーガードが起用されるが、まれに軍人があたることもある。

ボディバッグ
【ぼでぃばっぐ】
Body bag

戦死者などの遺体を納める専用の遺体収納袋。昨今流行している、身につける小型のバッグとは異なり、英語では遺体収納袋のことをさす。

ホバークラフト
【ほばーくらふと】
Hovercraft

➡ エアクッション艇

ホバリング
【ほばりんぐ】
Hovering

空中に静止した状態で飛行すること。ヘリコプターやティルトローター機のような回転翼機と、ジェットエンジンで垂直離着陸が可能な垂直離着陸機で行える飛行方法。

匍匐前進
【ほふくぜんしん】
Crawling along

歩兵が、腹這いになって頭を低くし、身体を捩るようにしながら肘や脚で前進する方法。姿勢を低くすることで、敵から発見されにくくなり、敵の弾に被弾しにくくもなる。

匍匐飛行
【ほふくひこう】
Nap-Of the Earth

地表面に沿って、高度数10ｍの超低空を保って飛行すること。ヘリコプターや攻撃機などが、相手に捕捉されずに侵攻するときに行う。低空を飛行することで、レーダーに捕捉されるのを避け、目視により発見される可能性も低くなる。しかし地形にあわせて高度を保つのは見た目以上に難しい。障害物との衝突リスクもあり、航空機には高度なセンサーが必要で、パイロットにも操縦技術が要求される。

略 » NOE

歩兵
【ほへい】
Infantry

陸軍の中心的な兵科であり、徒歩によって移動や戦闘を行う兵の総称。軍におけるもっとも古い兵科だ。古くは進軍もすべて徒歩であったが、鉄道など交通機関の発達で、戦場までは輸送されるようになった。また現代の歩兵の多くは、戦場でも兵員輸送車で移動することが多く機械化歩兵とよばれているが、戦闘時には下車して従来の歩兵として戦う。歩兵の主な武器は小銃やアサルトライフルといった小火器が中心。しかし近年は歩兵が携帯できるサイズの機関銃、擲弾発射機、ロケット砲、ミサイルなども発達しており、火力の面でも侮れない存在となりつつある。

歩兵携行型ミサイル
【ほへいけいこうがたみさいる】
Man-portable missile

歩兵が1～2名で持ち運べるサイズのミサイル。多くはミサイル本体とランチャーからなる。主に航空機を狙う歩兵携行型対空ミサイルと、装甲車両を攻撃する歩兵携行型対戦車ミサイルがある。近年は航空機や戦車といった主力兵器に歩兵が対抗できる手段として、各国で装備されている。対戦車ヘリや主力戦車にとって、潜んで待ち伏せた歩兵が近距離から発射してくるミサイルは、最大の脅威の1つなのだ。

歩兵戦車
【ほへいせんしゃ】
Infantry tank

第二次世界大戦期のイギリス軍が運用した、歩兵支援を主目的とした戦車。分厚い装甲を備え、敵の攻撃を跳ね返しつつ、歩兵の脅威となる敵陣地やトーチカなどを潰す役割を担っていた。しかし重装甲と引き換えに機動力が低くなり、搭載砲も対戦車戦闘には貧弱で、あまり活躍できなかった。

歩兵戦闘車
【ほへいせんとうしゃ】
Infantry Combat Vihicle, Infantry Fighting Vehicle

第二次世界大戦後、戦車に追随する歩兵を戦場で輸送する装甲兵員輸送車が登場し、歩兵の機械化が進んだ。1966年にソ連が開発した「BMP-1」は、装甲兵員輸送車に73mm低圧砲と対戦車ミサイルを搭載する重武装で、世界に大きな衝撃を与えた。その影響から西側諸国でもアメリカの「M2ブラッドレー」に代表される強力な武装を積んだ歩兵戦闘車が開発された。歩兵が乗車したままの戦闘も可能だが、実際には戦闘時の歩兵は下車戦闘し、歩兵戦闘車は備えた武装で、散開した歩兵の支援を行うことが多い。

歩兵隊
【ほへいたい】
Infantry

歩兵を中心とした部隊。自衛隊では歩兵部隊のことを普通科とよんでいる。

| 同 | » 普通科 |

歩兵砲
【ほへいほう】
Infantry gun

歩兵に追随して移動できる、歩兵への直接支援を行う小型の火砲。あくまでも運用は歩兵部隊で行う。主に軽量の榴弾砲が歩兵砲として使われた。現在では迫撃砲や携帯式無反動砲などが、かつての歩兵砲のような直接支援火砲として使われている。

ボマー
【ぼまー】
Bomber

➡ 爆撃機、爆弾テロリスト

ホーミング
【ほーみんぐ】
Homing

➡ 自動追尾

補用機
【ほようき】
Spare aircraft

第二次世界大戦時の日本海軍空母に搭載された、予備の艦載機。通常に搭載される常用機とは違い、補用機は分解して搭載され、すぐには運用ができない。常用機に欠員ができた際に、補用機を艦内で組み立てて補充した。

捕虜
【ほりょ】
Prisoner of war

戦争で戦闘後に投降するなど、敵に捕らえられた者の総称。かつては軍人、民間人問わずに、捕らえられた者を捕虜とよんだが、現在は交戦権を持つ軍人が対象になっている。捕虜は、かつては虐待などを受けやすい立場だったが、近代以降の国際法では捕虜の人権保護がうたわれるようになり、捕虜の保護や権利が明文化されている。なお、軍籍にない民間人が戦闘行為を行い捕縛された場合は捕虜とは見なされず、刑法犯として処遇される。このケースにはテロリストがあてはまる。

捕虜収容所
【ほりょしゅうようじょ】
Prisoner of war camp

捕虜を抑留するための専用の施設。

ホルスター
【ほるすたー】
Holster

銃をすぐに取り出せる状態で身につけるための収納ケース。ベルトで腰部や臀部に装着するヒップホルスターが一般的だが、脇の下に吊るすショルダーホルスターや、太腿などに装着するレッグホルスターもある。

ボルトアクションライフル
【ぼるとあくしょんらいふる】
Boltaction rifle

　小銃で、1発射撃するごとにボルトハンドルというパーツを引いて、射撃済み空薬莢の排出と次弾の装填を行う方式のもの。連射は出来ないが、機関部は頑丈に作ることができ、故障が少なく信頼性が高い。現在でも狙撃銃やスポーツ射撃用の銃で使われる。

　対 》 オートマチックライフル

ホローポイント弾
【ほろーぽいんとだん】
Hollow point bullet

　弾頭の頭頂部に凹みを付け、命中すると弾頭が潰れてダメージを増やす仕組みの弾丸。

ポンチョ
【ぽんちょ】
Poncho

　首を出す穴が付いている布製の雨具で、頭から被って着用する。歩兵の必需品だ。

ポンツーン
【ぽんつーん】
Pontoon

　仮設橋などに使われる浮台。並べてつなげ、橋にする。平底の艀を並べて、その上に路板を渡して橋がわりに使う場合もある。

　同 》 浮橋

ポンプアクション
【ぽんぷあくしょん】
Pump action

　散弾銃（ショットガン）の動作方式。銃身の周囲にあるフォアエンドというパーツを前後に動かすことで、発射後の空薬莢の排出と、次弾の装填を行う。

ポンプジェット
【ぽんぷじぇっと】
Pump-jet

➡ ウォータージェット

ま

マガジン
【まがじん】
Magazine

➡ 弾倉

マガジンポーチ
【まがじんぽーち】
Magazine pouch

　ライフルや拳銃の予備弾倉を入れる専用の収納袋。ベルトやタクティカルベストなどに装着する。

マーキング
【まーきんぐ】
Marking

軍用車両に記される識別用のマーク。国籍や部隊識別マークなどが一般的だが、戦車などでは撃破数などを書き込み誇示することもあった。また、味方に目標を知らせるために何らかの印を付けることも、マーキングとよぶ。

マークスマン
【まーくすまん】
Marksman

アメリカ陸軍の歩兵小隊では、射撃技能に優れた隊員をマークスマンとよんで、味方を援護する射手の役目を与えている。近～中距離での狙撃を任されることもあり、一般兵士が使うアサルトライフルより威力が大きい、マークスマンライフルを装備する。

| 同 | » 選抜射手 |

マークスマンライフル
【まーくすまんらいふる】
Marksman rifle

マークスマンが装備する威力が大きく精度の高いライフル。狙撃任務にも対応できるように、5.56㎜弾使用のアサルトライフルをベースに精度を高めた狙撃用ライフルや、7.62㎜弾使用のバトルライフルをベースにしたものなどが用いられる。

マグナム弾
【まぐなむだん】
Magnum bullet

拳銃弾で、同じ口径ながら薬莢の長さがやや長く、装薬の量を増やして威力を増した弾薬。通常弾に比べかなりハイパワーのため、マグナム弾専用の拳銃が使用される。357マグナム、41マグナム、44マグナムなど、さまざまなマグナム弾がある。

マグライト
【まぐらいと】
Mag-lite

アメリカのメーカーが製造する軍用の懐中電灯。ライトビームが集束され遠方まで届き、ケースが堅牢なアルミ合金製で信頼性が高いため、各国の軍隊や警察で使われている。長さ数10㎝と警棒サイズのものから、ペンライトサイズまで多種あるが、大型のタイプは警棒代わりに使われることもある。

マシンガン
【ましんがん】
Machine Gun

➡ 機関銃

マシンピストル
【ましんぴすとる】
Machine pistol

短機関銃（サブマシンガン）の1種だが、特に拳銃サイズの小型なもので連射能力を持つもの。弾丸は拳銃弾を使用する。

| 同 | » 機関拳銃 |

マスカー
【ますかー】
Masker

　潜水艦や水上艦で、艦体から細かい気泡を大量に吹き出して、気泡の層で水中を伝わる音を撹乱や遮音する装置。艦の前部から艦体を覆うように気泡を吐き出すものがプレーリー、艦尾から気泡を吐き出しスクリューが出すキャビテーションノイズを遮蔽するものがマスカーだが、双方を総称してマスカーと呼称することが多い。

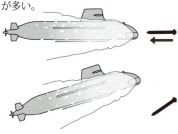

マスケット銃
【ますけっとじゅう】
Musket

　近代まで使われていた、先込め式で銃身内にライフリングが刻まれていない小銃。火縄銃もマスケット銃の1種。

マズル
【まずる】
Muzzle

➡ 銃口、砲口

マズルフラッシュ
【まずるふらっしゅ】
Muzzle flash

　銃を発射したさいに、銃口から発する閃光。夜間などはかなり目立ち、発射位置を敵に特定されることがある。その対策として、フラッシュサプレッサー（消炎器）を銃口部に取り付けて、マズルフラッシュを隠すこともある。

同 » 発射炎

マズルブレーキ
【まずるぶれーき】
Muzzle brake

　火砲や機関銃の砲口（銃口）部に取り付けられる装置。発射の際に生ずるガスを効率的に逃がすことで、砲や銃への反動を軽減する効果がある。

同 » 砲口制退器

マッハ
【まっは】
Mach

➡ 音速

マニュアルセフティ
【まにゅあるせふてい】
Manual safety

➡ 安全装置

マニューバ
【まにゅーば】
Maneuver

　戦闘機などの航空機の空中での動きや

機動のこと。戦闘機同士の空中戦では、双方が激しい空中戦闘マニューバを繰り広げる。

豆タンク
【まめたんく】
Tankette

　第二次世界大戦期まで使われた、小型の戦車や小型の戦闘車両のこと。愛称的な意味合いで使われた。豆戦車ともよばれる。

マリーン
【まりーん】
Marine

➡ 海兵隊

マリンコ
【まりんこ】
Marine corps

➡ 海兵隊

マルチコプター
【まるちこぷたー】
Multicopter

　3つ以上の回転翼を備えるヘリコプター。安定度が高く、細かな動きが可能だが、モーターが複数必要になるなど、構造は複雑になる。現在、軍民問わず多く使われている小型のドローンは、多くがマルチコプター型だ。

マルチロールファイター
【まるちろーるふぁいたー】
Multirole fighter

　さまざまな任務を担う能力を備える戦闘機のこと。かつて、戦闘機でありながら爆弾などで対地対艦攻撃も行える機体を、戦闘爆撃機やデュアルロールファイターと呼称した。1970年台後半から登場した「F-16」や「F-18」といった戦後第4世代の戦闘機は、さまざまな装備を搭載することが可能になり、空中戦闘や対地対艦攻撃以外にも偵察や哨戒などさまざまな任務に対応する能力が付加され、マルチロールファイターとよばれるようになった。現在、各国で運用される最新鋭機、「F-35ライトニングⅡ」、「ユーロファイター・タイフーン」、「ダッソー・ラファール」、「サーブ・グリペン」、「スホーイSu-35」などは、マルチロールファイターとして開発され、運用されている。

同 »　多目的戦闘機

まるゆ
【まるゆ】
Maruyu

　第二次世界大戦後期に、日本陸軍が開発した輸送潜水艦の通称。制海権を米軍に奪われた状況で、離島で孤立した友軍に補給物資を運ぶために使われた。建造にあたり、造船所は海軍の艦艇で手いっぱいだったため、ボイラー工場や機関車工場などで造られた。

満載排水量
【まんさいはいすいりょう】
Full load displacement

艦艇の大きさを表す数値で、艦に乗員、燃料、弾薬、予備ボイラー水、消耗品を満載に積んだ状態で計測したもの。現在は、軍艦の大きさを満載排水量で表記するのが、世界基準となっている。

ミサイル
【みさいる】
Missile

ロケットエンジンやジェットエンジンで飛翔する弾頭を備えた無人の攻撃兵器で、目標への誘導装置を備えたもの。無誘導のものはロケット弾とよんで区別している。発射機の位置と目標によって、空対空、空対地、空対艦、地対地、地対空、地対艦、艦対空、艦対地、艦対艦と区別してよばれる。また、大気圏外まで打ち上げ弾道軌道で目標に落下する弾道弾ミサイルや、自律誘導による低空飛行で長距離を飛翔する巡航ミサイルなどもある。

同 » 誘導弾

ミサイル駆逐艦
【みさいるくちくかん】
Guided-missile destroyer

エリアディフェンス（艦隊防空）用の中〜長射程対空ミサイルを装備している駆逐艦の総称。かつての防空艦の位置づけだ。近年は汎用駆逐艦でも短射程のポイントディフェンス（個艦防空）ミサイルや対艦ミサイルを積んでいるため、これと区別している。海上自衛隊では、相当する艦艇をミサイル護衛艦と呼称している。

同 » DDG

ミサイルキャリア
【みさいるきゃりあ】
Missile carrier

多数の中〜長射程対空ミサイルを搭載した戦闘機や攻撃機のこと。戦闘機の主兵器として対空ミサイルが発達したベトナム戦争時に、「ミサイルで空中戦が決着され、戦闘機は対空ミサイルを運ぶ手段にすぎなくなる」というミサイル万能論が登場した。そのため、戦闘機のことを「ミサイルキャリア」と呼称したが、実際には敵機を捉えなくてはミサイル発射ができず、ある程度接近して相手を捉えながら戦う必要があった。そのため機銃を使った格闘戦も完全になくなることはなかった。一方、現在は戦闘機もネットワーク化が進み、敵の位置情報を味方から受け取ったミサイルキャリアが、遠方から長射程ミサイルを撃つ戦法が現実化している。そのため「F-15」などのステルス性能を持たない大型戦闘機を、新時代のミサイルキャリアとして使う構想が進んでいる。

ミサイル巡洋艦
【みさいるじゅんようかん】
Guided-missile cruiser

ミサイルを主兵器とする大型の巡洋艦の総称。現在、アメリカ海軍とロシア海軍で運用されるが、それぞれに目的や運用方法が異なる。強大な空母を擁するアメリカ海軍は、空母の護衛を行う随伴艦と

して、エリアディフェンスを行うミサイル巡洋艦を運用している。イージスシステム搭載の「タイコンデロガ」級巡洋艦だ。一方ロシア海軍は、旧ソ連海軍の時代から、長射程の大型対艦ミサイルを積んだミサイル巡洋艦を、水上打撃力の中核に据えてきた。長射程の対艦ミサイルでアメリカの空母に対抗しようという発想だ。戦後建造された最大の水上戦闘艦である「キーロフ」級原子力ミサイル巡洋艦（満載24690ｔ）や、その縮小版といえる「スラヴァ」級ミサイル巡洋艦を配備し運用している。

同 » CG

ミサイル艇
【みさいるてい】
Fast attack patrol boat

小型で高速の沿岸戦闘艇に対艦ミサイルを搭載したもの。かつて使われた魚雷艇の後継装備で、敵艦に高速で肉薄し、対艦ミサイルで攻撃を行う戦法で戦う。

同 » PG

ミサイルフリゲート
【みさいるふりげーと】
Guided-missile frigate

駆逐艦より小型のフリゲート（航洋型護衛艦）に、艦対空ミサイルや艦対艦ミサイルを搭載したもの。

同 » FFG

水際作戦
【みずぎわさくせん】
Shoreline operation

上陸を試みる敵に対して、海岸線で撃退を図り上陸を阻止する作戦のこと。敵上陸が予想される海岸線に、要塞や防御陣地を築いて敵軍を迎え撃つ。しかし第二次世界大戦では、上陸側（主に連合軍）が事前の艦砲射撃や爆撃などで陣地を破壊するなどの手法と物量で圧倒し、上陸作戦を成功させている。

ミゼット潜水艦
【みぜっとせんすいかん】
Midget submarine

➡ 特殊潜航艇

ミッション
【みっしょん】
Mission

➡ 作戦

ミリシア
【みりしあ】
Militia

➡ 民兵

ミリタリー
【みりたりー】
Military

➡ 軍事、軍人、軍隊

ミリタリー推力
【みりたりーすいりょく】
Military thrust

ジェットエンジンを備える航空機で、ア

フターバーナーを炊かない状態で発揮できる最大推力。敵と対峙する戦闘時には、燃料を多量に消費するアフターバーナーは使われないため、こうよばれる。

同 » ドライ推力

ミリタリービークル
【みりたりーびーくる】

Militry vehicle

➡ 軍用車両

ミリメシ
【みりめし】

Combat ration

軍隊で野戦行軍中に食べられるコンバットレーション(戦闘糧食)のことを、一般に紹介するために考えらえた造語。

ミルスペック
【みるすぺっく】

MIL-Spec

MIL規格ともよばれ、アメリカ軍がさまざまな軍需物資の調達に用いる標準規格のこと。武器類から兵士の日用品まで多岐に適用される。ミルスペックに相当する製品は、アメリカ軍仕様という意味で評価される。

民間軍事会社
【みんかんぐんじかいしゃ】

Private Military and Security Company

警備行動などに自社配下の民兵を派遣することや、兵站業務など正規軍の一部業務を代行する民間企業。また小国の軍隊に戦闘インストラクターを派遣して、軍事訓練を担当する場合もある。いわば、かつての傭兵派遣を生業とする企業だ。特に21世紀に入り多発化した対テロ戦争などに対し、活用されることが多い。新しい形態の軍需産業として急拡大したために、民間人への無差別発砲事件なども引き起こし、現在は国際的な規制も設けられている。

略 » PMSC

民生品
【みんせいひん】

Consumer products

民間で普通に使われ、特に軍用に造られたものではない装備。問題がなければ民生品を軍用に流用して、コストダウンを図ることも多々ある。

対 » 軍用品

民兵
【みんぺい】

Militia

侵略を受けた時などに、外敵を撃退するために武装した民間人や、彼らが編制した自警団。民兵は制式な軍人とは見なされないため、投降や捕縛されても捕虜扱いされないこともある。

同 » ミリシア

む

無煙火薬
【むえんかやく】
Smokeless powder

　燃焼時に煙をあまり出さない火薬で、現在では銃砲の装薬（発射薬）として使われる。ただし燃焼時にまったく煙を出さないわけではなく、黒色火薬に比べれば発煙量が少ないというのが名前の由来だ。主要原料にはニトログリセリン、ニトロセルロース、ニトログアジニンなどが使われる。

無限軌道
【むげんきどう】
Track

　金属製のベルトを動かして車両を移動させる装置。ベルトの片側には駆動力を伝える機動輪、その反対側には誘導輪が設置される。また、途中には転輪がありベルトを支える。車輪に比べ設置面積が大きく、不整地での走行に向く。実用化した企業名の「キャタピラ」や「クローラー」、「履帯」などさまざまな呼称がある。また、戦車など無限軌道を使う車両を、装軌車両と総称している。

| 同 》 キャタピラ、クローラー、履帯

無条件降伏
【むじょうけんこうふく】
Unconditional surrender

　戦争で負けた国家や勢力が、勝利者側になんら条件を付けずに、無制限の権限を与えた状態で降伏すること。国家の主権、政府機能、軍隊のすべてを勝者に差し出して、殺生与奪まで委ねることになる。1945年に第二次世界大戦で負けた日本は、無条件降伏を行ったとされ、1952年のサンフランシスコ平和条約締結で回復するまで、国家の主権を連合軍に委ねていた。

無人航空機
【むじんこうくうき】
Unmanned Aerial Vehicle

　人が搭乗せずに、遠隔操作やAIによる自律飛行で飛翔する航空機の総称。ドローンともよばれる。遠隔操作するタイプのものは、古くはラジコン機（ラジオコントロール機）とよばれていた。1950年代には、戦闘機などの演習に使われる無人標的機（ターゲット・ドローン）が開発されていた。その後、カメラやセンサーを積んで偵察任務を行う無人航空機が発達した。また近年は制御技術の進化から、民生品としての小型のドローンが発達し、さまざまな用途に使われている。無人航空機は、主翼を持ちプロペラやジェット推進で推力を得る固定翼機型と、回転翼機型に大別される。特に小型のものは、3つ以上の回転翼を備えて安定度を増した、マルチコプター型が主流となっている。

| 同 》 ドローン　　略 》UAV

無人攻撃機
【むじんこうげきき】
Unmanned Combat Air Vehicle

　無人航空機（ドローン）の中で、爆弾やミサイルなどの武装を搭載して、対地攻撃を可能にしたもの。アメリカ軍はイラク戦争において、偵察型ドローンの「RQ-1プレデター」を改造して武装型を開発。ヘルファイア対地ミサイルを搭載し対地攻撃で成果を上げた。その後、各国で無人攻撃機（武装型ドローン）が開発されている。

　略　»　UCAV

無人潜水機
【むじんせんすいき】
Remotely Operated Vehicle, Unmanned Underwater Vehicle

　無人で潜水し航行する潜水機のこと。水上の母艦からの遠隔操作で操縦する、遠隔操作型無人潜水機（ROV）と、AIによる自律航行を行う自律型無人潜水機（UUV）に大別される。

　略　»　ROV、UUV

無人地上車両
【むじんちじょうしゃりょう】
Unmanned Ground Vehicle

　遠隔操作やAIによる自律操縦で走行する車両のこと。汚染地帯など、人間が入れないようなエリアの探索や、地雷やIEDなどの爆発物処理に使われるが、近年は自律走行タイプで銃や砲を備えた無人戦闘車両も登場。無人ロボット兵器とよぶこともある。

　略　»　UGV

無制限潜水艦戦
【むせいげんせんすいかんせん】
Unrestricted submarine warfare

　潜水艦で待ち伏せて、軍艦と民間船を問わず、敵国に出入りする艦船を無警告で攻撃すること。潜水艦による通商破壊戦。第一次世界大戦時のドイツ海軍がイギリス相手に潜水艦による海上封鎖を実施した。大きな戦果を上げたが、アメリカ船籍の客船（ルシタニア号）を攻撃・撃沈してしまい、この事件がアメリカの参戦を招く引き金の一つとなった。また第二次世界大戦では、連合国、枢軸国ともに実施。後期には日本近海において、アメリカ海軍の潜水艦が日本の軍艦、民間船を数多く撃沈した。

無線通信
【むせんつうしん】
Radio communication

　電波を用いて通信を行う手法。送受信には無線通信機を使用する。電線を経由しないのでモバイル性に優れるが、電波を拾われ傍受される恐れもある。

無線手
【むせんしゅ】
Radio operator

➡ 通信士

無反動砲
【むはんどうほう】

Recoilless gun

砲の後部に設けられた噴気孔から、発射時に生ずるガスを逃がすことで、発射の反動を相殺する、直射タイプのカノン砲。発射ガスを逃がすため、通常の大砲より砲弾の初速が遅く射程距離はかなり短くなる。しかし発射の反動がない分、砲の構造を簡略化でき、軽量に造れるのが利点。成形炸薬弾といった化学エネルギー弾を弾頭にすることで初速が遅くとも十分な破壊力を得たため、戦後は小型汎用車両に搭載できる簡易な対戦車砲として使われた。ただし、無反動砲の後方は激しいバックファイアが吹き出される。そこに人が居れば被害を与えてしまうので、後方には数十ｍのスペースを設けなければならない。現在では、歩兵が担いで発射できる携帯型無反動砲が登場。スウェーデン製の「カールグスタフ」は、陸上自衛隊でも採用され、歩兵の直掩火器として重宝されている。

無力化
【むりょくか】
Neutralization

敵の戦闘力を奪うこと。必ずしも、撃破や死傷させることとは限らない。非致死性の兵器を使って敵の兵士を麻痺させ、一時的に攻撃能力を奪う手段もある。

迷彩
【めいさい】
Camouflage

➡ カモフラージュ

迷彩服
【めいさいふく】
Camouflage uniform

戦闘服の１種で、周囲の風景に紛れるように、カーキやグリーンのアースカラーやグレーカラーなどを斑に配したカモフラージュ柄を施したもの。

迷彩塗装
【めいさいとそう】
Camouflage paint

敵に発見されにくいように、迷彩柄で車両などを塗装すること。また、軍用機や軍艦を、空や海の色に紛れやすい灰色や青味がかった色で塗装するのも、１種の迷彩塗装だ。

メインアーム
【めいんあーむ】
Main arms

兵士が持つ、主力の武器のこと。昨今の歩兵ならアサルトライフルがメインアームとして多用される。

対 》サイドアーム

メインタンクブロー
【めいんたんくぶろー】
Main tank blow

　潜水艦が急浮上するときに、メインのバラストタンクに圧縮空気を送り込んで排水し、浮力を与える行為。

メインバトルタンク
【めいんばとるたんく】
Main battle tank

➡ 主力戦車　略 » MBT

メスキット
【めすきっと】
Mess kit

　簡易的なフライパンや鍋と皿を組み合わせ、フォークやスプーンをセットした野戦用の食器兼調理器。日本の飯盒も、メスキットの一種といえる。

メディカルキット
【めでぃかるきっと】
Medical kit

　医官や衛生兵が持ち歩く、軍用の応急医療キット。メディカルキットに含まれる装備内容は国や時代によってかなり異なる。一般の兵士が持つファーストエイドキットとは異なり、戦傷者の救命処置ができる簡易医療器具がまとめられている。滅菌された包帯やガーゼ、止血帯、消毒材のほかに、気道を確保する用具や人工呼吸器、胸部の空気を抜く針状の管（カテーテル）、外科用のメス、点滴液と点滴を行うキットなども含まれる。また、兵士の痛みを和らげる強力な鎮痛剤なども携行する。

メディック
【めでぃっく】
Medic

➡ 衛生兵

模擬弾
【もぎだん】
Dummy shell

➡ 演習弾

モスボール
【もすぼーる】
Mothball

　退役はしたが、まだ使える兵器を状態を保ったまま長期保管を行うこと。長期保管するために、劣化を防ぐ防水処理や防錆処理を行うほか、電子機器やエンジンなどは外して別に保管する。モスボールされた兵器は、戦闘などで現役兵器に欠損が生じた場合に補充として復帰させる。また第三国に中古兵器として売却されることも多い。

モニター艦
【もにたーかん】
Monitor ship

　1861年から始まったアメリカの南北戦争で、北軍が運用した艦舷の低い装甲艦に砲塔を積んだ「モニター」が語源。当時

は砲塔を積んだ軍艦をモニター艦と呼称した。

モノコック構造
【ものこっくこうぞう】
Monocoque structure

　車両や航空機などの構造で、ボディとフレームが一体になったもの。フレームにボディを被せるフレーム構造より、強度の高い車体が造りやすい。例えば戦車は、装甲板をつなぎ合わせたり、鋳造で一体成型したりした、究極のモノコック構造といえる。

モールス信号
【もーるすしんごう】
Morse signal

　無線通信や有線通信で使われる、短音（トン）と長音（ツー）を組み合わせた符号。組み合わせによって、アルファベットや数字を表す。例えば、遭難信号を表す「SOS」は、Sが短音3回、Oが長音3回なので、「トントントン、ツーツーツー、トントントン」で表される。

モルヒネ
【もるひね】
Morphine

　ケシを原料とし、麻薬成分を多く含む、強力な鎮痛鎮静剤。即効性があるため、酷い戦傷を負った場合や、外科的処置を行うさいに投与される。注射や点滴のほか、錠剤や座薬もある。しかし強い薬物依存性を持つため各国で麻薬に指定されている。厳しく管理され、使用は非常時に限られる。

モロトフ・カクテル
【もろとふかくてる】
Molotov cocktail

➡ 火炎瓶

モンキーモデル
【もんきーもでる】
Monkey model

　兵器を他国に輸出する際に、オリジナルの兵器より意図的に性能を落としたり、簡略化したりして生産されたもの。また、他国の兵器を模倣したが、オリジナルに及ばない性能しか実現できなかった劣化版コピー兵器のことを揶揄してよぶこともある。

野営
【やえい】
Camp

　野外に一時的に陣営を設けること。また、野外でテントなどを使って宿泊すること。野営を行う場所は野営地とよばれる。

野外炊具
【やがいすいぐ】
Field kitchen

➡ フィールドキッチン

野外無線機
【やがいむせんき】
Field radio equipment

　戦場で歩兵が使う、携帯型の無線機。第二次世界大戦ごろから、歩兵部隊でも無線機による通信手段が重要視され、歩兵が持ち運べる無線機が登場した。しかし第二次世界大戦のころは、無線機本体とバッテリーをセットにしたものは背負って運ばねばならない大きさと重量があり、アメリカ軍では小隊に配属された専門の通信兵が背負って部隊に同行した。時代とともに、野外無線機も小型軽量化が図られ、ウォーキートーキーとよばれる個人用携帯無線機も登場。現代では、特殊部隊などでは兵士個々が携帯する。ヘッドセットで装着しフリーハンドで扱えるようになった。

夜間戦闘機
【やかんせんとうき】
Night fighter

　第二次世界大戦までは、飛行機の夜間飛行は視界が効かず、高度な技術を要した。しかし迎撃される被害を少なくするため夜間空襲が行われるようになると、夜間でも敵爆撃機を捕捉して迎撃する夜間戦闘機が開発された。ドイツ軍は双発機にレーダーを搭載した「He219ウーフー」を投入し、連合軍の爆撃機を迎え撃った。一方アメリカも、双発機の「P-61ブラックウィドウ」を開発し、迎撃に上がってきたドイツの夜間戦闘機と戦った。日本軍も双発の夜間戦闘機「月光」を投入。機体の斜め上に機銃を設置し爆撃の下側から攻撃する斜め機銃を装備。戦略爆撃機「B-29」の迎撃に飛びたった。

夜間離着陸訓練
【やかんりちゃくりくくんれん】
Night Landing Practice

　アメリカの空母艦載機が行う訓練の一つ。空母艦載機にとって、夜間の発着艦は特に高い練度を要する。そこで艦を降りて陸上基地配備中にも、練度を落とさないように、航空基地の滑走路を用いて夜間における離着陸訓練を行う。ただし夜間での訓練は基地の周辺に騒音問題などを引き起こし、地域住民との軋轢の原因となってしまう。そこで、騒音問題とならない、離島の基地などに訓練地を移動して行われることが多くなっている。横須賀に母港を持つ空母艦載機は、厚木基地が本拠地となるが、現在の夜間離着陸訓練は、はるか離れた硫黄島基地の滑走路を用いて行われている。

▶ 略 》 NLP

夜間低高度航法/目標指示赤外線装置
【やかんていこうどこうほう/もくひょうしじせきがいせんそうち】
Low-Altitude Navigation and

Targeting Infra-Red for Night

戦闘攻撃機が夜間に低高度飛行を行うために使用する、ポッド型の航法装置。地形追従レーダーと赤外線センサーを搭載。地形の合成映像をディスプレイに投影し、自動操縦システムと連動して一定の高度を維持する。またこれと対で装備されるのが対地目標への照準ポッド。赤外線センサーと目標を捉えるレーザー発振器が組み合わされている。

同 » ランターン　略 » LANTIRN

薬室
【やくしつ】
Chamber

銃や砲の機関部にある、発射時に弾薬が収まる部分。

薬嚢
【やくのう】
Powder bag

艦砲や要塞砲などの大口径砲では、砲弾の弾頭部と装薬(発射薬)が別々になった分離弾薬が採用されているものがある。この時、装薬が詰まった布製の袋が薬嚢。射程距離によって、薬嚢の数を1〜数個と調整して使用する。

夜戦
【やせん】
Night combat

夜間に行われる戦闘のこと。レーダーが発達していなかった時代は、照明弾やサーチライトなどが使われた。

野戦
【やせん】
Field battle

敵味方が野外に一時的な陣地を設けて、野外を舞台に行われる戦闘のこと。城や要塞といった恒久陣地を攻める場合は、攻城戦や要塞戦とよばれ、野戦とは区別される。

対 » 市街戦

野戦救急車
【やせんきゅうきゅうしゃ】
Field ambulance

戦場で負傷した兵士を収容し、後方の野戦病院に送り届けるための専用の救急車。車両には赤十字マークや赤新月マーク(イスラム圏で使われる救急のマーク)が描かれる。銃弾が飛び交う中で運用されるため、ある程度の装甲が施される。路外での走行性能が高い、装甲兵員輸送車などをベースに開発されることが多く、応急処置用の医療キットを積む他、車内には数床の担架に乗せた負傷兵を収容できる構造になっている。

同 » 戦場救急車

野戦電話
【やせんでんわ】
Field telephone

戦場で使用する、有線式の通信装置。有線式のため陣地内など、あまり移動を伴わない場所で主に使われる。また完全

な野外で使う場合は、リールに撒いた電話線を持ち歩く必要がある。ただし無線のように敵に傍受される恐れがなく、現在でも野戦陣地内などで使われている。

野戦病院
【やせんびょういん】
Field hospital

戦場の後方地域に設置される、臨時の病院施設。戦場から後送されてくる負傷兵や、病気疾病にかかった兵士を収容し治療を行う。行われる医療行為は、どの程度の設備が整っているかにもよるが、救命医療や簡単な外科手術までなら対応可能だ。現在では、野戦病院の装備も工夫され、車両に積まれたユニット方式になっている。例えば陸上自衛隊では、トレーナーのコンテナに医療装備一式をまとめた「人命救助システム」や、手術車・手術準備車・滅菌車・衛生補給車・発電車・浄水車で1セットとなる、「野外手術システム」が運用され、災害現場などでも活用されている。

野戦砲
【やせんほう】
Field gun

野外で使われる移動式の火砲で、野砲、カノン砲、榴弾砲、歩兵砲、山砲などの総称。古くは馬により、現代では車両によって牽引して移動する。

薬莢
【やっきょう】
Case

銃や砲の弾薬において、弾頭の後部にある装薬を詰めた筒状の部分。自動小銃や機関銃などでは、発射すると薬莢のみ自動排出される。また、薬莢は再利用が可能なので、余裕がある場合は回収される。

同 》ケース

ヤーボ
【やーぼ】
Jabo

➡ 戦闘爆撃機

野砲
【やほう】
Field gun

第二次世界大戦前後まで使われた、口径100㎜以下の小型のカノン砲。馬で牽引していた時代は、野戦で移動できるサイズがこの程度までだったため、野砲とよばれた。しかし20世紀半ば以降になると、車両による牽引が当たり前になり、野戦ではより威力の大きい口径105〜155㎜の榴弾砲が主流となった。現在は、かつての野砲に相当するものは、ほぼ姿を消した。

ゆ

油圧式カタパルト
【ゆあつしきかたぱると】
Hydraulic catapult

第二次世界大戦期のアメリカの空母に搭載された、艦載機を射出するカタパルト。圧縮空気で油圧シリンダーを作動させ、甲板上のカタパルトを作動させる仕組みで、連続使用が可能。8ｔ程度の射出能力を持ち、重量のある機体を短い滑走距離で離陸させることができた。「エセックス」級主力空母の他、小型の護衛空母にも搭載され、実用性は高かった。対する日本海軍は、油圧式カタパルトを開発できず、特に小型の空母では飛行甲板の長さの不足から、運用できる艦載機のサイズに制限があった。

遊撃
【ゆうげき】
Raid

主力となる本体から分離して行動する別働隊を使い、敵に対する側面攻撃や伏撃を行ったり、後方撹乱や兵站路の遮断などを仕掛けること。敵の力を削ぎ、主力部隊の戦いを有利に導く。

遊撃戦
【ゆうげきせん】
Guerrilla warfare

➡ ゲリラ戦

有効射程
【ゆうこうしゃてい】
Effective range

銃や砲などで、目標に命中してダメージを与える効力射が、高い確率で期待できる距離のこと。弾丸や砲弾は、最大射程近くまで飛ばすと命中率が低くなる。また運動エネルギー弾では、有効射程を超えると威力が落ちることもある。

有事
【ゆうじ】
Emergency

戦争や紛争、事変など武力に訴える非常事態が起こること。

対 ≫ 平時

有事立法
【ゆうじりっぽう】
Emergency legislation

戦争などの有事の際に、その事態に対処するために法制度を改正したり、新たな法律を制定すること。有事に迅速な判断や決定を下すために、軍や指導部に強権的な権力を付与することもある。ただしその代償として、国民の権利や生活に、一時的に制限をかけることもある。

有視界戦闘
【ゆうしかいせんとう】
Visual battle

航空機が繰り広げる空戦において、相手を視界内に捉える距離での空中戦。視界内射程ミサイルとよばれる短距離空対

空ミサイルや、格闘戦に持ち込んでの機銃による戦闘が行われる。

有視界飛行方式
【ゆうしかいひこうほうしき】
Visual Flight Rules

視界が確保される状態で、パイロットが眼下の地形などを目視して判断し飛行すること。航空誘導レーダーや無線標識がなかった1960年代ごろまでは、有視界飛行方式で飛行がなされるのが普通だった。計器や管制官からの指示に従って飛行する計器飛行以外の飛行は、すべて有視界飛行方式となる。

略 » VFR

有刺鉄線
【ゆうしてっせん】
Barbed wire

針金をより合わせてできた鉄線で、針金の切れ端が飛び出してトゲのようになっている。バリケードなどに使われ、有刺鉄線を螺旋状にしたものを張り巡らせると鉄条網になる。

有線誘導
【ゆうせんゆうどう】
Wire-guidance

対戦車ミサイルや魚雷で使われる誘導方式。発射されると尾部から細いワイヤーや光ファイバーケーブルを吐き出しながら進む。そのワイヤーやケーブルを通して、弾体の誘導を行う。射程距離はケーブルの長さになるが、その範囲での命中率は高い。ただし発射から命中までは射手や母艦が誘導を続けなければならないため、その間は回避行動がとれないという弱点もある。魚雷には、途中まで有線誘導を行い、接近してからの最終誘導は、搭載されたセンサーによる自動誘導に切り替えるものもある。

誘導魚雷
【ゆうどうぎょらい】
Guided torpedo

有線誘導、もしくは搭載センサーによる自律誘導で目標を捉えて命中する魚雷。ホーミング魚雷ともよばれ、現代の魚雷はすべて誘導式だ。

誘導弾
【ゆうどうだん】
Guided missile

➡ ミサイル

誘導爆弾
【ゆうどうばくだん】
Guided bomb

自らは推進力をもたない爆弾だが、目標をセンサーで捉えて、落下中に軌道修正を行うことができる爆弾。従来の無誘導爆弾に比べ命中率が高く、狙った目標にピンポイントで命中する高い精度を実現。高空からの投下でも精密爆撃を可能にした。代表的なアメリカの「ペイブウェイ」は、既存の爆弾の頭部にセンサーユニットと動翼ユニット、尾部にも動翼ユニットを組み合わせたもので、照射されたレーザーの反

射を捉え誘導するレーザー誘導方式だ。

同 » スマート爆弾

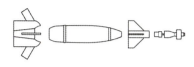

輸送艦
【ゆそうかん】
Transport ship

　車両などの兵器や武器弾薬、人員などを運ぶための軍用貨物輸送船。フェリーのようにランプを備え車両や貨物コンテナトレーラーを運ぶ車両輸送艦や貨物揚陸用のクレーンを持つ貨物輸送艦、艦内に揚陸艇を収容するドックを備えるドック型輸送艦など、運ぶものや揚陸の方式により多種多彩だ。海上自衛隊が運用中の「おおすみ」型輸送艦は、エアクッション揚陸艦を搭載するドック型輸送艦だ。

輸送機
【ゆそうき】
Transport aircraft

　貨物や人員を輸送することを目的する航空機。胴体の大半が貨物を積むための貨物室のスペースで占められる。大陸間などの長距離を輸送できる大型の戦略輸送機と、地域での航空輸送を担当する中〜小型の戦術輸送機に大別される。

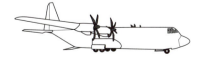

輸送起立発射機
【ゆそうきりつはっしゃき】
Transporter Erector Launcher

　弾道ミサイルや大型対空ミサイルなどを発射するための特殊車両。ベースには多くのタイヤを備えた装輪の大型トレーラーや、装軌車両が使われる。背面に大型のミサイルを搭載し、発射時にはミサイルを起立させて、ランチャーの役割を持つ。

略 » TEL

輸送潜水艦
【ゆそうせんすいかん】
Transport submarine

　敵に制海権を奪われ、海上封鎖された状況下でも貨物を輸送するために開発された潜水艦。第一次世界大戦時には、700tの貨物を運べるドイツの「ドイッチェラント」が登場した。第二次世界大戦時には、イタリアの「R」級潜水艦や、日本海軍の「潜輸」型(伊361型)、日本陸軍の「まるゆ」型などの輸送潜水艦が造られた。

輸送隊
【ゆそうたい】
Transportation unit

　陸軍で、前線の部隊に補給物資などを届ける兵站任務部隊。敵の遊撃隊やゲリラに狙われやすいため、戦場に近いエリアでは護衛が欠かせない。

輸送ヘリ
【ゆそうへり】

Transport helicopter

貨物や人員を輸送する大型のヘリコプター。ヘリコプターにしては広い貨物室を備える。また貨物室に入らない車両や砲、貨物コンテナなどは、機体の下に吊り下げるスリングで運ぶこともある。日本の陸上自衛隊では、タンデムローター式の大型輸送ヘリ「CH-47チヌーク」が使われている。

与圧
【よあつ】
Pressurization

飛行機の機内キャビンを機密構造にして、1気圧（地表面の気圧）に近い状態に保つこと。高高度を飛行する旅客機や輸送機には、人員保護のために欠かせない性能だ。一方、戦闘機のコクピットは与圧されていない。高高度飛行をする場合は、搭乗員は与圧服を着こみ酸素マスクを着用する。

ヨーイング
【よーいんぐ】
Yawing

航空機の姿勢制御のひとつで、重心位置を中心に機首や尾部を水平方向（左右）に動かすこと。ヨーイングは垂直尾翼にあるラダー（方向舵）を動かして行う。

洋弓銃
【ようきゅうじゅう】
Crossbow

➡ クロスボウ

要求仕様
【ようきゅうしよう】
Requirements specification

軍が新しい兵器や装備を導入するさいに、求める性能や条件などを予め示すこと。要求仕様に従って、軍需企業が新兵器候補の提案を行う。

要撃／邀撃
【ようげき】
Interception

➡ 迎撃

要撃機
【ようげきき】
Interceptor

➡ 迎撃機

要塞
【ようさい】
Fortress

戦略拠点や交通の要所などの重要地点を、外敵の攻撃から守るために築かれる、建造物を伴う恒久的な陣地や砦。堅固な防御力に加え、近づく敵を攻撃する砲台などを備えた、防御に主眼を置いた軍事拠点。港湾の入り口や海峡部を見下ろす沿岸に築かれる沿岸要塞や、内陸部の交通要所を見下ろす高台に築かれる、城や山塞などがある。

要塞砲
【ようさいほう】
Fortress gun

　要塞に据え付けられる、近づく外敵を攻撃するための強力な大砲。大口径のカノン砲や榴弾砲が使われる。また、軍艦で使われていた艦砲を流用することも多い。例えば海峡部にある要塞に、海峡全体を射程に収める要塞砲を据えつけることで、有事には海峡を封鎖することが可能になる。そのため要塞攻略を目指す敵からは、真っ先に狙われる存在だ。

洋上補給
【ようじょうほきゅう】
Replenishment at sea

　洋上に浮かんだまま艦艇同士で行う補給活動。第二次世界大戦までは、補給艦と補給を受ける艦を横付けして、補給艦に備えたクレーンなどで物資の受け渡しを行っていた。ただし波浪が高いと艦同士がぶつかる危険性が大きかった。そこで現在では、数10m程度離れた状態でワイヤーを張り、ゆっくり並走して安定状態を保ちつつ、滑車などで受け渡す方法がとられる。また近年ではヘリコプター搭載艦が増えた結果、ヘリコプターで補給品を吊り下げて移送することも多くなった。燃料の洋上給油の場合は、やはり並走して給油ホースを渡して行うことが一般的。現在は洋上補給や洋上給油の設備を備えた、専用の補給艦が運用されている。

洋上迷彩
【ようじょうめいさい】
Sea camouflage

　海洋エリアで運用される軍用機に施される迷彩塗装。背面は海の青に溶け込むような青色系の塗装、腹面は曇り空に溶け込みやすいグレー系の塗装が施される。例えば、低空飛行による対艦攻撃を想定している、航空自衛隊の「F-2」支援戦闘機が採用している青系のカラーリングも、洋上迷彩だ。

要人警護部隊
【ようじんけいごぶたい】
Very important person security unit

　国家元首や王室関係者などの要人の警備や護衛を行う専門組織。アメリカのシークレットサービスが有名だ。日本では、警視庁警備部に所属するセキュリティポリスが相当する。

同 » シークレットサービス

陽動作戦
【ようどうさくせん】
Feint operation

　本来の目的を敵に悟られないよう隠蔽するために、別の行動を起こして目を引き付ける欺瞞的な作戦のこと。例えば、陽動部隊を先に出動させて囮として敵を引き付け、その隙に味方の主力部隊が敵の根拠地を攻撃するような作戦だ。ただしこの場合、囮となる陽動部隊は大きな損害を被る可能性が高いなど、仕掛けるリスクも大きい。

用廃機
【ようはいき】
Disposal

　機体の耐用寿命が来るなどして、用途廃棄された機体のこと。また、まだ使えるが、装備の更新や予算削減などで、廃棄されることも。通常は用廃となるとスクラップにされるが、稀に機体の原型をとどめたまま、展示用に払い下げられることもある(その場合、エンジンや武装、電子装備などは取り払われる)。

傭兵
【ようへい】
Mercenary

　直接利害関係のない他国の軍隊に、金銭などとの引き換えに雇われる兵士のこと。信義や信仰などにより参加する義勇兵とは区別される。古来から軍を渡り歩く傭兵は、職業として存在した。現在では、傭兵は国際法で正式な戦闘員としては認められておらず、戦闘で捕虜になった場合でも、軍人捕虜の扱いをされない。ただし、フランスの外人部隊のように、外国籍の志願兵を集めた正規部隊もあるが、実質は傭兵部隊だ。また近年は、兵士を派遣する民間軍事会社が、かつての傭兵の需要を満たしている。

傭兵部隊
【ようへいぶたい】
Mercenary unit

　傭兵を中心に組織された部隊のこと。19世紀までは各国で組織されたが、国際法で傭兵が否定されている現在では、表向きは存在しない。フランスの外人部隊は傭兵部隊と混同されるが、外国籍の志願兵を組織した正規部隊である。

揚陸
【ようりく】
Landing

　艦艇に積んだ兵や物資・装備を、陸に揚げること。上陸と同じ意味で使われることが多い。

揚陸艦
【ようりくかん】
Landing ship

　兵や装備を運ぶ輸送艦で、特に港を使わずに浜などに直接上陸させる能力を持つ艦艇のこと。船首部分に開閉する扉を持ち、浜に直接乗り上げて降ろす(ビーチング)ことが可能な戦車揚陸艦や、多数の輸送ヘリコプターで揚陸を行うヘリコプター揚陸艦、艦内にウェルドックを持ち揚陸艇や水陸両用車両を発進させて揚陸するドック型揚陸艦、ヘリと揚陸艇の双方で揚陸を行い支援の対地攻撃機も搭載する強襲揚陸艦などがある。

揚陸作戦
【ようりくさくせん】
Landing operation

➡ 上陸作戦

揚陸指揮艦
【ようりくしきかん】

Amphibious command ship

アメリカ海軍が運用する、上陸作戦を想定し水陸両用の作戦指揮能力を高めた大型軍艦で、艦隊司令部がおかれる。日本の横須賀を母港とするアメリカ第7艦隊の旗艦は、指揮揚陸艦「ブルー・リッジ」(満載排水量18400ｔ)が務めている。

揚陸艇
【ようりくてい】
Landing craft

車両や兵を搭載して、ビーチに直接揚陸できる構造を持った、小型の輸送艇。ビーチング可能で乗り上げた艦首部から降ろすタイプと、ビーチに船体ごと上陸してしまうエアクッション揚陸艦がある。

揚力
【ようりょく】
Lift

気体や液体といった流体の中で、流れに垂直方向の力が働いて、持ち上げようとする力。飛行機が飛ぶことができるのは、翼が揚力を発生させるからである。

予科練
【よかれん】
Japanese naval aviation preparatory trainee

1930年から1945年まで存在した、日本海軍の「海軍飛行予科練習生」の略称で、航空機搭乗員を養成した制度。発足当初は横須賀にあり、1939年から茨城県の霞ケ浦海軍航空基地を本拠とする土浦海軍航空隊内に設置された。第二次世界大戦開戦以降は、日本各地の海軍航空基地に広がり、多くの搭乗員を養成した。

翼面荷重
【よくめんかじゅう】
Wing loading

航空機の翼の面積1㎡あたり、どれくらいの重量を支えているかの数値。機体重量を翼面積で割って導き出す。翼面荷重の数値が小さい低翼面荷重な機体ほど、揚力が大きくなり低速でも失速しにくくなる。逆に高翼面荷重の場合は、空力抵抗が少なくなるので、十分な推力があれば高速飛行に向いている。

予備役
【よびえき】
Reserve

現役から退き一般社会で生活している退役軍人で、軍籍を残したままにいる者。有事には現役復帰し、正規軍に編入される。国によっては、予備役の技量や体力を維持するために、毎年一定期間の訓練への参加を義務付けている場合もある。

予備自衛官
【よびじえいかん】
Reserve Self-Defense official

自衛隊において、自衛官を退官した後も、自衛隊に籍を残し、有事や訓練で招集される予備役のこと。防衛招集命令や災害招集命令により、現役自衛官に復帰する。年間5日の訓練への参加が義務付

けられるが、その分の手当は支給される。

予備自衛官補
【よびじえいかんほ】
Reserve candidate

自衛隊未経験者の一般国民から公募され、一定の教育課程を受けた者。予備自衛官と同様の扱いとなる。医師や通訳、エンジニアなど、専門技術を持つ者も多い。一般公募の場合は18歳以上34歳未満で3年間に50日間の教育課程、技能公募の場合は18歳以上55歳未満で2年間に10日間の訓練日数が設定されている。

雷管
【らいかん】
Primer

衝撃や熱・電気などを加えることで起爆する、爆薬を詰めた点火装置。銃弾を発射させたり、爆発物を起爆させるのに使われる。銃弾の場合は薬莢の底の部分に設置され、撃針で打撃を加えると衝撃で起爆し薬莢内の装薬に点火して、銃弾が発射される仕組みだ。

同 » プライマー

雷撃
【らいげき】
Torpedo attack

魚雷を搭載する軍艦や軍用機が、魚雷を発射して艦船を攻撃すること。現代では主に潜水艦が行う。

雷撃機
【らいげきき】
Torpedo bomber

第二次世界大戦まで活躍した、航空魚雷を搭載して艦船を攻撃する対艦攻撃機。陸上から発進する雷撃機と、空母に搭載された艦上雷撃機があった。その後、対艦攻撃の兵器が航空魚雷から対艦ミサイルに代わったため、現在では雷撃機は姿を消している。

ライセンス生産
【らいせんすせいさん】
License production

他国の企業が開発した兵器や軍備品を、設計図や生産技術などのノウハウを含めて、製造する権利をライセンス料という形で購入し、国内で生産する方式。完成品を輸入するよりも割高になるが、国内企業でパーツから製造するので、雇用の確保にもつながる。また兵器技術や生産技術のノウハウなどの技術移転をうけ、学ぶことができる。主要部品をすべて輸入し国内で組み立てるだけのノックダウン生産よりも、技術習得面でのメリットは大きい。

ライフリング
【らいふりんぐ】
Rifling

銃身や砲身の内部に刻まれた、螺旋状の溝のこと。弾丸が発射されるさいに、こ

の螺旋状の溝により回転が与えられて、ジャイロ効果で安定した弾道を保ち飛翔することができる。小銃のライフリングが実用化されたのは19世紀中ごろで、当時は開発者の名前をとって「ミニエー銃」とよばれた。

ライフルグレネード
【らいふるぐれねーど】
Rifle grenade

ライフル銃の銃身先端にグレネード(擲弾)発射用のアタッチメントを装着し、空包、もしくは実包を撃つ勢いでグレネードを飛ばす兵器。取り扱いが簡単で手榴弾を手で投げるより遠方に投射できる。

ライフル銃
【らいふるじゅう】
Rifle

➡ 小銃

ライフル砲
【らいふるほう】
Rifling bore gun

砲身内部に螺旋状のライフリングが刻まれている大砲の総称。ジャイロ効果で発射された砲弾の弾道が安定する効果を持つ。砲の内部にライフリングを刻むアイデアは16世紀ごろからあったが、実用化されたのは19世紀中ごろ。命中精度が格段に向上し、以来、大砲の主流はライフル砲となった。現在使われている榴弾砲や艦載砲など、多くの火砲はライフル砲だ。しかし戦車砲や迫撃砲は、ライフリングのない滑腔砲が主流となっている。

対 》 滑腔砲

ライフルマーク
【らいふるまーく】
Rifle mark

ライフリングが刻まれた銃から発射された弾丸に残る、螺旋状のライフリングの跡。発射した個々の銃で残る跡が異なるため、犯罪捜査などでの発射銃の特定に利用される。

同 》 旋条痕

ラダー(艦船)
【らだー】
Rudder

➡ 舵

ラダー(航空機)
【らだー】
Rudder

固定翼の航空機で、垂直尾翼の後端に備えられる左右可動式の方向舵。ラダーを動かすことで、機体の機首の向きを左右に変えるヨーイングが起こる。ラダーを

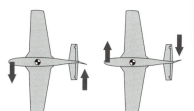

左側に動かせば、機体尾部が右側に押されて、その反作用で機首の向きは左側に向く。ラダーを右に動かせば、機体尾部は左に押され、機首は右に向く。

同 » 方向舵

ラダーフレーム
【らだーふれーむ】
Ladder frame

　小型の車両やトラックなどのシャシーに使われる、梯子状構造のフレーム。2本のメインフレームを数本のクロスフレームでつないでいる。構造が簡単でそれなりの強度が得られるため、軍用車にも多く採用されている。

落下傘
【らっかさん】
Parachute

➡ パラシュート

落下傘部隊
【らっかさんぶたい】
Paratroop.

➡ 空挺部隊

落下傘兵
【らっかさんへい】
Paratrooper

➡ 空挺兵

ラペリング
【らぺりんぐ】
Rappelling

　高所から垂直に垂らしたロープを伝って降りること。崖や建物の壁伝いなどの場所で行う。また着陸できない場所でホバリングしたヘリコプターから、地面に降りる手法としても使われる。

同 » リペリング

ランウェイ
【らんうぇい】
Runway

➡ 滑走路

ランターン
【らんたーん】
LANTIRN

➡ 夜間低高度航法/目標指示赤外線装置

ランチャー
【らんちゃー】
Launcher

　ロケットやミサイルなどの飛翔体の発射機。発射するものによって、ロケットランチャーやミサイルランチャー、グレネードランチャーなどとよばれる。

ランディング
【らんでぃんぐ】
Landing

➡ 着陸　　対 » テイクオフ

ランディングギア
【らんでぃんぐぎあ】
Landing gear

　航空機の降着装置の総称。陸上機の場

合は主に車輪の付く主脚と前輪、または尾輪だが、雪上に降りる小型機では車輪の代わりにスキー板を付けることもある。また水上機ではフロートが備えられる。一部のヘリコプターには、車輪が付いていないスキッドとよばれる簡易的な脚が備えられる。その他、艦載機に備えられる、着艦時にアレスティングワイヤーを引っかけるアレスティングフックも、ランディングギアの一部として扱われる。

ランディングゾーン
【らんでぃんぐぞーん】
Landing Zone

飛行機などの着地地点のこと。特に滑走路を必要としないヘリコプターが、野外で着陸する場所をいうことが多い。また空挺兵の着地地点などにも使われる用語だ。

略 》 LZ

ランドパワー
【らんどぱわー】
Land power

国家が持つ、陸上における権力。主に大陸にある強国についての表現として使われ、強大な国力のもと陸軍力を整備している。海洋国が持つシーパワーの対義語として使われる。第二次世界大戦の主要国では、ドイツやソ連がランドパワー国家の代表格だ。

対 》 シーパワー

り

リアクティブ・アーマー
【りあくてぃぶあーまー】
Reactive Armor

装甲車両に後付けする増加装甲の一種で、対装甲弾頭である成形炸薬弾に対しての防御効果が高い。爆薬を詰めたタイル状のもので、本来の装甲表面に並べて装着する。成形炸薬弾が当たるとリアクティブ・アーマー内部の爆薬が外側向けに爆発し、成形炸薬弾が吹き出すメタルジェットを爆風やタイルの破片で遮って威力を弱める働きをする。ただしその爆発が、周囲に展開する味方歩兵に、二次的な被害をもたらすこともある。

同 》 爆発反応装甲　　略 》 ERA

リアサイト
【りあさいと】
Rear sight

➡ 照門

陸軍
【りくぐん】
Army

陸上での戦闘などの軍事行動を主な任務とする軍隊。もっとも最古の軍隊であ

り、陸地に住む人類にとってもっとも身近な軍隊でもある。大陸にあり陸軍の整備に特に力を入れている国を陸軍国とよぶこともある。

同 » アーミー

陸自
【りくじ】
JGSDF
➡ 陸上自衛隊

陸上機
【りくじょうき】
Land plane

陸上の滑走路を使って離着陸する航空機の総称。主に空軍や陸海軍航空隊で運用される（海軍所属でも、哨戒機や連絡機など、陸上機は多い）。空母の飛行甲板には専用の降着装置を持たないため、離着艦はできない。

対 » 艦上機、水上機

陸上空母離着陸訓練
【りくじょうくうぼりはっちゃくくんれん】
Field Carrier Landing Practice

アメリカ海軍の空母艦載機が行う訓練の一つ。空母が母港にいる間は、空母所属の飛行隊は近隣の航空基地に滞在する。その間に練度を保つために、陸上の滑走路を空母飛行甲板に見立てて、タッチ＆ゴーなどの離発着訓練を行っている。

略 » FCLP

陸上自衛隊
【りくじょうじえいたい】
Japan Ground Self-Defense Force

1954年に日本の防衛庁（現・防衛省）発足とともに誕生した、日本の国土防衛を担う組織。戦後の1950年に誕生した警察予備隊を前身に、1952年からの保安隊を経て誕生した。公式には軍ではなく、さまざまな呼称を旧軍時代とは区別しているが、国際基準では陸軍に相当する。これまで時代ごとに組織は改変されてきたが、現在は統合的に有事に対応するために方面隊を統括する陸上総体と、北部方面隊（2個師団2個旅団）、東北方面隊（2個師団）、東部方面隊（1個師団1個旅団）、中部方面隊（2個師団2個旅団）、西部方面隊（2個師団1個旅団）の5つの方面隊からなる。2017年3月現在、陸上自衛隊に所属する自衛官の定数は150863人。

同 » 陸自　**略** » JDSDF

陸上総隊
【りくじょうそうたい】
Ground Component Command

陸上自衛隊の中に2018年3月に創設された組織。5つの方面隊を統括して指揮を行い、海上自衛隊や航空自衛隊、在日アメリカ軍との調整を行う。また隷下には有事に即応するための直轄部隊も所属する。陸上総隊の直轄部隊は、第1空挺団、水陸機動団、第1ヘリコプター団、システム通信団、中央情報隊、中央即応連隊、中央特殊武器防護隊、対特殊武器衛

生隊、国際活動教育隊などがある。

陸戦
【りくせん】
Land warfare

　陸上で行われる陸上戦力同士の戦闘の総称。

陸戦隊
【りくせんたい】
Naval infantry

➡ 海軍陸戦隊

履帯
【りたい】
Track

➡ 無限軌道　同 》キャタピラ、クローラー

リフトエンジン
【りふとえんじん】
Lift engine

　VTOL機に用いられる、垂直離着陸のために下方に向けて推力を出す専用のエンジン。ソ連の艦載VTOL機として開発された「Yak-38」は、前部に2基のリフトエンジンを備え、推力偏向ノズルのついたメインエンジンとともに使用し、垂直離着陸を可能にした。ただし飛行中は使わないので、デッドウエイトとなってしまうデメリットがあり、現在はすべて退役している。

リフトファン
【りふとふぁん】
Liftfan

　新世代のV/STOL機として実用化された「F-35BライトニングⅡ」に搭載された仕組み。離着陸時には、メインエンジンから伸びたシャフトで機体前部にあるファンを稼働して、下方に推力を発生する。後部のメインエンジンノズルは推力偏向式で、双方で垂直離着陸を実現した。ただしリフトファンは通常飛行時は使わない。その分だけ通常型の「F-35A」型よりも、兵器等の搭載量は少なくなる。

リベット
【りべっと】
Rivet

　鋼板などをつなぎ合わせるさいに使われる留め具。接合する2枚の部材の穴に釘状の金具を差し込み、反対側を叩いて平たくして固定する。第二次世界大戦時に電気溶接が登場するまでは、軍艦、軍用車両、軍用機のいずれも、外板や装甲板の固定は、リベット接合工法で行われていた。現在では電気溶接工法が主流となっている。

リペリング
【りぺりんぐ】

303

Rappelling
➡ ラペリング

リボルバー
【りぼるばー】
Revolver

シリンダーとよぶ回転式の弾倉を持つ連発式の拳銃。装弾数は5〜6発が普通で、発射前に撃鉄を指で起こしてシリンダーを次弾の位置に回すシングルアクション式と、引き金を2段に引いて1段目で撃鉄を起こしシリンダーを回すダブルアクション式がある。オートピストルより装弾数が少なく連射速度も劣るが、機構が単純なために故障が少なく頑丈、強力な弾丸が使えるモデルもあり民間では未だに人気がある。

同 » 回転式拳銃

リムパック
【りむぱっく】
RIMPAC

アメリカ海軍が主催する太平洋地域を中心とした各国海軍の合同演習。環太平洋合同演習の略称。2年に一度ハワイ周辺海域で開催される。1971年から始まり（当初は毎年開催）、1980年からは海上自衛隊も参加している。直近に行われたリムパック2018では、アメリカ海軍、海上自衛隊、カナダ、オーストラリア、ニュージーランド、韓国などの他、イギリスやドイツなども含め26カ国が参加。また陸上自衛隊の地対艦ミサイル部隊も初参加した。

同 » 環太平洋合同演習

リモートウェポンステーション
【りもーとうぇぽんすてーしょん】
Remote Weapon Station

機銃や機関砲、ミサイルなどと各種センサーを装備する、遠隔操作式の無人砲塔。内部に操作員がいないため、有人砲塔よりも小型にできる。また攻撃を受け破壊されても人的被害が生じない。近年軍用車両や軍艦などに装備されるようになった。リモートウェポンシステムとよぶこともある。

同 » RWS

竜骨
【りゅうこつ】
Keel

➡ キール

榴散弾
【りゅうさんだん】
Shrapnel

弾頭内に小型の金属ボール弾が多数詰められている砲弾。時限信管を用いて目標到達寸前にボール弾を飛散させて、人馬などを殺傷する目的で使われた。ただしトーチカや装甲目標などのハード

ターゲットには効果が少ない。第一次世界大戦から第二次世界大戦で用いられたが、現在は姿を消している。

榴弾
【りゅうだん】
High Explosive

弾頭内部に炸薬が詰められており、弾着すると炸裂する砲弾。化学エネルギー弾の一種。弾殻が破片となって広範囲に撒き散らされ、周辺に被害を与える。兵士を殺傷したり非装甲の陣地を破壊する目的で使われる。砲弾としては古くから使われているポピュラーなもので、現在は榴弾砲や迫撃砲、艦載砲などから発射される。また、手榴弾やグレネード弾（擲弾）なども、小型の榴弾の一種だ。

同 » 炸裂弾　　略 » HE

榴弾砲
【りゅうだんほう】
Howitzer

主に榴弾を高仰角で発射し、放物線を描く弾道で飛翔させる曲射砲。弾が山なりに飛ぶため、手前に障害物があっても、その向こう側の目標を狙うことができる。第二次世界大戦期までは、30口径長以下の比較的短い砲身の砲を榴弾砲とよび、長砲身のカノン砲や、口径の小さな野砲と区別していたが、現在は榴弾砲に統合されている。現代の砲兵の主力砲として君臨し、牽引して移動する牽引砲と車両に載せた自走砲が、各国の軍隊で活躍している。西側諸国では口径105㎜、155㎜、203㎜、また旧東側諸国では口径122㎜、152㎜、203㎜が榴弾砲の規格だ。

領海
【りょうかい】
Territorial waters

国家が領有し主権が及ぶ沿岸水域のこと。領海の範囲については国際的に長く議論が繰り広げられてきたが、1982年に国連で採択され、1994年に効力発生した国連海洋法条約により、沿岸基線から12海里までが領海と定められている。領海は国家の主権が及ぶ範囲だが、外国籍船舶に関しては沿岸国の平和や秩序、安全を侵さないことを前提とした無害通航権が認められ、事前通告の必要なく航行が認められている。ただし軍艦に関しては無害通航の規準が明確には定まっていない。最低限、国旗や軍艦旗を掲揚することが求められ、沿岸国の法令に従わない軍艦には退去を要求できると定められている。

対 » 公海

領海侵犯
【りょうかいしんぱん】
Intrusion into territorial waters

他国の艦船が自国の領海内に侵入し、無害航行権を逸脱する違法行為や主権を侵害すること。領海内で違法行為を行い領海侵犯と見なされる民間船舶には、停船命令や臨検、拿捕、強制退去などを行使できる。また、無害通航違反とみな

される軍艦には、作戦行動の中止や領海外への退去を要求し、武力攻撃を受けたら自衛権が行使される。日本においての領海侵入の対処は、民間船舶に対しては海上保安庁や水産庁が行い、軍艦に対しては海上自衛隊が対処する。

僚機
【りょうき】
Wingman

軍用機で同じ編隊を組む仲間の機体のこと。また2機で編隊を組んだ場合、指揮機のペアになる機体。

同 » ウイングマン

領空
【りょうくう】
Territorial airspace

国家の主権が及ぶ領土と沿岸12海里の領海の上空空域で、領空にも国家主権が適応される。ただし高度は大気圏内とされ、宇宙空間には適応されない。どこまでを大気圏とするかは定義が明確にはなっていない。領空の歴史は航空機の発展に伴い、1919年のパリ国際航空条約で領空が定義された。領空には領空権が認められ、外国の航空機は当該国の許可なく領空を飛行することは禁止されている。

領空侵犯
【りょうくうしんぱん】
Intrusion into territorial airspace

領空に当該国の許可を得ずに侵入すること。領空侵犯機の恐れがある飛行物体に対しては、ほとんどの場合は空軍（日本では航空自衛隊）が対処する。領空の外側に設定された防空識別圏に識別不明機が侵入した段階で、スクランブル発進された軍用機が接近する。領空侵犯の恐れがある場合は、まず航空無線による警告が行われ、ついで軍用機が接近しての警告を行う。それでも従わずに領空侵犯に至った場合は、軍用機からの警告射撃と強制着陸の処置がとられる。最終的には撃墜に至ることもあるが、民間機に対しての攻撃は、原則として禁止されている。

領土
【りょうど】
Territory

国家の主権を行使できる陸上地域。排他的な支配権（領土主権）が認められる。広義的には領海と領空を含めて領土とよぶこともある。領土を武力で侵攻する侵略戦争に対しては、国際法で自衛権の行使が認められている。

両用砲
【りょうようほう】
Dual-purpose gun

敵艦を攻撃するカノン砲と、対空射撃に使用する高角砲はいずれも直射砲。そこで両方を兼務した艦載砲を、両用砲と呼称した。

旅団
【りょだん】
Brigade

陸軍においての編制単位の1つ。師団よりも小さく、構成人員は1500～6000名程度。師団の下位組織として編制される場合と、旅団司令部を持つ独立した小型師団ともいえる独立混成旅団の2種類がある。現在、陸上自衛隊に編制されている旅団は独立混成旅団だ。

同 》独立混成旅団

旅団長
【りょだんちょう】
Brigade commander

旅団を率いる指揮官。国や時代によっても異なるが、少将、准将、大佐が就任する。

猟兵
【りょうへい】
Jäger

➡ 軽歩兵

離陸
【りりく】
Take-off

飛行機や飛行船などが、陸地から飛び立つこと。

同 》テイクオフ　　対 》着陸

リローディング
【りろーでぃんぐ】
Reloading

弾頭と薬莢が一体型の弾薬で、射撃したあとに残った空薬莢を回収して、炸薬、雷管、弾頭を再び詰め直して再利用すること。手作りでリローディングした弾薬はハンドロールとよばれる。

輪形陣
【りんけいじん】
Circle lineup

空母などを中心とした艦隊がとる陣形の1種。航空攻撃や潜水艦攻撃から守るために、空母や揚陸艦などを中心に、周囲を護衛する巡洋艦や駆逐艦などの艦艇を同心円状に取り囲むように配置する。また輪形陣の前方には、対空・対潜警戒役のレーダーピケット艦や潜水艦が配置される。

臨検
【りんけん】
Inspection

広義的には行政機関の職員が職務執行のために立ち入ることだが、特に船舶に対する立ち入り検査の意味で使われることが多い。公海上で海賊行為などの違法行為を行った民間船舶や、領海侵犯を行った民間船舶に対し、軍艦や警察権を

持つ沿岸警備隊の艦艇が、強制的に立ち入って警察活動を行うこと。ただし他国の軍艦に対しては、臨検は行使できない。

る

ルーキー
【るーきー】
Rookie

➡ 新兵　対 » ベテラン

ルックダウン能力
【るっくだうんのうりょく】
Look-down ability

　航空機搭載のレーダーで、上空から下方の目標を探知する能力。レーダー波は地表面や海面で反射して、クラッターとよばれるノイズを発生するため、本来の目標を見分けることが難しい。しかし1980年代以降、パルスドップラーレーダーの採用と処理技術の向上で、クラッターノイズの中から目標を見分け探知できるようになった。

れ

冷戦
【れいせん】
Cold war

　第二次世界大戦終結後、世界はアメリカやNATO加盟国を中心とする西側陣営と、ソ連を中心とする共産主義国の東側陣営に大きく分かれた。この両陣営間で繰り広げた、砲火を交えることなく激しく対立を繰り広げた関係を、「Cold War（冷戦）」とよんだ。冷戦は、1989年に東欧諸国の共産党政権が相次いで倒れ、冷戦の象徴であったベルリンの壁の崩壊まで続き、1991年のソ連崩壊で完全に終結した。

礼服
【れいふく】
Formal clothes

　軍服の1種で、式典などで着用されるもの。最上級の儀礼に用いられる正装と、やや簡略化した礼装で使い分ける場合もある。国家ごとや時代によって、礼服のありかたはさまざまだ。

礼砲
【れいほう】
Gun salutes

　軍隊が行う礼式の1つで、敬意を表するために大砲を発射する。発射するのは実弾ではなく、空包が用いられる。礼砲の数は、受礼者の地位や階級によって異なり、国家元首や皇族などへの最大の敬意では21発、それに次ぐ首相や国賓クラスでは19発、閣僚クラスでは17発となる。陸上自衛隊では礼砲が必要な際には礼砲中隊を臨時編成し、105㎜榴弾砲を使用する。

レーザー
【れーざー】
Laser

　光や電磁波を人工的に増幅して放射するレーザー装置によって作り出される光。

狭い面積に高密度の光エネルギーを集束し、直進性の高いビームとなる。発振する光の波長によって種類があり、レーザーポインターなどに使われる可視光線レーザー、赤外線レーザー、紫外線レーザー、X線レーザーなどがある。またマイクロ波を使ったものはメーザーとよばれる。レーザーは測量や通信、医療分野など、幅広い分野で使われており、軍事でも照準器やミサイルの誘導装置などで使われる他、近年はレーザーのエネルギーで目標を破壊するレーザー砲も実用化されつつある。

レーザー検知器
【れーざーけんちき】
Laser detector

自分に対してレーザー光を照射された場合に検知して知らせる装置。戦闘車両などに備えられ、レーザー照射を検知したら即座に回避行動に移る。

レーザーサイト
【れーざーさいと】
Laser sight

拳銃や小銃などの小火器に装着する照準器。銃口の向きと同調してセットすると、銃口が狙った場所に赤いレーザー光を照射し光点を写しだす。そのまま引き金を引けば、光点部分に命中する仕組みだ。ただし相手が狙われたことを察知してしまうというデメリットもある。

レーザー測距儀
【れーざーそっきょぎ】
Laser rangefinder

レーザーレンジファインダーともいわれる、レーザー光で正確な距離を測る装置。レーザー光を目標に発射し反射して戻ってくる時間を計測して、距離を割り出す仕組み。歩兵が持つ双眼鏡一体型のものや狙撃銃に装着できる携帯型のものから、戦車や航空機、軍艦の照準装置に組み込まれるものなど幅広く使われている。

レーザー砲
【れーざーほう】
Laser cannon

出力の高い高エネルギーレーザーを使った兵器が、各国で研究され実用化されつつある。主に、飛行目標をターゲットとした対空砲として使われ、航空機やミサイル、砲弾を迎撃する低コストの兵器として期待されている。大型の航空機に搭載しての実験を経て、アメリカ海軍では豊富な電力供給が可能な艦載型のレーザー対空砲の実用化に成功した。

レーザー目標指示装置
【れーざーもくひょうしじそうち】
Laser target designator

目に見えないレーザー光を発振する装置で、ミサイルなどで狙う目標に向けて照射する。その反射光がレーザー誘導弾のガイドとなる。航空機や車両に搭載されるものや、歩兵が携帯できる小型の装置も使われている。

レーザー誘導弾
【れーざーゆうどうだん】
Laser-guided weapon

　レーザー目標指示装置から照射されたレーザー光の反射波をガイドにして、目標に誘導される、ミサイルや誘導爆弾。両者の違いは、ロケットモーターで推進するか自由落下かの差だ。高い命中率を誇り、精密攻撃や精密爆撃が可能。ただし、命中するまで目標にレーザー照射を続けなければならないため、目標に察知されて回避行動や反撃を受ける場合もある。

レジスタンス
【れじすたんす】
Resistance

　語源はフランス語で「抵抗」の意味だが、第二次世界大戦期にドイツ軍の侵攻をうけたフランスにおける抵抗運動や、それを行った人々のことを指す。レジスタンスたちはサボタージュや武装してゲリラ活動で抵抗した。その事例をもとに、第二次世界大戦後は市民による侵略者への抵抗運動のことをレジスタンスと総称するようになった。レジスタンス構成員の多くは一般市民出身の民兵だが、ジュネーブ条約（戦時国際法）の追加条項で正当な戦闘員に準ずる扱いとされ、単なるゲリラと区別されている。

レシプロエンジン
【れしぷろえんじん】
Reciprocating engine

　シリンダーとピストンを備えたエンジン。燃料を燃焼した熱エネルギーを、ピストンの往復運動に変えて、それをさらに回転運動に変換し、駆動力や推力に用いる。ガソリンエンジンやディーゼルエンジンといった内燃機関と、蒸気エンジン（蒸気機関車などに使われる）やスターリングエンジンといった外燃機関に大別される。

レシプロ機
【れしぷろき】
Reciprocating aircraft

　レシプロエンジンを搭載し、プロペラを回して推力を得る航空機のこと。

レーション
【れーしょん】
Ration

　広義的には、軍隊で兵士に配給される食糧を中心とした配給品のこと。特に軍用の糧食のことをレーションとよぶことが多い。軍用のレーションには、基地などで提供される調理された日常の食事や、野外炊具で簡単に調理される暖かい食事、さらには野戦時に兵士が携行する缶詰やレトルト食品を中心などの保存食をセットにしたコンバットレーション、チョコレートバーなどの緊急用高カロリー食などがある。シーンに合わせて、さまざまなレーションが活用されている。

レスキューチェンバー
【れすきゅーちぇんばー】
Rescue chamber

　沈没した潜水艦から、乗員を救助する

ための装置。潜水艦救難母船の艦艇からワイヤーで吊るされて海中に降ろす、釣り鐘のような装置で、沈没した潜水艦のハッチにドッキングし、乗員を移乗させて救い出す。1回に救える乗員は数名で何回も往復する。ただし、吊り下げる構造上自由度が低く、現在はより自由度の高い深海救難潜航艇（DSRV）が主流となっている。

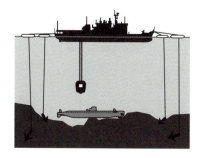

レーダー
【れーだー】
Radar

電波を使って、遠く離れた物体や地形の存在を感知する装置。マイクロ波を放射して、その反射波をキャッチし測定することで、目標の存在や、目標の方位、目標までの距離を測定する。基本的には電波の送信器と、受信するアンテナ、受信した電波を解析しディスプレイに映す装置で構成される。使われる電波の周波数や、受信アンテナの種類によって性能や使用目的、探知対象が大きくことなる。基本原理は1887年にドイツのハインリヒ・ヘルツによって立証されたが、実用化されたのは第二次世界大戦前。いち早く艦艇や航空機に搭載して取り入れたアメリカやイギリス、ドイツが先行した。日本軍も追従したが、アメリカのレーダーの精度に追いつけず、大戦後半に苦戦を強いられる一因となった。現在では、国土防衛の重要な要であり、軍用・民間用を問わず広く使われている基幹的技術となっている。

レーダーサイト
【れーだーさいと】
Radar site

軍事用レーダーを設置した地上の固定施設。多くのレーダーサイトは広範囲をカバーする3次元レーダーを備え、空域や海域の監視を行っている。それだけに、真っ先に敵の攻撃を受けやすい重要な軍事施設のひとつだ。

レーダー電波吸収材
【れーだーでんぱきゅうしゅうざい】
Radar Absorbent Material

レーダーの電波を吸収して、反射を減らす性質を持った材料。ステルス機などに使われ、レーダーに捉えられにくい性能を獲得できる。構造材そのものに使われるほか、電波吸収塗料として塗布して使われることもある。

略 » RAM

レーダー反射断面積
【れーだーはんしゃだんめんせき】
Radar Cross Section

レーダー電波の照射を受けた場合、どの程度の反射波をアンテナの方向に返す

かを示す尺度。RCSと略される。RCSが大きいほど、レーダーに捕捉されやすくなり、小さいほどレーダーに対するステルス性が増す。例えば、現代の代表的な第4世代戦闘機である「F-15イーグル」のRCSが6m²程度なのに対し、第5世代ステルス戦闘機の「F-22ラプター」は0.0001m²で昆虫並みの大きさにしか映らないとされている。実に6万分の1のRCSで、模擬空戦でも圧倒的優位に立てるのだ。

略 » RCS

レーダーピケット
【れーだーぴけっと】
Radar picket

第二次世界大戦時にアメリカ海軍が考案した、艦隊防空のためのシステム。レーダーを搭載した駆逐艦が、空母を守る輪形陣の前方に展開して対空警戒を行い、敵機の接近をいち早く察知する役目を担っていた。日本の神風特攻隊に対処するために編み出された戦法で、任務を担当する駆逐艦をレーダーピケット艦と呼称していた。現在は、艦載早期警戒機が展開し、レーダーピケット艦の代わりに広域警戒任務を務めている。

レドーム
【れどーむ】
Radome

レーダー本体をカバーするドーム状の構造物。レーダードームを略した名称。電波を通しやすいグラスファイバーなどの材料で作られる。地上のレーダーサイトや、航空機搭載のレーダーに使われる。

列車砲
【れっしゃほう】
Railway gun

19世紀以降、世界中に発展した鉄道網を利用し、列車に大型の大砲を積んで移動式の砲台としたもの。初めて登場したのは、1864年の南北戦争で、北軍が南軍の要塞を攻撃するために、13インチ臼砲を列車に搭載した。第一次世界大戦では、欧州の列強各国が列車砲を装備し、第二次世界大戦でドイツが産み出した口径80cmの列車砲「ドーラ」と「グスタフ」は、史上最大のカノン砲だった。しかし第二次世界大戦以降は、列車砲は役目を終え、姿を消した。

レバーアクションライフル
【ればーあくしょんらいふる】
Lever-action rifle

レバーの操作で次発装填を行う、連発式のライフル銃。19世紀後半にアメリカ西部開拓時代に使われた「ウィンチェスターライフル」が代表的だ。

レールガン
【れーるがん】
Railgun

電磁誘導の原理を使って弾体を加速して、高速で発射する装置で、火薬を使わない次世代の砲として研究が進められている。発射するためには多大な電力が必要になるため、電力供給が可能な艦載砲

が想定され、アメリカでは新型駆逐艦「ズムウォルト」級の搭載砲として開発が進められている。

連合艦隊
【れんごうかんたい】
Combined fleet

明治以降、第二次世界大戦終戦までの日本海軍で、2個以上の艦隊で編制された中核となる主力艦隊。日清戦争時に初めて編制され日露戦争でも臨時編制が行われた。1923年(大正12年)以降は常設艦隊となり、連合艦隊司令部が設置された。

連合国
【れんごうこく】
Allies

複数の国家や勢力が軍事同盟を結んだ集合体。最初の連合国は、アメリカ南北戦争のおりに合衆国を離脱した南部諸州によるアメリカ連合国。第一次世界大戦では、ドイツやオーストリアなどの中央同盟国と戦った国家連合を、連合国や協商国とよんだ。第二次世界大戦では、日独伊を中心とする枢軸国と対峙した国々で、1942年の連合国共同宣言に署名した国々を連合国と呼称した。アメリカ、イギリス、ソビエト連邦、中華民国をはじめ、亡命政府を含め1945年までの署名国は47カ国。戦後は国際連合に発展した。

対 » 枢軸国

連合国軍最高司令官総司令部
【れんごうこくぐんさいこうしれいかんそうしれいぶ】
General Headquarters, the Supreme Commander for the Allied Powers

第二次世界大戦終結後に、ポツダム宣言を執行するために日本に設置された、連合国が設けた統治機関。General Headquarters(総司令部)からGHQとも略され、日本側からは単に進駐軍ともよばれた。1952年4月28日のサンフランシスコ講和条約発効まで続いた。初代の連合国軍最高司令官はアメリカ軍のダグラス・マッカーサー元帥。1951年4月から1年間はマシュー・リッジウェイ中将が就任した。

略 » GHQ

レンジ
【れんじ】
Range

➡ 射程距離

レンジファインダー
【れんじふぁいんだー】
Rangefinder

➡ 測距儀

連射
【れんしゃ】
Full-automatic fire

➡ フルオート射撃

レンジャー
【れんじゃー】
Ranger

元々は「徘徊する人」という意味を持つ言葉で、ゲリラ戦などの特殊訓練を受けた部隊や兵士のことを指す。また民間では森林保護管や自然保護管の意味で使われる。

練習機
【れんしゅうき】
Trainer

航空機パイロットの育成や操縦訓練のために使われる航空機。訓練生と教官が乗り込むために、最低でも複座以上の座席配置となっている。訓練の段階に応じて、初等練習機、中等練習機、高等練習機に大別される。初等練習機は、扱いやすい単発のプロペラ機が用いられる。中等練習機では民間用であれば双発のプロペラや小型ジェット機が使用される。航空自衛隊が運用する「T-4」は、中等練習機として開発された双発複座のジェット練習機だ。また高等練習機として、実戦機の複座型が使用されることが多い。航空自衛隊でも「F-15DJ」や「F-2B」といった主力機の複座型で、パイロットの習熟訓練を行っている。ただし、これらの機体は単座型同様の戦闘能力を持つため、練習機には分類されていない。

同 » 訓練機、T

練習空母
【れんしゅうくうぼ】
Training aircraft carrier

飛行甲板の発着訓練を行うための空母。第二次世界大戦期に、アメリカ軍が運用した「セーブル」は、飛行甲板だけをもつ訓練専用空母として登場した。また旧式空母を練習空母に転用することもあった。2012年に就役した中国の空母「遼寧」は、艦載機パイロット育成や今後の国産空母開発のための、練習空母としての役割が大きいとされている。

同 » 訓練空母　CVT

連隊
【れんたい】
Regiment

陸軍においての編制単位の1つ。旅団よりは小さく、大隊よりは大きい集団。構成員は時代や国によって異なるが1000〜3000名程度。かつての陸軍では、連隊は独立した戦闘単位として重要視されていた。その後、より大きな師団制が導入されたあとも、連隊の伝統は引き継がれている。現在の陸上自衛隊の普通科（歩兵）では、大隊を置かずに連隊制を採用しており、師団は3〜4個連隊、旅団は1〜3個連隊で構成されている。

連隊長
【れんたいちょう】
Regimental commander

連隊を指揮する指揮官。通常は大佐が就任する。

ろ

鹵獲
【ろかく】
Capture

戦いの結果、敵の武器弾薬や物資・装備などを奪い取ること。鹵獲した兵器は、新しいものは性能を探るために研究に回されることもあるが、自軍の武器として使われることも多い。これを鹵獲品とよぶ。

路肩爆弾
【ろかたばくだん】
Improvised Explosive Device

➡ 即席爆弾

ロケットエンジン
【ろけっとえんじん】
Rocket engine

燃料と酸化剤を混合した推進剤を燃焼し、噴射して推力を得るエンジン。ミサイルやロケット弾の推進器として使われる。ジェットエンジンは外部から空気（酸素）を取り入れて燃焼に使うのに対し、ロケットエンジンは燃焼に空気を必要としないのが特徴だ。そのため、空気のない宇宙空間や水中でも使用できる。ロケットエンジンは固体の推進剤を使う固体燃料ロケット（ロケットモーターともいわれる）と、液体の燃料と酸化剤を混合して使う液体燃料ロケットに大別される。一般に、固体燃料ロケットのほうが取り扱いはしやすいが、液体燃料ロケットのほうが大推力を得やすい。

ロケット戦闘機
【ろけっとせんとうき】
Rocket-powered fighter

ロケットエンジンを備えた有人戦闘機。第二次世界大戦末期にドイツで実用化に成功した「メッサーシュミットMe163コメート」は、液体ロケットエンジンを備え、最高速度950km/h、高度1万mまで3分ちょっとで上昇する性能を備えた。敵機の接近を察知するとスクランブル発進し高空まで上昇、圧倒的な速度を生かし、搭載した30㎜機関砲で迎撃した。しかしロケットエンジンの燃焼時間はわずか8分しかなく、燃焼終了後は滑空飛行で、基地に帰還した。画期的な兵器だったが、ロケットエンジンが不安定で事故が多かったことと、航続距離の短さが仇となり、後継機は生まれなかった。

ロケット弾
【ろけっとだん】
Rocket bomb

炸裂する弾頭を備え、ロケットエンジンで推進する飛翔体で、無誘導のもの。誘導装置を備えたものはミサイルとして区別される。ロケット弾の多くは取り扱いがしやすく保存も利く固体燃料を使用する。戦闘攻撃機やヘリコプターに積んで対地目標攻撃に使われたり、車両に積んだ多数のロケット弾を発射してエリア制圧砲撃を行う多連装ロケット砲などで使われる。また歩兵が対戦車兵器などに使う小

型の携帯式ロケット弾もポピュラーな兵器。第二次世界大戦で活躍したアメリカの「M1バズーカ」の弾体はロケット弾だ。またソ連で開発され今も世界中で使われる「RPG-7」も発射後にロケット推進で加速するロケット弾の1種だ。

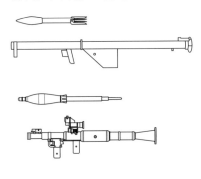

ロケット弾ポッド
【ろけっとだんぽっど】
Rocket pod

攻撃機や攻撃ヘリコプターに外装で搭載される、複数のロケット弾を詰めた発射機。自衛隊の攻撃ヘリも装備する「LAU130/A」は、レンコンのように穴の開いた筒状のランチャーで直径70mmの「ハイドラ70」ロケット弾を19発収納する。

ロケットランチャー
【ろけっとらんちゃー】
Rocket launcher

ロケット弾の発射機。第二次世界大戦時にアメリカ軍が使った「M1/M9」は、対戦車ロケット弾を発射する歩兵携帯式のロケットランチャー。当時人気だった金管楽器に似た形から「バズーカ」の愛称でよばれた。同じような口径の火砲に比べ軽量で、発射時の反動も少ないため、歩兵が担いで手軽に使用できた。同様のロケットランチャーは、現在でも数多く使われている。

呂号潜水艦
【ろごうせんすいかん】
Ro-Go submarine

第二次世界大戦までの日本海軍では、主に沿岸で使う二等潜水艦のうち、水中排水量500t以上のものを呂号（ロ号）潜水艦と分類した。ドイツ海軍が日本海軍に技術供与の意味で譲渡した「U-511」は、二等潜水艦として日本海軍に編入され、「呂500」として訓練などに使われた。

ロジスティクス
【ろじすていくす】
Logistics

➡ 兵站

ローター
【ろーたー】
Rotor

回転するものの意味だが、ヘリコプターの回転翼のことを指す。

ロックオン
【ろっくおん】
Lock-on

銃や砲などを使うさいに、目標に狙いを定めること。また、レーダーに連動した火

器管制装置やミサイルのシーカーが、目標を補足し出撃できる状態のことをいう。

露天繋止
【ろてんけいし】
Parking on deck

空母など飛行甲板を持つ艦艇で、飛行甲板上に艦載機を駐機した状態で輸送や運用すること。露天係留ともいう。露天繋止では機体はワイヤーや留め具などで固定されるが、荒天時には風雨や波浪で破損する危険性もあり、潮風で痛みも生じやすい。アメリカ海軍の空母では、第二次世界大戦当時から露天繋止を標準仕様として艦載機を積んだため、より多くの機体を常用できた。一方、日本の空母では格納庫に収容できる機数を常用の搭載機数としていた。

ローパス
【ろーぱす】
Low-pass

航空機が超低空飛行で、滑走路などの上を通り過ぎること。対地攻撃時や、航空祭での展示飛行などで行われる。

ロフテッド軌道
【ろふてっどきどう】
Lofted trajectory

弾道ミサイルなどを打ち上げるさいに、通常よりも高い高度まで到達させたときの軌道。最大1000kmを越える大気圏外の高度に到達し、放物線を描いて再突入してくる。通常の弾道軌道より射程距離は短くなるが、再突入時の速度が格段に速くなり、迎撃されにくいとされている。

対 » ディプレスド軌道

ロボット兵器
【ろぼっとへいき】
Robot weapon

無人で稼働する兵器の総称。人間が遠隔操作で操縦するものと、搭載した人工知能（AI）により自律行動するものがあり、明確な定義は定まっていないが、特に近年は後者をロボット兵器とよぶことが多くなっている。人工知能を積む殺人ロボット兵器については、国際的な規制の議論が始まっている。

ローリング
【ろーりんぐ】
Rolling

艦船で生じる横揺れや、航空機の動きで機体の軸を中心に横方向に回る運動のこと。

対 » ピッチング

ロールアウト
【ろーるあうと】
Rollout

本来の意味は工業製品が完成して出荷されることだが、特に航空機では、新型機が完成して初公開されることを指す。

わ

ワイルド・ウィーゼル機
【わいるどうぃーぜる】
Wild Weasel aircraft

　敵防空網制圧任務（SEAD）に使われる、電子戦能力などを強化した攻撃機を、アメリカ軍はワイルド・ウィーゼル機と呼称した。直訳すると「狂暴ないたち」となる。地対空ミサイルを備えた敵の防空陣地に侵入し、敵のレーダーを探知して、その発信源や地対空ミサイルを攻撃する。自分が真っ先に攻撃を受けるリスクが高いため、攻撃機に電子妨害装置などの電子装備を強化した専用の機体を開発した。名機「F-4Eファントム」をベースに開発された「F-4Gワイルド・ウィーゼル」は、強力な電子装備と対レーダーミサイルを運用して、湾岸戦争で大きな戦果を上げた。

ワルシャワ条約機構
【わるしゃわじょうやくきこう】
Warsaw Treaty Organization, Warsaw Pact Organization

　冷戦期の1955年5月に誕生した、ソ連を中核とする東欧の共産主義諸国で結成された軍事同盟。ポーランドの首都であるワルシャワで締結されたため、この名前がついた。西ドイツが再軍備されNATO（北大西洋条約機構）に加入したのをきっかけに、対抗するために誕生した。冷戦が終結しソ連が崩壊する直前の1991年7月に廃止された。

略 » WTO

数字

1尉
【いちい】

　自衛隊における尉官の階級。大尉に相当。それぞれ1等陸尉、1等海尉、1等空尉。

1佐
【いっさ】

　自衛隊における佐官の階級。大佐に相当。それぞれ1等陸佐、1等海佐、1等空佐。

1士
【いっし】

　自衛隊のおける兵士の段級。1等兵に相当。それぞれ1等陸士、1等海士、1等空士。

1曹
【いっそう】

　自衛隊における下士官の階級。曹長に相当。それぞれ1等陸曹、1等海曹、1等空曹。

1等兵
【いっとうへい】

　軍隊における一般兵士の階級。上等兵の下で2等兵の上に位置する。海軍の場合は1等水兵と呼称する。

2尉
【にい】

自衛隊における尉官の階級。中尉に相当。それぞれ2等陸尉、2等海尉、2等空尉。

2佐
【にさ】

自衛隊における佐官の階級。中佐に相当。それぞれ2等陸佐、2等海佐、2等空佐がある。

2ストロークエンジン
【つーすとろーくえんじん】

ガソリンエンジンやディーゼルエンジンなどのレシプロ内燃機関の1方式。ピストン運動2行程で1過程となるため、2サイクルエンジンともよばれる。一般的に4ストロークエンジンより構造が簡単で高出力を得やすいが、燃費には劣る。

2士
【にし】

自衛隊における兵士の階級。2等兵に相当。それぞれ2等陸士、2等海士、2等空士。

2曹
【にそう】

自衛隊における下士官の階級。軍曹に相当。それぞれ2等陸曹、2等海曹、2等空曹。

2等兵
【にとうへい】

軍隊における一般兵士の階級。1等兵の下の最下級に位置する。海軍の場合は2等水兵と呼称する。また、アメリカ陸軍などでは、単にプライベート（Private）ともよばれる。

3尉
【さんい】

自衛隊における尉官の階級。少尉に相当。それぞれ3等陸尉、3等海尉、3等空尉。

3佐
【さんさ】

自衛隊における佐官の階級。少佐に相当。それぞれ3等陸佐、3等海佐、3等空佐。

3次元レーダー
【さんじげんれーだー】

方位と仰角と距離を一度に捉え、立体的な空間で目標の位置を探知し表示できるレーダー。主に、航空機の警戒捜索などに使われ、レーダーサイトなどに設置される。

3曹
【さんそう】

自衛隊における下士官の階級。伍長に相当。それぞれ3等陸曹、3等海曹、3等空曹。

4ストロークエンジン
【ふぉーすとろーくえんじん】

ガソリンエンジンやディーゼルエンジンなどのレシプロ内燃機関の1方式。ピストン運動4行程で1過程となるため、4サイクルエンジンともよばれる。一般的に2ス

トロークエンジンより構造が複雑になり重量も増すが、好燃費が期待でき安定した力を発揮できるなど利点も大きく、現在の車両エンジンの標準的な構造となっている。

4輪駆動
【よんりんくどう】

車輪を4つ使用する車両において、前輪と後輪ともに推力が伝えられる駆動輪となる構造のもの。4WDと略される。前輪駆動（FF）や、後輪駆動（FR）に比べ、高い踏破力が得られる。

45口径弾
【よんじゅうごこうけいだん】

ハイパワーな拳銃に使われる拳銃弾の1種。「.45ACP」とも略され、正確な口径は0.451インチ（11.5mm）。アメリカ陸軍が長らく採用した軍用拳銃「M1911（コルトガバメント）」の弾薬としてお馴染みになった。ポピュラーな9mmパラベラム弾よりストッピングパワーが高いことから、今でも根強い人気がある。

50口径弾
【ごじゅうこうけいだん】

一般には12.7×99mmのNATO標準の大口径ライフル弾のこと。インチ換算で0.5インチであることからこの名前でよばれる。登場以来100年近くとなる今も現役で使われる「ブローニングM2重機関銃」の弾薬であり、高初速で直進性が高いうえに威力が大きく、航空機や艦艇、戦闘車両などさまざまな兵器に搭載される。近年は長距離射撃を行う対物狙撃銃の弾薬にも使われる。また、これとは他に拳銃用の50口径弾もあるが、こちらの弾薬はまったく違うものだ。

5.56mm弾
【ごうてんごうろくみりだん】

アサルトライフルの小口径弾として、西側諸国で採用された5.56×45mm NATO標準弾。それまでの標準だった7.62mm NATO弾よりも威力や射程は劣るが、軽量で歩兵が多く携行できるメリットがある。制圧射撃で弾をバラ撒くような使い方を想定されている。アメリカの「M16」系をはじめ、多くのアサルトライフルや機関銃で採用され、自衛隊の「89式」も採用している。なお、東側諸国の代表的なアサルトライフル「カラシニコフAK-74」では、5.45×39mm弾が使われている。

7.62mm弾
【ななてんろくにみりだん】

ライフル銃や機関銃に使われるライフル弾の標準的な口径。0.30インチに相当する。ただし同じ口径でもさまざまな規格があり、互換性がないので注意が必要だ。西側諸国の軍用バトルライフルや機関銃に使われる7.62mm NATO標準弾は7.62×51mmだが、第二次世界大戦時のライフルや狩猟用ライフルで使われたものは7.62×63mm弾で、こちらは「30-06弾」と呼び分けられている。一方で東側諸国では、通常のライフル弾は7.62×54mm。また世界でもっとも作られたアサルトライフ

ルである「カラシニコフAK-47」用は7.62×39mmだ。

9mmパラベラム弾
【きゅうみりぱらべらむだん】

　1910年に誕生した拳銃用の弾薬で、9×19mm NATO弾や9mmルガー弾ともよばれる。拳銃の他、短機関銃にも使われる。第一次世界大戦末期ごろから使われるようになり、現在も世界の軍用拳銃の標準弾薬として普及している。9mmパラベラム弾は口径換算すると38口径になるが、リバルバーなどに使われる「.38スペシャル弾」は、口径は同じ9mmだが長さが29mmと違う。そのため装弾機構の構造上、リボルバーでは互換性が可能でも、オートピストルでは互換性がない。

アルファベット

A
【えー】

　軍用機で、攻撃機(Attacker)を表す記号。

A兵器
【えーへいき】

➡ 核兵器

AIP機関
【えーあいぴーきかん】

　Air Independent Propulsionの略。
➡ 非大気依存推進機関

AO
【えーおー】

　給油艦の艦種記号。

AOE
【えーおーいー】

　補給艦の艦種記号。

AV
【えーぶい】

　水上機母艦の艦種記号。

B
【びー】

　爆撃機を表す記号。Bomberの頭文字。

B兵器
【びーへいき】

➡ 生物兵器

BB
【びーびー】

　戦艦の艦種記号。

BC
【びーしー】

　巡洋戦艦の艦種記号。

BVRミサイル
【びーぶいあーるみさいる】

　Beyond Visual Range Missileの略。
➡ 視程外射程ミサイル

C兵器
【しーへいき】

➡ 化学兵器

CA
【しーえー】

重巡洋艦の艦種記号。

CAM船
【かむせん】

Catapult Aircraft Merchantman Shipの略。第二次世界大戦初期にイギリスが運用した、民間貨物船にカタパルトを載せて、船団を襲うドイツの爆撃機や潜水艦を迎撃する戦闘機を搭載した船。陸上機を使用したため、戦闘後は陸地に向かうか母船の側に着水した。CAM船は海軍籍が与えられず、軍艦ではなかった。

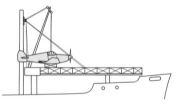

CC
【しーしー】

巡洋艦の艦種記号。

CL
【しーえる】

軽巡洋艦の艦種記号。

CF
【しーえふ】

航空巡洋艦の艦種記号。現在は使われていない。

CG
【しーじー】

ミサイル巡洋艦の艦種記号。

COIN機
【こいんき】

不正規戦に使用される軽攻撃機。対暴動の意味のCounter Insurgencyを略してCOIN機とよばれる。低空を低速飛行して対地攻撃を行うため、現代でも小型のプロペラ機が使われており、地上掃射のための機銃や、ロケット弾、対地ミサイル、爆弾などを装備する。

CV
【しーぶい】

空母(航空母艦)の艦種記号。特に主力空母(正規空母)に使われる。

CVA
【しーぶいえー】

米海軍で第二次世界大戦後に一時期使われていた攻撃空母の艦種記号。現在はあまり使われていない分類。

CVB
【しーぶいびー】

戦後に一時区分された重空母の艦種記号。現在は使われていない。

CVE
【しーぶいいー】

第二次世界大戦時に使われた護衛空母の艦種記号。現在は該当する艦は存在せず、使われていない。

CVH
【しーぶいえいち】

ヘリ空母の艦種記号。現在は使われていないが、海外の軍事年鑑などでは、日本の「いずも」型護衛艦や「ひゅうが」型護衛艦に振り分けているものもある。

CVL
【しーぶいえる】

軽空母の艦種記号。

CVN
【しーぶいえぬ】

原子力空母の艦種記号。

CVS
【しーぶいえす】

第二次世界大戦後しばらく区分された対潜空母の艦種記号。現在は使われていない。

CVT
【しーぶいてぃー】

練習空母の艦種記号。

C4Iシステム
【しーふぉーあいしすてむ】

Command Control Communication Computer Intelligence systemの略。現代戦に欠かせない指揮能力や高度なネットワークシステムを表したもの。指揮（Command）、統制（Control）、コミュニケーション（Communication）、コンピュータ（Computer）、インテリジェンス（Intelligence）を統合したシステムの概念。

C4爆薬
【しーふぉーばくやく】

➡ プラスチック爆薬

DD
【でぃーでぃー】

駆逐艦、汎用護衛艦の艦種記号。

DDG
【でぃーでぃーじー】

ミサイル駆逐艦、ミサイル護衛艦の艦種記号。

DDH
【でぃーでぃーえいち】

ヘリ搭載駆逐艦、ヘリ搭載護衛艦の艦種記号。

DE
【でぃーいー】

護衛駆逐艦、汎用小型護衛艦の艦種記号。

D-day
【でぃーでい】

アメリカ軍で、大きな作戦の開始日や

攻撃開始日を示す符号として用いられた言葉。第二次世界大戦でのノルマンディ上陸作戦で、開始日を表すために使われたのが有名だ。

ELF通信
【いーえるえふつうしん】

➡ 極超長波通信

F
【えふ】

軍用機で、戦闘機(Fighter)を表す記号。

F/A
【えふえー】

軍用機で、戦闘攻撃機(Fighter/Attacker)を表す記号。

FF
【えふえふ】

フリゲートの艦種記号。

FFG
【えふえふじー】

ミサイルフリゲートの艦種記号。

G
【じー】

重力(Gravity)に関する表記や記号として使われる。万有引力定数のことだが、標準重力加速度を1Gとした場合の加速度の単位としても用いられる。戦闘機などでは、加速時や旋回時にどれほどの力が加わるのかの目安となる。

IDタグ
【あいでぃーたぐ】

➡ 認識票

IRジャマー
【あいあーるじゃまー】

➡ 赤外線妨害装置

LHA/LHD
【えるえいちえー、えるえいちでぃー】

強襲揚陸艦の艦種記号。両方とも使われる。

LPD/LSD
【えるぴーでぃー、えるえすでぃー】

ドック型揚陸艦の艦種記号。両方とも使われる。

LPH
【えるぴーえいち】

ヘリコプター強襲揚陸艦の艦種記号。

LST
【えるえすてぃー】

戦車揚陸艦の艦種記号。

MAC船
【まっくせん】

Merchant aircraft carrier ship の略。第二次世界大戦期にイギリスで造られた仮設空母で、貨物船や輸送船の上甲板に飛行甲板を取り付けたもの。格納庫はなく搭載機は最大4機で、船団を襲うドイツの爆撃機や潜水艦からの船団護衛に使

われた。しかし海軍籍には編入されていない民間船だった。

MSC
【えむえすしー】

掃海艦の艦種記号。

MST
【えむえすてぃー】

掃海母艦の艦種記号。

N兵器
【えぬへいき】

➡ 核兵器

NATO軍
【なとうぐん】

➡ ナトー軍

NATO弾
【なとうだん】

➡ ナトー弾

Navy SEALs
【ねいびーしーるず】

➡ ネイビーシールズ

NBC兵器
【えぬびーしーへいき】

➡ 大量破壊兵器

NBC防護
【えぬびーしーぼうご】

核兵器（放射能兵器）、生物兵器、化学兵器といった大量破壊兵器に汚染された地域では、NBC防護機能を施した防護服や車両を使用する必要がある。車両では機密性を高め外部から取り入れる空気はフィルターを通すなどの工夫がなされる。近年の主力戦車（MBT）は、NBC防護機能を備えたものが多い。また汚染地域を調査したり除染に使われる専用の特殊車両もある。

PG
【ぴーじー】

ミサイル艇の艦種記号。

PT
【ぴーてぃー】

魚雷艇の艦種記号。

Qシップ
【きゅーしっぷ】

外見は一般商船ながら、隠された武装を搭載し、敵潜水艦をおびき寄せて攻撃する囮船。第一次世界大戦期に、通商破壊戦を行ったドイツのUボートに対応すべく、イギリス軍が投入した。商船を改造してあるが、戦時国際法違反を避けるために、攻撃に移る直前に国旗を掲げて運用されたという。このときのイギリス軍の符号が広まり、武装商船を使った囮船をQシップとよぶようになった。

同 » 囮船

R
【あーる】

軍用機で、偵察機（Reconnaissance）を表す記号。

RO-RO船
【ろーろーせん】

➡ 車両運搬船

SS
【えすえす】

潜水艦（攻撃型潜水艦）の艦種記号。

SSB
【えすえすびー】

弾道ミサイル潜水艦（戦略ミサイル潜水艦）の艦種記号。

SSBN
【えすえすびーえぬ】

原子力弾道ミサイル潜水艦（原子力戦略ミサイル潜水艦）の艦種記号。

SSG
【えすえすじー】

巡航ミサイル潜水艦の艦種記号。

SSGN
【えすえすじーえぬ】

原子力巡航ミサイル潜水艦の艦種記号。

SSM
【えすえすえむ】

特殊潜航艇の艦種記号。

SSN
【えすえすえぬ】

原子力攻撃型潜水艦の艦種記号。

SST
【えすえすてぃー】

練習潜水艦の艦種記号。

T
【てぃー】

軍用機で、練習機や訓練機（Trainer）を表す記号。

TACネーム
【たっくねーむ】

アメリカ軍や航空自衛隊で使われる、航空機パイロットの個々が名乗る愛称的なサブネーム。通信時に聞き間違いを減らし簡略的に会話を交わすために使われている。

TNT火薬
【てぃーえぬてぃーかやく】

トリニトロトルエンを主成分とする火薬。安定性が高い一方で爆発力が大きく、砲弾や爆弾の炸薬として広く使われる。

TNT当量
【てぃーえぬてぃーとうりょう】

核爆弾などのエネルギー（威力）を表す際に使われる単位で、どの程度の重量のTNT火薬爆発エネルギーに相当するかで表記される。たとえば1メガtの核爆弾であれば、TNT火薬100万tに相当するエ

ネルギーということになる。

TV誘導
【てれびゆうどう】

➡ 画像誘導

Uボート
【ゆーぼーと】

　第一次世界大戦〜第二次世界大戦まで使われたドイツ製の潜水艦の総称。ドイツ語で「水面下の船」を意味する「Unterseeboot」を語源として名付けられ、形式番号の頭にも「U」がつけられた。最初に造られた「U-1」は1906年に完成。第一次世界大戦では、主に通商破壊作戦に従事し、大きな戦果を上げた。その後の第二次世界大戦でも活躍した。艦のコンセプトや構造が先進的で、第一次世界大戦後には、戦後接収されたUボートが各国の潜水艦建造のお手本となった。また第二次世界大戦中には、潜航中の水中速力を重視した艦や、逆止弁付きの実用的なスノーケルを備える艦を登場させ、戦後の潜水艦に大きな影響を与えている。また現代のドイツ海軍潜水艦も、伝統にのっとりUボートとよぶこともある。

VG翼
【ぶいじーよく】

➡ 可変翼

VLF通信
【ぶいえるえふつうしん】

➡ 超長波通信

VT信管
【ぶいてぃーしんかん】

➡ 近接信管

WVRミサイル
【だぶるぶいあーるみさいる】

➡ 視程内射程ミサイル

X字舵
【えっくすじだ】

　潜水艦の艦尾に設けられる4枚の舵が、それぞれ斜め方向のX字の形に設置されているもの。従来は十字舵が普通で、上下2枚の縦舵は水平方向の動き、左右2枚の横舵は上下方向の動きを制御していた。一方、X字舵は、どの方向にも4枚の舵の動きを合力して舵を利かせる。コンピュータが発達した現在ならではの装置だ。十字舵の場合、岸壁に接舷したときや沈底したときに、舵が当たり破損することを防ぐため、舵のサイズを大きくできなかった。その点、X字舵の方が舵の面積を大きくでき、舵の効きが向上するなどのメリットがある。

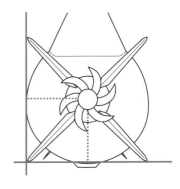

Xプレーン
【えっくすぷれーん】

　アメリカで開発されている実験機や試験機、実証機の総称。開発コードナンバーの最初にXの文字が振り当てられたことから、Xプレーンとよばれる。最初のXプレーンは1946年に初飛行した「ベルX-1」で、有人のロケット機だ。史上初の超音速飛行を目指して開発された実験機で、1947年10月14日にチャック・イエーガー大尉の操縦で、初めての超音速飛行となるマッハ1.06を記録した。その後、1948年にはマッハ1.45まで記録を伸ばしている。その後、現在までもさまざまな機体がXプレーンとして開発され、公表されているものではX-57まであるとされている。

アルファベット略語辞典

略語	英語表記	日本語表記
AAM	Air-to-Air Missile	空対空ミサイル
AAV	Amphibious Assault Vehicle	水陸両用強襲車
ABM	Anti-Ballistic Missile	対弾道弾迎撃ミサイル
ADIZ	Air Defense Identification Zone	防空識別圏
AEW	Airborne Early Warning	早期警戒機
AFV	Armoured Fighting Vehicle	装甲戦闘車両
AGM	Ai-to- Ground Missile	空対地ミサイル
AIP	Air-Independent Propulsion	非大気依存推進
AP	Armor-Piercing	徹甲弾
APC	Armor-Piercing capped	被帽付徹甲弾
APC	Armoured Personnel Carrier	装甲兵員輸送車
APDS	Armor-Piercing Discarding Sabot	装弾筒付徹甲弾
APFSDS	Armor-Piercing Fin-Stabilized Discarding Sabot	装弾筒付翼安定徹甲弾
APHE	Armor-Piercing High Explosive	徹甲榴弾
APS	Active Protection System	アクティブ防護システム
APU	Auxiliary Power Unit	補助動力装置
ARM	Anti-Radiation Missile	対レーダーミサイル
ASAT	Anti-Satellite Missile	対衛星ミサイル
ASBM	Anti-Ship Ballistic Missile	対艦弾道ミサイル
ASM	Air-to-Surface Missile	空対地ミサイル
ASM	Ai- to-Ship Missile	空対艦ミサイル
ASW	Anti-Submarine Warfare Aircraft	対潜哨戒機
ATM	Anti-Tank Missile	対戦車ミサイル
ATV	All Terrain Vehicle	全地形対応車
AWACS	Airborne Warning and Control System	早期警戒管制機
BMD	Ballistic Missile Defence	弾道ミサイル防衛
CAP	Combat Air Patrol	戦闘空中哨戒
CAS	Close Air Support	近接航空支援
CATOBAR	Catapult Assisted TakeOff but Arrested Recovery	キャトーバー
CCV	Control Configured Vehicle	運動能力向上機
CDC	Combat Direction Center	戦闘指揮所(空母)
CEV	Combat Engineering Vehicle	戦闘工兵車
CIA	Central Intelligence Agency	中央情報局
CIC	Combat Information Center	戦闘情報センター
CIWS	Close In Weapon System	近接防御火器システム
CM	Cruise Missile	巡航ミサイル
COIN	Counter Insurgency	対暴動
CSAR	Combat Search and Rescue	戦闘捜索救難
CSR	Combat Stress Reaction	戦闘ストレス反応
CTOL	Conventional TakeOff and Landing	シートール機　通常離着陸機
CVW	Carrier Air Wing	空母航空団

D-Day	Departure Day	作戦開始日
DMZ	Demilitarized Zone	非武装地帯
DSRV	Deep Submergence Rescue Vehicle	深海救難艇
ECM	Electronic Counter Measures	電子対抗手段
ECCM	Electronic Counter Counter Measures	対電子対抗手段
EEZ	Exclusive Economic Zone	排他的経済水域
ELF	Extremely low frequency	極超長波通信
EMP	Electro Magnetic Pulse	電磁パルス
ERA	Explosive Reactive Armour	爆発反応装甲
FAE	Fuel-Air Explosive	燃料気化爆弾
FAV	Fast Attack Vehicle	高速戦闘車両
FCLP	Field Carrier Landing Practice	陸上空母離着陸訓練
FCS	Fire Control System	射撃統制装置
FMS	Foreign Military Sales	対外有償軍事援助
FOD	Foreign Object Debris	異物混入損傷
F-X	Fighter-Experimental	次期戦闘機
GCA	Ground Controlled Approach	着陸誘導管制
GHQ	General Headquarters	連合国軍最高司令官総司令部
GPS	Global Positioning System	グローバル・ポジショニング・システム 全地球測位システム
HAHO	High-Altitude High-Open	高高度降下高高度開傘
HALO	High-Altitude Low-Open	高高度降下低高度開傘
HE	High-Explosive	榴弾
HEAT	High-Explosive Anti-Tank	対戦車榴弾　成形炸薬弾
HEAT-MP	Hig- Explosive Anti-Tank Multi-Purpose	多目的対戦車榴弾
HESH	High-Explosive Squash Head	粘着榴弾
HUD	Head-Up Display	ヘッドアップディスプレィ
HMD	Head-Mounted Display	ヘッドマウントディスプレィ
IAEA	International Atomic Energy Agency	国際原子力機関
ICBM	Intercontinental Ballistic Missile	大陸間弾道ミサイル
ICV	Infantry Combat Vehicle	歩兵戦闘車
IED	Improvised Explosive Device	即席爆弾　路肩爆弾
IEP	Integrated Electric Propulsion	統合電気推進
IFF	Identification Friend or Foe	敵味方識別装置
IFV	Infantry Fighting Vehicle	歩兵戦闘車
IIR	Imaging Infra-Red Guidance	赤外線画像誘導
ILS	Instrument Landing System	計器着陸装置
INF	Intermediate-Range Nuclear Forces	中距離核戦力
INS	Inertial Navigation System	慣性航法装置
IRBM	Intermediate-Range Ballistic Missile	中距離弾道ミサイル
IRH	Infrared Homing	赤外線誘導
IRST	Infra Red Search and Track	赤外線捜索追尾装置
JASDF	Japan Air Self-Defense Force	航空自衛隊
JCG	Japan Coast Guard	海上保安庁

JGSDF	Japan Ground Self-Defense Force	陸上自衛隊
JMSDF	Japan Maritime Self-Defense Force	海上自衛隊
JSDF	Japan Self-Defense Forces	自衛隊
JSF	Joint Strike Fighter	統合打撃戦闘機
kt	knot	ノット 速度記号
LANTIRN	Low-Altitude Navigation and Targeting Infra-Red for Night	夜間低高度航法/目標指示赤外線装置
LCAC	Landing Craft Air Cushion	エアクッション揚陸艇
LSW	Light Support Weapon	軽支援火器
LZ	Landing Zone	ランディングゾーン
M	Mach	マッハ 音速
MAD	Magnetic Anomaly Detector	磁気探知
MAD	Mutual Assured Destruction	相互確証破壊
MBT	Main Battle Tank	主力戦車
MDL	Military Demarcation Line	軍事境界線
MEU	Marine Expeditionary Unit	海兵遠征部隊
MICV	Mechanize Infantry Combat Vehicle	機械化歩兵戦闘車
MG	Machine Gun	機関銃
MLRS	Multiple Launch Rocket System	多連装ロケットシステム
MP	Military police	憲兵 軍警察
MPADS	Man-Portable Air-Defense Systems	携帯式防空ミサイルシステム
MRAP	Mine Resistant Ambush Protected	耐地雷伏撃防護車両
MRBM	Medium-Range Ballistic Missile	準中距離弾道ミサイル
MRE	Meal Ready to Eat	戦闘糧食(米)
NATO	North Atlantic Treaty Organization	北大西洋条約機構　ナトー
NLP	Night Landing Practice	夜間着陸訓練
nm	nautical mile	海里の単位記号
NOE	Nap-of-the-Earth	匍匐飛行
NORAD	North American Aerospace Defense Command	北アメリカ航空宇宙防衛司令部　ノーラッド
NPT	Treaty on the Non-Proliferation of Nuclear Weapons	核拡散防止条約
OTH	Over-The-Horizon Radar	超水平線レーダー
Pak	Panzerabwehrkanone	対戦車砲(ドイツ)
PDW	Personal Defense Weapon	個人防御兵器
PKF	United Nations Peacekeeping Force	国連平和維持軍
PKO	United Nations Peacekeeping Operations	国連平和維持活動
PMSC	Private Military and Security Company	民間軍事会社
PRT	Provincial Reconstruction Team	地方復興チーム
PTSD	Post Traumatic Stress Disorder	心的外傷後ストレス障害
RAM	Radar Absorbent Material	レーダー電波吸収材
RCS	Radar Cross Section	レーダー反射断面積
RCV	Reconnaissance Combat Vehicle	偵察戦闘車
ROE	Rules Of Engagement	交戦規定
ROV	Remotely Operated Vehicle	遠隔操作型無人潜水機

RWS	Remote Weapon Station		リモートウエポンステーション
	Remote Weapon System		リモートウエポンシステム
SALT	Strategic Arms Limitation Talks		戦略兵器制限交渉
SAM	Ship-to-Air Missile		艦対空ミサイル
SAS	Special Air Service		特殊空挺部隊
SAW	Squad Automatic Weapon		分隊支援火器
SBU	Special Boarding Unit		特別警備隊
SEAD	Suppression of Enemy Air Defence		敵防空網制圧
SFG p	Special Forces Group		特殊作戦群
SGM	Ship-to-Ground Missile		艦対地ミサイル
SLBM	Submarine-Launched Ballistic Missile		潜水艦発射弾道ミサイル
SOSUS	Sound Surveillance System		音響監視システム
SMG	Sub-Machine Gun		サブマシンガン
SRBM	Short-Range Ballistic Missile		短距離弾道ミサイル
SS	Schutz Staffeln		親衛隊
SSM	Surface-to-Surface Missile		地対地ミサイル
SSM	Ship-to-Surface Missile		艦対地ミサイル
SSM	Surface-to-Ship Missile		地対艦ミサイル
SSM	Ship-to-Ship Missile		艦対艦ミサイル
START	STrategic Arms Reduction Treaty		戦略兵器削減条約
STOBAR	Short Take Off but Arrested Recovery		エストーバー
STOL	Short Take Off and Landing		エストール機　短距離離着陸機
STOVL	Short Take Off and Vertical Landing		エストーブル機
			短距離離陸垂直着陸機
TACAN	Tactical Air Navigation		戦術航法装置
TACCO	Tactical Coordinator		戦術航空士
TEL	Transporter Erector Launcher		輸送起立発射機
THAAD	Terminal High Altitude Area Defense		終末高高度防衛
UAV	Unmanned Aerial Vehicle		無人航空機
UCAV	Unmanned Combat Air Vehicle		無人攻撃機
UGV	Unmanned Ground Vehicle		無人地上車両
UUV	Unmanned Underwater Vehicles		無人潜水機
UN	United Nations		国際連合
VFR	Visual Flight Rules		有視界飛行方式
VLS	Vertical Launching System		垂直発射装置
VOR	VHF Omnidirectional Range		超短波全方向式無線標識
V/STOL	Vertical/Short Take Off and Landing		ブイストール機
			垂直/短距離離着陸機
VTOL	Vertical Takeoff and Landing		ブイトール機　垂直離着陸機
WAC	Woman's Army Corps		女性陸軍兵
WAF	Woman in the Air Force		女性空軍兵
WAVE	Woman Accepted for Volunteer Emergency		女性海軍兵
WMD	Weapons of Mass Destruction		大量破壊兵器
WTO	Warsaw Treaty Organization		ワルシャワ条約機構

アルファベット索引

【A】

Abandoned ship ·····232
Accompanying ship ·····137
Accuracy of fire effect ·····117
Ace ·····17, 74
Active homing ·····6
Active Protection System ·····6
Active sonar ·····5
Acoustic homing torpedo ·····22
Acoustic signature ·····23
Acquisition technology & logistics agency ·····266
Add-on armor ·····167
Additional armor ·····167
Admiral ·····209
Aegis ashore ·····11
Aegis warship ·····11
Aegis weapon system ·····11
Aerial ·····10
Aerial torpedo ·····80
After burner ·····7
Agent ·····17, 204
Aggressive war ·····134
Aggressor unit ·····6
Aileron ·····18, 272
Air catapult ·····57
Air battle ·····58, 59
Air brake ·····15
Air cooling ·····62
Air defense area ·····179
Air defense exercise ·····267
Air Defense Identification Zone ·····267
Air defense ship ·····267
Air Explosive ·····44
Air Force ·····58
Air Force base ·····58
Air-Independent Propulsion ·····245
Air insignia ·····80
Air intake ·····15
Air Force ·····15
Air-Land battle ·····15
Air raid ·····58, 60
Air raid drill ·····267
Air raid shelter ·····267
Air raid warning ·····58
Air strike battle ·····82
Air superiority ·····82
Air superiority camouflage ·····148
Air superiority fighter ·····148
Air-to-Air Missile ·····58
Air-to-Ground Missile ·····59
Air-to-Ship Missile ·····58
Air-to-Surface Missile ·····59
Air wing ·····82
Airborne ·····15, 59
Airborne armored vehicle ·····60
Airborne Early Warning ·····168
Airborne troops ·····209
Airborne unit ·····60
Airborne Warning And Control System ·····168
Airboss ·····15
Aircraft ·····80
Aircraft catapult ·····34
Aircraft carrier ·····61, 82, 148, 149
Aircraft carrier cruiser ·····81
Aircraft carrier submarine ·····159
Airplane ·····243
Airship ·····244
Airspeed ·····179
Alert ·····7, 70
Alert mission ·····179
All Terrain Vehicle ·····160
Allied forces ·····219
Allies ·····313
Ambulance ·····158
Ambush ·····19, 249, 250
Ammunition ·····196
Ammunition carrier ·····196
Ammunitions box ·····197
Ammunitions depot ·····196
Amphibious assault ship ·····52
Amphibious Assault Vehicle ·····140
Amphibious command ship ·····296
Amphibious force ·····140
Amphibious rapid deployment brigade ·····139
Amphibious vehicle ·····139
Anchorage ·····235
Angle of elevation ·····52
Angled deck ·····9, 227
Antenna ·····10
Anti-aircraft cannon ·····80, 85
Anti-aircraft gun ·····179
Anti-aircraft vehicle ·····179
Anti material rifle ·····10, 184
Anti-personnel mine ·····181
Anti-Radiation Missile ·····185
Anti-Satellite weapon ·····178
Anti-Ship Missile ·····178
Anti-Ship Ballistic Missile ·····179
Anti-submarine defense screen ·····183
Anti-submarine helicopter ·····183
Anti-submarine missile ·····183
Anti-submarine net ·····269
Anti-submarine rockets ·····183
Anti-Submarine Warfare aircraft ·····182
Anti-tank barricade ·····181
Anti-tank ditch ·····181

Anti-tank gun	182	
Anti-tank helicopter	182	
Anti-tank mine	181	
Anti-Tank Missile	182	
Anti-tank rifle	182	
Approach	7	
Apron	18	
Area Defense	18	
Armament	251, 260	
Armor	7, 169	
Armor-Piercing	212	
Armor-piercing bomb	212	
Armor-Piercing Capped	246	
Armor-Piercing Discarding Sabot	172	
Armor-Piercing Fin-Stabilized Discarding Sabot	172	
Armor-Piercing High Explosive	212	
Armored aircraft carrier	169	
Armored Car	169	
Armored division	46	
Armored Fighting Vehicle	170	
Armored Personnel Carrier	170	
Armored reconnaissance vehicle	170	
Armored ship	87, 169	
Armored train	171	
Armored vehicle launched bridge	29, 155	
Armory	259	
Armour	169	
Army	7, 68, 270, 301	
Army dog	69	
Array sonar	8	
Arresting gear	8, 198	
Arresting hook	8, 198	
Arresting wire	8, 198	
Arsenal	85, 259	
Artillery	36, 222, 270	
Artillery tractor	268	
ASROC	7	

Assault	223
Assault gun	223
Assault rifle	6, 223
Assignment	233
Asymmetric war	245
Atomic bomb	76
Attack	114
Attack carrier	83
Attack helicopter	83, 164
Attack in waves	236
Attack of twilight	235
Attack submarine	83
Attacker	7, 82, 114
Autoloader	10
Automatic pistol	21, 109
Automatic rifle	21, 110
Autorotation	21
Automatic weapons fire	171
Auxiliary carrier	272
Auxiliary cruiser	34, 272
Auxiliary Power Unit	272
Aviation unit	81
Axis powers	141

[B]

Backfire	237
Backpack	233
Backward disturbance	87
Backward sending	86
BADGE system	237
Baffle check	238
Bailout	261
Ballast tank	240
Ballistic	194
Ballistic missile	194, 195
Ballistic Missile Defense	195
Ballistic missile submarine	195
Balloon	46
Balloon bomb	46, 248
Bandolier	193
Banzai-attack	241

Barbed wire	292
Barbed-wire entanglements	213
Barracks	16, 258, 259
Barrage	196
Barrel	115, 241
Barrel accuracy life	116
Barrier troops	221
Base	47, 261
Battalion	183
Battalion commander	184
Battery	238, 269
Battle	26, 161
Battle doctrine	161
Battle ensign	161
Battle proof	239
Battle rifle	239
Battle station	163
Battlecruiser	123
Battlefield	158
Battleship	153, 239
Bayonet	115, 240
Bayonet charge	115
Beaching	245
Begin construction	46
Being shot	245
Belligerent rights	86
Belt feed	264
Berth	236
Beyond-Visual- Range missile	104
Big-ship/big-gun theory	178
Biochem suits	29
Biological and toxin weapons convention	150
Biological weapons	150
Biplane	250
Bipod	228, 234
Bird strike	239
Black powder	90
Blank cartridge	61
Blank charge	61
Blitzkrieg	215

Blue impulse ⋯⋯⋯⋯⋯⋯⋯ 255
Blue water navy ⋯⋯⋯⋯ 27, 255
Body armor ⋯⋯⋯⋯⋯⋯⋯⋯ 272
Body bag ⋯⋯⋯⋯⋯⋯⋯⋯⋯ 273
Bodyguard ⋯⋯⋯⋯⋯⋯⋯⋯ 273
Boiler ⋯⋯⋯⋯⋯⋯⋯⋯⋯⋯ 36, 265
Bolt action rifle ⋯⋯⋯⋯⋯ 276
Bomb ⋯⋯⋯⋯⋯⋯⋯⋯⋯⋯⋯⋯ 235
Bomber ⋯⋯⋯⋯⋯⋯⋯⋯ 234, 275
Booby trap ⋯⋯⋯⋯⋯⋯⋯⋯ 252
Booster ⋯⋯⋯⋯⋯⋯⋯⋯⋯⋯ 251
Bottle bomb ⋯⋯⋯⋯⋯⋯⋯⋯ 27
Bow gun ⋯⋯⋯⋯⋯⋯⋯⋯⋯ 266
Bowsonar ⋯⋯⋯⋯⋯⋯⋯⋯⋯ 234
Bracket ⋯⋯⋯⋯⋯⋯⋯⋯⋯⋯⋯ 52
Branch of service ⋯⋯⋯⋯ 259
Bridge ⋯⋯⋯⋯⋯⋯⋯⋯⋯ 38, 255
Bridgehead ⋯⋯⋯⋯⋯⋯⋯⋯⋯ 53
Briefing ⋯⋯⋯⋯⋯⋯⋯⋯⋯⋯ 255
Brigade ⋯⋯⋯⋯⋯⋯⋯ 190, 306
Brigade commander ⋯⋯⋯ 307
Brigadier ⋯⋯⋯⋯⋯⋯⋯⋯⋯ 123
Brown water navy ⋯⋯⋯ 19, 254
Buddy ⋯⋯⋯⋯⋯⋯⋯⋯⋯⋯⋯ 238
Bulge ⋯⋯⋯⋯⋯⋯⋯⋯⋯⋯⋯ 240
Bullet ⋯⋯⋯⋯⋯⋯ 191, 193, 241
Bullet wound ⋯⋯⋯⋯⋯⋯⋯ 116
Bulletproof vest ⋯⋯⋯⋯⋯ 270
Bunker ⋯⋯⋯⋯⋯⋯⋯⋯⋯⋯⋯ 20
Bunker buster ⋯⋯⋯⋯ 198, 241
Burst fire ⋯⋯⋯⋯⋯⋯⋯⋯⋯ 236
Bush hat ⋯⋯⋯⋯⋯⋯⋯⋯⋯ 252
Bypass ratio ⋯⋯⋯⋯⋯⋯⋯ 233

[C]

Call sign ⋯⋯⋯⋯⋯⋯⋯⋯⋯⋯ 93
Caliber ⋯⋯⋯⋯⋯⋯⋯⋯⋯⋯⋯ 82
Caliber length ⋯⋯⋯⋯⋯⋯⋯ 82
Camouflage ⋯⋯⋯⋯⋯⋯ 37, 285
Camouflage net ⋯⋯⋯⋯ 37, 47
Camouflage paint ⋯⋯⋯⋯⋯ 285
Camouflage uniform ⋯⋯⋯ 285

Camp ⋯⋯⋯⋯⋯⋯⋯⋯⋯⋯⋯ 287
Canard ⋯⋯⋯⋯⋯⋯⋯⋯⋯⋯⋯ 35
Cannon ⋯⋯⋯⋯⋯⋯⋯⋯ 36, 49
Canopy ⋯⋯⋯⋯⋯⋯⋯⋯⋯⋯⋯ 49
Captain ⋯⋯⋯⋯⋯⋯⋯⋯ 43, 177
Capture ⋯⋯⋯⋯⋯⋯⋯ 187, 315
Carbine ⋯⋯⋯⋯⋯⋯⋯⋯ 36, 48
Carpet bombing ⋯⋯⋯⋯⋯ 118
Carrier Air Wing ⋯⋯⋯⋯⋯ 61
Carrier-based aircraft
 ⋯⋯⋯⋯⋯⋯⋯⋯⋯ 38, 39, 219
Carrier-based attacker
 ⋯⋯⋯⋯⋯⋯⋯⋯⋯⋯⋯⋯ 38, 39
Carrier-based bomber
 ⋯⋯⋯⋯⋯⋯⋯⋯⋯⋯⋯⋯ 40, 43
Carrier-based fighter ⋯⋯ 39, 41
Carrier-based torpedo bomber
 ⋯⋯⋯⋯⋯⋯⋯⋯⋯⋯⋯⋯⋯⋯ 40
Carrier-based reconnaissance
aircraft ⋯⋯⋯⋯⋯⋯⋯⋯ 40, 42
Carrier battleship ⋯⋯⋯⋯⋯ 81
Carrier Strike Group ⋯⋯⋯ 61
Cartridge ⋯⋯⋯⋯⋯⋯⋯ 35, 109
Case ⋯⋯⋯⋯⋯⋯⋯⋯⋯⋯ 74, 290
Casting Armor ⋯⋯⋯⋯⋯⋯ 201
CATOBAR ⋯⋯⋯⋯⋯⋯⋯⋯⋯ 49
Cavalry ⋯⋯⋯⋯⋯⋯⋯⋯⋯⋯⋯ 48
Cavitation noise ⋯⋯⋯⋯⋯⋯ 49
Ceasefire ⋯⋯⋯⋯⋯⋯⋯ 50, 209
Ceasefire agreement ⋯⋯⋯ 50
Central Intelligence Agency
 ⋯⋯⋯⋯⋯⋯⋯⋯⋯⋯⋯⋯⋯ 199
Chaff ⋯⋯⋯⋯⋯⋯⋯⋯⋯⋯⋯ 199
Chamber ⋯⋯⋯⋯⋯⋯⋯⋯⋯ 289
Change course ⋯⋯⋯⋯⋯ 216
Chassis ⋯⋯⋯⋯⋯⋯⋯⋯⋯⋯ 112
Chemical Energy Penetrator
 ⋯⋯⋯⋯⋯⋯⋯⋯⋯⋯⋯⋯⋯⋯ 28
Chemical weapon ⋯⋯⋯⋯⋯ 28
Chemical weapons convention
 ⋯⋯⋯⋯⋯⋯⋯⋯⋯⋯⋯⋯⋯⋯ 28
Chief engineer ⋯⋯⋯⋯⋯⋯⋯ 45
Chief warrant-officer ⋯⋯⋯ 260

Chimney ⋯⋯⋯⋯⋯⋯⋯⋯⋯⋯ 20
Chindai ⋯⋯⋯⋯⋯⋯⋯⋯⋯⋯ 205
Chobham armor ⋯⋯⋯⋯⋯ 205
Cipher ⋯⋯⋯⋯⋯⋯⋯⋯⋯⋯⋯⋯ 8
Circle lineup ⋯⋯⋯⋯⋯⋯⋯ 307
Civilian control ⋯⋯⋯⋯⋯⋯ 258
Civilian control of the military
 ⋯⋯⋯⋯⋯⋯⋯⋯⋯⋯⋯⋯⋯ 111
Civilian worker for the military
 ⋯⋯⋯⋯⋯⋯⋯⋯⋯⋯⋯⋯⋯⋯ 68
CIWS ⋯⋯⋯⋯⋯⋯⋯⋯⋯⋯⋯ 103
Climbing ability ⋯⋯⋯⋯⋯ 219
Close air support ⋯⋯⋯⋯⋯ 56
Close combat ⋯⋯⋯⋯⋯⋯ 236
Close In Weapon System ⋯ 57
Cluster bomb ⋯⋯⋯⋯⋯ 22, 63
Coast Guard ⋯⋯⋯⋯⋯⋯ 19, 85
Coastal submarine ⋯⋯⋯⋯ 19
Cocking ⋯⋯⋯⋯⋯⋯⋯⋯⋯⋯ 92
Cockpit ⋯⋯⋯⋯⋯⋯⋯⋯⋯⋯⋯ 93
Code ⋯⋯⋯⋯⋯⋯⋯⋯⋯⋯⋯⋯⋯ 8
Cold war ⋯⋯⋯⋯⋯⋯⋯⋯⋯ 308
Colonel ⋯⋯⋯⋯⋯⋯⋯⋯⋯⋯ 180
Combat ⋯⋯⋯⋯⋯⋯⋯⋯ 94, 161
Combat Air Patrol ⋯⋯⋯⋯ 161
Combat boots ⋯⋯⋯⋯⋯⋯⋯ 94
Combat buggy ⋯⋯⋯⋯⋯⋯ 163
Combat Direction Center ⋯ 163
Combat engineer ⋯⋯⋯ 87, 162
Combat engineering vehicle
 ⋯⋯⋯⋯⋯⋯⋯⋯⋯⋯⋯⋯⋯ 162
Combat Information Center
 ⋯⋯⋯⋯⋯⋯⋯⋯⋯⋯⋯ 163, 238
Combat knife ⋯⋯⋯⋯⋯⋯⋯ 94
Combat radius ⋯⋯⋯⋯⋯⋯ 162
Combat ration
 ⋯⋯⋯⋯⋯⋯ 71, 94, 164, 282
Combat search and rescue
 ⋯⋯⋯⋯⋯⋯⋯⋯⋯⋯⋯ 94, 163
Combat service support ⋯ 87
Combat Stress Reaction ⋯ 163
Combat techniques
competition ⋯⋯⋯⋯⋯⋯⋯ 154

335

Combat tire ··· 94
Combat uniform ··· 164
Combined brigade ··· 94
Combined fleet ··· 313
Command ··· 93
Command Communication Vehicle ··· 106
Commander ··· 105, 112, 131
Commander of army corps ··· 69
Commerce raiding warfare ··· 206
Commissioned officer ··· 105
Commissioning ··· 114
Communication interception ··· 207
Communication unit ··· 207
Communications satellite ··· 206
Company ··· 201
Company commander ··· 201
Company officer ··· 10
Completion ··· 121
Composite armor ··· 95, 249
Comrade ··· 165
Conformal fuel tank ··· 95
Conning tower ··· 131
Conscription ··· 204
Conscription system ··· 204
Construction ··· 152
Construction of a castle ··· 197
Consumer products ··· 282
Contact ··· 95, 152
Contact to mine ··· 129
Contact type ··· 129
Containing fire ··· 79
Continuous deck ··· 160
Contra-rotating propellers ··· 228
Contra-rotating rotor ··· 228
Control Configured Vehicle ··· 14
Control of the air ··· 148
Control of the sea ··· 147
Control stick ··· 171

Control tower ··· 40, 94
Convention on the prohibition of anti-personnel mine ··· 181
Convention respecting the laws and customs of war on land ··· 235
Conventional Take-Off and Landing aircraft ··· 110, 206
Conventional warhead ··· 206
Conventionally powered submarine ··· 206
Convoy escort system ··· 160
Convoy system ··· 92
Coordinates ··· 98
Copy weapon ··· 93
Core ··· 193
Corporal ··· 92
Corps ··· 68
Corvette ··· 93
Counter-battery radar ··· 185
Counter guerrilla warfare ··· 180
Counter-terrorism unit ··· 184
Counterattack ··· 21
Court martial ··· 69
Covering fire ··· 20
Covert reconnaissance ··· 23
Crash barrier ··· 63
Crawler ··· 65
Crawling along ··· 273
Crime of disobedience ··· 88
Cross rudder ··· 115
Crossbow ··· 64, 294
Cruise Missile ··· 122
Cruise missile submarine ··· 122
Cruise submarine ··· 123
Cruiser ··· 123
Cruiser tank ··· 121
Cruising speed ··· 122
Crushing ··· 7
Cryptographic device ··· 9
Cupola ··· 52
Cutter boat ··· 35, 193
Cyber unit ··· 96

Cyber warfare ··· 96

[D]

Damage control ··· 189
Death in battle ··· 154
Deck ··· 43, 212
Deck crew ··· 212
Deck-landing ··· 198
Declaration of war ··· 160
Decontamination ··· 130
Decoy ··· 211
Decoy torpedo ··· 21
Decoy vessel ··· 21
Deep Submergence Rescue Vehicle ··· 132
Defeat ··· 74
Defense ··· 266
Delay fuse ··· 197
Delta force ··· 214
Delta wing ··· 214
Demilitarized Zone ··· 246
Demonstration flight ··· 213
Departure of students for the front ··· 31
Deployment ··· 234
Depot ··· 13, 252
Depressed obit ··· 210
Depth charge ··· 236
Depth charge launcher ··· 236
Deselection ··· 129
Desert camouflage ··· 98
Deserter ··· 186
Desertion in the face of the enemy ··· 210
Destroyer ··· 62, 212
Destruction ··· 74
Detention barracks ··· 16
Diesel electronic ··· 209
Diesel engine ··· 209
Digital camouflage ··· 211
Dipping sonar ··· 202, 210
Direct fire ··· 205

Direct gun ... 205
Directed-energy weapon ... 107
Disarmament ... 67
Disarmament conference ... 67
Discharge ... 130
Dispenser ... 209
Displacement ... 232
Display flight ... 217
Disposal ... 296
Dive ... 49
Dive bomber ... 50
Dive brake ... 184
Dive bombing ... 50
Diving rudder ... 160
Division ... 108
Division commander ... 108
Dock ... 154, 222
Dock landing ship ... 222
Doctrine ... 221
Dog fight ... 30, 222, 225
Dog tag ... 222, 229
Dolphin mark ... 226
Dot sight ... 224
Double action ... 187
Double check ... 187
Double-tap ... 187
Downwash ... 185
Dozer blade ... 222
Draft ... 48
Drag chute ... 225
Dreadnought ... 220
Drive wheel ... 63
Drone ... 226
Drum ... 225
Drum magazine ... 225
Dry dock ... 42, 225
Dry thrust ... 225
Dry weight ... 41
Dual-purpose gun ... 306
Dualrole fighter ... 213
Dum-dum bullet ... 190
Dummy shell ... 286
Duty bomb ... 187, 269

【E】

Early warning satellite ... 168
Echelon ... 209
Education unit ... 52
Effective range ... 291
Ejection seat ... 12, 112
Elastic defense ... 116
Electric propulsion ... 215
Electric propulsion rocket ... 215
Electro-optical homing guidance ... 34
Electromagnetic aircraft launch system ... 215
Electromagnetic Pulse ... 217
Electronic Counter Measures ... 216
Electronic Counter-Counter Measures ... 184
Electronic protection ... 217
Electronic reconnaissance aircraft ... 216
Electronic warfare ... 216
Electronic warfare aircraft ... 216
Electronic warfare pod ... 216
Element ... 19
Element leader ... 19
Elevator ... 18, 19, 126
Emergency ... 291
Emergency legislation ... 291
Empty weight ... 58
Encamp ... 119
Encounter ... 169
End of war ... 117
Engine room ... 45
Engineer ... 107
Engineer unit ... 87
Engineering vehicle ... 87
Enlistment ... 229

Escape ... 186
Escort aircraft carrier ... 88
Escort destroyer ... 89
Escort fighter ... 17, 89, 205
Escort fleet ... 88
Escort ship ... 88
Evacuator ... 232
Evasion of military service ... 258
Exclusive Economic Zone ... 233
Excursion ... 121
Expansion of armaments ... 65
Explosive ... 97, 236
Explosive reactive armor ... 235
Explosive type catapult ... 37
Extermination ... 74, 165
External combustion engine ... 26
External fuel tank ... 171
Extremely Low Frequency ... 90

【F】

Fabric ... 239
Fairing ... 248
Fallschirmjäger ... 80
Family concept ... 247
Fast attack patrol boat ... 281
Fast attack vehicle ... 86
Feats of arms ship ... 251
Feeding belt ... 51, 193
Feint operation ... 295
Female soldie ... 129
Ferry flight range ... 249
Field ambulance ... 289
Field battle ... 289
Field Carrier Landing Practice ... 302
Field gun ... 290
Field hospital ... 290
Field kitchen ... 247, 287
Field officer ... 97

Field radio equipment 288	Flying boat 244	General Headquarters, the Supreme Commander for the Allied Powers 313
Field telephone 289	Fly By Light 253	
Fighter 161, 247	Fly By Wire 253	
Fighter attacker 162	Fly pass 253	General staff office 101
Fighter bomber 164	Flying boom method 254	Geneva convention 120
Fighter cover 204	Flying wing aircraft 165	Ghillie suit 54
Fighter experimental 105	Foreign legion 25	Glass cockpit 63
Fighter seaplane 135	Foreign Military Sales 178	Glide slope 63
Fire and forget 247	Foreign Object Damage 12	Global Positioning System 64, 160
Fire and forget ability 14	Forest camouflage 134	
Fire control radar 29	Forest warfare 134	Go around 79, 198
Fire Control System 29, 112	Formal clothes 308	Government plane 149
Fire of war 153	Formation 265	Gravitational acceleration 119
Firearms 29	Fortress 294	Grease paint 225
Firepower review 169	Fortress gun 295	Green beret 63
Firing pin 73	Forward swept wing 158	Grenade 64, 211
First-aid kit 247	Frigate 255	Grenade launcher 64, 211
First Airborne brigade 177	Front 159, 160	Grip 63, 118
First battle 13	Front line 95, 159	Ground Component Command 302
Fixed-wing aircraft 93	Front sight 127, 257	
Fixing a bayonet 199	Fuel 230	Ground Controlled Approach 198
Flagship 45	Fuel-Air Explosive 230	
Flameout 256	Fuel cell 231	Ground-to-Air Missile 197
Flamethrower 27	Fuel rod 231	Ground-to-Ground Missile 197
Flamethrower tank 28	Full automatic fire 256, 313	
Flap 254	Full load displacement 136, 279	Grounding 29
Flare 256		Guard of honor 47
Flat trajectory fire 259	Full metal jacket bullet 256	Guardhouse 16
Flat trajectory gun 260	Fuse 132	Guerrilla 75
Fleet 41, 255		Guerrilla tactics 75
Fleet type submarine 41	**【G】**	Guerrilla warfare 291
Fleet war 42		Guided bomb 292
Fleet area defense 42	G-suit 180	Guided missile 292
Flight 252	Gage 74	Guided-missile cruiser 280
Flight deck 243, 253	Gaiter 75	Guided-missile destroyer 280
Flight deck control 253	Gas mask 33, 270	Guided-missile frigate 281
Flight jacket 252	Gas turbine 33	Guided torpedo 292
Flight recorder 253	Gasoline bomb 27	Gun 37, 114, 184, 213, 266
Flight suit 244, 253	Gasoline-electric 33	Gun camera 37
Floating dog 14	Gasoline engine 34	Gun launcher 44
Float 257	Gatling gun 35	Gun pod 43
Floatplane 74	General 124, 125, 126, 180	Gun port 44, 114
Flush deck 247, 259		Gun salutes 308

Gun ship	38
Gun tractor	43
Gunboat	43, 266, 270
Gunboat diplomacy	267
Gunner	43, 269
Gunpowder	37, 43

[H]

Hacking	237
Ha-Go Submarine	236
Half-track	239
Half-track vehicle	242
Hammer	74, 243
Hand cannon	242
Hand grenade	120, 214, 219, 242
Handgun	242
Hanger	31, 241
Hard kill	238
Hardpoint	239
Haversack	98
Head Mounted Display	262
Head-Up Display	261
Headquarters	131
Headset	262
Heavy aircraft carrier	114
Heavy aircraft carrier cruiser	115
Heavy bomber	118
Heavy cruiser	114
Heavy fighter	117
Heavy imprisonment	114
Heavy tank	117
Heavy torpedo	202
Heliborne	264
Helicopter carrier	262
Helicopter	263
Helicopter destroyer	263
Heliport	264
Helmet	213, 264
High-Altitude High-Open	83
High-Altitude Law-Open	84
High-angle-fire	53
High-Explosive	97, 305
High-Explosive Anti-Tank	149, 182
High-Explosive Anti-Tank Multi Purpose	189
High-Explosive Squash Head	230
High sea	79
High-speed screw	233
High-wing airplane	88
Hit-and-run tactics	12
Hoist	265
Hollow point bullet	276
Holster	275
Homing	110, 275
Honors	16
Horizontal bombing	138
Horizontal defense	138
Horizontal rudder	21, 138
Horizontal tailplane	138
Hospital ship	246
Hovercraft	273
Hovering	273
Howitzer	54, 305
Hull code	39
Human torpedo	229
Hunter killer	242
Hydraulic catapult	291
Hydrogen bomb	136, 138
Hydrophone	233

[I]

I-Go submarine	11
Icebreaker	97
Identification Friend or Foe	211
Illuminating flare	128
Impact fuse	198
Improvised Explosive Device	174, 315
In-flight refueling	59
In-flight refueling aircraft	59
Incendiary bomb	124
Independent composite brigade	222
Infantry	252, 273, 274
Infantry Combat Vehicle	274
Infantry Fighting Vehicle	274
Infantry gun	275
Infantry tank	274
Infra-Red homing	151
Infra-Red Jammer	151
Infra-Red Seach and Track	151
Infrared scope	151
Inertial Navigation System	40
Initial velocity	130
Insignia	47
Inspection	367
Instrument Landing System	70
Integrated electric propulsion	219
Intelligence agency	204
Intelligence services	128
Intelligence warfare	128
Intercept	26
Interception	71, 269, 294
Interceptor	12, 54, 71, 268, 294
Intercontinental Ballistic Missile	185
Intermediate-range Nuclear Forces	199
Intermediate-range Nuclear Forces treaty	200
Intermediate Range Ballistic Missile	200
Internal-combustion engine	227
International Atomic Energy Agency	90
International straits	89

Intrusion into territorial airspace 306
Intrusion into territorial waters 305
Invasion 134
Iron sight 5
Island 5
Island bridge 111
Island defense 219

[J]

Jabo 290
Jäger 307
Jam 113
Jammer 113, 217
Jamming 113, 217
Japan Air Self-Defense Force 81
Japan Coast Guard 25
Japan Ground Self-Defense Force 302
Japan Maritime Self-Defense Force 24
Japan Self-Defense Forces 102
Japanese naval aviation preparatory trainee 297
JADGE system 113
JASDF 58
Jet aircraft 103
Jet engine 103
Jet fuel 103
Jerrycan 103, 231
JGSDF 302
JMSDF 24
Joint chiefs of staff 218
Joint Strike Fighter 218
Jungle boots 114
Jungle warfare 113

[K]

Kamikaze attack 36, 223
Kamikaze corps 223
Keel 55, 304
Kevlar fiber 75
Kill ratio 55
Kill zone 55
Killer satellite 54
Kinetic Energy Penetrator 14
Knockdown production 231
Knot 232

[L]

Ladder frame 300
Land plane 302
Land power 301
Land warfare 303
Landing 198, 296, 300
Landing Craft Air Cushion 15
Landing craft 129, 297
Landing gear 300
Landing operation 129, 296
Landing platform helicopter 263
Landing ship 296
Landing Zone 301
LANTIRN 300
Laser 308
Laser cannon 309
Laser detector 309
Laser-guided weapon 310
Laser rangefinder 309
Laser sight 309
Laser target designator 309
Launch 133, 226
Launcher 300
Laws of warfare 86
Leading private 109
League of nations 90
Lever-action rifle 312
License production 298

Lieutenant 199
Lieutenant-colonel 200
Lieutenant-general 200
Lift 297
Lift engine 303
Liftfan 303
Light aircraft carrier 71
Light bomber 73
Light cruiser 72
Light fighter 72
Light general purpose vehicle 89
Light infantry 73
Light Support Weapon 71
Light tank 72
Light torpedo 191
Liquid cooling 17
Loader 172
Lock-on 316
Lofted trajectory 317
Logistics 316
Logistics base 260
Look-down ability 308
Low-Altitude Navigation and Targeting Infra-Red for Night 288
Low of war 154
Low-pass 317
Low-wing aircraft 210

[M]

Mach 278
Machine cannon 46
Machine Gun 45, 277
Machine pistol 45, 277
Mag-lite 277
Magazine 193, 276
Magazine pouch 276
Magnetic anomaly detector 105
Magnum bullet 277
Main aircraft carrier 120

Reserve Self-Defense official 297
Resistance 310
Response force 56, 174
Retirement 178
Retractable chimney 48
Return salute 220
Revolver 26, 304
Ricochet 203
Rifle 126, 203, 299
Rifle grenade 299
Rifle mark 158, 299
Rifling 298
Rifling bore gun 299
Rigging 47
Right of collective self-defense 118
Right of individual self-defense 93
Right of self-defense 102
Rim of the pacific exercise 42
RIMPAC 304
River gunboat 34
Rivet 303
Ro-Go submarine 316
Robot weapon 317
Rocket bomb 315
Rocket engine 315
Rocket launcher 316
Rocket pod 316
Rocket-powered fighter 315
Rolling 317
Rollout 317
Rookie 308
Rotor 316
Rotorcraft 26
Rotary-wing aircraft 26
Rout 233
Royal guards 93
Rucksack 233
Rudder 268, 299
Rules of engagement 86

Runway 35, 300

[S]

Saber 99
Safe dive depth 9
Safe house 152
Safety 152
Safety fuse 218
Safety system 10
Sail 151
Sailor 153
Sailor suit 153
Salute 73
Salvage 99
Sandbag 224
Saturation attack 271
Scattering area 101
School unit 53
Schutzstaffel 132
Scope 142
Scout 208
Scout helicopter 209
Scorched-earth defense 128
Scramble 56, 141
Screw 141
Scuttling 109
Sea camouflage 295
Sea lane 131
Sea power 111
Sea skimmer 107
Sea trial 84
Sea trial displacement 84
Seaborne commerce route 25
SEALs 131
Seaman 138
Seaman's uniform 138
Seamile 111
Seaplane 135
Seaplane carrier 135
Search and rescue 98, 171
Search enemy 97
Search light 98, 193, 218

Secret service 106
Second-lieutenant 124
Secondary gun 250
Security 10
Security Council 10
Security treaty 10
Seeker 104
Self-Defense official 102
Self-Defense ship 102
Self-Defense ship ensign 102
Self-Propelled anti-aircraft gun 107
Self-Propelled anti-tank gun 108
Self-Propelled Gun 107
Self-Propelled Howitzer 108
Self-Propelled mortar 108
Self-Propelled Surface-to-Air Missile 108
Semi-active homing 152
Semi-automatic fire 152, 192
Semi-submarine 242
Senior officer 125
Sentry 272
Sergeant 68
Sergeant major 172
Service ceiling 109
Shell 193
Shelter 103
Ship-to-Air Missile 42
Ship-to-Ground Missile 42
Ship-to-Ship Missile 41
Ship-to-Surface Missile 42
Shoot down 74
Shoot down ability 119
Shooter 112
Shooting 112
Shoreline operation 281
Short-range Air-to-Air Missile 191
Short-Range Ballistic Missile 191

Petty officer	32, 260	
Phased array radar	249	
Picatinny rail	243	
Pilot	171, 234	
Pincer attack	52	
Pinpoint bombing	247	
Pioneer	87	
Pistol	76, 192, 194, 245	
Pistol bullet	76	
Pitching	246	
Pitot tube	246	
Pivot turn	133, 203	
Pixel camouflage	243	
Plastic explosive	254	
Platoon	127	
Platoon leader	127	
Platoon sergeant	127	
Plural-engine aircraft	187	
Pod	272	
Point defense	89, 265	
Poison gas	220	
Political commissar	149	
Poncho	276	
Pontoon	276	
Pontoon bridge	249	
Pop-up	272	
Position	133	
Post Traumatic Stress Disorder	134	
Powder	234	
Powder bag	289	
Power-pack	241	
Power weight ratio	119	
Precision bombing	150	
Precision fire	150	
Pressure shell	177	
Pressurization	294	
Primer	254, 298	
Prisoner of war	275	
Prisoner of war camp	275	
Private first class	127	
Private Military and Security Company	282	
Private soldier	260	
Probe and drogue method	257	
Program guidance	256	
Propaganda	257	
Propaganda war	161	
Propellant	173, 238	
Propeller	257	
Protective deck	43	
Protracted warfare	106	
Provincial Reconstruction Team	198	
Proximity fuse	56	
Psychological warfare	134	
Pulse doppler radar	241	
Pump action	276	
Pump-jet	276	
Pylon	234	

【R】

Radar	217, 311	
Radar Absorbent Material	311	
Radar Cross Section	311	
Radar picket	312	
Radar site	311	
Radio operator	207, 284	
Radio communication	284	
Radiation protection suit	268	
Radioactive contamination	269	
Radioactive dust	111	
Radioactive material	268	
Radome	312	
Raid	291	
Railgun	217, 312	
Railway gun	312	
Ramming	177	
Range	86, 113, 313	
Rangefinder	175, 313	
Ranger	314	
Rank	23	
Rank insignia	23	
Rapid-fire gun	174	
Rappelling	79, 300, 303	
Ration	310	
Reactive Armor	301	
Ready reserve Self-Defense official	174	
Rear sight	129, 301	
Rebel army	243	
Rechargeable battery	228	
Reciprocating aircraft	310	
Reciprocating engine	310	
Recoil	84	
Recoil brake	201	
Recoilless gun	285	
Reconnaissance	207	
Reconnaissance aircraft	97, 208	
Reconnaissance combat vehicle	208	
Reconnaissance in force	12	
Reconnaissance party	208	
Reconnaissance satellite	208	
Reconnaissance seaplane	136	
Recruit	134, 272	
Refueling ship	52	
Regiment	314	
Regimental commander	314	
Regular army	148	
Reloading	307	
Remote Weapon Station	304	
Remotely Operated Vehicle	19, 284	
Repair ship	84	
Replenishment at sea	295	
Requirements specification	294	
Requisition	204	
Rescue chamber	310	
Rescue flying boat	51	
Rescue helicopter	51	
Reserve	297	
Reserve candidate	298	

Muzzle brake ·········· 268, 278

[N]

Name ship ··············· 230
Nap-Of the Earth ······· 197, 273
Napalm bomb ··············· 227
National defense ··············· 191
National defense program guidelines ··············· 266
National guard of the United States ··············· 118
NATO ··············· 227
NATO bullet ··············· 227
NATO force ··············· 227
nautical mile ··············· 27, 232
Naval battle ··············· 25
Naval bombardment ··············· 43
Naval district ··············· 205
Naval ensign ··············· 65
Naval gun ··············· 38
Naval infantry ··············· 303
Naval port ··············· 66
Navigation ··············· 79
Navigation bridge ··············· 80
Navy ··············· 23, 229
Navy base ··············· 23
Navy infantry ··············· 23
Navy land forces ··············· 23
Navy SEALs ··············· 230
Near miss ··············· 228
Neutralization ··············· 285
Neutron bomb ··············· 200
Night combat ··············· 289
Night fighter ··············· 288
Night Landing Practice ··············· 288
Night scope ··············· 226
Night vision device ··············· 9
Non-aggression Pact ··············· 249, 251
Non-armored vehicle ··············· 245
Non-commissioned officer ··············· 32
Non-lethal weapon ··············· 244, 245

Non-penetration periscope ··············· 243
NORAD ··············· 232
Normal load displacement ··············· 128
North Atlantic Treaty Organization ··············· 47
Nose cone ··············· 231
Nose gear ··············· 231
NOTOR ··············· 231
Nozzle ··············· 231
Nuclear bomb ··············· 31
Nuclear bomb shelter ··············· 30
Nuclear depth charge ··············· 31
Nuclear deterrent ··············· 32
Nuclear missile ··············· 32
Nuclear patrol ··············· 31
Nuclear-powered aircraft carrier ··············· 77
Nuclear-powered attack submarine ··············· 77
Nuclear-powered ballistic missile submarine ··············· 78
Nuclear-powered cruise missile submarine ··············· 78
Nuclear-powered engine ··············· 77
Nuclear-powered Strategic missile submarine ··············· 78
Nuclear-powered turbine ··············· 78
Nuclear reactor ··············· 78
Nuclear torpedo ··············· 30
Nuclear warhead ··············· 30
Nuclear weapon ··············· 31

[O]

Observation aircraft ··············· 41
Observation of fire ··············· 112
Occupation forces ··············· 133
Ocean-going submarine ··············· 88
Officer ··············· 126
Official name ··············· 149
Open sight ··············· 22

Operation ··············· 97
Optical camouflage ··············· 80
Order ··············· 68
Orderly ··············· 117
Organization ··············· 265
Out range tactics ··············· 5
Outbreak ··············· 25
Outer defense ··············· 5
Over The Horizon radar ··············· 203
Overhaul ··············· 22
Overkill ··············· 21
Override ··············· 22
Oxygen torpedo ··············· 100

[P]

Pack gun ··············· 101
Paint bullet ··············· 261
Panzergrenadier ··············· 170
Panzerkeil ··············· 242
Parachute ··············· 240, 300
Paratroop ··············· 300
Paratrooper ··············· 60, 209, 240, 300
Parking on deck ··············· 317
Partisan ··············· 241
Passive homing ··············· 238
Passive sonar ··············· 237
Patrol ··············· 124, 152
Patrol aircraft ··············· 125
Patrol boat ··············· 124
Patrol submarine ··············· 125
Payload ··············· 260
Peace Keeping Forces ··············· 261
Peace Keeping Operations ··············· 261
Peacetime ··············· 259
Periscope ··············· 164, 263
Personnel carrier ··············· 258
Personal Defense Weapon ··············· 92
Petrol bomb ··············· 27
Petrol-electric ··············· 33

Main arms	285	
Main Battle Tank	120, 286	
Main gun	120	
Main tank blow	286	
Main wing	120	
Maintenance	150	
Major	126	
Major-general	127, 128	
Man-Portable Air-Defense Systems	73	
Man-portable missile	274	
Man-portable Surface-to-Air Missile	34	
Maneuver	278	
Maneuver Combat Vehicle	48	
Maneuvering ground	20	
Manual	53	
Manual safety	278	
Marine	26, 279	
Marine Corps	26, 279	
Marine Expeditionary Unit	26	
Maritime security force	24	
Marking	277	
Marksman	164, 277	
Marksman rifle	277	
Marshal	79	
Martial law	24	
Maruyu	279	
Masker	278	
Master	80	
Master-sergeant	222	
Maximum depth	95	
Maximum landing weight	95	
Maximum range	95	
Maximum take off weight	95	
Mechanic	150	
Mechanical supercharger	44	
Mechanized unit	44	
Mechanized infantry	44	
Medal	68	
Medic	268	
Medical kit	286	
Medical corps	16	
Medical officer	11	
Medium tank	201	
Medium-Range Ballistic Missile	122	
Memorial ship	48	
Mercenary	296	
Mercenary unit	296	
Mess kit	286	
Middle-wing aircraft	202	
Midget submarine	220	
MIL-Spec	282	
Military	66, 281	
Military academy	105	
Military aircraft	69	
Military band	65	
Military budget	67	
Military cadet	105	
Military court	67	
Military currency	69	
Military demilitarized zone	67	
Military discipline	66	
Military exercise	20, 67	
Military flag	66	
Military history	154	
Military law	69	
Military logistics	260	
Military medic	16	
Military personnel	68	
Military police	66, 79	
Military satellite	66	
Military service	258	
Military shoes	65	
Military staff	101	
Military supplies	70	
Military tale	66	
Military thrust	281	
Military uniform	69	
Military vehicle	70, 282	
Military volunteer	51	
Militia	281, 282	
Mine	54, 130	
Mine clearing vehicle	131	
Mine Resistant Ambush Protected vehicle	180	
Minefield	54, 131	
Minesweeper	167	
Minesweeper tender	167	
Minesweeping	167	
Minesweeping helicopter	167	
Ministry of defense	266	
Mirror landing system	199	
Miss shot	92	
Missile	280	
Missile carrier	280	
Mission	229, 281	
Mobile radar	11	
Modernization improvement	57	
Modified aircraft carrier	25, 211	
Modular design construction	257	
Molotov cocktail	287	
Monitor ship	286	
Monkey model	287	
Monocoque structure	287	
Monoplane	197	
Morphine	287	
Morse signal	287	
Mortar	51, 234	
Mothball	286	
Motor rifle troops	110	
Motorised Infantry	110	
Mountain gun	101	
Mountain warfare	99	
Multicopter	279	
Multiple Launch Rocket System	190	
Multirole fighter	189, 279	
Munitions	109	
Munitions industry	67	
Musket	278	
Mutual Assured Destruction	171	
Muzzle	115, 268, 278	
Muzzle flash	238, 278	

Short Take-Off and Landing aircraft ⋯ 192
Short Take-Off and Vertical Landing aircraft ⋯ 192
Shotgun ⋯ 101, 130
Shotgun pellet ⋯ 100
Shrapnel ⋯ 304
Side elevator ⋯ 38, 96
Sidearm ⋯ 96
Sidecar ⋯ 96
Siege battle ⋯ 85
Siege weapon ⋯ 85
Sight ⋯ 96, 126
Signal flare ⋯ 133
Silencer ⋯ 97, 124
Simulator ⋯ 111
Single action ⋯ 132
Single line formation ⋯ 193
Single-engine aircraft ⋯ 196
Single seat ⋯ 192
Sink ⋯ 74
Sinking ⋯ 205
Sinking a ship instantly ⋯ 86
Ski jumping deck ⋯ 141
Slat armor ⋯ 147
Sling ⋯ 147
Slipway construction method ⋯ 160
Sloped armor ⋯ 72
Sloped armor concept ⋯ 245
Slow descent ⋯ 38
Slug ⋯ 146
Small trench ⋯ 186
Smart bomb ⋯ 146
Smoke ⋯ 146
Smoke discharger ⋯ 146, 237
Smoke shell ⋯ 237
Smoke screen ⋯ 20
Smokeless powder ⋯ 283
Smoothbore ⋯ 35, 146
Sniper ⋯ 144, 175
Sniper rifle ⋯ 144, 175
Sniping ⋯ 175
Snorkel ⋯ 144
Snowmobile ⋯ 152
Soft kill ⋯ 176
Soft point bullet ⋯ 176
Soft skin vehicle ⋯ 176
Soldier ⋯ 259, 260
Sonar ⋯ 176
Sonar approach ⋯ 202
Sonic boom ⋯ 176
Sonic speed ⋯ 23
SONO-buoy ⋯ 176
Sortie ⋯ 119, 172
Sound locater ⋯ 202
Sound Surveillance System ⋯ 22
Spaced Armor ⋯ 57, 145, 200
Space Command ⋯ 14
Spare aircraft ⋯ 275
Spatial disorientation ⋯ 57
Special Air Service ⋯ 146
Special attack weapon ⋯ 224
Special Boarding Unit ⋯ 221
Special force ⋯ 221
Special Forces Group ⋯ 220
Speed loader ⋯ 145
Spetsnaz ⋯ 146
Spiral spin ⋯ 55, 144
Spotting ⋯ 193
Spotter ⋯ 41, 146
Spy ⋯ 144
Spy satellite ⋯ 144
Spy ship ⋯ 84
Squad ⋯ 257
Squad Automatic Weapon ⋯ 258
Squad leader ⋯ 258
Squadron ⋯ 142, 244
Steersman ⋯ 172
Stalin's organ ⋯ 142
Staff ⋯ 236
Stall ⋯ 109
Stand off missile ⋯ 142
Standard displacement ⋯ 46
Standard fire ⋯ 259
Stealth ⋯ 142
Stealth aircraft ⋯ 143
Stealth paint ⋯ 143
Steam catapult ⋯ 125
Steam turbine ⋯ 125
Steep climb ⋯ 50
Stirling engine ⋯ 142
STOBAR ⋯ 17
Stock ⋯ 116, 143
STOL aircraft ⋯ 18
Stopping power ⋯ 143
Storage battery ⋯ 197
STOVL aircraft ⋯ 17
STOVL method ⋯ 18
Stranding ⋯ 29, 97
Strategic Arms Limitation Talks ⋯ 166
Strategic Arms Reduction Treaty ⋯ 166
Strategic bomber ⋯ 165
Strategic missile ⋯ 166
Strategic missile submarine ⋯ 166
Strategic nuclear weapons ⋯ 165
Strategic transport aircraft ⋯ 166
Strategic weapons ⋯ 166
Strategy ⋯ 143, 165
Stray bullet ⋯ 227
Strike package ⋯ 164
Student labor mobilization ⋯ 31
Student troop ⋯ 31
Stun Grenade ⋯ 142, 154
Sub-orbital flight ⋯ 194
Submachine Gun ⋯ 99, 191
Submarine ⋯ 33, 158
Submarine insignia ⋯ 159
Submarine-Launched Ballistic Missile ⋯ 159
Submarine minelayer ⋯ 251
Submarine rescue ship ⋯ 159
Submariner ⋯ 99
Subsonic speed ⋯ 5
Suicidal explosion ⋯ 111

Suicide terrorism 111
Super carrier 144
Super cruise 145
Super Dreadnoughts 204
Supercavitation 144
Supercharger 29, 145
Supersonic speed 202
Supply 271
Supply line 271
Supply ship 271
Supply submarine 271
Support 103
Support fighter 104
Suppression 147, 205
Suppression fire 147
Suppression of Enemy Air Defense 211
Suppressor 98
Surface-to-Air Missile 197
Surface-to-Surface Missile 197
Surplus 99, 240, 269
Surprise attack 47
Surrender 218
Surveillance towed array sensor system 22
Suspension 76, 98
Synthetic aperture radar 85
Sweeping 173
Sweptback wing 86
Swimming ability 251
Swing-wing 36

【T】

Tactical Air Navigation 157
Tactical ballistic missile 157
Tactical bomber 157
Tactical Coordinator 157
Tactical digital information link 157
Tactical nuclear weapon 156
Tactical transport aircraft 157
Tactical vest 186
Tactical weapon 157
Tactics 156
Tail rotor 210
Take-off 207, 307
Tandem rotor 194
Tandem warhead 194
Tank 155
Tank crew 156
Tank desant 156, 192
Tank destroyer 62
Tank gun 156
Tank hunter 156
Tank landing ship 156
Tank recovery vehicle 155
Tank riders infantry 92
Tank's trench 155
Tank transporter 155
Tanker 192
Tankette 279
Target 186, 246
Task force 48, 229
Taxiing 186
Telescopic sight 214
Terminal High Altitude Area Defense 118
Territorial airspace 306
Territorial waters 305
Territory 306
Terrorism 214
Terrorist 215
Terrorist explosions 235
Test pilot 212
Theater nuclear weapon 153
Thermal boundary layer 23
Thermal jacket 99
Thermobaric bomb 99
Thermocline 135
Thermonuclear weapon 230
Three-volley salute 204
Thrust 140
Thrust weight ratio 140
Tiltrotor aircraft 210
Time limit fuse 106
Tochka 224
Top attack 224
Torpedo 54, 139
Torpedo attack 298
Torpedo bomber 298
Torpedo boat 54, 139
Torpedo depot ship 139
Torpedo launcher 54
Touch and go 56, 186
Touch down 187
Tow gun 75
Towed array sonar 16
Tracer ammunition 16
Track 49, 283, 303
Tracked vehicle 168
Trailer 226
Trainer 70, 314
Training aircraft carrier 70, 314
Training projectile 20
Transmission 226, 265
Transport aircraft 293
Transport helicopter 293
Transport ship 293
Transport submarine 293
Transportation unit 293
Transporter 226
Transporter Erector Launcher 293
Treaty on the Non-Proliferation of Nuclear Weapons 30
Trench 79, 100
Trench crossing 203
Trench warfare 100
Trigger 226, 243
Trim 226
Tripod 100, 225
Turbo electric 188
Turbocharger 188, 232
Turbofan engine 188
Turbojet engine 188

Turboprop engine ⋯⋯⋯⋯⋯ 189
Turboshaft engine ⋯⋯⋯⋯⋯ 188
Turret ⋯⋯⋯⋯⋯ 270
Twin engine airplane ⋯⋯⋯⋯ 173
Two-man cell ⋯⋯⋯⋯⋯ 207
Two-seater ⋯⋯⋯⋯⋯ 250

[U]

UN ⋯⋯⋯⋯⋯ 91
Unarmed neutrality ⋯⋯⋯⋯ 246
Unconditional surrender ⋯⋯ 283
Unconventional war ⋯⋯⋯⋯ 251
Unexploded bomb ⋯⋯⋯⋯⋯ 252
Underwater defense ⋯⋯⋯⋯ 136
Underwater displacement ⋯ 136
United Nations ⋯⋯⋯⋯⋯ 90
United Nations Peacekeeping Forces ⋯⋯⋯⋯⋯ 91
United Nations Peacekeeping Operations ⋯⋯⋯⋯⋯ 91
United nations security council ⋯⋯⋯⋯⋯ 91
Unknown ⋯⋯⋯⋯⋯ 10
Unknown aircraft ⋯⋯⋯⋯⋯ 106
Unmanned Aerial Vehicle ⋯ 283
Unmanned CombatAir Vehicle ⋯⋯⋯⋯⋯ 284
Unmanned Ground Vehicle ⋯⋯⋯⋯⋯ 284
Unmanned Underwater Vehicles ⋯⋯⋯⋯⋯ 131, 284
Unrestricted submarine warfare ⋯⋯⋯⋯⋯ 284
Urban warfare ⋯⋯⋯⋯⋯ 104
Utility helicopter ⋯⋯⋯⋯⋯ 190

[V]

Vectored thrust nozzle ⋯⋯⋯⋯⋯ 140, 261
Variable Geometry wing ⋯ 36
Vehicle carrier ship ⋯⋯⋯⋯ 113
Vertical defense ⋯⋯⋯⋯⋯ 137

Vertical Launching System ⋯⋯⋯⋯⋯ 136
Vertical obstacle ⋯⋯⋯⋯⋯ 204
Vertical rudder ⋯⋯⋯⋯ 117, 136
Vertical/ Short Take Off and Landing aircraft ⋯⋯⋯⋯⋯ 137
Vertical tailplane ⋯⋯⋯⋯⋯ 137
Vertical Take Off and Landing aircraft ⋯⋯⋯⋯⋯ 137
Vertigo ⋯⋯⋯⋯⋯ 238
Very high frequency Omnidirectional Range ⋯⋯⋯ 203
Very important person security unit ⋯⋯⋯⋯⋯ 295
Very Low Frequency communication ⋯⋯⋯⋯⋯ 203
Veteran ⋯⋯⋯⋯⋯ 262
Veteran soldier ⋯⋯⋯⋯⋯ 92
Vietcong ⋯⋯⋯⋯⋯ 262
Visual battle ⋯⋯⋯⋯⋯ 291
Visual Flight Rules ⋯⋯⋯⋯ 292
Volley ⋯⋯⋯⋯⋯ 149
Volunteer ⋯⋯⋯⋯⋯ 105
Volunteer soldier system ⋯ 105
V/STOL aircraft ⋯⋯⋯⋯⋯ 247
VTOL aircraft ⋯⋯⋯⋯⋯ 247
Vulcan gun ⋯⋯⋯⋯⋯ 240

[W]

Wake ⋯⋯⋯⋯⋯ 13, 85
Walkie-Talkie ⋯⋯⋯⋯⋯ 13
Walter engine ⋯⋯⋯⋯⋯ 12
Water cooling ⋯⋯⋯⋯⋯ 141
Water jet ⋯⋯⋯⋯⋯ 13
War ⋯⋯⋯⋯⋯ 153, 160
War damage ⋯⋯⋯⋯⋯ 153
War sword ⋯⋯⋯⋯⋯ 68
War turmoil ⋯⋯⋯⋯⋯ 153
War results ⋯⋯⋯⋯⋯ 153
War wound ⋯⋯⋯⋯⋯ 158

Warfare ⋯⋯⋯⋯⋯ 86
Warhead ⋯⋯⋯⋯⋯ 194
Warrant officer ⋯⋯⋯⋯⋯ 121
Warsaw Pact Organization ⋯⋯⋯⋯⋯ 318
Warsaw Treaty Organization ⋯⋯⋯⋯⋯ 318
Warship ⋯⋯⋯⋯⋯ 42, 65
Wartime ⋯⋯⋯⋯⋯ 154
Weapon ⋯⋯⋯⋯⋯ 13, 259
Weapon bay ⋯⋯⋯⋯ 13, 235, 259
Weapons of Mass Destruction ⋯⋯⋯⋯⋯ 185
Wedge-shaped formation ⋯ 62
Wheel ⋯⋯⋯⋯⋯ 217
Wheeled tank ⋯⋯⋯⋯⋯ 173
Wheeled vehicle ⋯⋯⋯⋯⋯ 173
Wild Weasel aircraft ⋯⋯⋯⋯ 318
Wind tunnel experiment ⋯⋯ 248
Windowshield ⋯⋯⋯⋯ 13, 248
Wing loading ⋯⋯⋯⋯⋯ 297
Wingman ⋯⋯⋯⋯⋯ 13, 306
Wing mark ⋯⋯⋯⋯⋯ 13
Winter camouflage ⋯⋯⋯⋯ 218
Wire-guidance ⋯⋯⋯⋯⋯ 292
Withdrawal ⋯⋯⋯⋯⋯ 213
Within-Visual-Range missile ⋯⋯⋯⋯⋯ 104
Wolf-pack ⋯⋯⋯⋯⋯ 14
Wolf-pack tactics ⋯⋯⋯⋯⋯ 70

[Y]

Yawing ⋯⋯⋯⋯⋯ 294

[Z]

Zero in adjustment ⋯⋯⋯⋯ 153

ミリタリー用語辞典

著者	野神明人（のがみ　あきと）
イラスト	福地貴子
	児玉智則
編集	株式会社新紀元社 編集部
デザイン	今西スグル
	矢内大樹
	〔株式会社リパブリック〕

2019年9月20日 初版発行
発行者　宮田一登志
発行所　株式会社 新紀元社
〒101-0054 東京都千代田区神田錦町1-7 錦町一丁目ビル 2F
Tel 03-3219-0921　FAX 03-3219-0922
http://www.shinkigensha.co.jp/
郵便振替 00110-4-27618
印刷・製本　中央精版印刷株式会社

ISBN978-4-7753-1756-3
定価はカバーに表記してあります。
©2019 SHINKIGENSHA Co Ltd　Printed in Japan
本誌掲載の記事・イラストの無断転載を禁じます。